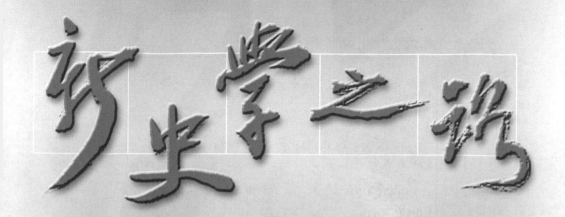

新史學之路

杜正勝 著

三民書局

國家圖書館出版品預行編目資料

新史學之路 / 杜正勝著.－－初版二刷.－－臺北
市: 三民, 2014
　　面；　公分

　ISBN 978－957－14－4027－9　（平裝）
　1.史學－中國

619.2　　　　　　　　　　　　　　93002965

ⓒ　　新史學之路

| 著 作 人 | 杜正勝 |
| 發 行 人 | 劉振強 |
| 著作財產權人 | 三民書局股份有限公司 |
| 發 行 所 | 三民書局股份有限公司 |
| | 地址　臺北市復興北路386號 |
| | 電話　(02)25006600 |
| | 郵撥帳號　0009998-5 |
| 門 市 部 | (復北店)臺北市復興北路386號 |
| | (重南店)臺北市重慶南路一段61號 |
| 出版日期 | 初版一刷　2004年5月 |
| | 初版二刷　2014年11月 |
| 編　　號 | S 600230 |

行政院新聞局登記證局版臺業字第○二○○號

有著作權·不准侵害

ISBN　978-957-14-4027-9　（平裝）

http://www.sanmin.com.tw　三民網路書店
※本書如有缺頁、破損或裝訂錯誤，請寄回本公司更換。

# 序

1990 年一群朋友和我揭櫫新史學旗幟，共同推動歷史研究的改造，這本集子是過去十來年我關於方法學和學術史的論述。

我的新史學觀念是有發展的，可以分作兩個階段，第一階段是新社會史對舊社會史的革命，亦即是歷史血肉對歷史骨骼的革命。「革命」這詞比較鮮明，其實是舊的擴充，是舊的增益，是新摻入舊，是新融合於舊，沒有要棄絕原來的政治、經濟、制度的意思，我們使用骨骼與血肉的比喻，態度就很清楚了。

回憶 1992 年春天，中央研究院歷史語言研究所在烏來舉辦第一屆「歷史研習營」，我發表了「什麼是新社會史」的專題演講，也首度公開論述中國古代物怪的研究。那個研習營洋溢著一股蓬勃的生氣，講員、學員融成一片，新社會史，目標雖然模糊，方向卻很清楚，大家躍躍欲試，要探索這個新領域的究竟。我沐浴在這股熱情中，心中不禁升起一絲憂慮，對學員說，真擔心他們走上這條路會「出師未捷身先死」。事實證明我過慮了，我的擔心是多餘的，不少學員十年下來已成為有名的學者，他們走上新史學這條路，並沒有受到不合理的壓抑。

就在我推動新社會史研究時，我也從學術的象牙塔眺望這座塔所植基依存的社會，這個社會正在沸騰，這個社會正在脫殼，這個社會正企圖羽化，我便情不自禁地撩落去了。撩落去，思想重於實務，教育文化多於政治社會，於是催化出我的第二階段的新史學。

這是一個史學新視野對舊視野的革命，一個世界觀的革命，也是一個人生觀的革命，破除過去的牢籠，走出中國疆界研究歷史。說「革命」，也許太火爆，太敏感了，在現在臺灣容易引起不必要的爭議，如實說，

這個轉變應該是一種擴大，一種解放，一種使學術和生命更融合的「革命」。

第二階段的新史學在現在的臺灣，對很多人來說是頗有危險感的，也有點無所適從，壓力不像第一階段只限於史學小圈圈而已。第二階段的新史學，觀念很簡單，實踐則還有一段距離，因為我們缺乏基礎，一時之間不像第一階段起得了高樓。但弔詭的是，觀念不改，恐怕永遠無法實踐，新的高樓將只是海市蜃樓而已。

孔子說，憑著《春秋》，有的人會了解他；但也有人會怪罪他。五十年來我們的歷史學基本上是以中國民族主義作為不證自明的前提而從事的實證研究，缺乏深刻的反省力，沒有足夠的比較檢證力。個人在實證研究之餘，做了一點反省，觀照社會，逐漸摸索出一條小小的路徑，談不上什麼史學思想，不過倒給自己的人生抉擇尋得一些理據。

路是人走出來的，不管康莊大道或是山谿小徑，只有按照自己的思索和認定，直道而行，才是正路。曾參說過：「士不可不弘毅，任重而道遠。」這條新史學之路只是我性之所向，心之所安，並沒有，也不必有任重或不重的道德感；不過漫漫長路，非具有恢弘之氣度與堅忍的毅力，根本不能上路。

走筆至此，令我想起夸父逐日的神話，而二、三十年前我為自己取字「夸父」，回顧來路，不覺莞爾。人生走的路，自己好像可以安排，但又像無法安排。然而歷史研究的大道，眼前看得到的即使無法踐履，一些淺見仍不妨藏諸名山，以待來者。

甲申 2004 年 1 月 13 日

記於臺北外雙溪

國立故宮博物院

序

## ■四、學術與生命

# 一
# 方向之探索

# 新史學之路
## ── 兼論臺灣五十年來的史學發展

## 臺灣最具代表性的史學期刊《新史學》

　　1990 年春天，以中央研究院青壯輩的歷史學家為核心，結合當時臺灣有活力的同行，創刊一份新的歷史學術刊物，稱作《新史學》。十餘年來《新史學》甚獲好評，一般認為是最具有資格代表臺灣史學界的刊物，它要扮演的角色，有點接近 *Past and Present* 在英國，或 *Annales* 在法國。我沒有要拿剛剛進入第十三個年頭的《新史學》和已經出刊五十年的 *Past and Present*，以及超過七十年的 *Annales* 作比較的意思，不過舉大家所熟悉的歐洲史學期刊作比喻，也許可以比較容易理解這個課題。

　　《新史學》期刊沒有國王，它是由我這個世代以及年輕一輩的學者所共同組成的史學社群。然而作為這份期刊的創辦發起人、期刊名稱的裁定者和發刊詞的撰寫人，應該有資格來向各位說明臺灣的史學改革──也就是新史學運動。臺灣不是一個大國，在現代世界學術圈裡，處於邊緣地帶，不會引起世人的注目。不過，過去五十年的發展，臺灣在各方面的改變和成就，形成所謂的「臺灣經驗」，對轉型社會的研究已有一定的參考價值。臺灣經驗，除了世人熟知的經濟奇蹟和寧靜政治革命外，還有文化轉型和調適的問題，後者還談不上作為成功的典範，目前

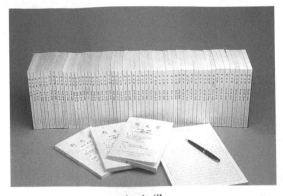

新史學

毋寧說正陷於混亂的狀態，但它的重要性也是不可否認的。所謂「混亂」是表現在國家、民族或文化認同的矛盾、衝突，在各種學門中，史學與這個問題的關係最密切。如果能從臺灣五十年來史學的變革分析臺灣當前認同的歧異，也許可以作為人類探尋自我和調適文化的一個樣本。那麼臺灣作為社會科學的實驗室❶，在經濟、政治之外，還有文化的意義。

《新史學》期刊是史學改革運動中與現實社會保持較遠距離的一環，但如果不把它放在臺灣史學脈絡中觀察，也無法真正了解。2002 年我應邀到劍橋大學東方研究系 (Faculty of Oriental Studies) 報告臺灣五十年來的史學發展，除了介紹史學社群內學術的傳承與轉變，也考察臺灣歷史學者與時代社會的互動，回顧過去，並思索未來新史學的道路。

## 臺灣史學的起點：1950 年

臺灣的史學發展當從 1950 年開始，在此之前，清帝國二百一十二年 (1683–1894) 的統治沒有培養學問家❷，日本五十年 (1895–1945) 殖民後

❶ 這裡借用臺灣大學社會學系陳紹馨教授的概念，他在 1966 年發表〈中國社會文化研究的實驗室──臺灣〉一文，收入他的《臺灣的人口變遷與社會變遷》（臺北：聯經出版公司，1979）。

❷ 《臺灣省通志稿》卷六〈學藝志〉、卷七〈人物志〉，伊能嘉矩《臺灣文化志》以及臺灣清朝編修的各種地方志可以證明我的論斷。

期建立的短暫學術傳統，當她戰敗退出臺灣時，也隨之斷絕。1949 年國民黨政府退守臺灣，有一些歷史學者隨之來臺，其中的領袖人物可以算作近代中國新史學的第一代人物。過去五十年臺灣的史學是這批人及以後幾代學生的業績，所以臺灣的史學傳統，離不開二十世紀初期在中國發展的新史學。

　　我是第二次世界大戰終止前一年 (1944) 出生的臺灣人，在國民黨退守臺灣並且宣布長期戒嚴的第二年 (1950) 進入小學。《新史學》的發起人和我一樣都不曾受過日本教育，都在國民黨戒嚴體制中長大。像我 1960 年代中期才就讀大學的這個世代，大多受教於中國新史學的第二代學者，只有一些人有機緣接觸到第一代歷史家，我是少數幸運者之一。

　　逃避共產黨而來臺灣的第一代歷史學者，思想上多屬於自由主義，或多或少帶有民族主義，即使有一些社會主義，但普遍都堅決反對共產主義。主要聚集在中央研究院歷史語言研究所（簡稱史語所）和臺灣大學歷史系。當時的史語所所長傅斯年 (1896–1950)，同時也是臺灣大學校長；史語所的研究人員同時也在臺大歷史系任教。1950 年史語所是臺灣唯一從事史學研究的機構，臺大是臺灣唯一培養歷史學者的學校，因此討論臺灣史學的發展，不能不溯源於史語所。

## 史學以求真為本務：傅斯年與史語所

　　史語所，1928 年成立於廣州，創辦人是上面提到的傅斯年。傅先生是北京大學文科高材生，1919 年五四運動的學生領袖。當年畢業，赴英國倫敦大學大學院 (University College) 學習他在中國早已嚮往的實驗心理學，受教於權威學者 Spearman 教授。傅先生早年是個「科學迷」，相信自然科學方法具有普遍意義，故多涉獵科學方法的通論著述。他在倫大三年多，轉赴德國柏林大學研讀近代物理學，不久轉而攻讀藏語、梵

文等東方語文❸。不論在中國或歐洲，傅斯年雖然都不是歷史系科班的
學生，但當 1926 年返國時，他的史學思想已經成形，準備在中國進行一
場深刻的史學革命❹，第二年傅斯年出任廣州中山大學文學院院長，同
年蔣介石的政府在南京成立，當過北京大學校長的蔡元培 (1868–1940)
創建中央研究院。傅斯年是蔡先生北大時期的學生，乃建議蔡先生設立
歷史語言研究所。

　　中央研究院以研究自然科學為目標，史語所是中央研究院第一個人
文學研究所，甚至也可以說是 1950 年以前唯一的人文研究機構❺；把人
文學者放在自然科學家之中的特殊結合，與傅斯年的歷史學有密切的關
係。他向蔡元培院長解釋史語所研究歷史，只要使用新工具，增加新觀
念，與天文、地質、物理、化學等自然科學同列，他並且保證，研究的
態度和方法如果不能符合自然科學的要求，史語所就沒有設立的必要。
傅斯年以自然科學的方法來看待歷史學，這是他從大學到歐洲留學一貫
的態度，借用他的話說，歷史雖是舊領域，但史語所採用的新工具和新
觀念則可為它注入新的生命❻。雖然早在 1902 年清帝國改革派梁啟超發
表過〈新史學〉一文，提出一些新觀念，但論近代中國新史學運動，還
是以 1928 年傅斯年創辦的史語所目標和方法最為鮮明，可以當作發軔的

❸　參王汎森、杜正勝編，《傅斯年文物資料選輯》(臺北：中央研究院歷史語言研
　　究所，1995)，頁 37–53。

❹　杜正勝，〈從疑古到重建──傅斯年的史學革命及其與胡適、顧頡剛的關係〉，
　　《中國文化》，1995: 12；杜正勝，〈無中生有的志業──傅斯年的史學革命與
　　史語所的創立〉，收入杜正勝、王汎森主編，《新學術之路：中央研究院歷史語
　　言研究所七十周年紀念文集》(臺北：中央研究院歷史語言研究所，1998)。以
　　上二文收入本書改題〈傅斯年的史學革命〉上下篇。

❺　1929 年中央研究院設立社會科學研究所，1934 年取消，其民族學研究併入史
　　語所。

❻　中央研究院歷史語言研究所藏，「史語所檔案」，元：198 之 1。

代表而無愧。

　　傅斯年新史學的特色是確定第一手史料的權威性，譬如檔案、碑刻、日記、書信等。歷史研究仰賴這種史料在近代歐洲，尤其是十九世紀以來，雖然已變成常識，但在文獻著述傳統極深的中國，不能不說是一種新觀念。何況他建立的史語所研究團隊最關心的方法是利用考古發掘、語言和民族調查所獲得的新資料研究歷史，這種努力擴充研究資料的制度即使放在當時世界最先進的學術潮流，也一點都不遜色。傅斯年的名言：「我們不是讀書的人，我們只是上窮碧落下黃泉，動手動腳找東西！」❼可以作為史語所新史學最生動的寫照，和最扼要的宣言。

　　傅斯年的史學方法在擴充新材料之外，還有一點是擴充新工具，他所謂的新工具即是新學科。當時他認為對歷史研究有幫助的學科如地質、地理、考古、生物、氣象和天文等，史語所則發展考古學、語言學和民族學。一般來說，考古學、民族學與史學的結合比較成功，語言學和歷史學自從建所以來就不曾充分整合。後來由於種種因素，1950 年代民族學部分獨立成為民族學研究所，而語言學部分也在長期的醞釀後，終於在二十世紀快結束時分離了，那時我是史語所所長，距離創所將近七十年。

　　我比較詳細地介紹傅斯年在 1928 年所提出的新史學思想，重視史料這點不但為 1950 年以後在臺灣的史語所所繼承，也因為史語所屬於臺灣史學界的領袖地位，影響相當深遠。史學基本工作在於考訂史料的真偽，這種尊重資料的求真態度遂成為臺灣史學的共通成分。即使後來有人不滿意傅斯年或史語所把史料研究的重要性抬得那麼高，對傅斯年「史學即史料學」的口號也有所曲解，但他們絕不挑戰「史學追求真相」這個嚴肅的任務，因為歷史研究如果懷疑或放棄求真，那麼學術距離政治就

---

❼　傅斯年，〈歷史語言研究所工作之旨趣〉，《中央研究院歷史語言研究所集刊》，1 上 (1928)。

不遠了。這是 1950 年以後之臺灣史學與中國史學最大的差異之一。

　　然而傅斯年所重視的史料傳統文獻以外的新史學——田野的新史料，這點在臺灣並沒有深入到歷史學界。只有史語所努力地奉行這個原則，1960 年代該所進行一項大規模的集體研究，在所長李濟的領導下，撰寫《中國上古史》，就是利用考古發掘資料而建構古史的新史學❽。

## 史學反映時代精神：沈剛伯

　　在國民黨戒嚴統治下的臺灣，歷史學者雖然沒有充分說話的自由，但可以有不說話的自由，不像中國連後面這點小小的權利也被剝奪了。1950 年以後的臺灣歷史學者，只要不去碰觸政治禁忌，基本上是可以享受有限度的學院自由的。以研究史料為主的史語所遂能被戒嚴的大環境所容忍；而過著一種與世隔絕的生活，從事脫離人群、社會與時代的歷史研究。諷刺的是，與世隔絕絕非傅斯年的行徑，他個人參與很多國家大政的討論，也發表強悍有力的政治評論，毋寧是太關注時代與社會了，然而他的史學思想卻塑造一個與他自己的風格完全不同的研究團隊。

　　來到臺灣，傅斯年的任務是出掌臺灣大學，可惜不到兩年，便因病去世 (1950)，對臺灣大學的歷史研究產生影響的是他的朋友兼同事，文學院院長沈剛伯 (1896–1977)。

　　臺灣大學原來是日本殖民時期的臺北帝國大學，1928 年建立，與史語所同年。它的文政學部設有史學科，仿照日本國立大學體制，分國史（日本史）、東洋史（中國史）、南洋史及西洋史諸學門，設講座，由著名學者主持，如文政學部首任部長藤田豐八即是東洋史講座教授❾。然

---

❽　參〈中國上古史編輯計劃的起源及其進行的過程〉，《中國上古史（待定稿）》
　　第一本（臺北：史語所中國上古史編輯委員會，1972），頁 i。

而由於學生人數有限，臺灣人尤其少，
只有二名，所以日本的史學在臺灣並沒
有生根，而當日本戰敗撤離後，臺北帝
國大學的史學可謂完全斷絕，到 1949 年
乃由從中國來的歷史學者填補這個空
缺。

沈剛伯像

　　沈剛伯稍早就到臺灣，1948 年應邀
來臺灣大學短期講學，適逢國共內戰轉
劇，遂留在臺灣，並且推薦傅斯年出任
臺大校長。沈、傅兩人的交誼可以追溯
到留學歐洲時期。1924 年沈先生入學倫
敦大學大學院，研讀埃及學及英國憲政
史，1927 年回國，亦任教於傅斯年所執教的廣州中山大學，不久傅離開
中山大學去創辦史語所，沈亦轉任南京的中央大學，直到來臺為止。沈
先生擔任臺大文學院院長長達二十餘年，到 1972 年才退休。當時臺灣的
大學少，臺大又是臺灣最著名的大學，所以 1970 年臺灣培養出來的人文
學者，多少皆受到沈先生的影響。

　　關於沈剛伯的史學思想，針對史語所建立的歷史研究規範，首先他
認為史料並不一定可靠，即使日記和書信等第一手資料也不例外，而且
無法求備求全；要以如此具有先天缺陷的資料建立精確如自然科學的歷
史學，是不可能的。其次，他同意歷史家的任務在求真，但他更體認從
史料到歷史「真相」過程的複雜性，其中難免受到歷史家有意或無意的

---

❾　參陳偉智，〈臺北帝國大學文政學部簡介〉，http://www.lib.ntu.edu.tw/spe/taiwan/
academic/nol-ch2.htm；林秀美，〈臺北帝大文政學部簡介〉，http://info.ntu.edu.
tw/alumni/index6/photo.htm。藤田豐八事略參看〈羅振玉書藤田博士墓表〉，《劍
峰遺草》（東京：三秀舍，1930）。

影響。沈剛伯說，同樣的歷史事件和史料，因為歷史家選擇的不同，解釋和認識都會不同。換言之，他認識到歷史家對研究的進行和結果具有主導的作用❿。從傅斯年，我們看到埃克東 (Lord Acton) (1834–1902) 的影子，從沈剛伯我們聽到克拉克 (Sir George Clark) (1890–1979) 的聲音。傅斯年、沈剛伯是同時代的人，但發言時間不同，其差異有個人因素，也有時代因素。

1968 年史語所四十週年所慶，沈剛伯應邀發表專題演講「史學與世變」。這是他的老友傅斯年創辦的中國第一所史學專業研究機構，老友謝世已經十八年，主持人史語所所長李濟，中國考古學之父，也是沈先生在臺大的同事，考古人類學系系主任。這場演講沈先生很委婉地指出史語所的新史學與時代社會脫節，他堅定地強調史學不只是書本作業，史家也不是象牙塔內的冥想者，史學必須跟著環境轉變而不斷變化，時代社會的轉變愈快愈大，史學也隨之愈新，所以歷史家要清楚地體認時代社會的脈動、掌握「時代精神」(Zeitgeist)⓫。

沈剛伯並未否定史語所追求客觀歷史的新史學，只是他對史料所可能發揮的功能不如傅斯年那麼樂觀，而對歷史家在歷史研究過程中擔負的角色則賦予更大的關注。他比傅斯年更遠於 Ranke 而近於 Collingwood，認為歷史家研究的過去是仍然活到現在的過去。新史學不應該與社會脫節，但像他這麼深信英美自由主義思想的歷史家，在專制獨裁的戒嚴統治下，如何反映時代，能反映時代嗎？我是 1970 年代初他最後一個指教學生，這個問題直到今天我仍然迷惘。

臺灣的史學家在他的影響下，戒嚴時期曾經發出幾聲追尋自由的吶

---

❿　杜正勝，〈史語所的益友沈剛伯〉，杜正勝、王汎森主編，《新學術之路：中央研究院歷史語言研究所七十週年紀念文集》，茲收入本書，改題〈史學的兩個觀點〉，頁 157–173。

⓫　沈剛伯，〈史學與世變〉，《中央研究院歷史語言研究所集刊》，40 上 (1968)。

喊，但最近十餘年臺灣民主化的進程中，歷史家體認到時代社會的脈動了嗎？我也不能無疑。歷史家如何在他的著作反映他對時代社會的認識和判斷，的確是一大考驗。沈剛伯一生篤信自由，體察時代精神，但他執教的臺大歷史系在臺灣民主化後卻轉而保守，與臺灣社會脫節，和傅斯年之於史語所相對照，不能不說是另一種諷刺的現象。

## 社會科學方法進入史學：許倬雲和《食貨》

　　史家與時代社會互動而激發新的研究，的確不易，新史學的「新」，恐怕得回歸到史學技藝的傳統才比較容易看到具體的成果。1949 年以後臺灣雖然進入長達三十八年的戒嚴時期，然而和中國不同，臺灣沒有與外界隔絕，歷年一批批學生出國留學，返國者多會帶回來新的學術思潮，只要不犯政治忌諱，是容許存在的。這是臺灣學術界的普遍現象，史學也不例外，第一波是自美國引進社會科學方法，時間在 1960–1970 年代，最具影響力的學者是許倬雲 (1931–　)，學術期刊是《食貨》。

　　許倬雲 1962 年在芝加哥大學完成學位後返國，同時在史語所和臺大歷史系任職，後來並且擔任系主任，我在他主任任期內念完大學。上面講過，史語所和臺大歷史系是臺灣史學最主要的兩個重鎮，許先生乃更容易發揮他的影響力。他的專攻雖然是中國上古史，不過他提倡以社會科學方法研究歷史，各種專史和斷代的學生多肯定這種新的研究方式。他留在臺灣的時間雖然不滿十年，但經過他的努力，社會史在臺灣的史學領域中從默默無聞而變成主要的角色。

　　許倬雲與一批朋友，其中不少是留學美國的社會科學家，包括政治學、經濟學、社會學和心理學，創辦一種社會科學雜誌《思與言》。他們不滿意史學只作史料考證的工作，鼓吹運用社會科學以輔助歷史解釋❷。其假設的論敵大抵是在歷史研究最有影響力的史語所，當時史語所的史

學在史料的大招牌下變得更機械化和瑣細化，被批評為專做小問題的考證。

《思與言》創辦之初懷抱著參與世務的學者在那個時代可以稱作自由主義者，他們溫和地要求自由和民主，代表所謂知識分子的良心，許倬雲是當中最活躍的一位，他備受各種壓力，最後不得不在 1970 年離開臺灣到美國任教，直到 1998 年退休。不過最後二十年，許倬雲與臺灣史學界保持密切的聯繫，對臺灣史學的發展仍有一定的影響。

在許倬雲離臺赴美的第二年，一種比《思與言》更學術的歷史刊物《食貨》再度在臺灣問世。《食貨》是老牌的社會經濟史期刊，1934 年由陶希聖 (1899–1988) 創辦。陶先生是 1927 年爆發的中國社會史論戰的主角之一，後來他有感於論戰流於政治理念的宣傳，於是退出論戰，鳩集一批學生，收集中國歷史文獻的史料研究社會經濟史。這個團隊的研究成果就發表在《食貨》上，對 1930 年代的中國史學頗有刺激作用，其中不少人後來成為著名的歷史學者。

陶希聖畢業於北京大學，也可以算是中國新史學第一代的學者，但不像其他第一代有留學的經驗。他專攻法律，從「禮」和「律」解剖中國社會的特質與發展，其歷史研究可以稱作為「禮與律的社會史學」❸。1937 年第二次中日戰爭爆發前夕，《食貨》停刊，陶希聖投入政治，經歷很大的政治風險，1949 年隨蔣介石到臺灣，仍然是蔣的核心幕僚，大約在 1960 年以後才逐漸淡出政壇。

採用社會科學理論與方法以研究歷史，是陶希聖自 1930 年代以來一貫的主張❹，但 1971 年在臺灣復刊新《食貨》，其社會科學是美國的品

---

❷ 參《思與言》社論，〈史學可走的路〉，2: 4 (1964.11) 和〈有感於當代史學〉，3: 3 (1965.9)。

❸ 杜正勝，〈陶希聖先生的社會史研究〉，《國史館館刊》，5 (1988)。

❹ 陶希聖，〈食貨復刊辭〉，《食貨》月刊，1: 1 (1971)。

牌，與老《食貨》帶有馬克思主義色彩者不可同日而語。真正推動這個風潮的是他的兒子陶晉生，也是留學美國返回臺灣大學任教的歷史學家，所以正好承接 1960 年代以社會科學方法研究歷史的風氣。

新《食貨》延續長達十七年之久，我這輩學者首先是讀者，後來變成作者，有些人則成為編者，我即是其中之一。《食貨》引用的社會科學方法，主要是計量分析和心理分析，在美國都曾經風行一時，也有少數成功的著作，然而中國史料（尤其是近現代以前）卻很難應用。中國傳統缺乏數據觀念，即使有，也不精密；至於記錄個人心路歷程的資料更少，過去幾十年只有明清族譜的分析研究稍有成績❶。不過社會或經濟史的歷史研究在這次的新史學運動中逐漸與政治、軍事、學術和思想等傳統史學的重要領域並駕齊驅，雖然總體數量不是最多的，但此後比較有成就的歷史學者多是社會經濟史家，或與社會經濟史有關係，尤其以 1970–1980 年代成熟的學者最為顯著。

## 物質、社會與文化有機聯繫的《新史學》

這波新史學運動之採用社會科學，除了方法上的困難，其流弊往往是按照理論的方向尋找史料，或以收集的史料來印證理論。換言之，社會科學提供史學理論或觀念，史學則提供給社會科學作為比較研究的素材❶。這樣的合作，地位既不平等，方法也很粗糙。史學淪落為社會科學的奴僕，難怪產生不了傑出的作品。

---

❶ 劉翠溶院士的成果最顯著，她係在這次的史學改造中成長的學者，至於王業鍵院士研究清代糧價，也有很好的成績，他的作品雖然也在臺灣發表，但 1960 年以前就赴美，長期留在美國，故不列入。

❶ 許倬雲，〈社會學與史學〉，收入《求古編》（臺北：聯經出版公司，1982），頁625。

　　《食貨》出刊既然長達十七年，作者群包含不同世代，廣義的社會經濟史是他們的共同點，每人的研究方法多少有一些差異，自然會造成新風氣；上面說過五十年來臺灣學界不斷輸入西方的學術思潮，也發揮一些作用。大概 1980 年代將近中期時，法國的年鑑學派的論著便開始在臺灣出現，《食貨》和《思與言》都曾經刊出介紹或翻譯的論文。新的改變籠統地說，新史學的學者在研究經濟和社會之外，還要研究文化。歷史學的文化，義涵駁雜廣泛，傳統史學似乎也做了一些可以稱作文化史的研究，所以何謂文化史，尤其與社會經濟結合在一起的文化史，便是我這一輩新史家要努力的課題。

　　我在 1966 年，即中國發生「文化大革命」那年進入大學，承襲第一、二代新史家自由主義的傾向，追求政治民主與個人自由；但從小在南臺灣的鄉村長大，對基層人民的疾苦比城市的學者有較深的感受，所以又帶有一點社會主義的傾向。當我決定以史學作為終生志業時，誠如上面說的，是在以社會科學理論和方法研究歷史的潮流中。因為我有興趣的時代是距今兩千年的古代，當時所介紹在美國流行的社會科學理論和方法更難用得上，我自己也沒有太大的興趣，從另一觀點看，我似乎又是在潮流之外。

　　1970 年代初期我完成的碩士學位論文倒與 1960 年代的中國史學頗有關聯，而與臺灣的史學潮流相去較遠。我和中國學者一樣關注生產關係和社會性質等課題，但他們用奴隸社會和封建社會的概念分析中國古史的作法，我並沒有接受。政治不是唯一或重要的因素，主要是他們的論述不符合史料。中國奉為教條的歷史發展階段論我也不採信，我採行的研究方法是從我認為可信的史料和合理的解釋出發，試圖建構比較大的理論。這種信守無徵不信的原則，多少可以看到傅斯年的影響。

　　從 1970 年代到 1980 年代，我的研究領域屬於社會政治史，企圖在中國唯物史家與日本東洋史家對中國古代史發展的大解釋之外，提出另外的說法。我的觀點主要見於《周代城邦》和《編戶齊民》這兩本書，

這裡不能細述；我只想指出一點，我的研究雖然提出與中國或日本學者不同的歷史解釋，但追根究柢和我所批評的對象無大差別，仍然偏於制度性的範圍，對歷史的理解不一定比他們深刻。此一發現自 1980 年代中期以後一直困擾我，我也試圖尋求史學思想的突破。法國年鑑學派我不了解，即使 1970 年代中期我曾到倫敦政經學院 (LSE) 學習英國經濟史，似乎也不能幫助我突破困境。經過反覆的思索，1986 年我終於稍稍理出一些頭緒，以「人」來比喻歷史，發現自己過去研究的經濟、社會或政治，其實只屬於軀體的骨骼部分，至於血肉或精神還沒有觸及。我想這應該是新一波的史學改革應該努力的方向。後來才知道早在 1974 年法國年鑑學派的雅克・勒戈夫 (J. Le Goff) 已經提出幾乎完全相似的比喻了：骨骼和血肉，他是以心態 (les mentalities) 作為新補充，謂之「模糊史學」(une historie ambigue)。1990 年以前我的史學思想還是相當模糊的，只用籠統的「文化」這概念作為新史學的目標。

臺灣這群青壯歷史家之所以創辦《新史學》也有一個客觀因素，1988 年陶希聖過世，他的《食貨》不久隨之停刊。一群《食貨》的讀者、作者或編輯志工覺得有必要再辦一個學術刊物，以表達他們對史學的看法與期待，《新史學》這份期刊於焉誕生了，我被推選撰寫發刊詞。按照過去的習慣，發刊詞往往是期刊的宣言，目標和規範盡在其中。然而《新史學》的發起人多是年紀接近的同輩，沒有師生關係，我也不是領袖，發刊詞只能模糊地寫，提倡一種開放、嘗試和求新的研究態度，至於要「新」什麼，則沒有明確的宣示。不過我還是表示了對沉溺於史料和過度重視社會經濟的不滿，也批判史觀學派背離史學的本質，主張在新材料、新工具之外，還要嘗試新領域，尋找新課題❶。

什麼是新領域或新課題？1992 年我在一次「什麼是新社會史」的演講中，把歷史研究的領域分為物質的、社會的和精神的三大範疇，主張

---

❶　參《新史學》，創刊號 (1990)。

研究課題要盡量能包含二或三個範疇，而且成為有機的聯繫⓲。換句話說即使是物質性的課題，也要能講到它的精神層次，反之亦然。我認為史學的對象不能脫離人群，所以應以社會為主軸，但稱作「新社會史」，當然是想與臺灣前一期的社會經濟史學有所區隔。我的實證研究以「人」與「生命」為課題，不像過去的哲學史家或思想史家談抽象的「人性」，而是從具象的身體入手，分析「氣」的觀念以至於精神、魂魄。這種研究牽涉到醫學史，但重點是探索醫療、社會與文化的關係，所以又和傳統的醫學史不同，當然也涉及過去思想史的一些問題⓳。1990 年代有不少年輕學者投入這個領域，不論是經脈、疾病、本草或方藥，都從文化的角度出發，匯歸於所謂的中國文化的解釋⓴。一般認為這是過去十年臺灣史學最具代表的貢獻。

　　上世紀最後十年興起的新史學，不只限於醫療而已，屬於過去的宗教史、性別史或生活史的研究多有新的視野，可以說是心態史和（或）

---

⓲　杜正勝，〈什麼是新社會史〉，《新史學》，3: 4 (1992)，收入本書頁 22–37。

⓳　關於我這方面的研究可以舉幾篇論文參考。如〈形體、精氣與魂魄——中國傳統對「人」的現象〉、〈作為社會史的醫療史〉、〈醫療、社會與文化——另類醫療史的思考〉，分別刊於《新史學》，2: 3 (1991)、6: 1 (1995)、8: 4 (1997)。另外一篇長篇論文〈從眉壽到長生——中國古代生命觀念的轉變〉，刊於《中央研究院歷史語言研究所集刊》，66: 2 (1995)。

⓴　研究成果不少，茲舉幾位年輕學者的代表性論著以見一斑。如李建民，《死生之域——周秦漢脈學之源流》（臺北：中央研究院歷史語言研究所，2000）；李貞德，〈漢唐之間求子醫方試探〉，《中央研究院歷史語言研究所集刊》，68: 2 (1997)；林富士，〈頭髮、疾病與醫療〉，《中央研究院歷史語言研究所集刊》，71: 1 (2000)；祝平一，〈靈魂、身體與天主——明末清初西學中的人體生理知識〉，《新史學》，7: 2 (1996)；陳元朋，〈唐宋食療概念與行為之傳衍〉，《中央研究院歷史語言研究所集刊》，69: 4 (1998)；張嘉鳳，〈生化之源與立命之門〉，《新史學》，9: 3 (1998)。

文化史的範疇。本來這個領域就比較模糊，各別的認定必有一些差異❷，
說服性當然也有別，總之都希望能揭露歷史文化深層的特質。

## 新局勢突顯歷史教學和研究的限度

　　上面第四節指出沈剛伯的史學思想是歷史家要體認時代社會的脈
動。當然，同一時代社會各別歷史家的認識與反應不可能完全相同，但
也會有一些相同的現象，戒嚴時期的共同趨勢，歷史家往往反省和批判
中國長期的專制，藉此表達他們對民主的嚮往與自由的追求。不過，臺
灣史學信守史料之客觀性的基本原則未變，歷史家不會因為現實的關懷
而妨害他論著的學術性。我的兩種代表作《周代城邦》和《編戶齊民》
既是研究古代歷史的實情，也透露我對中央集權的厭惡與對苦難人民的
關懷。別的歷史家也會有他們的心路歷程，這方面的資料公布的還不多，
無法詳論。

　　進入 1990 年代，當世界肯定臺灣民主化之時，臺灣的歷史家卻不一
定能體會時代社會的脈動。面對前所未有的政治、社會，甚至是文化的
變革，臺灣學術界，即使是以前團結一致反對專制的自由主義者，卻不
幸地分裂了，有的選擇民主而寧願創建新的國家，有的卻懷念中國這個
文化臍帶，期待專制中國有所改變。這是十年來爭論不休的國家文化認
同的分歧，歷史家受到的衝擊更大，這是臺灣五十年來以中國史為主體
的歷史教育和歷史研究必然的結果。

---

❷　這裡只舉我在 1990 年中期撰寫，最近才發表的〈古代物怪研究〉和李孝悌、
　　蒲慕州的著作以供參考。李孝悌，《晚清社會下層的啟蒙運動》（臺北：中央研
　　究院近代史研究所，1992）；蒲慕州，《追尋一己之福》（臺北：允晨出版公司，
　　1995）。其英譯本是 *In Search of Personal Welfare: A View of Ancient Chinese
　　Religion* (State University of New York Press, 1998)。

二十一世紀開始臺灣的史學研究與教學的規劃，大家已逐漸肯定應該要包含臺灣史、中國史和世界史（以前稱作西洋史）才算周全，這種認識可是經歷相當曲折的過程才完成的，尤其臺灣史與中國史的糾葛，直到今日都還可能引發政治風暴。先說中國史與西洋史。

1949 年以前的國民黨只是一個民族主義的政黨，在其統治下的教育思想也以民族主義為主軸。國民黨統治臺灣後，為徹底清除日本殖民教育的遺留，特別加強灌輸中國民族主義，歷史教育便擔負此一政治任務，以塑造人民的意識型態。但西洋史的課程也有一定的重要性，這可能是因為十九世紀中葉以後，中國不斷吃西方帝國主義的虧，為知己知彼而設計的。這種制度國民黨也帶到臺灣來，從中學到大學的歷史教育皆兼具中國與西洋，而以中國史為主，西洋史為輔。

教育和研究互為因果，以中國史為主要內容的教學不太可能培養西洋史（或世界史）的歷史家。本來臺北帝國大學歷史科設有國史（日本）、東洋史（中國）、南洋史和西洋史四個講座，具有比較寬廣的世界觀，可惜隨著日本撤離而終止，五十年來臺灣的史學研究只有中國史而已，即使是大學的西洋史也只停留在教學的水平，談不上研究❷。學術研究既然狹窄，教育出來的國民自然充滿著中國民族主義的意識型態。

臺灣史的研究情況比西洋史還不如。本來一個地方研究當地的歷史，一個國家研究本國的歷史是最自然不過的，可是有效統治只及於臺灣的國民黨政府，不但不把臺灣史當作本國史，甚至也不願它成為地方史而加以發展。像我在國民黨退守臺灣第二年就讀小學的人，直到大學，沒有上過一門臺灣史的課，片斷的臺灣史知識是從中國史零星獲得的。國民黨退守臺灣，其統治所設定的制度和管制措施，不使臺灣人有機會了

---

❷ 參杜正勝，〈臺灣中國史研究的未來〉，收入本書頁 55–65；楊肅獻，〈臺灣的西洋史研究，1950–1995〉，原皆發表於「歷史學學門現況與發展研討會」，國科會人文社會科學處、中央研究院歷史語言研究所主辦 (1995)。

解臺灣的歷史，更不容許有以臺灣作主體的臺灣史，只允許按照國民黨解釋的臺灣史存在，臺灣史只是中國史的一部分零碎知識，是中國人、中國文化到遙遠的移殖。臺灣的史學看不到臺灣史。此一荒謬現象在 1987 年戒嚴解除後才全面改觀，進入 1990 年代，臺灣史突然變成年輕人最有興趣的領域，有人甚至稱為「顯學」❷。

1990 年代是臺灣正式步入民主化的時代。1996 年臺灣舉行有史以來第一次人民直接選舉總統，2000 年，執政五十多年的國民黨下臺，臺灣出現第一次政黨輪替。這些現象正透露十年來臺灣社會產生本質的變化，臺灣主體意識覺醒了，臺灣人尋求作自己的主人，不再是中國的附屬品。這是空前的世變，在政治的表現非常明確，但文化則模糊而糾葛。有人強調臺灣文化的獨特性，與中國文化不同；相對的也有一些人因而不安，深怕「中國」在臺灣消失，於是政治上所謂的統獨之爭在史學上便演為中國史和臺灣史的衝突。

局外人應該不會認為臺灣史和中國史必然非衝突不可，不過處在臺灣情境內的人卻各有堅持己見的理由。譬如中學教科書就曾發生過這樣的糾紛，「本國」及「本國史」到底指臺灣或中國，答案往往因政治立場而截然不同。我為超越這些爭議，在 1990 年代中期我提出同心圓的架構來規劃歷史教育，即從臺灣史出發，擴及中國史、亞洲史以至世界史。我也希望這個架構在史學界能夠開展，歷史學者不再限於中國史的範圍，建立臺灣的解釋觀點，而發展為世界性的格局。但我的理論在歷史教育方面因為涉及政治不同立場，還無法落實；在史學研究上，也因為過去缺乏基礎，現在還無法實現。

---

❷ 彭明輝研究 1950 年以後的臺灣史學，他統計臺灣各大學歷史研究所碩士和博士論文，1960 年以前無臺灣史，全部都是中國史；1961–1970 年，中國史佔 93.6%，臺灣史 3.2%；以後臺灣史佔的比例，1971–1980 年，6.9%，1981–1990 年，10.9%，1991–2000 年，23.2%。參看彭明輝，《臺灣史學的中國纏結》（臺北：麥田出版社，2002），頁 161–162。

# 臺灣觀點的歷史解釋

　　我的朋友和我創辦《新史學》正逢共產世界解體，也是臺灣解嚴不久，開始民主化的時代。這批新史家學術性遠高於現實性，我們依然就自己專業之所長，在中國史研究領域內追求新的突破。

　　當時我們相信新的世界秩序必將出現，新的思潮也正在蘊育中。我們的世界觀與人生觀是樂觀的，並不懷疑歷史的真實，而是要採用各種有效的方法，謹慎地追求真實的歷史。這種態度頗受到 1990 年代在臺灣逐漸流行的後現代史學的挑戰。後現代史學也是舶來品，但與 1960 年代的社會科學以及 1980 年代的年鑑學派不同，它以一種截然不同的態度對待史料，根本懷疑有所謂的歷史真實。我認為新史家應視後現代史家為諍友，他們苛刻的挖掘是要更徹底地檢查史料潛在的偏見，新史家固然必須了解史家、史料與讀者之間的複雜性，但也應有追求歷史的真或近真的信心。歷史家如果放棄追求真實，那麼歷史與政治便無差別，這樣史家便有淪落為政客之工具的可能。

　　四百年前南島民族的臺灣還處在原始社會的狀態，1624 年荷蘭人進佔臺灣，把臺灣拉入新形成的世界體系，1661 年和 1683 年，中國兩種不同政權先後統治臺灣，後一波把臺灣納入中華帝國體系，直到 1895 年日本殖民臺灣為止，五十年後接著而來的是國民黨政府。臺灣人尋求「自我」不過是最近十年的事而已。由於臺灣最早的根源不是強勢文化，缺乏輝煌的傳統，她的「自我」是結合許多不同外來成分的複合體，但因為過去幾十年的特別情況，臺灣被放棄自我，宣稱代表全中國，而且自信這裡才是真正的中國。

　　到 1990 年代此一歷史幻象徹底破滅覺醒了，新的歷史認識逐漸從中國中心轉為臺灣主體，長期被邊緣化的臺灣史研究，已引起年輕學生更

大的興趣。我提倡的同心圓史觀扭轉「中國主體、臺灣附屬」的認識方式，也有人深有同感。從某種角度來看，不贊成後現代史學的我，何嘗不也是一種反抗文化霸權的「後現代」？

　　解構了以中國史為主體的臺灣史學，下一步該怎麼走呢？在多數歷史家的專長還是中國史的限制下，也許臺灣下一波的新史學運動將不再只是材料、工具（學科）、方法或理論等史家技藝的探索，也不是後現代主義的歷史解構，而是歷史家心態的解放——如何超越中國史的界限，突破長久以來臺灣史學社群以中國史為主體的習慣與束縛，從臺灣的經驗重新理解中國歷史，或以亞洲和世界的寬廣視野看中國史。

　　臺灣脫離中國政權統治，從日本殖民 (1895) 算起超過一百年，從國民黨退守臺灣 (1949) 算起，超過五十年。歷史解釋難免有形或無形地受到政治的操弄，臺灣與中國的距離將使臺灣史學的歷史解釋不受政治思潮或壓力的影響，應該可以更接近真實。當然，世界上中國以外的國家都可以擁有這樣的有利條件，不過臺灣曾經有過中國的政治經驗，而且直到現在仍浸淫在濃厚的中國文化氛圍中，這卻是其他國家的史學者不可能獲得的經驗。基於此，臺灣觀點的歷史解釋有先天的優越性，這是臺灣史學發展的契機。

　　臺灣史學不能，也不會再像過去五十年限於中國史的研究，過去十年來，臺灣年輕一代的學者一方面更多人關注臺灣史，另一方面也有一些人在歐美接受西洋史的專業訓練，比我這代人更有能力超越中國史的限界。我相信歷史研究的技藝可以而且也應該不斷求新，但研究格局的擴大與研究觀點的反省將決定下一波新史學運動的成敗與貢獻。

# 什麼是新社會史

## 回顧與反省

「新歷史」這個名詞在臺灣並不陌生，大家都知道和法國的年鑑 (An-nales) 史學派有密切的關係，是由這個學派發展出來的。我要講的「新社會史」基本上就是「新歷史」，但這是中國的新史學，並不是原封不動地將年鑑學派那一套照搬過來，毋寧是我個人多年來治史的反省與感想。

說到反省，首先要討論的是「新」與「舊」的問題。「新歷史」或「新史學」這個名詞勢必會觸怒一些人，認為我們存心以「新」「舊」來評斷今昔史學研究的高下，甚至推衍而成為這一群史學家屬於「新」，那一群史學家屬於「舊」，其實是大誤會。事實上，新舊之間不是對立的，尤其學術探索的歷程上，「新」之於「舊」只是一種相對關係，代表知識成長的某一階段性的發展。三十年前史家所重視的方向或課題，三十年後的史家也許有所不同，因為經過前賢的努力，這些問題可能泰半已經解決，或雖未解決，但在既存條件下似不可能有新突破，後之學者如果不改絃更張，如果仍走同樣的路子，研究同樣的問題，必將事倍功半，於是不得不求變，才可能有發展。

求變不是刻意翻新，任何時期的歷史現象都非常複雜，史家所能呈現的往往僅如滄海一粟，如果我們肯定歷史研究是史家對現實環境的反

應再投射到史料上 —— 即現在與過去的對話 —— 的一種結果，那麼後生學者有新的外在刺激，自然會有新的研究角度，揭發一些前人不曾措意的史實。這樣一代代傳下去，史學研究便一代代充實發展，就像有源泉的活水，汩汩不絕。所以我們說「新」「舊」不是對立的概念，而是不同階段的發展。有鑑於此，我們也不要忘記，今天講的「新歷史」，三十年後，甚至不必三十年，就變成另一代人口中的「舊歷史」。可見只要史學家對自己的研究時時反省，一定不時有「新史學」誕生，這是屬於主觀方面的發展條件；而外在客觀因素往往也是史家探索新方向的動力，譬如新資料的累積，研究方法的細密，其他學科新觀念的刺激等等，都可能是促成新史學的要素。

現在我們把問題範圍縮小，特別檢討新「社會史」的由來。這些年我個人從事社會史研究，也有一些反省，放在八十年來中國社會史發展的脈絡來看，有幾點值得提出來討論。第一是「骨骼和血肉的比喻」。1986年中央研究院第二屆國際漢學會議我發表〈周禮身分制之確立及其流變〉，提到「研究周代歷史，若不觸及禮制，即使建構其骨架，猶有缺少血肉之憾。軀殼雖具，而遺其精神」。當時提出此一概念，實因有感於以前我的歷史研究偏於骨骼，缺少血肉。後來我寫〈中國社會史研究的探索〉，在考查和蒐集的一些資料中發現同樣也在 1986 年，天津召開「中國社會史研討會」，會後宋德金發表一篇述評，他對中國社會史研究的過去與未來也採用這個比喻。近來我讀一本譯著《史學研究的新問題、新方法、新對象》，這是介紹法國史學研究新取向的書，其中雅克·勒戈夫 (J. Le Goff) 寫的一篇〈心態：一種模糊史學〉("Les mentalities: une histoire ambigue") 也有相似的見解。他說：

> 馬克思主義史學家強調生產方式和階級鬥爭為歷史發展機制，未能對基礎與上層建築的關係作令人信服的分析。他們用以觀察社會的經濟這面鏡子只蒼白地反映了抽象的理論：沒有面孔，沒有

活生生的人。人不能僅靠麵包生活，但馬克思主義史學裡連麵包
都沒有，只有一些骷髏不斷機械地跳著骷髏舞，這些沒有血肉的
機制需要有新的補充，而這正好由心態來提供❶。

原文刊於 1974 年，中文譯本 1988 年出版。勒戈夫批評馬克思主義發展
出來的史學只是「一些骷髏機械地跳著骷髏舞，沒有血肉」，需要有新的
補充，據他看來醫治之道寄託在心態史上。

　　以前的歷史研究比較側重政治、經濟和狹義的社會層面，包含外交
和軍事，基本上屬於我們所謂的「骨骼」部分，而今有人不約而同地提
出補偏救弊的呼籲，應該是反映過去百年歷史研究到達了瓶頸。我想以
往歷史研究既有一條大致相近的路，只要研究者具備反省能力，那麼，
不同地方的不同學者會有類似的檢討是不足為奇的。推測在中國的學者
大概不會早在 1970 年代就讀過勒戈夫的原著，而我以前也不曾留意過這
篇論文，我和中國學者又幾乎同時提出相似的反省，所以歷史研究由「骨
骼」進而增益「血肉」，應是二十世紀歷史學到最後四分之一年的普遍要
求。此一覺醒，我們得承認，法國的史學比我們先進。

　　基於如此的反省，觀察過去「社會史」研究的成果，後來有機會寫
了〈中國社會史研究的探索〉那篇回顧兼前瞻的文字。首先我認為中國
社會史的研究濫觴於「中國社會史論戰」，在此之前，「社會史」在歷史
學領域中並不成為一門獨立的學科。然而「論戰」從現實政治鬥爭出發，
而且也為政治鬥爭服務，學術意味相當模糊。到陶希聖先生離開論戰，
創辦中國社會史專攻的雜誌——《食貨》，社會史研究才算進入學術範疇，
它真正以追求歷史知識為先決要務，不再專為政治鬥爭提供理論基礎。
《食貨》可以稱之為中國社會史研究的草創奠基者。不過，往後的研究

---

❶　J. Le Goff 等編著，郝名璋譯，《史學研究的新問題、新方法、新對象》（北京：
　　社會科學文獻出版社，1988），頁 269–270。

基本上還是以左派的路線為主，尤其 1949 年以下的中國大陸，馬克思主義的社會史學壟斷一切，歷史著述變成馬克思主義理論的注疏，雖千言萬語，具體貢獻相當有限，我給它的評論是「教條公式主義的困境」。馬克思的理論對歷史研究誠然有許多啟發，但如果視為經典，奉做圭臬，史學是不可能有大突破的。反觀 1949 年以後到 1980 年代的臺灣，這三十多年的史學風氣深受美國的影響，尤其是社會科學方法的引進。然而由於方法不能對應資料，無所用其長技，值得稱道的史學著作乃寥若晨星，我也給它一個評語：「社會科學方法的貧乏」。最後我提出另一研究傳統，也許可以破困境而救貧乏，那就是利用過去的類書、筆記小說、古禮經說、札記，匯歸於民俗學，以建立不同時代人民的生活、禮俗、信仰與心態。

## 範疇與對象

現在我們所講的「新社會史」即是吸取以前歷史研究的成果，增益人民生活、禮俗、信仰和心態的部分。這門學問首先要思考研究的範疇與目標。過去的歷史或社會史研究大概多限於政治、經濟和狹義的社會這三個領域之內，討論它們的因果關係和關聯性，超出此一範圍，史家往往敬謝不敏，然而這種對題目矜持的態度卻是造成歷史研究逐漸貧乏的原因。現在我們要發展新的研究領域，可以分為三個層面（或範疇），一是物質的，二是社會的，三是精神的，這三者皆脫離不了人群，亦即是個人與社會，新社會史就是要對這三者做整體的探討。

我曾擬訂一個研究綱目，以生活禮俗史作為討論的重心，可以當做新社會史內涵的參考。這個綱目的大致內容是這樣的：

1. 生態資源

(1)山林（林木柴草及野生動物）　(4)草原谷地（牧）

(2)川澤海濱（水產動植物）　　　(5)礦產

(3)平時田野（農）

2. 產業經營

(1)農：①天氣與物候②生產工具③生產技術④栽培植物（五穀、菜蔬、花草）⑤馴養動物（畜力）

(2)漁牧：①生產工具及技術②養殖水產③肉類及乳品

(3)工商業：①生產工具及技術②經營方式與組織③貿易物品④商業網絡

3. 日用生活

(1)飲食：①飲料與食品②釀造與烹調③飲食器皿

(2)衣著：①布料②穿著品類（冠履衣裳）③款式

(3)建築：①民居②官署③遊苑園林④宗教建築

(4)行旅：①交通路線②交通工具③關卡河津④居停旅舍

4. 親族人倫

(1)血親構成與倫理：①家庭（家族）②五服宗親③同姓族人

(2)姻親構成與倫理：①母族②妻族

(3)譜牒

(4)門風：①家庭教育②家訓③家禮

(5)家族經濟：①財產②繼承③親族通財④義田義莊

(6)祖先崇拜：①家廟祠堂②祭禮

5. 身分角色

(1)親族：①宗族長與宗族成員②家族長與家族成員

(2)婚姻：①夫妻②離婚③媵妾④贅婿

(3)婦女：①婦女在家族中的角色②審美③貞操④悍妒⑤女教（誡）⑥娼妓

(4)非齊民人口：①臣妾②奴婢③部曲④客戶

6.社群聚落

　(1)聚落形態：①村莊②城市③戍鎮

　(2)社群之構成：①成員②領袖③規約

　(3)社群公共事務：①建設②生產③治安（含對破壞社會秩序的懲罰）

　(4)慈善救助：

7.生活方式（品味）

　(1)產業經營與生活方式：①農耕②漁樵③畜牧④賤役

　(2)作息時間

　(3)官吏

　(4)士大夫

　(5)僧道隱逸

8.藝文娛樂

　(1)品目：①詩歌（謠諺）②音樂③舞蹈④傳說故事⑤百戲⑥戲劇

　(2)地點

　(3)場合

9.生活禮儀

　(1)生命禮儀：①誕生②成長③成年④婚姻⑤壽辰⑥死喪⑦埋葬

　(2)社群禮節：①歲時祭典②廟宇神祇③迎神賽會

10.信仰宜忌

　(1)本土信仰：①天神②地祇③人鬼

　(2)教派信仰：①道教②佛教③基督教④伊斯蘭教⑤其他

　(3)行業信仰：①工②商③其他

　(4)宜忌：①日用生活②產業③人生禮儀④社群禮節

11.生命體認

(1)身體：①胚胎②人體構造③疾病

(2)醫療（含本草）：①病源與診法②針灸、傷寒及其他各科③本
　　草與方劑④法醫學

(3)命運：①各種命運觀②預測命運的方法（相命）③改變命運
　　的觀念與方法

(4)生命限度的突破：①神仙信仰②長生方術③健康衛生

12.人生追求

(1)人格風範：①君子②聖王③聖賢④忠教節義⑤隱逸

(2)職業追求：①軍②政③士④商

(3)人生意義：①古典②儒家③道④佛⑤其他

(4)人與天地萬物：①天體與四時②天人合一

(5)今生與來世


　　這個綱目的基本核心是人群，就中國歷史上的社會而言，可以隨資
料的性質而適用於不同的民族。研究內容分做十二大目： 1.生態資源，
2.產業經營和 3.日用生活，這三目屬於「物質的」領域。新社會史的基
磐不限於生產力或生產關係，而從更根本的生態資源出發，所以新社會
史必定涉及自然科學，後者的知識愈豐富，愈能開拓研究的空間。接續
而來的條目是 4.親族人倫、 5.身分角色、 6.社群聚落和7.生活方式，連
同一部分日用生活，屬於「社會的」領域。衣食住行等日用生活，論其
資源當然是「物質的」，但論其表現方式則是「社會的」或「文化的」。
譬如菜是物質的，菜的做法和吃法卻是社會或文化的。第三個層面是屬
於「精神的」領域，包括 8.藝文娛樂、 9.生活禮儀、 10.信仰宜忌、 11.生
命體認、 12.人生追求五目，而生活方式關於品味方面也涉及這個範疇。
現在將這十二目內容與三大領域的關係列表如下，以醒眉目。

| 生 | 產 | 日 | 親 | 身 | 社 | 生 | 藝 | 生 | 信 | 生 | 人 |
|---|---|---|---|---|---|---|---|---|---|---|---|
| 態 | 業 | 用 | 族 | 分 | 群 | 活 | 文 | 命 | 仰 | 命 | 生 |
| 資 | 經 | 生 | 人 | 角 | 聚 | 方 | 娛 | 禮 | 宜 | 體 | 追 |
| 源 | 營 | 活 | 倫 | 色 | 落 | 式 | 樂 | 儀 | 忌 | 認 | 求 |
| 物質的 | | | 社會的 | | | | 精神的 | | | | |

　　檢索上述三類十二目，似乎發現「政治」成分不在「新社會史」之中，這是不是意味著不含政治史的歷史就是社會史呢？其實任何人群皆離不開政治，人類社會只要到達稍稍複雜的階段，產生統治者與被統治者的關係，就構成一種政治形式，捨棄政治，實在沒有多少社會史可言。但現在我們只是不特別將過去政治史的課題，如變幻的政治鬥爭或固定的行政制度作為新社會史研究的直接對象而已。政治史舊課題姑且不說它對新社會史研究具有背景的意義，就某種層次而言，二者也是非常貼近的。譬如中國道教的神仙世界，幾乎就是中國帝制格局的翻版；道教科儀基本是秦漢規模之政治制度的反映，甚至連術語也是秦漢時代的語言；而佛教傳入之前，地下世界的演變更和從封建到郡縣的現實世界密切相關。我們不難體會到政治在中國傳統社會之無孔不入，它不僅管制中國人的肉體，也主宰中國人的精神和思想。總而言之，中國的政治結構雖然不是社會的基礎，但從群體的社會活動與信仰以至個人之思想觀念，都離不開政治結構的模式，因此，中國人的死後世界和神仙世界才充滿著政治結構的氣味。

## 基本的研究態度：整體與聯繫

　　上面說過，以前歷史學者過於謙遜，許多領域都敬謝不敏，致使生活層次可以聯繫的課題逐漸割裂，導致這門學問日益萎縮。現在我們應該大膽一些，全面性、整體性地體察社會人群的生活和文化。歷史本來

就是整體的，這話不少人說過，所謂社會史並不是從歷史割裂出來的一部分，而是從社會的觀點出發去看全部的歷史，所以社會史也是整體的。但歷史研究總有入手處，或立足點，就像說書的先生一張嘴不能同時講兩件事，總須先講一件，整體的歷史研究就是要從立足點串連其他各重要部分，構成一個有機的網絡。誠如馬克思說的：「現代歷史著述方面，一切真正進步，都是當歷史學家從政治形式的外表深入到社會生活的深處才取得的」(〈馬志尼和拿破崙〉)，這是說政治與社會的聯繫、表面現象與內在結構的聯繫。

英國社會史家崔味林 (G. M. Trevelyan) 在他的《英國社會史》(*English Social History*) 序言講到社會史的範圍，是過去人民之日常生活，包括不同階級以及經濟的相互關係，家族與家庭生活，勞動與休閒的條件，人對自然的態度，一般生活條件所反映的每一世代的文化，如宗教、文學、音樂、建築、學習與思想的不同形式。強調生活史，崔味林早在 1944 年就如此宣示，而他寫的書也傾向這個方向，所以他的社會史觸及宗教、文學、音樂、建築、思想、教育諸問題。這類包羅萬象的社會史是二十世紀上半葉的通相，涵蓋層面雖廣，卻很少注意內在的聯繫，倒是布洛克 (Marc Bloch) 的《封建社會》(*Feudal Society*) 已注意到生活環境和心態之間的關係。《封建社會》第二部環境章，〈生活條件與心態氣氛〉("Conditions of Life and mental Climate")，他講十二世紀以前中古歐洲的環境，那是一個茅屋相望、道路崎嶇、盜賊出沒的社會，一個相當封閉的社會；而十二世紀以後，商業發展，城市興起，形成一個開放的社會。他比較前後兩個時代與社會，從客觀的、物質的、經濟的形態出發，來描述這兩個時代的人對人生的看法，傳達不同的時代精神。布洛克很早就注意外在環境與社會特質的關聯，比專注於表面各種現象者更為深刻。所以新社會史的研究除全面性外，更要注意各種現象間的聯繫，才能達成真正的整體性。

關於歷史研究的整體與聯繫，以下就個人讀書所得，略舉一些例子

以供讀者參考。

顧亭林《日知錄》卷十二「館舍」條是從外在具體事物講到內在抽象精神的範例，讀孫樵〈書褒城驛壁〉與杜甫〈秦州雜詩〉中的驛舍，驗證李唐舊治的州縣，而知「其城郭必皆寬廣，街道必皆正直，廨舍……基址必皆宏敞；宋以下所置，時彌近者制彌陋」，終至於明末，百事皆廢。他認為這是由於「國家取州縣之財，纖毫盡歸之於上，而吏與民交困，遂無以為修舉之資」。顧亭林從館舍點出中國歷史發展的一大趨勢，宋以下，中央愈來愈集權，地方資源愈來愈枯竭。館舍雖是地方行政末節，卻能體現國家興衰與時代風氣，亭林這條札記雖然簡略，卻是新社會史研究方法極為具體的說明，那就是能在日常習見習知之事物中發現社會民族之特點，覘知時代風氣之轉變。《日知錄》同卷「街道」、「官樹」、「橋梁」和「人聚」諸條也都具有類似的啟發性。

第二個例證是盜墓刑責反映的社會文化現象。《酉陽雜俎》前集卷十三〈尸穸〉云：「故舊律發冢棄市，冢者，重也，言為孝子所重，發一蠡土則坐，不須物也。」換言之，盜墓死罪，這裡牽涉國家政令及社會人情。關於政令，程樹德《九朝律考・漢律考》四〈雜考上〉發冢條論證甚詳，明知葬者僭越，地方長吏發冢剖棺驗證無誤，亦遭重譴；甚至盜墓而活人，州牧猶以為盜者意惡功善，論笞三百，不齒終身。不過段成式所謂「發一蠡土」云云法律有比較具體而細緻的分別，《唐律疏議》卷十九〈賊盜〉律：「諸發冢者，加役流；已開棺槨者，絞；發而未徹者，徒三年。其冢先穿及未殯，而盜屍柩者，徒二年半；盜衣服者，減一等；器物、磚、版者，以凡盜論。」盜墓依對墳墓、棺槨破壞的程度及所盜之物而有分別科刑，但只要動一小塊墳土就屬犯罪則是事實。《唐律疏議》卷十三〈戶婚〉律曰：「諸盜耕人墓田杖一百，傷墳者徒一年。」其他牽涉侵及園陵墳墓之罪皆較一般為重。唐律的規範是有長遠傳統的，《史記・張釋之列傳》云，漢文帝時有人盜高帝廟座前玉環，文帝欲加以最重的族罪，掌管司法的廷尉張釋之反對，根據律令，盜宗廟服御物當棄市，構不成

族罪，所以他反問皇帝：「假令愚民取長陵一抔土，何以加其法乎？」可見早在漢初，盜墓的罪重於盜宗廟。

政治層面的律令對盜墓者處分如此嚴酷，應該反映中國社會的特質，常識性的理解，中國社會組織以血緣團體為主，重視家族綿延，故多呈現慎終追遠之意。但單從社會層面來解釋似仍不足，因為宗廟也是慎終追遠的象徵，何以盜墓罪比盜宗廟還重？而在盜墓罪內，家族主義的色彩並不特別濃厚。唐律發冢條疏曰：「尊長發卑幼之墳，不可重於殺罪；若發尊長之冢，據法止同凡人。」發而未徹及盜屍柩者，若對卑幼，減罪；「其於尊長，並同凡人」。從重量刑者亦止於凡人之科而已，這和一般盜賊律所表現的家族主義頗不相同，所以如果僅從社會結構的角度去解釋嚴禁盜墓，似乎不太完滿；但如果再從中國人死後世界的觀念來考察，意義就更加明顯了。世界上許多民族都有死後世界，但中國人的死後世界既非基督教的天堂，也非佛教的淨土，在佛教流行之前也沒有近東或南亞式的地獄。中國人相信魂魄雖然無所不至，但經常的居住處所則是墳墓。盜墓重刑當與此信仰有密切的關係，可見同一事情從政治法律涉及到社會結構和宗教信仰，新社會史研究比較重視這種多層次的課題。

我想舉證的第三例是審美觀。大家熟知美的標準歷代不同，譬如唐代美女多環肥，宋代美女則燕瘦；類似形態也反映在雕塑藝術上，唐代佛像雕塑豐滿，宋代則崇尚清秀。即使連微不足道的鬍鬚審美觀也透露許多深刻有趣的歷史現象。

尚秉和《歷代社會風俗事物考》卷四有一條說「周以來重鬚」，引《左傳》昭公七年云「楚子享公於新臺，使長鬣者相」，謂楚君派「長鬣者」接待國賓，杜預解釋鬣是鬚，以長鬚為美。但鬣或寫作儠，謂體貌壯偉之人，和鬚無關。《左傳》昭公十七年吳謀攻楚，使長鬣者三人伏於舟側。江南水鄉，其地土著斷髮文身以便游泳，試想連髮都斷了，還有留著一大把長鬚的必要嗎？而且溼熱地帶的人恐怕也不會以多鬚為美，那到底和自然環境不相稱。

不過長鬚似乎是北方人的風尚，睡虎地出土的秦律律說云，與人搏鬥，縛而盡拔其須麋（鬚眉），論完城旦，這是相當重的罪罰，應是具體的證據。漢代刑名有「耐」，原寫作「耏」，「而」是鬚，彡疑即鬢，孔穎達說古者犯罪以髡其鬚（《禮記・禮運・疏》）。耐雖然屬於輕刑，但也反映髭鬚對於一個男子是不可或缺之物，這些律令應該都從北方習俗演變而成的。《孔叢子》卷上記載一則故事說，齊君欲以嬖臣之美鬚眉借子思，子思說，他不在乎沒有美觀的鬚鬢，可見流俗的風尚。故《史記・高祖本紀》云劉季美鬚髯，《後漢書・光武紀》也說光武美鬚眉，史傳例證甚多，不勝枚舉。《酉陽雜俎》續四云，博陵崔氏時有惡疾，人多無眉，北齊李庶無鬚，時人呼為大閹，互相譏誚。這麼看來，杜預解釋長鬢，顯然受北方的傳統的影響，不見得符合江漢流域的實情。

北方所美之鬚髯，如果說是華夏民族的一項審美觀，那是什麼式樣呢？是「關公式」的鬚髯，還是「張飛式」的鬍子？觀察歷代道教諸神之圖畫以及直到近代的民間神像，基本上以「關公式」為主，也可以說是中原式的，或古典式的鬚。等到「鬍鬚」出現，當時社會文化的變化恐怕不僅止於鬚髯而已，也許與北方游牧民族或遠及中亞與高加索血統之滲入有關，從此以後鬍鬚的審美標準也有分別。如果你生活在魏晉時代，你所欣賞的鬍鬚是怎樣的？關公式或是張飛式？傳統中國人似乎比較偏愛關公式的鬚髯，這是否也是「中原意識」對待外族的一種心態反映？劉義慶《幽明錄》說，晉元帝時代有衣冠族姓某甲暴卒，上天詢司命，推算命壽未盡，發遣令還。某甲腳痛，不能速行，但還陽太遲怕肉體腐敗，陰司於是以他的雙腳和善跑的新死胡人掉換，等他回陽，揭開來看果然是胡腳，叢毛連結，而且胡臭。據說這位某甲「終身慚穢，未嘗惧視；雖三伏盛暑，必復重衣，無暫露也」。這樣的審美觀應該不會欣賞張飛式的鬍子，依此類推，分別探究各種具體的問題，當能逐漸掌握中國人對異族的心態。而到晚近，西風橫掃中國，中國人怎樣放棄自己的審美標準，也是饒有興味的課題，從審美標準的改變似乎也可發現國

家的盛衰和文化的興替。

下面我再舉民生日用的例子。譬如衣冠，古代的中國男人穿裙子，適宜「駕」車，不宜騎馬，要騎馬時，就不能穿裙子，非改穿褲子不可，所以趙武靈王有「胡服騎射」之舉。衣冠服飾的改變是和戰爭型態與政治社會的變革息息相關的。又如建築布局，傳統建築格局自宮殿、官署以至民宅，皆具有「中軸對稱，深進平遠」的特點，也就是講究「方正」。

日常生活瑣事雖然細微，但與該文化的特質則是息息相關的。以每日人人接觸的床來說，這麼平凡的東西卻反映甚深奧的道理。中國人什麼時候開始睡床？床的型式如何變化？原先中國人席地而睡，睡覺是不用床的，清朝黃廷鑑《第六絃溪文鈔》（《叢書集成》初編）卷一有一篇〈考床〉，就指出古代坐臥都在地上，用席子，坐席曰席，臥席曰衽。他推測席子如長凳而闊，可執亦可移，適宜於衰老疾病之人。按甲骨卜辭「疾」字作𤕫，象人臥於有腳的木板上，渾身出汗，此有腳之木板即是床，《說文》寫作𤕫，許慎說是倚，「人有疾病，象倚著之形」。比較《儀禮・士昏禮》和〈士喪禮〉，男子迎親，〈士昏禮〉云：「婦至，主人揖婦以入；及寢門，揖入；升自西階，媵布席于奧，夫入于室，即席。」只見席，不見床。然後新郎新娘脫去禮服，「媵衽良席，在東，皆有枕，北上」，睡席是舖在地上的。《詩經・小雅・斯干》也說：「下莞上簟，乃安斯寢，乃寢乃興，乃占我夢。」莞、簟是蒲草和竹葦之席。〈士喪禮〉說，死於適室，招魂，帷堂，赴告於君，然後主人「入坐于床東，眾主人在其後，西面；婦人俠床，東西」。尸臥於床上，《禮記・喪大記》云：「含一床，襲一床，遷尸於堂又一床。」可見先秦禮俗，床只有疾病或死亡時才用得著，正常的活人是不用的。

閻立本「歷代帝王像」及敦煌壁畫所見的床是坐床，也就是胡床，床作為寢臥用具，五代韓熙載「夜宴圖」就非常明確了，一般也認為睡床從五代北宋以後才普遍。然而禮書或史籍所傳寢地之俗多是黃河流域的資料，江漢溫溼地帶我們所知仍極有限。自河姆渡文化以下，南方有

一種「干欄式」建築，打樁，架樑，舖木做地板，再蓋房子，這樣的木板其實同具床的功能，很有益於人體健康。我疑心床是南方的文化，它的普及過程可能關係各地文化交流，尤其是「南蠻」對華夏的影響，實在值得好好研究。陶弘景《真誥》卷十五說：「人臥床當令高，高則地氣不及，鬼吹不干，鬼氣之侵人，常依地而逆上。」臥床之人很可能是病人，所臥床高，地氣不及，鬼吹不入，此一觀念發展下去，很可能促成睡覺用床的風尚。所以床這樣不起眼的家具不但牽涉生活方式、醫療衛生，而且和文化交流、宗教信仰都有關係。

以上四例說明新社會史研究要從切近生活的課題出發，尋繹其關聯的多種層面，進而塑造複雜歷史的整體性。歷史是複雜的，近代的史家往往把它看得太簡單，爭相製造理論，結果不但無補於實際，而且徒增混淆，也可以算是一種「污染」，新社會史希望不要再重蹈前人的覆轍。

## 新社會史的期待

新社會史研究者所具備的知識應不厭其多，上面四個例子應該可以說明，因為知識愈豐富，愈容易觸類旁通，問題的奧蘊愈容易發掘出來。記得 1982 年夏天我到檀香山參加「國際商文明研討會」，會畢遊覽珍珠港紀念館，倚著欄干，凝望萬頃碧玉大洋，適時張政烺氏在旁，我請教他如何才能把歷史學好，他沉思一會，尖著嘴瞇瞇地笑說：「知識愈豐富愈好。」這句看似平凡的話，我愈來愈覺得意義深遠，尤其當我踏入以生活禮俗為重心的社會史新領域時，愈發覺得知識不足，而許多問題也無法深入。

1992 年春天與日本松丸道雄教授在中央研究院國際學術活動中心的一席話也引發我不少聯想。那晚的話題是「中國青銅文化是本土誕生或是西亞移植」，松丸一貫的見解是比較傾向於後者的。大家習知青銅工

藝中國以塊範法聞名，西亞則是失蠟法，商或西周的青銅器即使極細緻複雜的動物裝飾也使用塊範法，有的範多至二十餘塊。何以中國古人費那麼大的力氣，寧採極複雜困難的塊範而不會使用比較簡單的失蠟法呢？除工藝傳統的因素外，和必備條件——蠟之有無多寡當然是息息相關的，而這又取決於是否為養蜂食蜜的文化。近東自古以來就食蜜，故尚甜食，中國先秦禮書的食譜，甜食幾乎絕無僅有，普遍流行鹹食，所以湯不夠鹹，讓客人端起來喝，主人必自責。表面看來，青銅工藝製造法和飲食風尚風馬牛不相及，但從蠟來看，似乎是有聯繫的。

新社會史研究除廣泛知識之運用外還要依靠各色各樣的新資料，這方面的意見我在臺灣大學歷史系舉辦「民國以來國史研究的回顧與展望研討會」（民國七十八年八月）發表〈中國古代社會史重建的省思〉已有所論述，說明新資料引發的新課題以及建構古代歷史的新面貌。新社會史如果以人民群眾作為最主要的研究對象，那麼像睡虎地或放馬灘的秦簡日書，馬王堆帛書之脈書、藥方、養生方，以及敦煌卷子類似的資料將比傳統正史文獻提供更多的訊息，讓我們窺探古人生活之各種面貌，以及潛藏在表相下的深層結構。

新資料和其他學科的知識是歷史學發展不可或缺的條件，傅斯年早在六十多年前宣示歷史語言研究所工作旨趣時就闡述得極其明白，他說：凡一種學問能擴張他研究的材料便進步，不能的便退步；凡一種學問能擴充他作研究時應用的工具的則進步，不能的則退步。新社會史發展的基礎亦取決於此，同時我們還強調研究者宜進入歷史情境，以同古人之情的方式理解古代世界，「入乎其內」然後鳥瞰式地「出乎其外」，而非站在現代的立場頤指氣使，批判古人。因此研究者所使用的語言，都有重新省視的必要，譬如天、地、人，我們現代的觀念是否即是古代的觀念，我們理解的方式是否切合古人的真實。這些最基本的語言和理解往往會成為研究者進入歷史情境的絆腳石。

總而言之，我們認為新社會史的終極目的在於掌握該社會的特質，

所謂社會特質不是左派史家習稱的奴隸或封建制，不限於生產關係這個環節，當然更非以此環節做基準。它毋寧是文化的特色，貫穿於多種事物之中，涉及對象是全民或大多數人（當然，論著對象並不排除單個個人，只要那個個人具有普遍的代表性）。

新社會史雖然標榜全史，但不是百科全書，也不要求無所不包；相反的，它應有適度的範圍和重心。它既以人群為主要對象，當探求各個社會、各個時代，該人群利用資源的方法，他們所創造的生活情境，所追求的生活方式，所企盼的人生意義，以及安頓生老病死等（凡作為人必定要面臨的）問題的手段。大抵上，可以囊括在「生活禮俗」四字之內，所以「全史」的意義毋寧是探求這些問題間的關係，並且提出一個貫通各問題的概念，以說明某一社會與文化的特質，那是整體而且是聯繫的。

新社會史當使歷史學摘除社會科學奴僕的身分，並且免於被各種學科（如思想史、政治史、經濟史、科技史等）瓜分的危機，擺脫過去數十年的陰影，與社會科學等平等相待，提供另一種思考模式，建立真實的知識基礎。以往有一段時期，在社會科學的籠罩下，歷史學只剩下提供史料和甄別史料的功能，若不徹底省悟，在當前情況下，提供史料的能力不及電腦，甄別史料其實也不如文獻考據家，歷史研究者如何成為真正的歷史家，才是最基本的前提，新社會史當然負有這樣的使命。

最後我認為一種新學風形成的基礎不在簡潔明確的宣示，也不在動人心絃的博辯，而在於具備歷史宏觀又經得起細部推敲的著作，法國年鑑學派之所以成功應是最好的證明。我們所期盼的是有源源不絕的具體問題的研究，「什麼是新社會史」，應該不須再闡述了。坐而言，不如起而行，以新著作說明新作風，作品一旦累積到相當程度，什麼是新社會史的問題自然迎刃而解。

# 中國古代史研究
## —— 臺灣觀點

## 前　記

　　學術要有傳承，也要有知音。我從未夢想過有機會來聞名於世的哈佛大學發表演講，尤其像今天這個場合——「楊聯陞紀念講座」的首次演講。楊教授是二十世紀下半世界少數著名漢學家之一，執教於哈佛大學數十年，作育天下英才無數，譬如擔任我的介紹人的余英時院士就是他的得意門生。論學問，論輩分，以及論我對楊教授的了解，我都沒有資格來主持今天的講座。不過，我還是非常感謝哈佛大學東亞系給我這個機會，讓我能夠公開地表達我對楊教授的感激與懷念。

　　我在 1980 年進入史語所，楊教授是史語所的通訊研究員，與史語所關係密切，但直到 1983 年，我被選為哈佛燕京社訪問學人，來哈佛研究才有機會向他請益。這一年我雖然沒有論文發表，但不論學問的領域、思考的角度或研究的方法，都有長足的進步。我要特別感謝的人中，楊教授就是一位。我首先將已經發表的論文，如〈封建與宗法〉，或尚未發表的文稿，如《編戶齊民》的一些篇章送請他指正，他都像老師批改學生的學期作業一般，細細看，寫下他的評論還給我。後來他定期約我見面。我永遠不會忘記十五、六年前的情景，在神學路 2 號東亞系那棟典

雅建築的二樓、一間寬敞的研究室內，
每週一中午，一老一少對坐，一邊吃三
明治，一邊談論學術的、文化的，以及
中國或臺灣的問題。三明治是楊夫人做
的，肉、菜俱全，非常豐富，還有甜點
和水果，我只負責泡茶。

　　我在哈佛的那年，據說是楊先生晚
年健康情況最好的一年，週一中午的會
談，據我記憶所及幾乎很少中斷。我們
談論的話題寬廣而龐雜，我不記得有什
麼話題成為以後我論文的題目，但自
1980 年代中期開始，我的學問方向有所

楊聯陞像

轉變，我想這一年無特定目的的談論肯定是不可或缺的發酵劑。

## 臺灣觀點

　　歷史研究一定帶有特定時空的色彩，也有研究者個人的風格。這裡
所說中國古代史研究的臺灣觀點，當然具有臺灣幾十年來學風的特色，
但也有我個人的因素，嚴格說應該是一個臺灣的觀點。

　　我的專業領域偏於中國古代，上面提到的兩種著作是我在這個領域
內三本代表著作的一部分，這三本書即是《周代城邦》❶、《編戶齊民》❷
和《古代社會與國家》❸，寫作時間大概從 1973 到 1986 年。《周代城邦》

---

❶　杜正勝，《周代城邦》（臺北：聯經出版公司，1979）。

❷　杜正勝，《編戶齊民》（臺北：聯經出版公司，1990）。

❸　杜正勝，《古代社會與國家》（臺北：允晨文化出版公司，1992）。

和《編戶齊民》一開始便以專書的規模論述，觀點鮮明，提出「城邦論」和「編戶齊民論」，呈現我對古代中國政治社會發展的整體看法，與中國或日本的學者頗不相同。至於《古代社會與國家》的篇章原是分別獨立的論文，後來重新安排，刪汰重複，遂略具專書的規模。不過，這書並沒有提出其他新的史學觀點，可以說是對上述兩種理論的補充。當 1992 年我當選為中央研究院院士，有新聞記者標識我的史學是「非馬列主義的人民史學」❹，後來也有記者介紹，說我的研究呈現「臺灣觀點」❺。

歷史研究隨著不同史家的世界觀和人生觀而有不同的重點，史學著作也因而呈現不同的風格。這是歷史家自主性的一面，但相對地歷史家也會受到外在條件的制約，譬如他的學習傳統（或可稱做學派）和他所生存的時空環境。這幾種因素一般多是湊雜一起的，不過，在特定情況下，可能某一因素會佔居優勢。我們不妨從這個角度來討論「臺灣觀點」的形成。

臺灣和美國類似，進入文明不到四百年，按照順序，荷蘭統治三十八年，明鄭二十二年，清朝二百一十二年，日本五十年，最後國民政府至今五十餘年。臺灣有現代化的學術始於日本統治時期，但人文學的研究，日本人在臺灣似乎沒有留下什麼傳統。以我比較熟悉的歷史學來說，他們沒有培植出著名的日本史、東洋史（中國史）或西洋史學家。所以現在論臺灣的史學研究，只能從 1949 年以後觀察；換句話說，臺灣的史學傳統是來自中國大陸的歷史家奠基的❻。第二次大戰結束不久，國民黨與共產黨爆發第二度內戰，有些傑出史學家紛紛遷徙來臺，主要集中在兩個機構，一是中央研究院歷史語言研究所，一是臺灣大學歷史系。

---

❹ 《自立晚報》，1992.7.15。

❺ 《中國時報》，1993.2.19。

❻ 參杜正勝，〈臺灣中國史研究的未來〉，《古典與現實之間》（臺北：三民書局，1995）。

這批學者包含中國學術現代化過程中的第一和第二代，其中不少人還是推動此一運動的關鍵人物，譬如胡適 (1891–1962)、傅斯年、沈剛伯、李濟和李宗侗等人。臺灣的史學研究雖然比中國史學現代化推遲三、四十年，但論世代則大抵相當。所以在臺灣建立的史學研究，毋寧說是中國現代化史學的移植或延續，按照當時逃避共黨統治來臺人士的心情，是要延續其史學傳統，以免遭受紅色污染和迫害，這和政治人物跑到臺灣來延續正統有些類似。因此，日本不曾建立的史學空白立刻由中國現代化史學填補，做過五十年殖民地的臺灣，遂未發生類似其他後殖民地區，所從事的歷史重新解釋和學術自主等運動。

　　從 1950 年代起，臺灣的學術環境相對於中國大陸是自由得多的。在臺灣，即使實施戒嚴法，一個學者只要不挑戰現行政策，未對國民黨或蔣氏政權構成威脅，仍有相當大的空間從事學術研究；尤其像上古史這種遠離現實的領域，除共產黨會納入人類長程歷史的理論外，很少有人把它與意識型態掛鉤。上述「避秦」到臺灣的歷史家便在「安全範圍」內，比中國大陸的學者不受干擾地維持學術的獨立和自主。雖然安全的界限因人、因時、因課題而有所伸縮，但過去幾十年臺灣的史學研究大體上多在這樣的規範內進行，直到 1990 年代才完全解除政治禁忌，不過，史學社群間則萌生統獨意識型態之爭，那是另一問題，離本題稍遠，可以不論。

# 第一代學者

　　上面提過，來臺歷史家主要聚集在史語所和臺大歷史系，前者以傅斯年、李濟為首，後者如沈剛伯、李宗侗和姚從吾等人。傅斯年雖出任臺大校長，但不及兩年就去世，他的史學思想在臺灣大學並沒有充足的發展，不過在他一手創造經營的史語所則被奉為圭臬，傳承成風。臺大

的史學主要受沈剛伯的影響，他比傅斯年早到臺灣，促成傅斯年出任臺大校長，擔任歷史系教授和文學院院長超過二十年。關於傅、沈二人史學思想的差異，我曾有所論述❼，茲不細說，不過他們都能排除政治壓力的扭曲，盡量追求客觀的史實——這樣的觀點和態度，即使傅相當樂觀，而沈比較悲觀，但基本上還是一致的。這構成臺灣史學研究的基本風格，我們要分析中國古代研究當然也不例外。

傅先生的研究主要是中國古代民族史，沈先生長期講授希臘羅馬史，晚年轉而研究中國古代思想文化史；他們兩人的專業領域都屬於古代中國，而研究方法則以古籍新解見長。論臺灣的中國古代研究，第一代學者中當然不能忽略李濟和李宗侗。李濟利用科學考古的材料重建中國古史，是從考古走入歷史的典範❽，在考古學的基礎上建立中國古代史乃成為臺灣歷史學家研究古史的基本原則，大家熟悉的張光直 (1931–2001) 和許倬雲，都是李濟的門生，傳承這種學風，影響到我這一輩以及比我更年輕的學者。

李濟長期擔任史語所所長和臺大考古人類學系主任，他的中國古代史學不只是史語所的方法學，也是臺大的方法學。不過，臺大還有另一種古史研究，那就是李宗侗的古代史學。李宗侗的學術角色與研究方法我亦曾論述❾，可以稱作人類學的古史研究，藉用民族誌和比較古史，揭露古代社會組織的特性。

傅、沈、二李是臺灣的中國古史研究的第一代學者，也奠定這個領域的基本風格。第一，他們堅持學術獨立自主，不受政治干擾，更不作興去呼應意識型態。其次，根據可信的資料做合理的解釋，以重建中國

---

❼　杜正勝，〈史語所的益友沈剛伯〉，《新學術之路》（臺北：中央研究院歷史語言研究所，1998），收入本書頁 157–173。

❽　杜正勝，〈新史學與中國考古學的發展〉，《考古、文明與歷史》（臺北：中央研究院歷史語言研究所，1999），收入本書頁 174 以下。

❾　杜正勝，〈中國社會史研究的探索〉，《古代社會與國家》。

古代社會的面貌。第三，整合多種學科，除傳統文獻之詮釋外，最重視考古資料，旁及民族學以及古文字學和古器物學。我生也晚，傅先生未及見，上大學時李宗侗先生已不教授中國古代史，我只上過沈剛伯和李濟兩位先生的課，並且有幸受沈先生以及傅先生的學生高去尋教授聯合指導碩士論文。

另外，我大學時代臺灣史學界極具影響力的人物是當時的青年學者許倬雲教授，他的專業也是中國古代，而把美國流行的社會科學方法介紹到臺灣，應用在史學上。許先生的博士論文 *Ancient China in Transition*（《先秦社會史論》）以統計分析論證春秋到戰國的社會流動，即是一個範例。我是許先生的學生，受他多方面的影響，但我對當時流行的社會科學方法並不熟練，也沒有太大的興趣，所以我的古史著作很少有這方面的痕跡。


# 周代城邦


1966 年我進入臺灣大學歷史系，這年中國發生驚天動地的「文化大革命」，1971 年上研究所，翌年動筆寫碩士論文。上面說過，日本五十年的殖民統治，歷史學沒有留下什麼學術基礎。1950 年代的臺灣，史學方面，圖書奇缺，對外面的訊息也非常隔膜。1950 年代中期前後，中國的古史學者展開古代社會性質的辯論，討論奴隸制和封建制該在古代那裡分段，或是說有第三種社會型態，即亞細亞生產方式。諸如此類的馬克思主義術語，在當時臺灣的言論尺度，已超出所謂的「安全範圍」之外，為全身而計，絕對不宜宣之於口，筆之於文；何況這是「共匪」討論的問題，除非少數「匪情專家」有點專利，一般人是不敢碰的。所以「古代社會性質」這個課題在臺灣的史學研究和教學根本不存在。即使同時期日本學者熱烈研討的中國古代專制主義、古代國家性格、人身支

配，或土地所有制等問題，也因為具有「左」的色彩，不能公開討論。

但在中央研究院，這個不論實際生活或精神領域皆與臺灣現實有相當距離的學園內，卻可以閱讀到這些禁書，好像享有治外法權的租界似的，算是一個安全地帶。我在史語所的傅斯年圖書館讀到上述討論古代社會性質的專書和論文，嚮往大歷史解釋，但對於中國學者的爭辯，只在馬克思主義的歷史階段論中翻滾，甚不滿意。我一邊看爭辯，一邊檢查他們的根據，於是回溯古典，進入古代世界，逐漸發現中國歷史的特質 —— 可能在馬克思主義的架構之外。我的《周代城邦》就是這樣形成的，提出城邦的理論，希望超越亞細亞生產方式、奴隸制以及封建制的糾纏。

《周代城邦》原為碩士學位論文，題目是「城邦國家時代的社會基礎」，初稿寫於 1973 年，我主要關懷的對象是與政治相對的社會。1950 年以後的臺灣，政治上一黨、一人專制，但社會上，順民還可享有一些自由，而「動口不動手」的自由主義分子也還被容許有一點存在的空間。影響所及，青年人也會關注政治與社會交錯的種種問題。雖然現實生活中政治壓力甚為沉重，卻還有一絲自由空氣，遂使一個歷史學生反省中國歷史上何以政治力愈來愈大，社會力愈來愈小。這方面的思考，我相信也受到許倬雲先生研究西漢政權與社會勢力交互作用的啟發❿，但我把這個問題往前推，發現中國曾有過社會力量幾乎可與政治力量平起平坐的時代，那就是西周和春秋。這種與秦漢帝國以下截然不同的歷史走向，我歸結於是「城邦」的國家型態造成的。我當時的研究，在學術論文之外，有一項附帶的收成，即是從先秦典籍發現可以滿足二十世紀中國自由主義者的一些需求。中國社會曾有一種稱作「國人」的自由民，不但有生活的自由，也有積極參政的權力。於是心嚮往之，分別從國人、野人和貴族建構我的周代城邦世界。

❿　許倬雲，《求古編》(臺北：聯經出版公司，1982)，頁 453–482。

　　中國有人比我還先使用「城邦」或類似的名詞，侯外廬稱作「城市國家」，日知（林志純）稱作「城邦」。但侯氏的「城市國家」是亞細亞生產方式的另一種提法，他把這個階段放在奴隸制形成的前期 ❶。日知把中國古代城邦視若蘇美、希臘城邦 ❷，按照馬克思的理論，其實就是奴隸制。我的城邦意涵與他們都不相同，我認為不但住在城裡的「國人」是自由民，即使住在城外的「野人」也不能認為就是奴隸。總而言之，我的城邦論是馬克思階段論以外的東西，不能在階段論中尋找位置。

　　《周代城邦》涉及的問題，在 1970 年代初期的臺灣，多少是帶有一點風險的。所幸國民黨自陶希聖退出政壇後，已罕有理論家，他們對我的論述不會產生興趣。雖然我反駁中國歷史家對古代社會的解釋，但與臺灣的政治立場卻一點也沒有關係。我還是秉持 1950 年代以來的學風，追求真實的歷史。我初發心，固起於現實關懷──尋找與政治力抗衡的社會力，但學術訓練提醒我不能以自己的偏愛左右客觀的事實，至今我仍然未發現以前的證據和推論有牽強附會的地方。雖然在 1980 年代以前，我的城邦說是對專制獨裁的不滿，而 1990 年代以來，城邦說也許可作為抗拒蠻橫統一論的歷史依據，但這些都無損於中國古代城邦的事實。這也是在世界普遍不敢相信有所謂「真實」的思潮中，我仍然堅持求真是歷史家重要使命的緣故。

## 編戶齊民

　　那個時代，即使像侯外廬或日知的城邦論，在中國都屬於少數派，不過由於考古學多元論的發展，以及古代城址的陸續發現，城邦說現在

❶　侯外廬，《中國古代社會史論》（北京：人民出版社，1955），頁 151–161。

❷　日知，《古代城邦史研究》（北京：人民出版社，1989）頁 20–24、47、61。

已獲得肯定，考古家蘇秉琦所提出、而學術界普遍接受的「古城、古國、古文明」說就是最好的證明。對於城邦內部的社會結構與城邦間的對待關係，1980 年代我繼續有所論述，並且利用古文字和考古資料，把城邦說上推到國家形成的時期，建構城邦－城邦聯盟－封建城邦的三階段發展順序，總稱作「城邦時代」。城邦時代大約起於西元前 2500 年或更早，延續兩千年之久，到春秋戰國之際才結束。它和秦漢帝國以下兩千年的帝制剛好分別佔居中國文明史的兩大部分，可以籠統稱作「古典」和「傳統」兩大階段。這是我研究古代史而對中國通史的一種宏觀劃分法，旨在說明秦漢以後政治社會有其一貫的共通性，當然不是說過去兩千年中國社會停滯不變。我的第二本著作《編戶齊民》就闡述這個觀點，故以「傳統政治社會結構之形成」作為副題。

《編戶齊民》的寫作開始在 1980 年，其心境與《周代城邦》相似，都想從歷史尋找中國何以政治力量獨大的原因。1980 年的臺灣統治威權依然肅殺森嚴，自由主義者的苦悶仍然不得解脫。但像我這輩人早年的關懷，進入 1990 年代以後，恐怕已喪失現實的意義，先前反專制、反獨裁的熱情對 1990 年代成長的臺灣青年來說可能有點滑稽。短短十年間，臺灣政治社會變化之巨且烈，使年紀還不算太大的我感覺恍如隔世！其實一個民族，如果自由、人權要靠無數人拋頭顱、灑熱血才能換來，那是這個民族的恥辱，不值得驕傲。我寧願我的子女告別中國的「編戶齊民」傳統，視自由、人權為他們的天賦權利，也不希望我的《編戶齊民》還有現實性。

從《周代城邦》到《編戶齊民》，即從春秋到戰國的轉變，中國傳統史學的術語是封建到郡縣，中國馬克思主義史學家謂之奴隸制到封建制，日本東洋史家稱作中國古代帝國的形成。我從城邦論的脈絡發展下來，專門分析西元前 600–200 年中國社會發生的變化，就國家型態而言，城邦崩潰，經過短暫的「領土國家」（借用宮崎市定術語），進入帝國；就政權結構而言，封建貴族的分封、分權轉為皇帝所代表的中央政府的集

權；就基層社會之組成而言，城邦時代國人與野人的身分區別泯除，變成平等的「齊民」，但原來國人的政治力量也隨之徹底消失。這種新體制就是帝國，以皇帝為首的中央政府集權，消除城邦時代的任何政治勢力，包括貴族和自由民。於是中央政府透過各級地方政府掌握全國人力，雖說「天高皇帝遠」，皇帝真要找你，任你上天也跑不掉。全國人民都註冊登記，向政府提供兵丁，服務徭役，繳納租稅，但政府並不必對他們有所回報。齊民就是順民，談不上參政，談不上人權，甚至不可能要求尊嚴，他們是帝國政府的最穩固的基石，這就是中國兩千年帝制最基本的社會性質。也許吧，有這樣的齊民，才會出那樣的專制皇帝，反之亦然。編戶齊民的社會和專制獨裁的政治總是分不開的。

作為一個歷史家，因感於自己也是編戶齊民的一分子，對他們是同情悲憫遠勝於責備的。我毋寧想替歷史上的芸芸眾生吶喊幾聲，喊出他們的不平，抒發他們的憤慨，但我並沒有使用馬克思主義的概念，大概是因為這樣，有人才說我的研究是「非馬列主義的人民史學」。《編戶齊民》牽涉的層面甚廣，包括兵制、戶籍、地方行政、土地所有權、村社構成、法制和身分等，每一部分都有相當精微曲折的論證，不只限於一般歷史，凡秦漢以下兩千年之軍事、政治、經濟、法制等方面，本書都鉤畫了原型，直指傳統兩千年中國統治的本質。

齊民的「齊」，是指法律身分的平等，實際的社會並不如此，而是隨經濟力的大小呈現不平等的身分。當寫作《編戶齊民》時，我已準備另作附篇，題為「羨不足論」，討論戰國到西漢社會上財富分配不均的情形。至今只發表兩篇關於戰國商人的文字，因為這些年來我思考的重點有所轉移，又負擔公共職務，時間、精力都分散了，以前所寫「羨不足論」的初稿一直擱在抽屜裡，沒能整理問世。

學術界提出類似於「編戶齊民」之理論的學者，早於我的有日本的木村正雄（《中國古代帝國の形成》），和我同時的則是南韓的李成珪（《中國古代帝國成立史研究》）。我們使用的名詞接近，但意涵並不相同。木

村正雄的「齊民制」係以國家佔有、支配治水灌溉機構作基礎，根據他的看法，城邦時代也屬於齊民制，而且齊民類似於奴隸，這與我的齊民論相去甚遠。至於李成珪的「齊民支配體制」，齊民只是秦國介於有爵者和謫民（或奴婢）之間的自由民，人數不多，與我認為齊民是兩千年帝國基礎的廣大群眾當然也是南轅北轍的 ⓭。在我看來，編戶齊民作為中國政治社會結構的基礎，長達兩千年，因為有這樣的社會基礎，才養成專制獨裁和不尊重人權的體制。我相信臺灣應該可以逐漸脫離編戶齊民的社會，也許會走向所謂的「公民社會」，但還不敢貿然斷言，因為臺灣的政治社會發生大轉變不過十年而已，在歷史洪流中只如一瞬；根據我的研究，兩千多年前，編戶齊民的形成大約經歷四百年呢！

## 新史學

上面說過，我進入史學研究的園地時，走的路子並不是當時臺灣風行的社會科學，而是中國或日本學者所關注的政治、社會性質問題，基本上是馬克思主義的取向。我雖然努力建構自己的體系，與馬克思主義史學家截然異趣，但 1980 年代中期以後，我警覺到我還是在馬克思的陰影下，於是思考如何走出陰影。此一學思過程無法備述，簡單說，我想在舊有研究的基礎上增加一些新成分，以達成一種新的整合。譬如人體的骨骼和血肉，二者缺一，皆不足以為人。我以前的研究近似骨架，往後應該發展血肉，甚至心靈的部分，合併起來才是完整的歷史。

在臺灣，這樣的思考對歷史研究是一種廣泛而且根本的改造運動，1990 年我和一些朋友共同創辦一種新學刊，叫作《新史學》，企圖開闢史學的新天地。我相繼作了幾篇關於方法學的文字（如〈什麼是新社會

---

⓭ 參杜正勝，〈編戶齊民論的剖析〉，《清華學報》，新 24: 2 (1994)。

史〉），也有幾篇專題論文，探討中國本土的文化特質，包括肉體、精氣和魂魄的人觀（〈形體、精氣與魂魄〉），操之在我的生命觀的形成（〈從眉壽到長生〉），以及居室所反映的倫理觀和宇宙觀（〈內外與八方〉）等等。這些課題包括後世中國社會普遍存在的醫療、長生和風水等文化現象，也像「編戶齊民」一樣，是一種文化原型的探研。兩、三年前我也把 1980 年代後期開始思考的物怪寫了一篇未完成的初稿〈古代物怪的研究〉，副標題作「一種心態史和文化史的探索」。這裡揭舉的心態史和文化史，可以作為我所謂血肉心靈的具體方向，有的朋友說這是一種人類學的古史研究，我治學亦私淑於李宗侗先生，要這麼概括，也可以接受。遺憾的是這些年來我的外務相當龐雜，古史血肉的新方向的成品還不多，不如前一階段所論的社會骨架，著作集中，論點鮮明，而前後二種研究的結合也還在摸索中，但以上幾篇論述多少可視為古代史學的新猷吧。

# 所謂走出疑古

　　中國古代史學自二十世紀初顧頡剛 (1893–1980) 揭舉疑古大旗，掃蕩傳統古史觀，至今將近八十年。八十年來中國古史研究突飛猛進，比中國史的其他部門熱鬧轟動，論成果之豐碩，觀念之翻新，可能無出其右者；而與現實思潮之關聯，除近現代史研究外恐怕也要數古史最密切了。但晚到 1990 年代接近中期時，中國居於領導地位的學者卻提議「走出疑古時代」❶，一時影響，舉國從風，似乎變成研究中國古史的新方針。

　　過去幾十年的中國古代史學是不是仍然沉迷在疑古風氣中，以至最近還要勞動學術權威來呼籲？這是可以考察的事實。大家知道疑古大師

---

❶　李學勤，《走出疑古時代》（瀋陽：遼寧大學出版社，1997）。

顧頡剛很早對他原來的方法就提出修正,而他的同學傅斯年早在 1928 年創立史語所之前, 已走出疑古, 標舉重建了。傳統古史觀的虛幻樓閣被顧頡剛摧毀後, 傅斯年想在這片廢墟上用盡一切可信、可用的資料, 慢慢建造另一棟堅實的建築——中國古代史來❶。這些可信、可用的資料主要是考古出土的新資料, 過去幾十年考古學所重建的古代史就是這種史學思想的體現。

顧頡剛疑古的貢獻, 倒不止摧毀長期以來存在於中國人心的意識型態而已, 他毋寧更關注那些神話傳說所製作或流行的時代的心態, 譬如戰國時代流行的堯舜或更早的神話傳說, 多少虛幻, 多少真實, 並不那麼重要, 對顧頡剛來說, 流傳的時代與人則更重要。換句話說, 他寧用堯舜禹傳說研究戰國秦漢, 而不是研究四、五千年的歷史。這點胡適❶和余英時❶已經先後從不同的角度指出其方法學的意義, 在今天看來, 顧頡剛倒有點「後現代」的意味。

偽書可能有真材料, 晚作的書也可能包含早期的材料, 這是古史學者的常識, 不必深論。利用典籍個別的記錄, 證成古史, 也經常在個別的專題研究中出現, 並且取得良好的成績。幾十年來中國古代史學的進展基本上早已超越單純的懷疑態度, 然而並不表示傳統古籍的記載基本可信。1970 年代以來陸續出土大量而且種類繁多的古籍, 基本上都屬於戰國中晚期到西漢初期。過去極端懷疑者往往把先秦典籍下拉到魏晉, 這些新發現對他們的確起了端正的作用; 但如果以為這樣就可以「信古」了, 恐怕尚言之過早。這些戰國秦漢的古典即使論述三皇五帝, 作者與之相去至少亦兩千多年, 能算是直接史料嗎? 所以黃帝、炎帝仍得請他

❶　杜正勝,〈從疑古到重建——傅斯年的史學革命及其與胡適、顧頡剛的關係〉,《中國文化》, 1995: 12, 收入本書, 改題〈傅斯年的史學革命〉上, 頁91–118。

❶　胡適,〈古史討論的讀後感〉,《古史辨》一中 (1924), (臺北: 明倫出版社, 1970), 頁 192。

❶　余英時,《史學與傳統》(臺北: 時報出版公司, 1982), 頁 272–279。

們留在傳說的領域內比較保險，而《史記》五帝傳承系譜的構成還是用傅斯年「全神堂」的眼光 ❿，比較契合考古學已經建立而且現在普遍為人接受的中國古代文化多元論。除非我們能發現四千年或五千年前的典籍，否則西元前三、四世紀出土的文書，即使述古，仍無法說服顧頡剛「層累說」和傅斯年「合譜論」的質疑。

## 文明起源新探

　　傅斯年古代史學的大方向是重建，他的工作伙伴李濟一生努力的目標也是重建中國上古史。重建派最倚賴的新資料來自田野發掘，而把田野資料密切結合並提出細密方法的是蘇秉琦。蘇氏約在 1980 年發表區系類型理論，至今將近二十年，據他的入室弟子張忠培說，到二十一世紀，中國考古學的方法論還是區系類型，還不會有新理論產生。蘇秉琦用區系類型衝破中國考古、歷史學界長年以來的兩大束縛，即根深蒂固的中華大一統觀念，和視馬克思社會發展規律為歷史本身的誤謬，毅然對中國學界長期存在的中原中心、漢族中心和王朝中心的傳統觀念提出挑戰 ❾，在中國人文社會學界，年長而思想又這麼有活力的人並不多見。

　　蘇秉琦最後一段歲月，把他的史學思想與考古學方法作一總結，在去世後不久出版《中國文明起源新探》，可以算是他的晚年定論。這本書包含許多有趣味而且富於啟發性的課題，我現在只想討論他所謂中華文化根源地的問題，按他的說法，是在燕山南北長城內外的北方，而不是一向所認為的三河地區。這麼說的確超越中原中心和漢族中心的束縛，

---

❿　傅斯年，〈夷夏東西說〉，收入《傅斯年全集》（臺北：聯經出版公司，1933），頁 147。

❾　蘇秉琦，《中國文明起源新探》（香港：商務印書館，1997），頁 2、32。

但在臺灣的我又如何來理解呢?

1980 年代蘇秉琦寫過一首打油詩，點明上述的意思，詩云:「華山玫瑰燕山龍，大青山下斝與甕。汾河灣旁磬和鼓，夏商周及晉文公。」考古學家研究陶鬲，開風氣之先，最具體系，而且作為檢證文化的基本因素者，當推蘇秉琦。根據他的晚年定論，鬲這種三袋足器可能是關中仰韶文化尖底瓶和河套土著文化蛋形甕結合的結果，其前身是斝❷，這就是打油詩「大青山下斝與甕」的由來。他早年研究廟底溝文化，就提出華夏民族之名出自此系文化的陶器花文。燕山龍指遼西紅山文化的玉龍，汾河灣旁指陶寺遺址。一言以蔽之，蘇秉琦認為中華文化的本源在一條 Y 字形文化帶上，從渭河經汾水通過山西北上，一路走內蒙河曲，一路東到遼西，自新石器時代早期、晚期，經三代到春秋戰國一脈相承。這條文化帶在過去認為是南方農耕民族和草原游牧民族拉鋸衝突的交界線，華夏與戎狄區隔和混雜的地帶，而今把它當作中華文化的本源，確是新見解。

這個新見解和過去的認識距離很大，據我判斷可能與蘇秉琦對現在所謂「中華」民族的認定有關，似亦有所為而發。1994 年在太原召開「晉文化會議」，蘇先生親自對我說，中國歷史上最偉大的皇帝是康熙，因為有康熙才有今天中國的版圖。但包含蒙古、西藏、新疆（東土耳其斯坦）的中國版圖在過去兩千年是不曾有過的，兩千年之前更未之聞。換句話說，如果新石器時代考古學證明中華文化的根源是在歷史時期的北疆，那麼商周以下三千年的北方民族與華夏是不是同源呢? 那麼兩三千年來東西草原帶間來來往往的民族該怎麼解釋呢? 中國本部的文化到秦漢雖形成高度的統一性，原先是多元的，我們當然不能再抱持中原中心論，但可用這條 Y 字形地帶取代中原嗎? 蘇氏的新見解也許可以使現代作為多民族國家的中國找到歷史的「根據」，但無法解釋兩千年來中國北疆的

---

❷ 同上，頁 41。

歷史事實。

　　張光直說得不錯❷，1950 年以前中國考古學最主要的特徵是民族主義，1950 年以後則與中國政治局勢一同演變。然而事實上 1950 年以後底層的伏流還是民族主義，所以馬列教條稍鬆，民族主義很快又冒出來。李學勤的走出疑古時代，舉世中國史學研究者注目的夏商周斷代工程，以及蘇秉琦的 Y 字形文化帶，不都顯現民族主義的痕跡嗎？

　　傅斯年和李濟誠然也是民族主義者，但他們對外來的文化因素是敢於承認的，這從李濟及第二代考古家高去尋的思考角度和關懷可以獲得充分的證實❷。臺灣的中國古史學對這個敏感又熱烈的問題，反應大概是比較冷靜的，一方面與嚴謹學風有關，一方面與政治現實也有關。我曾根據動物文飾研究古代北方民族與文化❷，也解釋商王朝以外的三星堆文明❷，我不認為交錯帶的文化是「中華」文化的根源，而只當作現今中國境內的文化因素而已。不論蘇秉琦的本意如何，他反對漢族中心，而「中華」文化的範疇涵括如此之廣，顯然可以有現實的政治意義，但一還原到歷史時期，我們不能不承認燕山之北、大青山下應該都是相對於華夏（或漢族）的異民族和異文化。承認異民族、異文化的存在，進而研究他們怎樣與漢民族、漢文化對峙或交融，恐怕比硬把他們講成中華文化的一員還更合乎史實，更平等合理地對待吧。

---

❷　張光直，〈二十世紀後半的中國考古學〉，《古今論衡》，1 (1988)。

❷　杜正勝，〈新史學與中國考古學的發展〉，收入本書，改題〈新史學與中國考古學〉，頁 174–215；〈通才考古家高去尋〉，收入本書頁 234–263。

❷　杜正勝，〈歐亞草原動物文飾與中國古代北方民族之考察〉，《中央研究院歷史語言研究所集刊》，64：2 (1993)。

❷　杜正勝，《人間神國——三星堆古蜀文明巡禮》（臺北：太平洋文化基金會，1999）。

# 重新檢討

　　1949 年的遽變，到臺灣來的歷史家頗多以古史聞名，中央研究院史語所尤其具有輝煌的傳統。然而五十年來，形勢推移，臺灣的中國古代史學只是千山競秀中的一峰，無法再有 1950 年以前獨佔鰲頭的優勢。這個領域，臺灣固有先天的不足，但也有比較有利的條件，如學術傳統與政治社會環境。本文所述只是二十年來個人研究中國古史的一點心得，因為個人才性、學術傳承以及與時空環境互動的關係，形成了一些看法，有與中國或其他國家學者不同的地方，不妨籠統稱作「臺灣觀點」。

　　臺灣觀點有可能是一種反省的觀點，跳脫既定的思考模式，重新檢討中國古代文明。中國兩三千年的青銅時代中，武器和禮器特別發達，《左傳》所謂「國之大事，在祀與戎」，戰爭和統治是中國國家和文明的主要本質，所以遠古萬邦併為千、百國，最後成為一個帝國。然而相對於青銅文明比中國可能還早的班清 (Ban Chiang) 文化，青銅絕少用做武器，而是裝飾品，即使不如中國輝煌，但對現代人類的啟示不能說不深刻。亦如臺灣古代史，晚到十六、七世紀，還是原始社會，固無成就足可與中國相比，但那個社會的平等性與個人的獨立性，也不一定不比中國的偉大文明沒有意義。

　　我曾經被教育成中國人，也以中國文化人自居，但現在面對的是蠻橫威脅臺灣，無所不用其極的中國。中國人信奉的孔子雖然說過「修文德以來遠人」，但現在的中國對臺灣則完全背道而馳。作為一個專業中國史家，心情的複雜是難以言喻的，不免讓我再問什麼才是中國文化真正的本質；然而我的專業訓練規範我要客觀面對史料，不要被主觀的感情左右。也許我少了一些中國人的民族情懷，但也可能多了一些中國人疏忽的角度，相信這對中國文化的理解，以及中國人的未來是有幫助的。

# 臺灣中國史研究的未來

中央研究院第二十屆院士會議 (1994) 建議政府召集相關學者研商人文社會科學發展之方向，值世紀之末，人文社會科學各學門實有必要作一總檢討。歷史學門的研究與教學向來分為中國史和西洋史（近來大家習慣改稱「世界史」），但西洋史介紹遠多於研究，直到最近臺灣史才快速地成為顯學。所以過去在臺灣的歷史研究基本上以中國史為主。這是過去的情形，往後的局面必然會有所改變，但可以預測者，中國以豐富的內容以及與臺灣人民、文化、前途的密切關係，中國史的研究依然會佔居主要的地位。但也由於現實情勢的轉變，中國史學家面臨的問題將更複雜。

## 臺灣中國史研究的世代

在臺灣的中國史研究，以具備學術意義者而言，應從 1949 年稍前中國歷史學家播遷來臺開始算起。這些史學前輩是臺灣中國史研究的奠基者，屬於第一代。他們的史學思想和歷史研究對學生與後輩起了規範性的作用，塑造臺灣中國史研究的一些特點。

一般地觀察，這些特點，可以歸納為下列幾項：第一，學術與現實保持適度的距離。選定的課題強調學術意義的單純性，不必呼應現實的政治社會情境，更不屑於為現實問題作詮釋。其次，研究對象重政制而

輕社會，重個人而輕群體，重菁英而輕群眾，重思想而輕物質，所以政治制度史、學術思想史比較發達。第三，研究態度崇尚實證，不喜理論，實證方法蓋以辨別史料真偽，發掘原始史料為主，較少涉及歷史學之外其他各種學問的方法和觀念。因此歷史論述容易流於單線的因果關係，而忽略整體性和有機性的繫連。

這三項特點大概可以反映 1950 年代臺灣中國史研究的通相，當時外國史缺乏研究的條件，臺灣史少人研究（或說少人敢研究），中國史研究的通相即是史學研究的通相。因為學術的傳承，這三種特點或多或少地維持到現在。

大體上第一代史家的心態是開放的，並不刻意營造嚴格的學派，所以當 1960、1970 年代，他們教出的學生出國留學帶回許多新的歷史研究觀念和方法時，並沒有遭到阻礙，很快地成為歷史研究的新潮流。這是臺灣中國史研究（也是臺灣的歷史研究）的第二代。他們治史也有一些特色，最突出者莫過於援引社會科學方法到歷史研究的領域。臺灣的歷史學家重視社會科學方法固不始於第二代，譬如第一代的李宗侗便是很好的例子，但強調運用社會科學方法無疑是第二代的特點，當時傑出的史家即使不以提倡「社會科學的史學」為職志，也多和社會科學方法有些關係；歷史家和社會科學家經常有學術對話，甚至創辦社會科學的史學雜誌。於是青年學子聞風影從，極端者甚至輕史料而重方法，尤其是社會科學方法。然而社會科學的領域廣泛龐雜，每一學門都有它重視的課題、探索的旨趣和特殊的方法，歷史學不可能無所不包，歷史學家也不可能無所不學。就這二十年的業績來說，當時引介的社會科學方法如量化和心理分析便不一定適合中國的史料。附麗社會科學方法的史學著作雖然比比皆是，但真正令人膺服的著作並不多，反而暴露漂浮無根的困境。

不過臺灣第二代中國史學者的貢獻是不容低估的，他們拓展歷史研究的領域，推動社會經濟史研究，成為顯學，至今未衰；他們也引導年

輕學者具備更寬廣的研究角度和更活潑的研究方法，遂奠定 1980 年代以來臺灣史學研究的基礎。1980 年代走上檯面的學者屬於歷史研究的第三代，大多有外國學習的經歷，對歐美或日本的史學潮流也能掌握，今日臺灣的史學研究還以這批人為主幹。

由於 1970 年代中期以後臺灣的經濟起飛，第三代歷史學者風雲際會，他們的客觀條件比第一、二代師長輩改善甚多，圖書資料益加充實。又因為 1980 年代中期以後政治禁忌日弛，中國研究訊息的傳遞化暗為明，由零星片斷而大宗全面，臺灣的中國史研究者逐漸能夠充分掌握中國學者的研究成果，也了解他們的研究路徑。這些變化使得臺灣的歷史學者化被動為主動，增強信心，更清楚地認識自己，也看清別人。第三代中國史學家討論的面向寬廣，層次深入，解釋角度多元而細緻，即使介紹外國理論也比較不生吞活剝，顯示臺灣史學界對那個迷信方法的時代的反省，不過他們也有新的困境和難題。

## 學術發展策略的省思

進入 1990 年代，臺灣歷史學界的研究陣營產生比較大的變化，首先是臺灣史研究蔚為大國，與中國史的界限劃分日益分明；而在「臺灣主體性」意識逐漸確立時，中國史研究者不得不思考一個似乎不是問題的問題——該如何對待中國史？誠如上言，自 1950 年以來，臺灣的歷史研究基本上等於中國史研究，在臺灣的中華民國政府是中國的正統政權，在臺灣的中國文化也是純正的中國文化。當世界史仍然只停留在介紹和教書的階段，而臺灣史也只是中國史的一段尾巴時，所謂歷史研究自然只剩下中國史研究了，歷史學家也幾乎是中國史學家的同義詞。過去政治力量限制臺灣史的研究，學術傳統及經濟條件限制世界史的發展，遂令中國史研究一枝獨秀。但今日中國史壟斷的局面已經打破，政治現實

催促臺灣史的研究加速成長；臺灣以貿易立國的現實，臺灣人也需要具備世界史的知識。即使單從學理考量，歷史研究和教學都應該朝臺灣史、中國史和世界史三大領域規劃，推動發展，所以這三大領域內如何合理分配資源，便成為國科會這類規劃學術發展的機構應該思考的問題。相對於個別歷史學家，在新的客觀情勢下，中國史學者也到了拋棄唯我獨尊心態的時候，重新嚴肅思考怎樣研究中國史，怎樣對待中國史的問題。

無可諱言的，目前臺灣的歷史學者學術探索頗有受到現實政治立場污染的威脅，進而造成某種程度的裂痕。我們固無意要求史學家放棄個人的政治觀和世界觀，也很難斷然否認史學家沒有個人的主觀偏好，但我們仍然相信可以在追求歷史真實的大前提下重新審視未來的中國歷史研究，因為客觀的真知識對任何立場的人都具有啟示作用的。基於這個信念，相信不同立場的中國史學家仍能在追求真知的路途上，探索中國歷史上對我們有意義的課題，開發新的研究領域，運用新的資料和方法以建構我們的中國歷史觀，提出我們對於中國歷史發展的解釋。

為完成上述的目標，在學術發展的策略上可能有幾個方面值得考慮。第一是拓廣研究的基盤。以往中國史的研究傾向比較習慣於從中國看中國，不但如李濟先生所說上了秦始皇的當，以長城為限，對中國南方的歷史，向來歷史學者的眼界也超不出今日的疆域。大家都知道今日的中國疆域晚到清初康乾盛世才確立，中國歷代大部分的政治疆域多比今日小得多，然而如果只在今日的疆域內尋求，要徹底了解人民生活和文化的歷史，是遠遠不足的。

以我比較熟悉的上古時代而言，北方的小麥、南方的稻米，三代的青銅冶鑄、戰車和武器，以及家畜如馬、牛、羊的飼養等等，都應該放在整個亞洲大陸的歷史來研討才可能得到比較客觀的結論。殷商時期中原地區使用的獸頭兵器，不論形制和花紋顯然與外蒙古、貝加爾湖區、葉尼塞河中上游的米努辛斯克 (Minussinsk) 盆地的出土文物都有其共通性；象徵王權的銅鉞，其雙肩造形很可能源自東南沿海，屬於西太平洋

到南中國海沿岸、自新石器時代來普遍存在的有肩石斧文化系列。所以要深入了解殷商文化，不能只限於殷墟或黃河中下游，它涉及的範圍遠超出近代人的想像之外。

有此認識，那麼對於西周時期周原出土高加索人種頭臉造形的骨笄就不會訝異，如果探討年代較晚的南方銅鼓，當然需要含蓋中南半島才全面。放眼古代世界，從太平洋西岸以西，存在著幾大文明中心，中國、印度、伊朗、伊拉克，到地中海的希臘、義大利，他們與北方草原的民族互有交流，中國境內的歷史也因北方草原民族東西向的遷移，或利用草原帶通道，而與這些文明古國有直接或間接的文化交流。史學家如果擺脫中國中心本位，把中國歷史從今日中國的疆域解放出來，拓寬領域，用整個亞洲大陸（或歐亞大陸）作基礎，對於中國歷史文化可能會有新的認識。

第二是調整研究的立場。所謂立場的調整可以分幾個層次來說，傳統史學比較重視菁英而輕忽群庶，頗少觸及庶民的歷史，不太符合民主時代的史學要求。其實傳統史學不是沒有關於人民歷史的資源，譬如佔有重要地位的政治制度史，只要掉換角度，調整立場，即可作成人民的歷史，否則平凡庶眾既難列入史冊，史家又不能製造史料，如何建構人民的歷史呢？換句話說，傳統制度史的資料，如戶籍、地籍、兵役、徭役，以至財稅、教育、法律等等，不再只是一朝一代的典章，也可把它們當作人民庶眾歷史的文獻，只要史家的立足點從國家體制轉移到庶民生活，便可以根據這類史籍建構人民的歷史。這是上下立場的調整，此其一。

其次，傳統史學偏重中央而輕忽地方，研究成果多環繞政治史或與政治有關的課題，造成的歷史觀遂不免有所偏頗，往往把複雜多元的歷史單一化，不符合歷史的真相。如果歷史家的立足點能走出帝都，在各地經濟的、工業的、文化的、宗教的或藝術的中心看天下，應該會得到不同的歷史面貌。譬如宋元的廣州、泉州，自黃河流域的政治中心來看，

雖遠在東南海隅邊徼，但在它們本身則看到一個包含南中國海、印度洋到波斯灣的更寬廣的多元世界，種族多元，語言多元，宗教多元，生活也多元，這裡反映的中國史卻是一個多元化的歷史。此其二。

立場調整第三例，傳統史學家往往不自覺地以漢族作中心，而忽略「土著民族」或「移徙民族」的觀點，以及他們遺存的事實。所謂「漢族」是一個發展的概念，始自先秦時代，指中原華夏國家的民族和文化，但非華夏諸族凡能採行華夏文化者便也視同華夏族。由於今日中國境內的人種，體質上都屬於東亞蒙古種，故族群劃分基本上是根據歷史和文化的因素。從漢族或漢文化中心來看，一部中國史也許就是漢族或漢文化的擴張史；但從其他民族作中心來看，也是漢族或漢文化不斷增添新成分，不斷改變其內涵的歷史。

自先秦時代以降，原來獨立的小邦國被吞併，成為大一統帝國的郡縣，而強勢的華夏文化，所謂衣冠禮樂者，也隨著強勢的軍政力量入侵，許多地方的人民經過一段時期的「華夏化」或「禮樂化」後變成漢人，久而久之，並以漢族自居。但在這樣的漢文化內，土著文化依然以各種不同的形式相當頑強地保存下來，一般表現在風俗上，故自古以來便有「十里不同風，百里不同俗」的謠諺。長江流域及其以南地區的歷史研究，土著的成分往往被忽略，我們如果在漢族觀點之外也能從土著民族的觀點去發掘事實，應該會建構不同的歷史面貌吧？至於黃河流域以北及長城內外地帶，長久以來便是農耕民族和游牧民族交爭之地，原出於先秦「中原」一小地域的漢族觀念是無法符應橫亙亞洲草原帶的眾多民族和文化的。所以走出漢族或漢文化中心的思維而研究中國史，並不是刻意求新，不過努力去除一些思考障翳而已。

不論用制度史資料研究平民，以多元化觀點看待不同範疇的歷史，或擺脫漢族及漢文化的中心觀念，基本上多只涉及研究立場的調整而已，還不是下文即將談到的新領域問題。

第三，開發研究的領域。如果把歷史家比做廚子，歷史著作便是桌

上的菜餚，有什麼原料做什麼菜，但同樣的原料也可能做出不同的菜。歷史家的研究植基於充分信實的史料，善於運用各種方法而裁著成佳作。新史料提供前所未知之事實，往往可以發展出新的史學，近代學者之重視卜辭、漢簡、敦煌文書、內閣檔案即是這道理。從中國古代史學發展的經驗來看，幾十年來考古資料不斷累積，連帶地不斷改寫中國上古史，新資料之影響歷史研究是不言而喻的。另一方面，借助別學科的概念或經驗，重新解釋舊有的資料，也可啟發新問題，證成新成果，過去不少傑出的史學著作往往也走這條路子，而令讀者耳目一新。關於新資料和新方法的重要性，1928 年傅斯年籌辦歷史語言研究所時，已不遺餘力地闡揚，對史學產生的衝擊作用在今日看來仍然歷久而彌新，日後歷史研究要有所突破，恐怕離不了這兩大支柱。

不過近年來的實踐，我們覺得歷史研究可以在新資料和新方法的基礎上再向前推進一步，探索新領域。新領域不但發掘歷史的真實，也可為歷史學的發展帶來新生活力。依我們初步的探索，新領域可能產生在既有學科範疇的邊緣地帶，尤其是兩種以上範疇的交集區。過去的歷史學把人類社會的總體行為分成政治史、經濟史、社會史、法制史、思想史、科技史等等範疇來研究，只分別解答歷史的一部分，難以得其全體。過去史學家多從其中一種範疇入門，然後求各範疇的貫通。然而學門一旦成立，自成體系網絡後，學者往往能沉潛於內，而不易出乎其外。

現在我們把歷史看作一個整體，譬如人體一般，雖然醫院分出許多科別，能個別解決一些病痛，但大病仍然要靠多科醫生共同會診。以往學術界的會診即是科際整合。不過就學術發展而言，科際整合是一種新學科未形成之前，在原有科別基礎上的變通辦法，不是一門學科的終極目的；而且我們相信，如果真的整合，日久也會脫離原來的學科限界，形成一門新學問。歷史學各分科的交集，近似醫療的會診，會診可以診查出原來分科看不出的現象，找到各學科的交集區，便容易解答歷史的問題。交集區就是新領域對新領域的研究便形成一種新學科。譬如生命

是凡生而為人者都必須面臨的問題，但不同民族對待生命的方式卻各不
相同，於是也形成不同的文化。歷史學既以人群為主體，當然應該研究
該人群對待生命的看法及衍生出來的各種文化。以我曾考察過的中國古
代生命觀念來說，涉及的學術領域包括醫療史、思想史和宗教史，當然
更脫離不了生命觀的文化基礎——人群所賴以生存的政治、社會、經濟
等環境，亦即離不開政治史、社會史和經濟史。這個新領域並不是上述
各史的總集，而是這些歷史部門的交集地帶，研究者從一個交集區看人
群的歷史和文明，希望能發掘以前不曾注意的現象。諸如此類的新領域
一旦相繼開發，集腋成裘，相信會給歷史學塑造一種新風貌，而在人類
知識體系中，歷史學也會有新的地位。

## 中國史研究社群的洗鍊

　　二十世紀中國史學與傳統史學差距甚大，有人籠統稱之為「新史學」。
檢討過去百年的經驗，我們不難發現中國歷史學家勇於嘗試的精神，努
力開展視野，從不同立場探索歷史現象，故史學領域迭有新創，社會史、
科技史等等新學科就是最好的例子。上節提出的反省牽涉個人對史學的
認識和偏好，只算是拋磚引玉的淺見，但放在二十世紀中國史學史的脈
絡來看，也不違背史學發展不斷求新求變的原則。當然，每位歷史學家
對於追求的內容自有仁智之見，不必強求相同；而未來歷史研究（或中
國史研究）的活力，我甚至相信即使在原來的基盤上，站在習慣的立足
點，探索傳統學門的課題，仍然有人可能創作不朽的名著，不一定非新
不可。本文所述基盤的擴大，立場的調整以及領域的開發，目的在探求
歷史之真實，開啟新的歷史觀念，傑出著作也許更容易產生。

　　針對過去中國史研究的社群，還有不少急切的問題等待解決。就一
般的體驗和觀察來說，過去中國史研究社群可能存有幾種現象，一是論

述迴避現實，二是課題缺乏焦點，三是成果較少傳承，四是研究未能紮根。這些現象如果不能適度改善，臺灣中國史學的未來恐怕只有個別的傑出表現，無法形成壯大的學派。

　　史學比起其他一些學問，與現實的關係較為密切，在過去戒嚴專制的局面下，自由派學者為維護學術獨立自主，以免淪於御用，倡議學術與現實政治保持距離，其用心至艱且苦；但相對的也把歷史研究禁錮在象牙塔中，與社會隔絕。長遠地看，為知識而知識雖不失為一種高尚的目標，時日一久，像歷史學這麼關係現實人生的學科恐怕會喪失它的活力泉源。這是一般的情形，戒嚴時代個別史學家並沒有放棄他們對現實政治與社會的關懷與評騭，只不過言語更含蓄，文字更婉約而已。回顧那個時代，大體上也只有歷史家還能發出一點聲音。大概從 1970 年代後期以下，歷史學者在臺灣社會的發言地位轉而沉寂。當時臺灣經濟已經起飛，政治傾向開明專制，上上下下都有改革的預期，但臺灣歷史學界由於種種因素，反而退出論壇，填補這個新空缺的則是新興的社會科學家。

　　到了 1990 年代，沉寂的歷史家所要面對學術與現實的糾結反而遠比戒嚴時期複雜，尤其中國史研究者在臺灣與中國大陸分裂分治的格局中，面臨的現實壓力（或是尷尬），恐怕不是「政治歸政治，學術歸學術」一句話就能化解的。何況史學家之間還有不同的政治立場，平添史家社群不必要的困擾。往後如何在不同的政治觀中尋求一個平衡點，保持理性客觀的對話，恐怕也是臺灣史學家的一大考驗。不過，如果歷史家仍能秉持追求真實歷史的理念，雖承認史料的解釋潛藏著研究有主觀的陷阱，但不至於天真地相信大家要記憶什麼，歷史便呈現什麼，大家要遺忘什麼，歷史便消失什麼，我想臺灣的中國史學者還是會有一些共同的對話基礎，共同探索客觀史事，以便合理地處理現實的問題。

　　為求史學研究之突破，我相信臺灣歷史學者宜多尋求焦點性的課題，也就是重點突破。過去我們的史學社群人際來往雖然頻繁，但論題較少

交集，同輩之間缺乏討論的焦點，異代之間也鮮見學說的傳承，所以看不出研究的發展方向。我們看到的不外是外國學說一波波刷洗而過，一代代的學子隨風旋轉，幾十年下來我們缺乏純正的學派，除承襲大陸移來的一點傳統外，臺灣的史學界並沒有建立自己的學術傳統。我們說純正學派，即指真正的學術社群，有一批人「以文會友」，形成嚴肅的學術對話，大家可以有不同的意見，但不能沒有共同的關注焦點。要達成這種社群，歷史學家應先自覺地走出自己的書室，走出自己的專業和興趣領域，去認識別人，在認識別人之中清楚地認識自己。經過這樣不斷的激盪，不斷的鑽研，和不斷的創發，假以時日，對一些重大課題我們多能提出解釋時，就可能造成有本有源的學派了，而且不止一個學派，臺灣的歷史學界於是形成她的傳統。

除了學術社群，臺灣中國史學者還有問題要面對，一是社會科學，二是國際社群，三是臺灣史研究。自從社會科學引入歷史學之始，史學家就很謙虛地學習與社會科學家合作，但所謂合作往往是奉社會科學理論作指導，歷史學不過提供資料佐證而已；歷史家幾近社會科學家的僕役，而有些社會科學家也慨然以主人自居。其實凡屬於經驗的學科，其理論皆來自某些實例的驗證，所謂社會科學理論基本上亦脫離不了這種性格。中國歷史時代長久，地區遼闊，內容複雜，是實證資料的大寶庫，史學家如果敢於拋棄成見，重視史事，發掘史實，當能締造新的觀念，形成新的解釋理論，提供給社會科學家參考。面對這個浩瀚的史學天地，我們對未來臺灣的中國史研究，具有無比的信心與樂觀。

其次是國際社群。今日世界上中國史研究除臺灣外，主要集中在中國大陸、歐美和日本等地，以學術傳統、人力資源和物質條件來比較，臺灣相對於這些地區雖頗有短長，整體地衡量，還是相當優越的。我們該如何發揮自己的長處，以便在國際性的學術園地中佔居舉足輕重之地位，固然繫於每位歷史學者的成就，但與學術政策方向之擬訂、學術資源之分配也是密不可分的。臺灣的中國史學家無可避免地要投入國際社

群，所謂「國際化」雖有不同的理解，但基本上離不開與上述那些地區的學者展開對話，對話的本錢則是我們有自己的看法。1990 年代的臺灣，中國史家應該有條件掌握一部分的中國歷史解釋權，如果大家沒有這個覺悟，還一直謙抑自己，就難免類似捧著金碗而沿門求乞了。

最後，在臺灣的中國史學者應不應該或可不可能探研臺灣史？基本上我們是抱持肯定態度的。所謂應該是責任問題，可能是能力問題。我們生在臺灣，長在臺灣，本來就有責任認識臺灣的歷史；而以中外史學名家為例，他們在自己專業領域之外，往往對自己所處的時空環境也有深刻的反省。我認為中國史研究者不要劃地自限，自外於臺灣史。至於能力，理論上任何新領域只要投入應該都會有所收穫，何況臺灣歷史與中國歷史有相當時間不可分割，現在臺灣的居民與文化又以漢族與漢文化為主體，中國史研究者就其專業所長，應能對他生息土地的歷史貢獻一點棉薄之力。

在二十世紀即將結束時，臺灣中國史研究的第四代也逐漸出頭了。他們會怎樣評論如我所屬的第三代，我無法預測，但第三代尚有研究的活力，還有極大可能發展的餘地。可以斷定者，未來二十年中國史研究的成就還繫於第三、四兩代人的身上。上文所述學術發展的策略和史學社群的洗鍊只是一己私見，不一定正確，但這些問題恐怕是值得思考的。即使不對未來做什麼預測，我仍然相信新領域之開拓和社群的健全化對日後臺灣的史學發展必起積極的作用。

# 一個新史觀的誕生

## 新時代與新史觀

1990 年春天，臺灣一些青壯輩的歷史學者籌辦一種新的歷史學術刊物，名做《新史學》。我在發刊詞開宗明義說：「史學是以時間發展為主軸的學問，對時代的變化比其他學科更敏銳。一個時代必有一個時代的史學，新的時代往往蘊育出新的史學。」

回到 1990 年，整個世界局勢明顯地看到變化，蘇聯與東歐剛剛發生一連串驚天動地的政治變革，第二次世界大戰以後，兩大集團對立均衡的局面產生變化，二十世紀以來作為「正義」和「真理」化身的種種意識形態因為失去依傍，流行幾十年的史觀勢必非重新檢討、反省，然後修正不可。我當時很樂觀地預期「歷史家將自我解放，更自主、更客觀地了解歷史的本質，和人類生存的目的」。

臺灣繼世界兩大壁壘之解體，先後推動種種改革，我們也的確感受到正站在歷史的轉捩點上。數十年的戒嚴和動員戡亂解除了，千百年遺傳下來的政治體制也開始有本質性的變化。不論個人的政黨屬性或政治傾向，任何人都無法否認我們臺灣的確走上政黨政治，也無法否認人人具有相當徹底的思想與言論的自由。我們的民權確實藉著總統直選而得以落實；更重要的，國家的定位和未來的走向，這個棘手問題也隨著政

治社會變革而浮現，迫使我們不能不面對。這些都是最近幾年的鉅變，牽涉到比政治更深沉的文化和心態。換句話說，這是我們以前怎麼來，往後怎麼去的認識問題，也就是我該具備什麼樣的史觀來面對我們臺灣以及臺灣以外的新局勢的問題。我們要怎樣從過去的史觀解放出來，更自主、更客觀地看待從過去到現在的歷史呢？——一個新史觀於是逐漸成形。

## 「同心圓」世界觀與臺灣處境的變化

這個新史觀即是我提出的「同心圓」歷史架構，簡單地說，以臺灣做中心，一圈圈往外認識世界，認識歷史。這是一種新世界觀，也是一種新歷史觀。這個新歷史觀是我對歷史研究與教育的初步綱領，也是我思考臺灣現實處境和未來走向而提出的方針。先從後面這點說起。

我曾應報社編輯之邀約，評論當前人文社會科學研究與政治生態的互動關係，發表〈本土—中國—世界〉一文❶。我說，過去幾十年，臺灣一向以中國政權之正統自居，也以中國文化之正統自任。在這種歷史情境下，人文社會科學關懷的對象自然是大中國，雖也包含臺灣在內，但大體上人文學偏於中國，社會科學的實證研究才以臺灣為主。然而心態與政治社會的趨向，臺灣長期因中國國民黨主政訓導，雖腳下所踏是臺灣，眼所眺望則是中國，心中縈懷的也是中國。在這種布局中，臺灣就像燭臺底座，雖是基礎，卻最幽暗。這種缺憾，主政者固難辭其咎，不過，歷史並不這麼簡單，還有時代風氣和社會心態等深沉的因素。

近年來，臺灣的政府既已承認中國政權，不再自命為中國的正統或

❶ 《中國時報》，1994.5.25，第十一版，收入《走過關鍵十年》（臺北：麥田出版社，2000），題為〈浴火的鳳凰〉，頁413–416。

中國文化的主流。而政治上，不論「臺灣國」或「中華民國在臺灣」，都是獨立的政治實體。此一事實之存在已超過半世紀，在可預見的未來，似乎還能維持下去。當社會發出在這塊土地活下去的呼聲，大家不再抱著過客的心態時，人文社會科學研究之主軸，從大中國轉到臺灣本土不但是必然的趨勢，也是天經地義的事。最近幾年臺灣研究日益澎湃，正是社會自發力量的顯現，勢頭強猛，莫之能禦。

幾年前的觀察事後證明不錯，臺灣的本土研究從過去的邊緣地帶快速進入核心，更重要的是擺脫大中國意識的籠罩，努力建立臺灣的主體意識，或說是臺灣主體性。建立臺灣主體性，以前不是沒人提起，但可能是對大中國意識的過度反動，總難免給人不夠均衡的遺憾。事實上臺灣的社會文化與其周邊地區分不開，尤其中國。然而由於臺海兩岸的對立，「臺灣意識」的強化必定會對學術研究產生某種引導作用。我一向主張人民有追求理想政府的權利，但臺灣傳統文化係以中國漢文化為基礎則不必刻意否認。所謂「漢文化」當然是一個發展的觀念，隨著時間的發展與空間的擴大，其內容也日趨複雜。漢人移殖臺灣後與原住民混合，因為中國政權統治臺灣超過兩百年，益使漢文化成為優勢的文化，直到今日，臺灣的民情禮俗、人生價值和宗教信仰都帶有明顯中國漢文化的特質，這也不必刻意迴避。在這種歷史條件下，中國當然應該繼本土之後成為我們人文社會研究的第二環。

1991 年政府終止動員戡亂以後，臺灣與中國的經貿化暗為明，商旅往來益密切。但中國對臺的敵意並未消除，最終目的是要吞併臺灣。任何人都了解，在可以預見的將來，臺海兩岸間不論和或戰，對臺灣最具切膚之痛的國家一定非中國莫屬。單從這點來說，我們更非深切研究中國、了解中國不可。

但臺灣不能老盯住中國，不管正面或反面，都不應該隨其指揮棒起舞。海峽對岸雖然關係我們的安危，只有走上國際，創造臺灣自己的天地，才是最安全的保障，所以我提出當前臺灣人文社會科學發展策略應

具有世界性的架構，這是第三環。道理很簡單，臺灣既靠外貿起家，爾後興衰存亡亦繫於經濟發展的程度而定。一般而言，學術往往多與國勢同步消長，十九世紀以降，英國亞非研究的興盛係應「日不落國」而生，美國成為二十世紀霸主後，她的亞非及蘇聯研究也就風起雲湧了。粗看是國勢推動學術發展，但她們的前奏則是學術默默先行，如日本侵略中國和南洋，學術界已完成可觀的調查和研究成果。臺灣固不可能效法英美帝國，也不應有軍國日本的居心，不過商場競爭和戰場攻伐原理相通，貿易結構要提升，歸根結柢恐怕非對經貿國家的人文社會有深切的了解不可。可以說，人文社會科學的世界化性格是臺灣經濟發展到現階段的迫切需求，不只是純為滿足知識的好奇而已。

總的來說，我在三年多前揭櫫「本土─中國─世界」的概念，係鑑於世變日亟，臺灣從以中國之正統自居變為寧願告別中國，過去幾十年人文社會科學的發展方位的確已屆徹底反省的時候。我的三環架構不論臺海兩岸是維持現狀，還是臺灣獨立建國，或是雙方所謂的和平統一或成立聯邦、邦聯等等，我覺得此一思考模式都可提供作為思想基礎。

## 歷史教育的改造──同心圓的課程設計

稍後，政府委託中央研究院李遠哲院長籌議教育改革。我有感於1980 年代末到 1990 年代初，臺灣普遍有一股改革思潮，帶動政治社會生態急速轉型，唯獨這輛教育之車卻仍然姍姍漫步，遠遠落在社會脈動之後。教育界從上到下還徘徊在解嚴前的心態，有點保守，但更大的成分似乎是茫然。李院長領導的「教改會」集中力量於體制的改革，法規的鬆綁，比較偏於「硬體」的部分。我有實際的教育工作經驗，知道教育內涵的改革，也可說是「軟體」的部分，關係教改成敗絕不亞於體制或法規。

　　所謂教育內涵是隨各種學科而異的，我研究歷史，教授歷史，也參與歷史普及化工作，於是發表〈歷史教育的改造〉❷就教於教改諸君。這篇文字揚棄過去四十多年以中國史為主體的歷史教育，改以臺灣為核心，首先明白宣示同心圓的歷史課程設計，從小學到大學大約十至十二年的一貫規劃。第一圈是鄉土史（縣市或臺灣北、中、西、南、東地區），第二圈是臺灣史（含閩粵東南沿海），第三圈是中國史，第四圈是亞洲史（含西太平洋），第五圈是世界史。小學中低年級無歷史的課名，但第一圈的歷史內容可以放在適當的課目中，高年級的重心則放在第一和第二圈，國中大概是二、三圈，高中二、三、四圈，大學則是三、四、五圈。此一規劃是依同心圓方式，由內到外，從鄉土史、臺灣史、中國史、亞洲史到世界史，循序漸進。不過這只是一種輕重緩急的大致說法而已，教育理念雖有「由近及遠」的原則，但我的規劃不會僵硬化，並不是說小學生可以不必知道孔子或耶穌，大學生可以無視於臺灣的近現代史。其實從小學高年級以後任何階段都是五圈並具的，唯重點各有不同而已。

　　發表〈歷史教育的改造〉，上距〈本土－中國－世界〉只有八個月，讀者不難發現它們的理路一脈相承。五圈的歷史教育之設計目的在教養子弟，使他們知道所處之社會的來歷，愛惜他們賴以生存的土地，對未來臺灣與中國的關係可以理性地抉擇，並且具備世界性的開創眼光，走入世界。當時我預估教科書遲早是會開放由民間編寫的，於是呼籲歷史學者先行自我解放，以開放的胸懷、多元的態度和寬廣的視野來編撰。我希望在這種架構中，世界史擺脫歐美觀點，站在全人類的角度；亞洲史避免大漢沙文主義的心態，探求亞洲眾民族的互惠互利；中國史揚棄一元價值觀，呈現複雜的文化面貌；臺灣史則避免統獨意識型態的困擾，以悲憫回顧過去，以樂觀展望未來。

---

❷　《聯合報》，1995.1.23，第十一版，題目被改作〈歷史教育要如何鬆綁〉，收入《走過關鍵十年》，頁331–338。

然而教科書開放編撰的政策遲遲未公布，又過了八個月，我受國立編譯館之聘，主持高中三年歷史教科書的編撰，遂以上述第二至第五圈的構想來規劃。先談臺灣及其周邊的歷史，次為中國及其周邊和亞洲史，最後是西方文明發展與全球的歷史。這個編撰計畫隨著 1997 年二月教科書的開放而寢息。

## 同心圓史觀的現實意義

同心圓史觀將給我們帶來與過去相當不同的歷史認識。過去的歷史教育雖然中西兼修，其實相當偏頗，不但有很多重大的遺漏，而且不能概括人類真正的歷史發展。相對於「同心圓」，我把以前的歷史教育的設計稱作兩條平行線。一條從北京人、仰韶、龍山、夏商周、秦漢以下到近現代與臺灣，一條從兩河流域、埃及、希臘、羅馬、歐洲、美國至全世界。這兩條平行線在教材上直到近代才交集。這樣的設計有明顯的缺失，第一，只有中國，沒有臺灣，既無視於中國各地的特性，也脫離我們國家的現實，喪失自我，引發青年人國家認同的危機。第二，簡化中國歷史，把中國史刻板化，以致對中國文化的認識產生偏差。第三，遺漏歷史上中國疆域外許多重要民族文化與中國的交互影響，間接造成獨斷的大漢沙文主義和褊狹的民族主義。新構想改採同心圓架構，應可彌補這些缺失。同心圓的理念是從自己的立足點出發，逐次建立我們的歷史解釋觀點，並非幾何式的機械思考。

同心圓史觀不但有學術性的理由，也有現實性的考慮。這一兩年國家內外的變化更快速，一些敏感的問題更加尖銳化，臺灣的存亡繼絕顯得更加緊迫。作為一位歷史學者，深知過去那套以中國為主體的史觀有可能成為臺灣的「緊箍咒」，非打破不足以生存。面前擺著的問題是：在 1990 年代，我國政治已經民主化，經濟進入全球化的競爭網絡中，我們

應該教給子弟──二十一世紀的主人──什麼樣的歷史，以使他們具備
寬廣的世界觀和深刻的歷史觀，以提升國際的競爭力？我們生存在臺灣，
中華民國是一個國家，政治上與現在中國大陸上的中華人民共和國互不
隸屬，但在民族、文化上，與該政權統治下的人民則有深厚的淵源。我
們的子弟應該具備什麼樣的歷史知識才能面對「國家認同」與「文化認
同」的糾葛？我們以外貿起家，三、四十年的胼手胝足贏得現在的富裕；
但經貿永續發展不能只靠勞力（何況便宜勞力的時代已經過去），對世界
各地的民俗、風情、民族、歷史、社會、文化要更廣泛了解才可能催化
經貿的再發展。所以我們要學習周邊以及世界國家的歷史文化，並且用
自己的觀點來解釋世界秩序。

　　以上的構想雖然含有新的考慮，但我對時局的觀察和體認與幾年前
並無大改變，仍然持續以前的基調，希望我們的子弟「立足臺灣，關懷
大陸，進入世界」。然而我的新構想初步透露後，由於媒體的誤導和渲染、
歷史學界少數保守派的抗拒，在統獨之爭尚未休止的臺灣遂演變成為意
識型態之爭。說來不能無憾，好好一條康莊大道不走，卻盡往死巷擠。
媒體每天找話題炒作，消耗國力，延宕進步！

## 同心圓史觀的學術基礎

　　這個透視歷史的新視野當然不是完全呼應現實之用而生的，而是我
多年來對自己的歷史研究所反省的結果。這點我在〈我們要教給孩子什
麼樣的歷史〉 ❸ 有比較扼要的說明。我的新構想首先重視我們賴以生存
發展的臺灣，肯定其獨自存在的意義。臺灣不是漢人來拓墾才有的土地，

---

❸　《聯合報》，1997.3.28，第十一版，收入《臺灣心‧臺灣魂》（高雄：河畔出版
　　社，1998），頁 165-169。

原住民並未因漢人的擴張而滅絕，他們直到今日還存在。而一百二十年前馬偕 (G. L. Mackay) 在臺灣北部、中部所見，一百四十年前必麒麟 (W. A. Pickering) 在南部所見，到處都是平埔族。平埔族不是被漢人消滅了，他們是漢化了，融入「漢人」大海中。我有一篇短文——〈灰面鷲的悲唳〉❹即闡述這個概念。臺灣史從古老的原住民講起，不只是對原住民的尊重，也是對很多臺灣「漢人」的尊重。但建構原住民的歷史不能把臺灣孤立起來，它可能與今日中國境內南方的古代民族和現在南洋群島及玻里尼西亞的南島語族有關，所以臺灣史不能限於臺灣，要以含中國南方、東南部的東南亞做基盤。但臺灣原住民倒不一定是南洋過來的。根據某些語言學家的研究，臺灣有可能是南洋及南太平洋之南島民族的發源地，我寫過〈此地是原鄉〉❺介紹這個看法。

　　爾後的歷史如荷蘭、明鄭，甚至清朝，也都應該抱持臺灣與中國大陸密切關聯的角度來看，才能接上我們現在的命運。這樣的藍圖並沒有排斥清朝統治臺灣的事實，否則我們豈不等於否定閩粵祖先渡臺墾拓營建新家園的歷史？但我們也不要忽略，漢人在臺灣佔居優勢地位後，並沒有進一步往海洋發展，這也塑造了今日我們的一部分命運。

　　新構想的第二部分是中國史。對中國史教材的規劃與過去比較不同，我採取發展的觀點，要還原當代「中國」之未來面目，是一種多元民族、多元文化在歷史上不斷分合的波動圖。先以漢族・漢文化之發展為主體，非漢族部分則把中國放在亞洲的觀點來討論。

　　舉世研究中國上古史的人都承認中國古代文化的多元性，各地民族文化逐漸融合而形成「華夏文化」，成為漢文化或中國文化的前身，有共同性但仍然保留特異性。各地中國人都應該從自己那一地區的歷史讀起才合理，譬如長江下游的人，如果只知上溯半坡、廟底溝，反而不知直

❹　《自由時報》，1997.4.21，第三十三版，收入《臺灣心・臺灣魂》，頁 215–217。
❺　《自由時報》，1997.6.16，第三十三版，收入《臺灣心・臺灣魂》，頁 205–207。

追河姆渡文化,才是天大的笑話!至於中國東北、西北、西南等地,其歷史文化之非華夏、非漢,甚至非「中國」,是不必細論而自明的。宏觀地看,當眾多古老文化逐漸摶成漢文化後,一波波往外擴張,改造各地的原住民(尤其在南方),也一波波吸納外來的民族文化(尤其在北方),但歷史的中國大抵以本部十八省為主。所以新架構的中國史是以漢族‧漢文化之形成,它的內涵特質之擴充及其影響作為主軸,看看歷史上的中國人創造什麼樣的文化,對人類產生什麼貢獻,同時也不該遺漏它的流弊和負面作用。

然而對於歷史上非漢族入主中國統治漢人的時代,我們本諸實事求是的精神,以及古人所說「夷狄入中國則中國之」之義,放在「中國史」的討論之列。不過中國歷史還有另一半也不能忽略,那就是在當今中國行政疆域內的周邊少數民族,以及疆域外與中國民族文化長期交流影響的國家或民族。過去的歷史教育對這一半不是故意抹殺,就是站在大漢沙文主義的立場輕蔑地曲解,以致造成褊狹的歷史觀與民族觀。前輩學者如傅斯年❻、李濟❼等都一再提醒我們研究中國歷史不要把目光局限在長城以內。其實不僅絲路開通以後,即使在開通之前,黃河中下游地區與北亞、中亞甚至更遙遠地區的交往已極頻繁。許多學術研究證明,對中國周邊的研究愈深入,中國本身的歷史會愈清楚。不僅北方如此,南接中南半島及西太平洋的南方也不例外,人類學家凌純聲的環太平洋

---

❻ 傅斯年有「虜學」之說,參看〈歷史語言研究所工作之旨趣〉,《中央研究院歷史語言研究所集刊》,創刊號 (1928);又參看陳慶隆,〈釋「虜學」〉,《學術史與方法學的省思——中央研究院歷史語言研究所七十週年研討會論文集》(臺北:中央研究院歷史語言研究所,2000)。

❼ 李濟常批評過去中國的學者上了秦始皇的當,想問題都只限在長城以南。張光直論述李濟學術的特色之一是,他從不把中國問題研究的視野局限在中國的範圍內。見 K. C. Chang, "Archaeology and Chine history", *World Archaeology*, Vol. 13, No. 2 (1981).

研究❽就是這方面的典範。這樣的歷史事實能用現在僵化的大中國觀念來理解嗎？新構想的中國及其周邊史就是要彌補過去的缺陷，糾正過去的偏見，回歸史實，呈現民族文化多元並存與互補的歷史觀。

　　新構想的世界史以人類歷史上產生過的重要文明為主軸，雖偏於西亞、北非和歐洲，到近代才成為全球性的歷史，但對中、南美和撒哈拉沙漠以南之非洲的古文明也應該賦予相當的歷史地位，對橫跨亞、歐、非三大洲的伊斯蘭教世界要適宜地剪裁❾，對近代歐洲文明也應有我們的取捨。

## 新史觀的淵源與特質

　　我的新史觀固非一朝一夕成形，本文開篇追溯於 1990 年創刊《新史學》，只是一個里程標誌而已，論內涵淵源當然還更早。新史觀的第一個特質是把中國當作一個多元複合體。且不說現在橫跨緯度三十五，經度六十二，將近十三億人口，至少包括五十六種以上的族群的中國不能單一地看，就是古代從黃河流域到長江流域，當時人的世界觀也是多族、多國、多文化的。早在 1970 年代，中國文化起源中原核心論尚有餘威時，我編纂《中國上古史論文選集》❿，撰寫的長篇導論就主張多元的看法了。進入歷史時期，我提出古代城邦說⓫，從事多國並存的具體論證，

---

❽　參凌純聲，《中國邊疆民族與環太平洋文化》（臺北：聯經出版公司，1979）。

❾　校正補記：當初我所謂適宜的剪裁是指應強調伊斯蘭教世界史的意思，因為過去我們的歷史教育和研究，在這方面大抵也是空白的。從 2001 年九一一事件之後我想是不論自明了，但我們的社會似乎仍無覺醒，我們的歷史教育仍陷在政治泥淖中，這就是 2003 年夏天發生的高中歷史課程綱要風波。

❿　杜正勝編，《中國上古史論文選集》（臺北：華世出版社，1979）。

⓫　杜正勝，《城邦國家時代的社會基礎》（臺北：臺灣大學歷史研究所碩士論文，

因此我的學術背景比較沒有秦漢以下「大一統」的思想包袱。

其實秦漢以下的中國也沒有多少歷史文化成分是真正「一」的。漢人、漢文化之複雜性，上文已說過，甚至「中國」也是隨時間而擴充的概念，地理空間不斷擴張，民族文化逐漸複雜，當大一統王朝建立後，雖以政治疆域作為「中國」的範圍，但範圍內的民族文化還是多樣的。不要說北京人時代、仰韶文化、龍山文化時代沒有「中國」的概念，就是兩千年前秦漢統一王朝也和現代的中國不同。現代中國的範圍是康熙、乾隆定下來的，並不切合兩千年的歷史實情。清朝膨脹原中國一倍以上的疆域，帶來許多民族和政治的紛擾問題，成為現在北京政權的燙手山芋，中國歷史家面對歷史上族群的問題也備感棘手，筆下隨政治風潮而流轉，偶爾不慎便動輒得咎。這是在臺灣高唱「大一統」的人不能不察的。

漢人或漢文化同樣是一個不斷擴充的概念，從臺灣平埔族的漢化史可以推想華南的漢化史。華南土著漢化的便以漢人自居，沒有漢化的依然是蠻夷。所以新史觀第二個特質是多元的族群和文化。

我在學生時代受劉壽民（崇鋐）老師之命翻譯勞佛 (Berthold Laufer, 1874–1934) 的 *Sino-Iranica, Chinese Contributions to the History of Civilization in Ancient Iran*，這是討論古代中國與伊朗及南亞地區文化交流的名著，深深體會所謂中國文化其實包含太多的外來成分。成長之後，承襲歷史語言研究所的學術傳統，自然能領略傅斯年、李濟諸位前輩的史學傳統，看中國歷史文化不局限在長城以南。前些年研究歐亞草原動物文飾，知道早在絲路以前，中國與北亞、中亞，甚至西亞的民族、文化交流已相當頻繁 ❷。這些學術背景開啟我的史學境界，無形中塑造我的

---

1974)。

❷　Berthold Laufer, *Sino-Iranica*，杜正勝譯，《中國與伊朗》（臺灣：中華書局出版，1975）；杜正勝，〈歐亞草原動物文飾與中國古代北方民族之考察〉，《中央研究院歷史語言研究所集刊》，64: 2 (1993)。

史觀，令我深切感受到以前我們的歷史教育只知有中國不知有亞洲，只知有漢人不知有少數民族，不但拘束了國人的世界觀，並且造成歷史研究人才之偏枯。我們的歷史學者往往只能以中國史名家，無法進入其他國家民族的領域。如果再放任舊的歷史教育方式長此下去，河清勢必無期，不要說一般國民知識不足以面對世界新局勢，就是史學研究恐怕也將望歐美、日本，甚至是 1990 年代以後之中國的項背。

我的新史觀其實只是一個歷史研究和歷史教育的新角度，和歷史哲學家所講嚴格意義的史觀，如唯心或唯物史觀不同，因為我並不能以某一因素來解釋歷史的萬象 —— 坦白說，這種做法以一個歷史家來看是沒有意義的。不過它到底不是一個空殼子，我的新史觀希望有志研究歷史，有心撰寫歷史，或關心歷史教育的人，脫離過去以軍事政治為主的窠臼，而多發掘不同時期、不同地區所產生的文化對人類的貢獻。脫離過去中央一元統治的觀點，而從各地多元族群、多元文化的眼光看歷史發展。脫離過去狹義民族主義和英雄主義的偏見而本諸人道精神、社會正義，追求人間的愛樂與和平。同時也脫離過去對進步開發的盲目崇拜，而多關注人類與自然的和諧，以及地球的永續發展。

就歷史教育而言，這套史觀所發展出來的知識與觀念，當可帶領國人認識他們所處的臺灣，了解他們的文化來源，認識與他們極具關係的國家 —— 中國（不論未來中國與臺灣的關係如何），也幫助他們順利地走進世界，有足夠寬廣的眼光在二十一世紀的國際舞臺善盡人類的責任，創造新文明。

## 後 記

「一個新史觀的誕生」講述我的同心圓理論形成的過程，及這個理論的要素，沒有擷取中國的經典作依據，也沒搬請西方古今大哲學家、

大歷史家作靠山，好學深思之士難免要慨嘆：卑之無甚高論。

的確，這不是什麼高遠的宏論，只是我在史學實證研究之餘，對自己所處的時代與社會的觀察，對所投入的學問的反省，以及對自己生命安頓的抉擇而已。雖然缺乏讓人眼花撩亂的書目，卻也不能說沒有知識基礎，我相信每個概念、每個環節都是自己思索與體會的心得，非依傍別人而立說。

這個新史觀的明確化是我個人專業學術研究與社會時代關懷互動的結果，平昔做實證研究累積零零碎碎的感想，一旦呼應時代社會，舖陳成文，觀念就愈來愈成形了。所以它既有研究的意義，有教育的意義，也有現實政治社會意義，至於是否可作為國家定位或立國方向的學術思考，應該是個人的應用了。大概含有後面這一點意義，這個史觀落實到教學教材，才會引發不同政治立場人士的激烈反應，我只能說，我們如果生活在一個正常的國家，不可能有這種層次的爭議。

最後，我還是要再提醒讀者，由於過去的特殊環境，歷史的禁忌遠比其他學科為多，現在面臨新時代，社會大改變，我們最好先解放自己，不要再囿於年少所學的知識，不要被以前的觀念所束縛，不妨試著從我的新角度來看看歷史，看看世界。

# 歷史的再生

## 前　記

　　這篇〈歷史的再生〉是 1988 年為《歷史月刊》創刊號所寫的「代發刊詞」，反映我自己史學思想成形的早期現象，也是走上新史學的路途中學術研究以外的一些面貌。十六年來物換星移，我的史觀也有相當的改變，唯為保存歷史的真實，本書整理彙編時，本篇的一些用語沒有改動，有些觀念也一仍其舊，敬請讀者明察。

2004 年 2 月 12 日記

## 歷史死了

　　歷史已經死了。作為一門知識或智慧，歷史在當今社會就像薄於西山的紅日，被團團烏雲遮住，黯然餘暉，終歸迷濛。

　　這是一個叛逆的時代，一個求變的時代，也是一個自喜的時代。這個時代要打倒傳統，這個時代崇尚新奇，這個時代也自以為創造了前人未有的成就。

　　打倒傳統，進一步是斬斷歷史；刻意求新，自然流於忽略歷史；沾

沾自喜，無形中便鄙薄歷史。總之，這是一個缺乏反省，不要歷史的時代。

大家不相信歷史能解答時代的疑惑，不相信歷史能給予社會指引。歷史和這個時代、這個社會脫節了。如果她還存在，頂多如博物館的古董，蠟像館的人像，或是「倡優」之流的消遣。

一門得不到時代呼應的知識，一門得不到社會迴響的學問，我們不得不說：歷史死了。

其實歷史不曾死。是我們的自負拋棄歷史，是我們的短視輕蔑歷史。歷史仍如逝水，不捨晝夜。我們也在這流轉中創造供後世子孫指責或讚嘆的歷史。

為免於「盲人瞎馬」的危機，現在有必要說明歷史的性質，檢討歷史這門學問的意義和功用。讓歷史知識再回到我們的社會，回到我們的時代，讓歷史再生。

## 萬事萬物無非歷史

歷史是什麼？我們為什麼要學習歷史？

簡單地說，歷史不外是你的事，是我的事，是我們大家共同締造的事事物物。因為我們時時刻刻在歷史浪潮中，因為我們成年累月創造歷史，也因為我們和歷史不能須臾分離，這麼接近的東西當然需要認識、了解。

地球上的生物，人類最晚誕生，其他生命皆比人類早上數億萬年，然而只有人類有歷史；一般所謂生物演化史是經人類研究後，為生物所寫的歷史，對它們並無意義。

萬物在漫長的生命演化道路上，唯有人類發展成功複雜的大腦以儲藏經驗，唯有人類發展成功複雜的語言以傳達經驗，也唯有進入文明階

段的人類發展成功複雜的文字以記錄經驗，傳給未曾謀面的子孫。所以歷史是人類的專利，文明人的象徵。

　　個人的生命雖然短暫，借歷史之助，人類的知識卻能不停地增長，不像動物，每代都站在祖先的起跑線上；借歷史之助，人類才能後浪推前浪，更上一層樓。身為具有歷史的文明人，應該慶幸；身為歷史綿延悠久的中國人，更應該珍惜。

　　除非人類放棄語言文字，不要累積經驗，寧願回到洪荒時代，歷史記錄是會一直持續下去的。否定歷史知識，無異自夷於野蠻。這是退化，不是進化。

　　身為最高等動物之一員，應該好好了解你的特權，珍惜只有人類才有的歷史，享用前人留下來的智慧和知識。


## 歷史知識的特性


　　歷史知識在人類的知識體系中有什麼特點，值得我們非了解不可？首先，歷史學和自然科學、應用科學不同，它是研究人或人群的學問，不是研究物的學問，對於人類社會當然迫切需要。

　　不過，就目前的知識領域而言，探討人或人群的學問甚夥，比如人文方面的哲學、文學，社會方面的政治學、經濟學、法學等等，歷史學比起這些人文社會科學，能提供什麼特別的知識或思考形式，以了解人類社會，創造更美滿的人生？

　　我們認為歷史知識至少具備兩種特色：一是時間的貫通性，二是結構的整體性。

　　學歷史的人最忌諱把問題切片分析，人類歷史如流水，不能一刀兩斷，前後隔絕。任何歷史事件、歷史問題皆有源流，歷史學強調從事情發生之先後次序，清理其來龍去脈。

　　譬如投資股票的人記錄股市行情，長期累積下來，於是譜成股市的歷史。初始的情形是「源」，以後的發展是「流」，其間的高低起伏是「變」。有源必有流，有流必有變，三者一脈貫串，於是構成歷史。而各種學問中，能完全照顧長期之貫通發展的，恐怕只有歷史學，其他知識大抵偏重比較短暫時限內的平面分析。因此，起源流變就成為歷史學的主要課題了。

　　其次，關於整體性的問題。歷史學雖然不排除個人的研究，基本上仍以社會整體為主；即使研究一個人，也絕非孤立的個人，總要把他安放在時空情境中來考量。然而今日社會科學幾乎無不以社會為研究對象，歷史學又有何特殊可言呢？大家都知道人群社會是一有機的整體，牽一髮而動全身，但在分工精細的學風下，不得不割裂來研究，於是有特別重視政治的政治學，特別重視經濟的經濟學，特別重視法制的法學等等，皆得人群社會之一體。這是近代的風氣。只有傳統悠久的歷史學依然要把人群的各種行為綜合處理，並且肯定其中的必然關聯。

　　當然，歷史學家承認，探討個別層次的問題，歷史學不如其他各種社會科學來得細密，但就人群行為之整體性與綜合性而言，目前各門社會科學似乎還未發展出觀照全面的方法，所以才產生所謂的「科際整合」。如果科際整合類似西醫的會診，那麼歷史學強調的整體性倒有點像中醫的望聞問切。這似乎流露出歷史學的傳統性質。然而作為一個有機體的社會，全面的觀察，整體的研判，也是必要的吧。

## 先看現在，再問過去

　　只要環顧我們周遭的問題，大者如政策的擬訂，稍次如交通的改善，末微如垃圾的處理，沒有人會懷疑整體性考慮的重要。但常人囿於目睹耳聞，對於長遠的過去便少切膚之痛，不免要質問歷史與我何干？

　　想知道歷史對我們的切身關係，最好的方法是先問現在，再追問過去。古人說：「後之視今，亦猶今之視昔。」那麼現在與未來的關係也就思過半了。

　　1980 年代的今天，許多自稱或他稱的中國人為什麼群聚在臺灣這個海島上？這個最具現實意義的問題與其說是政治問題、社會問題，不如說是歷史問題更貼切。中國是亞洲第一個實行民主共和的國家，民主政體的建立，憲政的實施多歷有年數，但盡人皆知數十年來進口的民主非「原裝」的民主。這個固然是政治問題，難道不也是歷史問題？不研究兩千年的帝制政體和傳統社會，恐怕不能洞悉「橘逾淮而為枳」的癥結。

　　從所見所聞一直追問下去，我們的道德準繩，人生嚮往，言談舉止，衣食住行，似乎都和歷史扯不清，這些表面上看來屬於倫理的、行為的、物質的種種問題，歸根究柢都不外乎歷史問題。唯其極，甚至連身體亦非自己所有。且看看我們的體質，黃膚黑髮，低鼻淺目，是數百萬年前祖先留下的，直到今日還使我們對別人種，同時別人種也對我們，產生「非我族類」的意識。再看看我們生活中不可或缺的語言，是千百年前的祖先留下的，不同語言系統的字句雖可勉強對譯，其精微意義則不盡相同。就是這些意含無形中在塑造人格，支配思想，並形成文化特質。與生俱來的體質和最基本的表意媒介尚且含帶這麼濃厚的歷史性，何況其他文化層次的問題。

　　我們無意誇張悲觀的歷史決定論，我們只想誠懇地呼籲大家重視真實。我們所生存的時代既非前不見古人，亦非後不見來者；我們不是坐在吊籃的苦行僧，上不接天，下不著地。我們要肯定我們是活在歷史長鏈中的一環，前有源，後有流。不論這時代變動多快，多劇烈，亦脫離不了歷史洪流，我們不過處於一長串變動中的一個起伏而已。

　　「浪淘盡千古風流人物」，唯有浪水淘洗不盡者長存。歷史長鏈中有好的遺產，也有壞的包袱，我們唯一能做而且該做的是發揮智慧，接收遺產，拋棄包袱。否則一味視而不見，空有開天闢地的心志與才氣，仍

難免於唐吉訶德式的悲劇,中國近現代民主自由移殖史即是最好的例證。五四新文化運動諸賢豪,志非不廣,才非不高,氣非不旺,時非不順,然而七十年下來猶是今日的局面。原因固然很多,但在移花接木過程中,不先仔細了解這塊土地,再研究種植方法,恐怕也是難辭其咎的。

　　另一方面,唯物史觀的學者倒很重視歷史環鏈。四十年來的中國共產政權,不斷改寫中國歷史,不斷重新解釋中國歷史。就學術而言,不能說完全沒有意義,然而為了符合教條模式,為了粉飾政權的合理、合法性,不惜扭曲歷史之真實。扭曲自扭曲,歷史的客觀存在依然如舊,遭殃受苦的卻是平民百姓。因為錯誤的史觀導致錯誤的意識型態,也自然產生錯誤的政策,中國共產黨的統治便是最好的說明。

　　近現代中國有志之士皆苦心焦慮謀救中國,其志雖然可佩,但見識與手段不能不檢討。有的忽視歷史,有的斬斷歷史,有的歪曲歷史,將近百年了,中國人民還在苦難中。輕忽、反對歷史的代價未免太大!我們豈可不引以為訓。醫生診斷開處方尚且檢視病歷,何況欲治一國之病,豈可不知一國之史?當然,取錯病歷,張冠李戴,可能比不查病歷還危險。

## 處處透露「治」「亂」訊息

　　對於一介布衣而言,歷史知識之有用無用,因人而異,胸志大者大用,胸志小者小用。此差別除才性不同,際遇也有關係,不可強求。

　　傳統中國社會,史學和經學並稱讀書人的兩大知識泉源,而在經學成立以前,也就是先秦時代,歷史幾乎是知識唯一的來源。

　　春秋時期封建貴族的書本教育主要是各國春秋,春秋即是歷史,此外還有宗族世譜、雅頌詩篇、先王官令、記錄前代成敗的志書,和備載古來氏族的訓典。以今本《詩經》三百篇來說,十之七八是歷史,其他

世譜、志書、訓典、官令亦莫非歷史。古人以歷史作為個人的道德規範、行為戒律，藉歷史來發皇個人的心胸氣度，從歷史中學習如何協和同僚、統治人民和警惕興亡。可見歷史知識在當時是最具實用價值的知識。

後來的讀書人更習於運用歷史的知識以檢討當前問題。這有兩層意義，一是理想的追求，一是議論的根據。他們不但以古證今，而且把他們所認識的歷史變成批判當代的標準和利器。翻閱歷代名臣奏疏，不得不令人驚訝，中國讀書人論政仰仗歷史的程度，幾乎到了無復以加的地步。

傳統社會裡闡述歷史知識的現實意義，當推宋神宗標舉的「資治」二字最為簡潔明白。傳統中國，歷史學是帝王之學，皇帝統治國家該讀歷史，從歷史中體會興亡，以為借鏡；士大夫輔助皇帝治理天下，從歷史中學習治術，模仿典範。所以歷史學成為「帝王之學」。「帝王學」翻譯作現代術語，大略近於「政治經濟學」，是關於經世濟民的知識。現在沒有帝王了，人民當家作主。民主時代的國家主人難道比傳統帝王還不如，不想從歷史中觀摩治亂，以督責我們的「公僕」，而且給予他們適切的評價？可見即使在當今的民主時代，歷史的「資治」意義依然常新。

現代的知識比諸傳統社會當然複雜多元，現代人吸取知識的途徑當然也不像傳統社會那麼單調，然而若論治亂意識之敏感性，歷史知識還是當仁不讓的。小自一己身家之禍福，大至一國億萬人的命運都和歷史息息相關，身為國家主人，豈可輕忽歷史哉！

歷史知識除理性的現實意義外，還帶給傳統讀書人性情的感興，擴大讀史者的心靈空間，傳達異代的神往交誼。可以興，可以觀，可以群，可以怨。屈原放逐，憂心愁悴而作〈天問〉，問古人古事以抒憤懣。太史公遭刑而作《史記》，藏諸名山，傳諸其人。他既信得過歷史，後之來者果然也不負他的期望。文正臨難寫正氣，自齊太史、晉董狐以下，文正找到知音，精神與之長存。人不能沒有朋友，歷史學介紹給你朋友，不知尚友古人，生命豈不有點枯寂嗎？

與歷史人物為友，或以歷史人物為師，並非讀書人的專利，傳統社會的販夫走卒也不曾放棄這筆豐富遺產。初識幾個字的人讀《三字經》，十之七八是歷史。即使不識字的村夫村婦聽曲看戲，他們也自以為與古人為師為友，雖然歷史上可能不曾有過戲曲中的那種古人，或即使有之，而其面貌亦不盡相同。但對村夫而言，這層不太重要；他們直認為那就是歷史，可以從那裡尋得可歌可泣、可喜可恨的對象。

## 把歷史還給大眾

回頭檢查現在的歷史知識，我們缺乏可愛、可信、可親的歷史讀物。現在正式講歷史只存於兩個地方，一是研究的學院，二是教學的課堂。學院論文太孤高，恥於吸食人間煙火；學校教科書太呆滯，奄奄無生氣。學院的學者傾力探索歷史，生死以繼，可惜人數有限，而且與世隔絕，幾乎變成一群可有可無、粉飾文明的清客。學校的學生死讀教科書，茫茫地記誦，惘惘地遺忘，來無影，去無蹤，歷史知識頂多是考試的敲門磚，連前人寫八股文、造策論的本事也夠不上，比舊科舉還不如。總之，這兩方面的歷史知識都和時代、社會不貼切。

目前存在於社會的歷史，譬如坊間的歷史小說或電視的歷史劇，較深入人心，可惜多半是「非歷史」和「假歷史」。歷史小說雖不乏秀傑創作，但絕大多數承襲傳統歷史評論的末流，予褒予貶，予生予死。電視歷史劇則比歷史小說更不如，一派荒唐語，滿集癡人言。所謂「歷史」對廣大的電視觀眾而言，只是茶餘飯後消遣的餘興，使人與真實的人生社會更脫節。

這是我們現在的歷史教育，歷史學在現代知識系統裡大概跌到谷底了，難怪經常遭受懷疑和質詢。這是誰的責任？

現在該把原本屬於大眾的歷史還給大眾了。讓歷史不要只逗留在學

院內，讓歷史不要老漂浮在教科書中！讓歷史矯正向來電視歷史劇的偏差！讓歷史重新在我們的社會、我們的家庭以及我們每人的心靈中活躍起來！

# 二
# 前賢的鏡鑑

# 傅斯年的史學革命（上）
## —— 從疑古到重建

## 史學革命的雙璧

　　二十世紀中國史學相對於清代以前的傳統是一種嶄新的新史學，不論觀念、方法或寫作方式都達到革命性之改變的地步，尤其古代史學，堪稱史學革命中的革命。古代史學革命有兩大流派，一是顧頡剛所代表的「疑古派」，一是傅斯年所代表的「重建派」。疑古派解析歷史文獻，重視傳說的經歷更甚於史蹟的整理，重建派則透過各種可信可用之資料企圖建構歷史的真實。這兩派的歷史觀點、處理史料的態度與研究的方法都有相當的差異，然而它們的創始或代表人物卻是同門同窗，堪稱史學革命的雙璧。

　　顧頡剛長傅斯年三歲，兩人同在民國二年考入北京大學預科，三年後雙雙升入文本科，顧讀哲學門，傅讀國文門。他們住同宿舍，並且同寢室，同樣膺服新派學者胡適，共同創組新潮社，發行《新潮》月刊，皆有改造中國舊社會的雄心壯志，可以說是志同道合的同志。胡適民國六年秋任北大教授，年僅二十七，是一位英姿翩翩的青年，這時顧頡剛二十五歲，傅斯年二十二歲，師生三人年紀相仿。中國古書胡適或許唸的不及高足多，但他以新穎的治學方法與深邃的見識收服他們，對他們

李石樵「傅斯年畫像」

產生不同程度的影響，一生相互的離合也截然不同。

五四運動爆發，傅斯年是學生領袖之一，顧頡剛適南返省親，但仍心繫學潮，馳書力勸傅斯年擴大風潮❶。那年的年底，傅斯年赴歐遊學，一年後留在國內的顧頡剛與胡適、錢玄同書翰論學，逐漸發展出他那名聞中外的「層累地造成的中國古史」說。首先傅斯年不但贊同，而且佩服得「五體投地」❷，但沒幾年，他返國後便毅然樹起另一面旗幟，在「破」的風潮之外營建「立」的學術風氣。同志分道揚鑣了，又因性格的差異、共事的齟齬，青年時代的友誼亦漸行漸遠❸。

傅斯年不是歷史系科班生，赴歐遊學也不學歷史。以一個歷史圈外人而能給近代中國的史學帶來震撼性的革命，未免令人嘖嘖稱奇，想探索他的學術根源，以及走出疑古陰影的歷程。而作為當時中國新學術、新思想之領袖的胡適，開啟顧頡剛的疑古之門，備極稱讚他的疑古成就，後來卻疏離，轉入傅斯年的重建陣營，這當中的原委也值得追究。

---

❶ 顧潮編著，《顧頡剛年譜》（北京：中國社會科學出版社，1993），頁 50，以下簡稱《顧譜》。

❷ 傅給胡適的信，見耿雲之編，《胡適遺稿及祕藏書信》37 冊（合肥：黃山書社，1994），頁 360，以下簡稱《祕信》。

❸ 民國十八年顧頡剛致胡適的信，見《胡適來往書信選》上（香港：中華書局香港分局，1983），頁 533，以下簡稱《書信選》；《顧譜》，頁 152。

　　我是從事實際研究的歷史學者，向來側重參證胡、顧、傅等人的具體學術意見，較少把他們放在學術史的脈絡中來考察。而今年事日長，偶而也想在學術傳承的脈絡中尋找自己的位置，1995 年春天寫了〈錢賓四與二十世紀中國古代史學〉❹，才認真思考這些問題。最近仔細研讀《傅斯年全集》(以下簡稱《傅集》)，查閱歷史語言研究所收藏的「傅斯年檔案」(以下簡稱「傅檔」)，並參證胡適、顧頡剛的一些相關資料，對傅斯年與近代中國的史學革命浮現了更清晰的圖象。

　　在這過程中，我要特別感謝同事王汎森。他專研近現代學術思想史，尤其嫻熟「傅斯年檔案」，承他無私地提示我一些關鍵性的資料，讓我在很短時間內很快地進入情境。傅斯年先生深切體會到現代學術不容易由個人作孤立的研究，要靠團體尋材料，大家互補其所不能，互相引會訂正，要集眾工作才易收效，故創辦了歷史語言研究所❺。我個人長年以來身受同仁切磋之益，這次研究傅斯年的史學革命更是見證，因此對他的理念也感受得特別深刻。

## 傅斯年是疑古的先鋒

　　傅斯年自北京大學畢業後經歐洲遊學到返國開創新學術，先後七年，在英德的時間大抵各佔一半。這時期，中國學術思想界發生兩件大事，一是史學界興起疑古的風潮，二是思想界發生科學與玄學論戰。科玄論戰且不說，即使他的同志顧頡剛所發動的史學巨變，這位「孔子以後第

---

❹　《當代》，111 期 (1995)，收入本書，改題〈錢穆與二十世紀中國古代史學〉，見頁 216–233。

❺　傅斯年，〈歷史語言研究所工作之旨趣〉，《傅斯年全集》四 (臺北：聯經出版公司，1980)，頁 265。

一人」❻因為遠在歐洲，生性疏懶，體弱多病，這期間又有些「頹放」（胡適語，下詳），遂成為一個旁觀者。顧頡剛則截然不同，他從北大研究所的助教、圖書館編目員❼，一躍而成為聞名海內外的史學大家。

顧頡剛的疑古深受胡適和錢玄同的啟發，大概從民國九年十一月胡適請他查索姚際恆的著作開始❽。姚際恆的《古今偽書考》顧頡剛早在民國三年就鈔錄一通，但當時他對這部書的評價並不高，認為分類與論辨皆舛駁，而且多采前人成說，間或折衷，亦不盡證實，並可補論。他毋寧更服膺章學誠的辨偽，據所肯定的項目來看，當時顧頡剛的識見是相當傳統的❾。等到顧頡剛接受胡適的教示，「慢慢地點讀《偽書考》」❿，學術境界才改觀。是胡適啟發了顧頡剛新的辨偽眼光，重新認識《古今偽書考》的價值。但胡適只教顧頡剛辨「偽書」，錢玄同卻啟發顧頡剛擴及於辨「偽事」，肯定辨「偽事」比辨「偽書」還重要，顧氏完全接受，於是他的《辨偽書刊》就分偽事和偽書兩方面進行了⓫。這是民國十年一月間的事。有此轉向，才有禹是鑄於九鼎上的一種動物的異論⓬，引起一連串的辯難。雖然稍後顧氏對此一假定有所修正⓭，但流俗多信耳食之言，不察本義委曲，「禹是一條蟲」幾乎成為顧頡剛的標籤，即使特

---

❻　傅樂成，《傅孟真先生年譜》，收入《傅集》七，頁 261。

❼　《顧譜》，頁 55。

❽　胡適，〈詢姚際恒著述書〉，《古史辨》一上（臺北：明倫出版社重印，1970），頁 1。

❾　顧頡剛，〈附古今偽書考跋〉，《古史辨》一上，頁 7–12。

❿　胡適，〈告擬作偽書考長序書〉，《古史辨》一上，頁 15。

⓫　顧頡剛，〈論辨偽叢刊分編分集書〉、〈論辨偽工作書〉、〈彙編錄辨偽叢刊書〉、〈自述整理中國歷史意見書〉諸信，分見於《古史辨》一上，頁 23、27、32、35。

⓬　顧頡剛，〈與錢玄同先生論古史書〉，《古史辨》一上，頁 63。

⓭　顧頡剛，〈討論古史答劉胡二先生〉，《古史辨》一中，頁 118–120。

立獨行的魯迅也用這個「流俗之見」來諷刺他❹。

　　大家都知道顧頡剛疑古的精義濃縮在「層累地造成的中國古史」這個觀念上。民國十年年初，胡適訪得《崔東壁遺書》，與顧頡剛共讀，並且讓他標點❺。民國十一年春間，胡適推薦顧頡剛給商務印書館編纂《中學本國史教科書》，先整理《詩》、《書》、《論語》的古史傳說，竟然發現古史發生的次序和排列的系統恰是在古書出現先後的一個反背，愈是起得後，愈排在前面，層累地造成❻。有了「層累地」的觀念，顧頡剛不但超越姚際恆，而且超越崔述。崔述猶考信於六藝，剔除偽史的目的是要建立信史，但顧頡剛更進而疑六經，只想把傳說中的古史細說一遍，這個經歷就是「時代愈後，傳說的古史期愈長」❼。他研究歷史的方法，「看史蹟的整理還輕，而看傳說的經歷卻重」，所以胡適說這是「用歷史演進的見解來觀察歷史上的傳說」，「主要觀點在於研究傳說的經歷」❽，而不管古書所指涉的古史，因為顧頡剛認為古代文獻沒有實際的證明❾。

　　疑古之風演成一股潮流，雖數顧頡剛出力最多，但錢玄同才是靈魂人物，唯有他的辨「偽事」更甚於「偽書」的明確主張，疑古作風才進入史學的領域。「疑古」二字雖早有人使用❿，無疑地是錢玄同的招牌。

---

❹　魯迅，《故事新編・理水》，《魯迅全集》二（北京：人民出版社，1956），頁 331–333。

❺　胡適，〈告得東壁遺書序〉，《古史辨》一上，頁 19；胡適，〈崔東壁遺書〉，《崔東壁遺書》（臺北：河洛圖書出版社，1975）。

❻　顧頡剛，〈自序〉，《古史辨》一上，頁 51–52。

❼　顧頡剛，〈自序〉，《古史辨》一上，頁 59–60。

❽　胡適，〈古史討論的讀後感〉，《古史辨》一上，頁 192–193。

❾　顧頡剛，〈與錢玄同先生論古史書〉，《古史辨》一上，頁 59。

❿　如民國九年七月胡適在南京高等師範演講〈研究國故的方法〉，見胡頌平編著，《胡適之先生年譜長編初稿》二（臺北：聯經出版公司，1984），頁 407，以下簡稱《長編》。

從錢玄同與顧頡剛來往的書信看，這兩字在民國十年一月是他先向顧提出來的 ㉑，還公開宣揚要敢於疑古，治古史不可存考信於六藝之見 ㉒，並在民國十四年八月廢錢姓而以「疑古玄同」為名 ㉓。

　　胡適、顧頡剛和錢玄同三人討論辨偽、疑古的書翰直到民國十五年春間《古史辨》第一冊上編出版才公開，但他們醞釀成熟的文章在民國十二年五月就開始在胡適辦的《努力》和《讀書雜誌》上陸續刊布了。傅斯年在柏林求學時讀到顧頡剛發表於《讀書雜誌》的〈與錢玄同先生論古史書〉（民國十二年五月六日），獲知「層累說」㉔。對於顧的論旨，傅斯年必不陌生，甚至還有先見之明，因為他在北大就已經是一位疑古論者了。傅斯年其實是疑古的先鋒隊，這點一般往往忽略。民國八年元旦《新潮》創刊號他評論清朝梁玉繩《史記志疑》的文章，其中說到：「中國人之通病，在乎信所不當信，此書獨疑所不當疑。無論所疑諸端，條理畢張，即此敢於疑古之精神，已可以作範後昆矣。」㉕他就這點稱許宋儒，「若其疑古之處，正其所以超越漢唐處」。而清代學術「皆善於疑古，……凡此所以造詣獨深者皆以變古為其內心，所有發明，乃敢於自信，不輕信古人之效也」。於是他總結說：「可知學術之用，始於疑而終於信，不疑無以見信。」㉖傅斯年雖覺得梁玉繩缺乏創造性，猶推崇《史記志疑》「過疑之精神誠不可沒」，正因為他相信因其疑而可見其真之故 ㉗。

　　《新潮》創刊號傅斯年共發表十六篇文章，當含有稍早的舊作，可

---

㉑　錢玄同，〈論近人辨偽見解書〉，《古史辨》一上，頁 25。

㉒　錢玄同，〈研究國學應該首先知道的事〉，《古史辨》一上，頁 102。

㉓　此據《古史辨》一上所列錢玄同之文推定。

㉔　《祕信》37 冊，頁 360。

㉕　傅斯年，〈清梁玉繩著史記志疑〉，《傅集》四，頁 369。

㉖　同上，頁 370。

㉗　同上，頁 370–371。

見傅斯年之提倡疑古，並且使用這兩個字，遠比錢玄同早。甚至這篇書評開宗明義就說：「自我觀之，與其過而信之也，毋寧過而疑之。」❷❽上面提到胡適要顧頡剛點讀姚際恆的《偽書考》，顧回信，並附呈民國三年春天所寫的那篇並不看重姚氏的〈古今偽書考跋〉，胡適給他的評語就有「我主張，寧可疑而過，不可信而過」❷❾。這是民國九年十一月二十四日的事，同年七月胡適演講〈研究國故的方法〉也說過類似的話（把「過」字換成為「錯」字）❸⓪。如果要講究版權，胡適還有抄襲傅斯年的嫌疑呢！傅讀到顧頡剛的層累造成說後，亦推定幾篇《禮記》的年代，把〈大學〉斷在漢武帝，〈中庸〉分作兩部，雖有自己獨特清理舊賬的方法❸❶，但其實作了「累層地」（原文如此）的嘗試❸❷。這倒不全出於模仿，應是他早些年治學態度的反映。

　　老朋友在國內激盪起這麼大的學術浪潮，而且與他在北大時的見解同轍，傅斯年是相當興奮的。他給顧頡剛的信稱讚「累層地（原文如此）造成的中國古史」是「史學中央題目」，這一個題目「乃是一切經傳子家的總鎖鑰，一部中國古代方術思想史的真線索，一個周漢思想的攝鏡，一個古史學的新大成」。幾年不見，不料顧頡剛成就這麼大！他向羅家倫、姚從吾稱讚顧「在史學上稱王了」，佔據了中央的地位，「恰如牛頓之在力學，達爾文之在生物學」，「終不能不臣於他」。即使李玄伯對疑古派的方法學有所保留，相信考古才是解決古史問題的唯一方法❸❸，這是後來傅斯年所奉行的，但這時他仍然安慰顧頡剛「在寶座上安穩的坐下去，不要怕掘地的人把你陷下去」❸❹。這封長信其實是一系列信的總合，寫

❷❽　同上，頁369。

❷❾　〈適之先生評〉，《古史辨》一上，頁12。

❸⓪　《長編》二，頁407。

❸❶　《祕信》37冊，頁359。

❸❷　傅斯年，〈與顧頡剛論古史書〉，《傅集》四，頁461–463。

❸❸　李玄伯，〈古史問題的唯一解決方法〉，《古史辨》一，頁268。

了未發，回國後才一併給顧頡剛，民國十七年一月顧頡剛把它登在《國立中山大學語言歷史學研究所週刊》。顧的跋語說此信從 1924 年 1 月寫起，寫到 1926 年 10 月 30 日船到香港為止❸，上述屬於前頭部分，可以代表民國十三年傅斯年的看法。

## 疑古派「以不知為不有」的誤謬和危險

民國十五年十月底船到香港，信還沒有完。傅斯年一入國門便北返山東省親，次年春赴廣州中山大學就任教授，兼文學院院長及國文、歷史兩學系主任，其忙碌是可以想見的。顧頡剛屢次催他續未完之稿，他都不曾給一個字。此其緣故只有如顧說的「不忙便懶，不懶便忙」嗎？沒有這麼簡單，真實的原因恐怕是傅斯年變了，他不再走疑古的路子了。他看出更寬廣的康莊大道，那就是重建。他當然不會再珍惜早該丟棄的敝屣，所以雖然中山大學《語言歷史學研究所週刊》是他創辦的，顧任編輯，刊登私人信函並未得到傅的同意❸，而傅那龍飛鳳舞的字跡本不易辨認，顧也沒讓他親校，其中透露的信息應該相當明白。

傅斯年雖是北大文科的高材生，但升入本科後他的興趣就轉移了。後來他給胡適的信說「一誤於預科乙部，再誤於文科國文門」❸。他到歐洲是研習自然科學，在倫敦大學大學院 (University College) 從大師史匹爾曼 (Charles Edward Spearman) 學習實驗心理學，給胡適的信報告他溫習化學、物理學、數學，心理學也偏於生物學的一派及佛洛伊德派的

---

❸　傅斯年，〈與顧頡剛論古史書〉，《傅集》四，頁 456–457。

❸　同上，頁 493。

❸　傅斯年，〈新獲卜辭寫本後記跋〉，《傅集》三，頁 225。

❸　《書信選》上，頁 106。

精神分析❸。轉到柏林大學後，依然選讀物理，沉醉於數學和統計學❹。故上述給顧頡剛的信說，別人研究史學不能不臣服於顧，他「以不弄史學而幸免此危」。因此，傅斯年也能抱著「光武故人」的心情欣賞顧頡剛的成就❹。但當傅斯年留歐最後一段期間，開始思考史學問題後，他可能為擺脫顧頡剛的陰影進而否定了北大時期「疑古的傅斯年」，這時「光武故人」就變成「瑜亮情節」了。

　　在史學圈外的傅斯年竭誠恭維顧頡剛，一旦進入史學領域，即與顧分道揚鑣，走他自己的路（下詳）。他從推論的邏輯性和史料與史事的對應性兩方面批判疑古派。

　　疑古派看重傳說演變的經歷更甚於史蹟的原貌，雖說只論傳說，不論史事，其實無形中把史實抽空了，再來編織所謂傳說的「經歷」。歷史研究本來只能就少數留傳下來的史料論證其史實，也就是據史料之「有」而說「有」的史事，不能因為史料不傳而斷定必無其事。顧頡剛「層累說」即犯了以史料之「無」而論斷史實亦「無」的謬誤，即犯了方法學所謂的「默證」。張蔭麟很早就指出顧頡剛的論證法使用默證過度氾濫❹。民國十五年年底傅斯年回國不久，顧頡剛把新作〈秦漢統一之由來和戰國人對於世界的想像〉❹寄請他指正，傅斯年便提出「找出證據來者，可斷其為有，不曾找出證據者，亦不能斷其為無」❹。這與張蔭麟避免默證同意。傅斯年在中山大學寫的講義〈戰國子家敘論〉（在民國十六、七年間）也說：「以不知為不有，是談史學者極大的罪惡。」❹這是從邏

---

❸　《書信選》上，頁106。

❹　王汎森、杜正勝編，《傅斯年文物資料選輯》（臺北：中央研究院歷史語言研究所，1995），頁44、50。

❹　傅斯年，〈與顧頡剛論古史書〉，《傅集》四，頁457。

❹　張蔭麟，〈評近人對於中國古史之討論〉，《古史辨》二下，頁271–272。

❹　顧頡剛此文收入《古史辨》二上，頁1–14。

❹　傅斯年，〈評秦漢統一之由來和戰國人對於世界的想像〉，《傅集》四，頁434。

輯方面對疑古風潮開的火。

　　史料相對於史實既然那麼少，史家的任務「應該充量用尚存的材料」**④**，而不是把僅存的那點材料空虛化。歷史研究不能被史料填補的空缺既然那麼多，史家的態度應該是「材料闕的地方即讓他闕著」，「不勉強補苴罅漏」，「切不可從這不充足的材料中抽結論」**⑥**。這些話語都是對老友顧頡剛的規勸，他甚且指責顧頡剛在民國十五年發表的〈秦漢統一〉那篇文章，用材料的態度「未免有與《古史辨》中同一趨勢」，推理也「與在《古史辨》上頗犯一種毛病」**⑦**。傅斯年顯然含有責備老友不長進的深意。這也顯示當他回國之時，已經不再是「疑古的傅斯年」了。後來傅斯年在《史記研究》(可能是民國十八至二十四年任教北大的講義)中表彰司馬遷的卓越，其中一點是「疑疑亦信」，亦針對疑古派而發。文獻不足，唯有多見闕疑，慎言其餘，才稱得上通達，司馬遷寫〈老子列傳〉即本此態度。傅斯年說：「後人據不充之材料，作逾分之斷定，豈所論于史學乎？子長蓋猶及史之闕文也，今亡矣夫！」**⑧**這是針對疑古派無視於史料之天生限制而發的感慨。

　　傅斯年在他的名著《性命古訓辨證》結合邏輯推論與史料不足性，對疑古派痛下鍼砭說：

　　　　古史者，劫灰中之燼餘也。據此燼餘，若干輪廓有時可以推知，然其不可知者亦多矣。以不知為不有，以或然為必然，既違邏輯之戒律，又蔽事實之概觀，誠不可以為術也。今日固當據可知者盡力推至邏輯所容許之極度，然若以或然為必然則自陷矣**⑨**。

---

**④**　傅斯年此文收入《傅集》二，頁103。

**⑤**　同注**㊸**，頁434。

**⑥**　同上，頁434、453、449。

**⑦**　同上，頁434、437。

**⑧**　傅斯年，〈論太史公書之卓越〉，《傅集》二，頁80。

　　層累說方法上的誤謬是「以不知為不有」，因《詩經》、《尚書》（除〈堯典〉、〈皋陶謨〉外）有禹，沒有堯舜，遂謂禹的傳說先起，堯舜後起，張蔭麟已指出這種推論就像從《唐詩三百首》、《大唐創業起起居注》、《唐文彙選》推求唐以前之史實，則文景光武之事蹟其非後人「層累地造成」者幾希矣❺⓪！即使這兩大環節不談，退到顧頡剛的入手法門辨偽書，傅斯年也頗不以為然。顧的作法是把一本本書當作一個單位，排出一個「層累的」次序。民國十七年顧頡剛在中山大學開「古代地理研究」，這門課的旨趣書表白其研究態度是「從甲骨文中看商代地域，從金文、《詩》、《書》中看西周地域，從《春秋》、《國語》、《左傳》中看東周地域，從《戰國策》、先秦諸子中看戰國地域，從《史記》、《漢書》中看秦漢地域」❺⓵。這種機械論顯然忽略古代典籍的複雜性，如傅斯年所說的：「真書有錯簡誤字，與夫傳寫者所加，而偽書之作，間撮舊書，故亦或有遠世之文」。因此，「一書一篇之真偽，未可一概言之，一詞之可取與否，未可魯莽斷之，將證之而後用，或存疑而莫明。」❺⓶此一謹慎態度若能輔以有效精確的治學工具，對知識的增進的確比一股腦兒的魯莽滅裂高明得多。

## 百千年後人曲喻百千年前事的「戲弄」

　　傅斯年還有兩處很明顯地批評顧頡剛層累說方法上的危險和粗糙，一是《史學方法導論》（只存第四講〈史料論略〉）所舉俞平伯的〈長恨

---

❹⓷　傅斯年，《性命古訓辨證》中（臺北：中央研究院歷史語言研究所，1992），頁20。

❺⓪　張蔭麟，〈評近人對於中國古史之討論〉，《古史辨》二下，頁273。

❺⓵　《顧譜》，頁160–161。

❺⓶　傅斯年，〈殷曆譜序〉，《傅集》三，頁220。

歌及長恨歌傳的傳疑〉，一是未刊稿「荅闌散記」（筆記本）寫的一則寓言故事，題作〈戲論一〉❸。俞平伯說，長恨〈歌〉〈傳〉對於楊貴妃縊死於馬嵬坡的說法有曲筆，侈言方士神仙，鑿鑿有證，蓋其本意另有所在，作者乃欲表達一段世所未聞的軼事，敘繁華則近荒，記姝麗則近褻，太真實未曾升仙或作鬼，蓋乘兵荒馬亂中逃逸，流落人間，不曾死於馬嵬。方士之見太真，實在妓院，明皇明知而不能收覆水，故聞其訊，感慟逾常，是年即卒。一篇詩歌，一篇傳奇，被俞平伯兜在一起，可以把死鬼說成活人，神仙說成妓女，而且頭頭是道，無懈可擊。但文學家的俞平伯比史學家的顧頡剛老實得多，他認識到「今日僅有本文之直證，而無他書之旁證，只可傳疑，未能取信」。所以傅斯年稱讚「這是一篇很聰明的文章——對不對卻另是一回事——同時也是一篇很自知分際的文章」。他稱讚平伯「甚誠實」，而慨言「我們生在百千年以後，要體會百千年以前的曲喻，只可以玩弄聰明，卻不可以補苴信史也。」❺顧頡剛憑他的聰明，以那麼不充分的史料，用那麼不合邏輯的方法，不管「歷史的積因」，卻要求一「理性的因」❺，於是建構了一套傳說演變的「經歷」，認為這套「經歷」才是信史，「經歷」所據之傳說的指涉反而子虛烏有，這才真是不自知分際。傅斯年之稱許俞平伯，其實即是貶顧頡剛。

　　我們雖然無法查考傅斯年撰寫〈史料論略〉的確切年代，但此講義引證陳寅恪的〈吐蕃彝泰贊普名號年代考〉係刊於民國十九年五月，用他自己的〈明成祖生母記疑〉的意見與資料，該文醞釀於民國十九年或二十年，所以我們把這本史學方法講義暫定在民國二十年或稍後。這推測和下文要分析的〈戲論〉有關。

---

❸　中央研究院歷史語言研究所藏，「傅斯年檔案」（簡稱「傅檔」），II: 910，只寫一篇，以下簡稱〈戲論〉。

❺　傅斯年，〈史學方法導論〉，《傅集》二，頁59。

❺　傅斯年，〈論孔子學說所以適應於秦漢以來的社會的緣故〉，《傅集》四，頁440。

〈戲論〉即是玩弄「百千年後人曲喻百千年前事」的遊戲文字，傅斯年創造一位名叫「理必有」的人，生於民國三十三世紀，他「好為系統之疑古，曾做《古史續辨》十大冊」。明眼人一看就知道「理必有」即是顧頡剛。傅斯年剛回國，與顧頡剛論學就勸他「歷史上的事甚不可遇事為他求一理性的因」 ❺❻，傳說演變規律之理似乎就是顧頡剛的標識，故名之為「理必有」。顧頡剛成名的層累說及民國十三年八月寫成的〈我的研究古史的計畫〉 ❺❼即是系統的疑古，他處處求符合理性❺❽，而且編撰《古史辨》名聞於世。理必有乃三千三百年後的人，一口咬定民國初建時的學人造作一些人名，「故意為迷陣以迷後人」，其實都是子虛烏有的。據「理必有」的研究，「孫文僅《西遊記》孫行者傳說之人間化、當時化，黃興亦本黃龍見之一種迷信而起。……此等議論盛行一時，若干代人都驚奇他是一位精闢的思想家。」如果時光回到堯舜禹的時代，民國初建大肆議論的顧頡剛是三、四千年後的人，他之於堯舜夏禹正如理必有之於孫文、黃興，顧必謂禹不是一個「人」，與夏朝也沒關係❺❾，和理必有之謂孫文只是孫悟空的傳說由神轉而為人，黃興是黃龍的化身，兩兩如出一轍。事實上孫文、黃興皆實有其人，何以三千三百年後會虛幻了呢？這是疑古派方法論造成的結果，不信嗎？傅斯年如法炮製，和疑古派的靈魂人物錢玄同開個玩笑——民國初建所謂錢玄同這個人是不存在的。「查玄是滿洲朝康熙帝名，是則此名必不能先於民國元年，若曰在民國元年改的，則試看所謂錢玄同一人之思想實是最薄中國的古物事者及通俗物事者，有此思想之人必不于此時改用此一個百分充足道士氣之名無疑。故如玄同為王敬軒之字，猶可說也，玄同為此等思想之人之改

---

❺❻　同上。

❺❼　顧頡剛，〈我的研究古史的計劃〉，《古史辨》一下，頁 211–217。

❺❽　顧頡剛，〈討論古史答劉胡二先生〉，《古史辨》一中，頁 112。

❺❾　同上，頁 112–115。

定名，在理絕不可通。」王敬軒是錢玄同的化名，故意用古文寫作，批評新派的文學革命，再由劉半農以白話答覆❻。「王敬軒」這種有目的的子虛烏有造作猶可理解，但不能推及其他人名皆造作，然而按照疑古派的邏輯，便會有以下的情形。「錢」這個字充滿銅臭，與「玄」絕然相反，「果然自己改名玄，名玄同，其何不並姓而亦改之？胡留此一不甚雅之字以為姓乎？」這些都是所謂疑古學風的思維方式。因此，傅斯年接著說：

> 細思方覺此實一非有先生、亡是公子，姑名為玄同，以張其虛，姓之曰錢，以表其實，世無有虛過于玄而實過于錢者，以此相反之詞為名，實係一小小迷陣，若謂前人曰：看破者上智，看不破者下愚。

即使錢君後來改姓疑古，「疑古二字與錢同以喉音為紐，明是射覆之意」，所以歸根究柢沒有錢玄同這個人的存在。

這是學疑古派的邏輯推理，把「錢玄同」這個人的事實虛空掉。按照疑古派的作法，史事恰如迷陣，史學等於猜迷，傅斯年主張重建，當然不滿意顧頡剛、錢玄同之好作假設，「疑神疑鬼弄出疑案」❻。

〈戲論〉以「非有先生」、「亡是公子」消遣錢玄同，即借用錢氏答顧頡剛提出「層累說」的論古史書稱堯舜為「無是公」、「烏有先生」❻的筆法，而這兩個名詞在〈史料論略〉也用過❻。〈戲論〉說「故意為迷陣以迷後人」，〈論略〉講史學的隱喻也說：「或者古人有意設一迷陣以欺後人而惡作劇。」凡此都顯示〈戲論〉寫作的年代與〈論略〉應相當接近。

---

❻ 劉半農，〈文學革命之反響〉，《新青年》，4：3 (1918)，頁 265–285。

❻ 傅斯年，〈史學方法導論〉，《傅集》二，頁 47。

❻ 錢玄同，〈答顧頡剛先生書〉，《古史辨》一中，頁 67。

❻ 傅斯年，〈史學方法導論〉，《傅集》二，頁 48。

從署名所謂錢君的著作論，其欲舉一切故傳而棄之者如陳氏《理惑集》
（陳獨秀《新青年》），其談注音字母者如胡氏《春秋》（胡適《努力》、
《讀書雜誌》），其以一種激斷論治經史材料者如顧氏《古史解》（顧頡剛
《古史辨》）。這三種不同成分卻集於一人名下，「雖然勉強使其外表同，
使其成部前後一貫……之狀態，」是相當「吃力勉強」的。其實「末一玄
同（疑古）實顧頡剛舉其最激烈之論加此名下而布之」，其他二端亦當是
非有先生（〈戲論〉用語）。疑古派的辦法也可以把錢玄同真實的思想、
作為解消掉。可見顧頡剛、錢玄同的論述「是一切掃蕩之談」，表面看來，
「理為順敘」，其實是「顛倒之理」，但「今時（卻）通以為然」，世人識
見之淺薄竟至於此！

　　從疑古派的發展史來看，錢玄同實比顧頡剛更居關鍵地位，用黑社
會來比喻，顧是打手，錢才是發號施令的老大。傅斯年看到這層，故在
〈戲論〉中對錢的批評遠甚於顧，不全是帶念故人之情而已。他認為疑
古派的顛倒推理，與「胡適氏之個人或社會思想進化步次論絕然不符，
按之顧君之層累地造成之組織學論亦無」，他嘲弄錢玄同「譬如積薪，後
來居下」（原稿特別在「下」字旁加二個圈）。不過顧頡剛的進化辦法也
不高明，傅斯年比較三種對待古史的態度，漢初人見李斯之整齊文字，
於是連帶相信有史籀這個人也做同樣的事；見有周公，也連帶相信有伊
尹，這是「信」的連類。劉歆的辦法則明知沒有左丘明這個人，更沒有
左丘明作《春秋左氏傳》這回事，偏自編一部書，說是丘明作的《傳》。
顧頡剛的辦法則是：

　　　明知沒有譙周，更沒有譙周作《古史解》（原文如此）故事，遍（編）
　　　造了這斷（段）故事，又作了一部書，使他多學三分之二，同于
　　　烏有譙周之憑虛書，卻不說《古史辨》是詛信之作了[64]。

───────────────

[64]　〈戲論〉，「傅檔」，II: 910。

譙周實有其人，《古史考》實有其書，顧卻以烏有子虛而駁譙周之實，則
《古史辨》根本是詛信之作，不是什麼辨偽了。疑古派所斷的案是「莫
須有」的，是「考證家好作假設，疑神疑鬼弄出的疑案」⑥，傅斯年遂
指責他們「作法自斃」，「不暇自哀而使後人哀之也」⑥。

　　然而傅斯年會回到漢初人的那種信古嗎？當然不。他的史學境界已
超越信與疑對立的二分法，他要蒐盡一切可用的材料來重建古代世界。

## 一封揭示畢生志業的信

　　上文引述傅斯年在倫敦寫給胡適信說，北大六年，「一誤于預科乙部，
再誤于文科國文門，言之可嘆」⑥，非唯不認同自己是一位史學學徒，
甚且後悔那段學習歷史的時光。粗估他出國前發表的文章計六十三篇，
其中有不少稱得上相當高水準的學術論述，嚴格意義的史學作品則只有
一或二篇而已。他到歐洲是去學自然科學，直到民國十三年初他還說自
己「不弄史學」⑥，但民國十五年底回到中國，他已樹起鮮明的史學革
命的旗幟，和顧頡剛分庭抗禮了。這當中的轉變，短短三年不到。此其
故安在？根據檔案和新出資料，可以獲得一些線索。

　　民國十五年七月二十二日胡適從哈爾濱取道西伯利亞鐵路，經莫斯
科、德、法，八月四日抵達倫敦，二十一日赴巴黎，住到九月二十三日⑥。
此期間他與留學柏林的傅斯年有所聯繫，九月一日至二十二日闊別將近
七年的師生在巴黎首次相會⑦，據後來胡適回憶，傅斯年一生的史學志

---

⑥　同上。

⑥　〈戲論〉，「傅檔」，II：910。

⑥　《書信選》上，頁106。

⑥　傅斯年，〈與顧頡剛論古史書〉，《傅集》四，頁457。

⑥　《長編》二，頁643–648；《手稿本胡適的日記》五，以下簡稱《手稿本日記》。

業在這次見面時已經成形。會面前，八月十八日，傅寫一長信給胡**❼**，說明他的史學見地，其中提到了語學與史學的關係、史學研究橫縱方向的取捨，整理文獻材料的必要性與一些具體研究課題，尤其是對顧頡剛古史辨的評論。此信末押的日期不甚清楚，但從胡適赴歐日期及八月二十四日胡發自巴黎的信**❼**互勘，應該寫於八月十八日。傅斯年一方面還是和兩年多前一樣，向胡適恭維顧頡剛，對這位老同學「佩服得五體投地」，益給「層累地造成的中國古史」說作歷史定位，他說：「這一個中央思想實是亭林、百詩以來章句批評學的大結論，三百年中文史學之最上乘。」**❼**然而傅斯年這時已另有看法，對他而言，總結不是結束，而是更高一種境界的起點，他說：「由此可得無數具體的問題，一條一條解決後，可收漢學之局，可為後來求材料的考古學立下一個入門的御路，可以成中國 Altertumswissenschaft（科學的古代學）之結晶軸。」這時候，他新接到顧寄來的《古史辨》第一冊，稍微翻閱**❼**，「覺得他（顧頡剛）不應該就此辨下去，應該一條一條的把他辨出來的問題料理去。在這一線上我或者也有三部書可作，希望見時細談。」他又說，「此時想到的題目至少有三打」。哪三部書？哪三打題目？師生見面時必然暢所欲言，否則胡適不會說他一生的學術已經成形。

　　王汎森整理歷史語言研究所的傅斯年檔案，發現一本筆記本，在記有「胡適之 Royal R'd 英國」的同一頁，寫著「古史」、「帝號」、「太山」、「五等爵」、「渤海」、「海外有截」、「漢儒和德國哲學家」、「子一稱之 Evolution」、「殷周之際」、「吳、齊、種族」等字樣**❼**。別頁則寫著「莊子齊

---

**❼**　《手稿本日記》五，民國十五年九月一日至九月二十三日。

**❼**　《祕信》37 冊，頁 356–360。

**❼**　「傅檔」，I: 1678。

**❼**　以下徵引未特別注明者皆出自此信。

**❼**　傅斯年，〈與顧頡剛論古史書〉，《傅集》四，頁 488。

**❼**　「傅檔」，I: 433。

物論」。除「帝號」、「太山」外，都是他回國後寫作古史論文的題目。漢儒和德國哲學家，應是他所主張的語學與史學的結合，這是傅斯年研究思想史非常特出的方法，我將另外論述。筆記本別頁寫道：「若不去動手動腳的幹 —— 我是說發掘和旅行 —— 他不能救他自己的命。」王汎森認為這就是他的名言：「上窮碧落下黃泉，動手動腳找材料」的初稿，其典據可能來自英國史家崔味林 (Trevelyan)❼❻。這裡顯示傅斯年的治學方法已經超越顧頡剛，他看到古代史學若要生存和發展，非大大仰賴「求材料的考古學」和收羅各種文獻資料不可。

　　傅斯年從柏林發給羈旅巴黎之胡適的信，條舉《春秋》、三《傳》等可以研究的課題，大抵都還是經學史的問題，與離開柏林前給顧頡剛的信雷同❼❼，但都不是他後來研究的重點。傅斯年所看到的古代史學前景是要料理「五等爵」、「渤海」、「殷周之際」等等辨出來的問題，建立一種「科學的古代學」，當他回國，發現顧頡剛依然停留在《古史辨》的層次，便頗不滿意❼❽。當時師生在巴黎相處三個星期，胡適對這位高足胸中的丘壑是否有所體會呢？似乎沒有。《手稿本胡適的日記》第五冊記九月一日師生初見，連日大談，九月二日云：「孟真今天談的極好，可惜太多了，我不能詳細記出來。」推測應是傅斯年信中說的理論和他想研究的題目，計畫寫的書。但九月五日記道：「這幾天與孟真談，雖然感覺愉快，然未免同時感覺失望。孟真頗頹放，遠不如頡剛之勤。」以下墨筆刷掉九行，不知與此事有沒有關係？所謂頹放大概如傅信說的懶，以及字裡行間透露的消極氣氛。傅出國六年有餘，胡適說他「五六年不作文，不與聞一事」。但這期間，胡適與顧頡剛來往頻仍，稱讚他「近年的成績最大，

---

❼❻　許冠三，《新史學九十年》（香港：中文大學出版社，1986），頁 221。

❼❼　傅斯年，〈與顧頡剛論古史書〉，《傅集》四，頁 489–491。

❼❽　傅斯年，〈論孔子學說所以適應於秦漢以來的社會的緣故〉，《傅集》四，頁 434、437。

……同輩之中沒有一人能比他」❼❾。傅斯年的信也說：「先生勸我寫文，並望顧頡剛為例。」胡適八月二十四日從巴黎給傅的信，提到顧頡剛在《古史辨・自序》說，從他的〈水滸傳攷證〉學得治史學方法，是他生平最高興的一件事❽❶。〈水滸傳攷證〉的方法，釐清梁山泊傳說演變的經歷，而且是單線式的發展，這正是層累造成說產生的基礎。誠如上文所論傅斯年已經超過《古史辨》的層次了，他在八月十八日的信很含蓄地說：「因懶未曾寫文，免得現在羞得無地自容。」傅斯年顯然已經換了一個人，既不是大學時期疑古的傅斯年，也不是到柏林初期尊奉顧頡剛在「史學稱王」的傅斯年，他現在是重建派的傅斯年，以今日之我戰勝昨日之我，幸好以前未曾寫文，不然必自慚形穢。但胡適並不能體會傅斯年心中的史學境界，他這時只知顧頡剛是典範，看到顧在短短三年的時間一躍成為大學者，而傅斯年卻一事無成，故對他頗感失望。

　　傅斯年的新史學 —— Altertumswissenschaft 是一種什麼樣的境界呢？這封信已透露一些端倪。他相當率直地批評胡適名震學壇的《中國哲學史》不如小說考證具有「長久的價值」，因為討論中國古代哲學「已經有不少漢學家工作在先，不為空前」，而胡適「所用的方法，不少可以損益之處，難得絕後」。尤其依據傅的認識，中國沒有哲學，只有「方術論」。沒有哲學還是好事，該多謝上帝使天漢民族走這麼健康的一條路！哲學是若干特殊語言的形質所作的玄學解釋，亞里斯多德所謂的十箇範疇都是希臘語法上的問題，而「德國哲學也只是些德國語言的惡習慣」而已❽❶。從語言看哲學才是新的研究法，胡適《中國哲學史》是做不到的。如果回到中國的方術論，「斷然不是需要用同一方法和材料」，自古以下，「有這樣的不同術，故事實上正難期之於一人」。所以傅斯年根本

---

❼❾　《手稿本日記》二，民國十一年四月十二日。

❽❶　「傅檔」，I：1678。

❽❶　傅斯年，〈戰國子家敘論〉，《傅集》二，頁 85–86。

反對單線一路發展的研究法，他毋寧著重同時代相關事物綜合性、結構性的理解。他說：

> 古代方術家與他們同時的事物關係未必不比他們和宋儒的關係更密，轉來說，宋儒和他們同的事物之關係未必不比他們和古代儒家之關係更密——所以才有了誤解的注。所以以二千年之思想為一線而集論之，亦正未必有此必要。有這些道理，我以為如果寫這史，一面不使之於當時的別的史分，一面亦不越俎去使與別一時期之同一史會。如此可以於方法上深造些❽❷。

這裡涉及傅斯年歷史學的核心問題，我將在別文討論，但基於這種認識，他認為真正的史學研究應該是廣脈的斷代，而不是一竿到底的通史，對他自己來說，「以性之所近（或云習之所近），將隨顧頡剛而但論古代的，不下於南朝。」他雖然與顧頡剛同一研究領域，當然沒有跟隨顧的腳步，反而在疑古史學之外開啟另一派的古代史學革命。


## 用盡材料：存證歷史

傅斯年的史學革命特重材料，他回國後說了一些比較宣言性的話，如「近代的歷史學只是史料學」❽❸，「史學便是史料學」❽❹。除少數人能同情地理解外❽❺，這些宣言往往受到相當的扭曲，一般論者多認為傅斯

---

❽❷　《祕信》37 冊，頁 357。

❽❸　傅斯年，〈歷史語言研究所工作之旨趣〉，《傅集》四，頁 253。

❽❹　傅斯年，〈史料論略〉，《傅集》二，頁 6。

❽❺　許冠三，《新史學九十年》，頁 216。

年只要做史學最基礎的工作，不等於史學，或根本不是史學。殊不知他之重視史料即代表一種史學理論，而他的主張絕非無的放矢。他有他面臨的問題，當時最大的勢力當然是顧頡剛。史學即是史料學，以求實的態度破疑古派的陷虛。按照疑古的作法，古史資料既然只反映傳述資料者的心態，不同時代的資料連串起來只描繪了這些心態的「經歷」，實無資料所說的史「事」可言。傅斯年不之此途，他要找遍一切可用的材料，來重建歷史。

　　民國十七年他籌備歷史語言研究所，第一組（歷史組）工作計畫就開宗明義這般說：「現代歷史學之研究即須利用可逢著之史料為研究的對象。」❽他與顧頡剛之不同，第一，對於傳統的古代文獻，顧把它們視作傳說或神話，傅斯年則即使對神話或傳說也想尋找歷史的痕跡。他的未刊稿〈中西史學觀點之變遷〉認為「每一個民族歷史的發展最初都是神話與古史不分，其次便是故事與史實的混合，經過此二階段後，歷史迺有單獨的發展」。到周代中國知識已早發達，「遂將傳說中之神和故事人格化、理智化」。因此未經理想化的史料，其真確性愈大，如鯀禹故事，求之《孟子》不如求之《楚辭》，求之《楚辭》不如求之《山海經》❼。以神話傳說入史，即使傳統史家也有所保留，何況疑古派！傅斯年在題作〈天問〉的未刊稿有所解釋，他說：「所謂神話故事之有史料價值者，不是說神話故事是信史，乃是說神話故事是若干早年民族之世界觀、歷史觀，可由其中找出社會的背景，宗教的分素，文化的接觸，初民的思想等等。」❽他之研究〈天問〉，論祝融與神農為一事❽，說圖騰遺跡❾以及姚乙和「二女」的故事❶都是抱持這樣的態度。中國古代史料已被

---

❽　中央研究院歷史語言研究所藏，「史語所檔案」（簡稱「所檔」），元：203。

❼　「傅檔」，II: 945。

❽　「傅檔」，II: 630。

❽　「傅檔」，II: 633。

❾　「傅檔」，II: 641。

各色各樣的「化」抹去不少了，我們不能只根據各種「化」的結果就建構所謂傳說的「經歷」，就認為沒有事實的存在。史家的任務應該透視各種「化」的表象，去重建古代的史事。

　　傅斯年重視的材料尤指新材料，這在他的史學宣言〈歷史語言研究所工作之旨趣〉表達得很清楚。他之力促蔡元培收購內閣大庫檔案❷，委請陳寅恪主持整理❸，以及努力維護居延漢簡❹，都是此一理念的體現。和顧頡剛交集的古代史方面，安陽考古的成果完全證實傅斯年的史學理論是正確的。殷墟出土甲骨卜辭，即使小小殘片，一經釋定，古史中若干死材料登時點活❺，那麼董作賓利用卜辭建構殷代的曆法、禮制與征伐史，在傅斯年的眼中自然成為「今日古學之最高峰」❻。對於絕大部分沒有文字的考古材料，李濟想在極平常的陶片、獸骨上「建築一部可靠的殷商末年小小的新史」❼，自然便成為傅斯年絕好的同道。而傅斯年在回國前就醞釀的成名作〈夷夏東西說〉，用的材料有神話，也有傳說，但他建構的古代民族系統果然從山東龍山鎮城子崖的發掘獲得印證！史學革命應走重建的路，對他而言是毋庸置疑的。傅斯年到歐洲，不但不是學歷史，甚至對在國內時期嗜好的哲學，他的腦筋也「都成石

---

❾　「傅檔」，I: 218；傅斯年等著，《東北史綱》（北平：國立中央研究院歷史語言研究所，1932），頁 21–23。

❷　李光濤，〈明清檔案〉，《傅所長紀念特刊》（臺北：中央研究院歷史語言研究所，1951），頁 22。

❸　「所檔」，元: 4。

❹　邢義田，〈傅斯年、胡適與居延漢簡的運美及返臺〉，《中央研究院歷史語言研究所集刊》，66: 3 (1995)。

❺　傅斯年，〈新獲卜辭寫本後記跋〉，《傅集》三，頁 225。

❻　傅斯年，〈殷曆譜序〉，《傅集》三，頁 222。

❼　李濟，〈民國十八年秋季發掘殷墟之經過及其重要發現〉，《安陽發掘報告》2 (1930)。

頭了」❾❽。他行文提到的西洋史家也只有很少數的幾位❾❾，如蘭克 (Leopold von Ranke) 是靠解讀國家檔案起家的，莫母森 (Theodor Mommsen) 則以考釋古羅馬碑銘成名，這些都可能是他提倡利用新材料的根源。

　　傅斯年以一個史學局外人進入歷史圈內開宗立派，也有點像胡適很得意自己名為哲學教授好不容易做到把自己的吃飯傢伙丟了❿。傅斯年所憑藉的就是他的史料學比較法。「史料是不同的，有來源的不同，有先後的不同，有價值的不同，有一切花樣的不同」⓫。批評他的人往往只注意「史學便是史料學」的字面，而忽略「史料學便是比較方法之應用」。中國傳統史學中，他看重《集古錄》，是因為歐陽脩知道研究直接材料；他看重《通鑑考異》，是因為司馬光利用當時的一切史料以及考訂辯疑的精審⓬。所以「史學便是史料學」這句話並不是只把史料單純地排列，也不是簡簡單單地「據事直書」。歷史是要經過研究才可能清楚的，為扭轉傳統修史之積習，傅斯年在〈工作旨趣〉開宗明義就說「歷史學不是著史」⓭。而現代的歷史學研究，已經成了一個各種科學的方法之匯集，地質、地理、考古、生物、氣象、天文等學，無一不供給研究歷史問題者之工具⓮。唯有善用各種可用的工具，他向胡適提出的 Altertumswissenschaft 才可能實現。

　　傅斯年的史學態度和方法，在〈工作旨趣〉講得很鮮明，他反對疏通，對材料的態度是「存而不補」，處量材料的手段是「證而不疏」。他回國後，不到一年半的時間內，不論執教於中山大學寫的《中國古代文

---

❾❽　《祕信》37 冊，頁 359。

❾❾　傅斯年，〈史料與史學發刊詞〉，《傅集》四，頁 356；「傅檔」，II: 945。

❿　胡給傅的信，「傅檔」，I: 1678。

⓫　傅斯年，〈史學方法導論〉，《傅集》二，頁 6。

⓬　傅斯年，〈歷史語言研究所工作之旨趣〉，《傅集》四，頁 254–255。

⓭　同上，頁 253。

⓮　同上，頁 259。

學史講義》，或籌備歷史語言研究所而寫的〈工作旨趣〉，對他的歷史研究宣言都有充分的說明。《講義》說：「我們應該於史料賦給者之外，一點不多說，史料賦給者以內，一點不少說。不受任何傳說觀念的拘束，只求證，不言疏，這樣然後可以『起廢疾，箴膏肓，發墨守！』」 **⑩** 所謂「墨守」是指信一切材料皆真的「信古派」，「膏肓」是指虛無事實，捕風捉影的「社會史論戰派」（此詞我所創），「廢疾」是能辨偽而不敢充分考正的「疑古派」。社會史論戰之爆發稍晚（雖然其學風已經存在），傳統的信古在疑古風潮的掃蕩下已潰不成軍，所以傅斯年「反對疏通」的史學方法基本上也是針對日正當中的疑古派說的。事實上「層累地造成的中國古史」，那種愈後愈古的傳說演變觀之構成，「疏」的成分遠大於「證」。傅斯年認為歷史研究最重要的是盡量找材料，把材料的內涵、各種材料的關係講清楚，不要衍義，〈工作旨趣〉所謂「材料之內使他發見無遺，材料之外我們一點也不越過去說」 **⑩** 。能夠這樣，歷史真相自然浮現，而所謂歷史解釋自然亦在其中。他和朱希祖辯難明成祖生母是誰的問題，認為朱希祖證據不足，論辯有餘 **⑩** ，也是這種態度與方法。傅斯年之所以排斥「疏通」，因為「把設定當作證明，把設想當作設定，把遠著無干的事變作近著有關，把事實唯允許決定的事付之聚訟，都不足以增進新知識，即不足以促成所關學科之進展。」 **⑩** 他理想的史學是可以得出真知識，可供別人檢驗的科學知識，而不能只是一種意見或一種議論而已，在古代史方面，這大概就是他向胡適說的 Altertumswissenschaft 吧。

---

**⑩** 傅斯年，〈中國古代文學史講義〉，《傅集》一，頁 68。

**⑩** 傅斯年，〈歷史語言研究所工作之旨趣〉，《傅集》四，頁 262。

**⑩** 傅斯年，〈跋明成祖生母問題匯證答朱希祖先生〉，《傅集》三，頁 271。

**⑩** 傅斯年，〈城子崖序〉，《傅集》三，頁 209。

## 胡適轉向重建派

民國十七年中央研究院成立，顧頡
剛雖與傅斯年同被蔡元培聘為歷史語言
研究所的籌備委員，但整個籌備工作實
由傅主其事，這從他手寫的「國立中央
研究院歷史語言報告書第一期」 ⑩ 可以
充分證明。史語所設立的意義，人員建
置，工作規劃以及發展方向，無不是傅
斯年史學思想的體現，而這思想的形成
首先見於上述民國十五年八月十八日給
胡適的長信，以及九月初他們師生在巴
黎的談論。上面說過，胡適那時對傅斯
年「感覺失望」，看重顧頡剛，要傅學顧。

胡適像

但等到史語所的工作展開後，傅斯年的古史論著一一問世，胡適不但對
傅刮目相看，連他自己的史學觀念也從疑古轉變到重建這一邊來。據顧
頡剛回憶，民國十八年胡適對顧頡剛說，他的思想變了，他不要疑古，
要信古了 ⑩。《顧頡剛年譜》定在這年三月十四日，手稿本《胡適的日記》
這天缺。胡適轉變的原因不太清楚，不過中央研究院歷史語言研究所去
年十月在安陽展開的第一次殷墟發掘，對重視證據的胡適必定產生相當
大的影響。

胡適轉變的情形可以從他與顧、傅的學術來往尋得一些線索。十九

---

⑩　「所檔」，元：198。

⑩　顧頡剛，〈我是怎樣編寫古史辨的?〉，《中國哲學》，2 (1983)。

年二月一日胡適讀到顧頡剛的〈周易卦爻辭中的故事〉，立作一長函，不同意顧對〈繫辭〉傳觀象制器的解釋❶。顧頡剛的方法先定《易傳》的年代在西漢，再肯定這是看了卦象才制器之論，故堅信非以漢代易學家所講的互體和卦變來解釋這段材料不可。胡適不表贊同，他說〈繫辭〉本意「只重在制器尚象，並不重在假造帝王之名」，「卦象只是物象符號，見物而起意象，觸類而長之，……此學說側重人的心思智慧，雖有偏處，然大體不可抹殺」❷。顧頡剛不能接受，兩個月後專為這個問題寫一篇論文申述他原來的意見❸。疑古玄同則和胡適不同，在胡適寫信的第二天也寫一信，稱讚顧文「精確不刊，其功不在閻、惠闢《古文尚書》，康、崔闢劉歆偽經之下」❹。對照九年前胡、顧、錢三人討論辨偽的情景，我們發現胡適變了，顧頡剛、錢玄同仍然走老路子。

　　同年（民國十九）十月底，胡適讀錢穆的《劉向歆父子年譜》及顧頡剛〈五德終始說下的政治和歷史〉，這是兩篇關係今古文之爭的大文，錢穆利用大量史事證明今文家所謂劉歆作偽是不正確的，這種「以史實破經說」的研究法與傅斯年的理念不謀而合❺。但顧頡剛仍然在疑古的前提下兜圈子，胡適甚不以為然，十月二十八日的日記評論說：「顧說一部分作于曾見〈錢譜〉之後，而墨守康有為、崔適之說，殊不可曉」❻。

　　錢穆《師友雜憶》說：「適之於史學，似徘徊頡剛、孟真兩人之間，先……於頡剛《古史辨》則備致稱許，此下則轉近孟真一邊。」❼其實胡適自有理路，不是無緣無故的擺盪。胡適是講究證據的人，「拿證據來」，

---

❶　《手稿本日記》九。

❷　顧頡剛，〈論易繫辭傳中觀象制器的故事〉，《古史辨》三上，頁 84、86。

❸　同上，頁 45–69。

❹　錢玄同，〈論觀象製器的故事出京氏易書〉，《古史辨》三上，頁 70。

❺　杜正勝，〈錢賓四與二十世紀中國古代史學〉，收入本書頁 216–233。

❻　《手稿本日記》十。

❼　錢穆，《八十憶雙親、師友雜憶合刊》（臺北：東大圖書公司，1983），頁 147。

有三分證據，不說四分話，皆與上論傅斯年的史學理論合轍。早在民國十年年初與顧頡剛研究辨偽時，胡適闡述自己的古史觀，要先把古史縮短二、三千年，斷自《詩經》三百篇，「將來等到金石學、考古學發達上了科學軌道以後，然後用地底下掘出的史料，慢慢地拉長」❶❶❽。這也是傅斯年所主持之史語所對待古史的態度。

民國十二年胡適信從安特生之說而以商代為新石器時代❶❶❾，但知道史語所安陽發掘的成績後便糾正自己的錯誤❶❷⓿。這都是胡適治學態度理性客觀的明證。民國二十年二月十七日胡適日記說，讀傅斯年的〈新獲卜辭寫本後記跋〉，極為高興，稱讚傅由卜辭而論文獻，「極大貢獻」。第二天，傅斯年再來談古史事，羅爾綱也參加，稱引傅〈跋〉死的舊材料經直接可信材料便點活，讚許「此意最重要」，但「爾綱此時尚不能承受此說」❶❷❶。可見當時一般的風氣還在顧頡剛的籠罩下，胡適這時算真正認識傅斯年了，距離他們的巴黎敘談將近四年半。

這年七月，顧頡剛介紹一位主張〈離騷〉是漢武帝太初元年以後所作的青年人來看胡適，胡適很不客氣地教訓他，「少年人千萬不要作這種無從證實又無從否證的考據。……此種工作既不能得訓練，又不能做學問，毫無益處。」❶❷❷胡適可能感受到疑古學風對青年人產生的不良影響，故難得對晚輩講這麼重的話。然而胡適可曾記起民國十年六月二十日，他在一個讀書會上講《楚辭》，懷疑屈原究竟有沒有這個人，斬釘截鐵地說〈天問〉文理不通，見解卑陋❶❷❸。相形之下胡適不是改變了嗎？他的改變也表現在學術著作上，民國二十三年三月中旬開始起稿的名作〈說

❶❶❽　胡適，〈自述古史觀書〉，《古史辨》一上，頁22。

❶❶❾　顧頡剛，〈討論古史答劉胡二先生書〉引胡適的信，《古史辨》一上，頁120。

❶❷⓿　《手稿本日記》十，民國十九年十二月六日。

❶❷❶　《手稿本日記》十。

❶❷❷　《手稿本日記》十，民國二十年七月二十二日。

❶❷❸　《手稿本日記》一；胡適，〈讀楚辭〉，《胡適文存》二，頁91–97。

儒〉已和傅斯年合流，三月二十日日記云，傅的舊稿〈周東封與殷遺民〉
諸文對他作〈說儒〉甚有益，已充分採用，當天他們仍談此題❷。胡適
是很誠實的人，他所受傅斯年的影響在〈說儒〉都講明，而編輯《胡適
文存》第四集時，也把傅文當作〈說儒〉的附錄。

　　傅斯年經過從疑古到重建的歷練，胡適也有類似的過程，唯不如傅
的鮮明快速。關於傅斯年揭櫫重建的史學革命，還要結合他一手創辦的
歷史語言研究所一起來看才清楚，本書〈傅斯年的史學革命〉下篇將另
外討論。

---

❷　《手稿本日記》十一。

# 傅斯年的史學革命（下）
## —— 無中生有的志業

民國十七年 (1928) 十一月十四日，也就是歷史語言研究所正式成立後三個禮拜，傅斯年致信陳寅恪說：「此研究所本是無中生有，凡辦一事，先騎上虎背，自然成功。」❶前句道出歷史實情，後句反映傅先生創所任事的一貫作風。

傅斯年創立史語所，不論治學的態度、方法、目標和組織，都為中國二十世紀的學術樹立一個新典範，也替中國爭取到世界性的學術發言權。傅斯年怎麼會想到要辦這麼一個研究所？一般多說他留學德國，深受蘭克 (Leopold von Ranke) 的影響。但他一生只提「蘭克」二、三次，藏書中沒有任何蘭克的著作❷，向來的通說恐怕不必然多麼可靠。我對這個問題尚無絕對把握，不過，但從他離歐返國前夕的資料來分析，探求當時他主要思索的問題，對這個爭議也許有些啟發。

傅斯年負笈歐洲，首先三年半在倫敦大學，然後轉赴柏林大學又過三年，於十五年 (1926) 的秋天束裝返回中國。歐洲六年半的遊學生涯，他大部分的時間研讀包括實驗心理學 (experimental psychology) 在內的自然科學，有數學、化學、物理和統計等。傅去國半年多時，寫信給胡

---

❶ 中央研究院歷史語言研究所藏，「史語所檔案」，元：9 之 1，以下簡稱「所檔」。

❷ 王汎森，〈什麼可以成為歷史證據——近代中國新舊史料觀念的衝突〉，《新史學》，8：2。

適，感嘆北京大學六年「一誤于預科乙部，再誤于文科國文門」❸。這種心態留歐期間大概沒有大改變，直到十四年 (1925) 給顧頡剛的信還說自己「不弄史學」❹。他雖然留下不少檔案資料，片紙隻字幾乎巨細靡遺，但我們只知他在柏林大學的後期才開始閱讀比較語言學，並學習東方語文❺。

　　一個史學圈外人進入史學領域內，可能面對什麼問題？所要挑戰和超越的是什麼對象？對傅斯年來說應該是很具體的，活生生的，而非不痛不癢地移植什麼蘭克史學。三年前中央研究院歷史語言研究所舉辦「傅斯年先生百齡紀念會」，我從傅斯年與顧頡剛和胡適的關係，分析他的史學革命，提出「從疑古到重建」的看法❻，現在續論他所創建的史學革命的基業──中央研究院歷史語言研究所，也應從顧頡剛和胡適說起，因為對這兩人的評論是傅斯年以「不弄史學」之人而終於在史學王國引領風騷的關鍵。

## 破繭而出的新天地

　　話要從民國十五年 (1926) 秋天說起。這年七月下旬，與他睽違將近七年的老師胡適也到歐洲，由英而法，在巴黎研讀敦煌資料。傅斯年自

---

❸　耿雲志主編，《胡適遺稿及秘藏書信》37 冊（合肥：黃山書社，1994），頁 349，以下簡稱《秘信》。

❹　中央研究院歷史語言研究所藏，「傅斯年檔案」，V：115，以下簡稱「傅檔」；又《傅斯年全集》四（臺北：聯經出版公司，1980），頁 457，以下簡稱《傅集》。

❺　王汎森、杜正勝編，《傅斯年文物資料選輯》（臺北：中央研究院歷史語言研究所，1995）。

❻　參本書〈傅斯年的史學革命〉上篇。

柏林赴巴黎與胡適相會，他知道胡在中國甚忙，難得說上幾句話，這次
是最好的機會。八月十八日先從柏林發一長信給胡❼，九月一日師生巴
黎相見，聚談三週。傅的長信談論他的學術觀點，其畢生志業大抵都可
在此信追尋根源，但胡適似乎不太能領會；有些需要細述詳申的地方，
留待面談，善寫日記的胡適也不能詳記❽。該信中傅斯年有些話語狀似
消極，譬如說他這幾年「離群索居」，「懶得世上無比，書信、生活一切
廢棄，文固不寫，書亦未讀。」他在柏林與「寫中國人之電影打吵，找人，
作文，催使館」，但所「與聞的都是沒有登報的價值」。甚至說，「北京師
友總以為我是閉戶讀書，言之可嘆。爽信我回國後，作一糟文，大大的
demonstrate 我之不才于朋友，免得長期的擔負這個不能如期之雅望『如
芒在背』的苦惱，不亦樂乎!」這一類近似自暴自棄的話，可能在與胡適
面談時也有所流露，致令胡適「感覺失望」，認定「孟真頗頹放，遠不如
頡剛之勤」❾。

　　傅斯年與胡適在巴黎分手，從馬賽買棹東返，十月底抵達香港。當
時廣州是革命根據地，中山大學採委員制，委員有學者朱家驊（次年改
組，任副校長），顯得朝氣蓬勃❿。當年十二月傅斯年應聘為中大教授、
文科學長（文學院院長），並兼中國文學和史學兩系之主任⓫，開始他一
生轟轟烈烈的學術志業。先在中山大學創辦語言歷史研究所，不久說服
蔡元培在剛剛籌備的中華民國大學院中央研究院設立歷史語言研究所。
這一連串生龍活虎的作為，比起十五年八、九月間他給胡適的「頹廢」

---

❼　《祕信》37 冊，頁 356–360。

❽　《手稿本胡適的日記》五（臺北：遠流出版社，1989–1990），民國十五年九月
　　二日。

❾　同上，民國十五年九月五日。

❿　胡頌平，《朱家驊先生年譜》（臺北：傳記文學出版社，1969）。

⓫　朱家驊，〈悼亡友傅孟真先生〉，《傅故校長哀輓錄》（臺北：國立臺灣大學，
　　1951）。

印象，判若兩人。前後相距不過一年，就有這麼大的轉變，是何緣故？

　　其實胡適對這位高深莫測的學生這次是失察了。我們沒有他們師生在巴黎暢談的記錄，單就柏林長函而言，雖有上述狀似消極之語，但那是傅斯年一封揭示畢生志業的信，或明或暗地表示他已有別於顧頡剛的路❶❷，我們可以稱做〈與胡信〉，以別於另一封給顧頡剛的長信，後者可以稱做〈與顧信〉，二者是關係傅斯年史學思想成形的第一手史料，可以互證。

　　原來傅斯年自十三年 (1924) 起與顧頡剛書信論學，但信皆未發，所以也沒有顧的回應。及傅在巴黎與胡適暢談後，一時興起，重新抄錄，並且有所修訂，船到香港，共抄了四十紙，才寄給在廈門大學執教的顧頡剛。但原信稿還剩十多張未抄，準備到上海付郵，卻一直未寄出，原稿亦不知下落。中山大學語言歷史研究所成立後，顧頡剛受傅斯年之命，編輯《語言歷史研究所週刊》，未經傅的同意，把這封長信分作兩個題目分期發表，即〈評丁文江的「歷史人物與地理的關繫」〉和〈與顧頡剛論古史書〉❶❸。承蒙顧潮女士惠寄長函影本❶❹，可以校正刊本的一些錯誤，從眉批也可以推定一些觀點形成的時間。然而傅斯年歸國經年，未完信稿雖經顧屢催而始終沒有再整理，這是顧頡剛編按所說：「無奈他不忙便懶，不懶便忙」❶❺能完全解釋的嗎？

　　上面說過，信起寫於 1924 年 1 月 2 月間（據傅眉批），先評丁文，第二部分與顧論古史已在一年之後，但都在 1926 年 9 月才抄成正本。與顧相關部分，原稿與抄本相隔雖然不到兩年，傅斯年的想法卻發生極大的變化。開頭說，顧頡剛與人論戰，「在當時本發憤想寫一大篇寄去，參

❶❷　《祕信》37 冊，頁 356–360。

❶❸　《全集》四，頁 454–520。

❶❹　此信經我要求，承蒙顧潮女士寄給我影印本，我當時任職史語所所長，編入「傅檔」，V：115。

❶❺　傅斯年，〈與顧頡剛論古史書〉，《傅集》四，頁 493。

加你們的論戰。然而懶的結果，不曾下筆，而《努力》下世。」這段起首
部分批評李宗侗（玄伯），李文發表於民國十三年 (1924) 年底，傅在柏林
能讀到，應該不早於 1925 年。此時的傅斯年恭維顧頡剛，稱他為史學之
王。然而到重抄舊信時，傅斯年已經變了。不過就傅來說，既已寫過，
也公開談過的想法便讓它存在，現在雖然意見不同，繫於舊友之情，仍
然把舊信寄出，故說「竊自比于季子挂劍之義」。劍是挂了，不過傅請顧
「認此斷紅上相思之字，幸勿舉此遐想以告人」❶❻。這些話是 1926 年重
抄時寫的序言，顧頡剛接到信，置序言於不顧，也不論如何理解，秉持
「該把自己想到的意思隨時發表」的原則，便在《語言歷史研究所週刊》
發表。但「傅先生見之，終不以為可」❶❼。

　　所謂時移勢易，當年深悔受乙部之誤，不弄史學的傅斯年回國不久，
不但在中山大學創辦一個新研究所，而且又從中大準備移師中央研究院，
創建另一個更重要的研究所，豈再是昔日吳下阿蒙乎？兩三年前在顧頡
剛「史學上稱王」的氣氛籠罩下的傅斯年，要向北大舊友顯示不才的傅
斯年就此告別了。最關鍵的是，傅斯年不論在自己心中，而且在客觀形
勢上，已完全超越「顧氏王國」，另有自己的天地了。此一新天地是怎麼
形成的？大概在什麼時候？

　　胡適勸過傅斯年寫文，並以顧頡剛為例，傅回答說：「頡剛因以寫文
而成學」，相對的，「我的懶惰實在救了我兩條命」，一條命是身體的，不
似以前之多病，另一條命是精神的，「因懶未曾寫文，免得現在羞得無地
自容」❶❽。

　　民國十二年 (1923) 五月顧頡剛在《努力》增刊《讀書雜誌》第九期，
刊登〈與錢玄同先生論古史書〉，提出「層累地造成的中國古史」說，引

---

❶❻　「傅檔」，V: 115。

❶❼　《古史辨》二下，頁 301，顧頡剛民國十九年四月編按語。

❶❽　《祕信》37 冊，頁 360。

來劉掞藜、胡堇人等的論辯❶。傅斯年讀到時，據〈與顧信〉，已在次年 (1924)，當時有「發憤想寫一大篇參加論戰」的衝動。然而終因困於嵇叔夜的個性，懶與拖，「當時如泉湧的意思」，後來竟「忘到什七八，文章遂做不成」。這些話顯然有言外之意，文章未寫，因此免得現在 (1926) 自覺羞愧。「現在」為什麼會覺得「當時」的衝動令人羞愧呢？

顧頡剛提出「層累地造成的中國古史」，傅斯年「一時大驚大喜」，「佩服得五體投地」。我們從〈與顧信〉1925 年春以後❷寫的信知道，這時傅斯年佩服顧頡剛對《詩經》的了解超過孔子❸，又說「客觀的歷史家要從顧頡剛算起」❹。他誠心認為顧佔居中央的位置，「在史學上稱王」。因為這時傅斯年「不弄史學」，遂多有「光武故人」的情懷。然五、六年來游心於心理學、物理、化學和數學的傅斯年，在留學的最後階段，突然要「弄史學」了，他情願如先前對羅家倫、姚從吾戲言的，向顧頡剛稱臣嗎❺？我們知道在他回國前夕，見到顧編的《古史辨》第一冊，「匆匆一翻，沒有細看下去，覺得他不應該就此辨下去，應該一條一條把他辨出來的問題料理去。」他認識到顧頡剛發現的是「一切經傳子家的總鎖鑰」，由此開啟，「可得無數具體的問題，一條一條解決後可收漢學

---

❶　《古史辨》一中，頁 60。

❷　傅先生 1926 年 9 月自註：「這下一斷 (段) 是于一九二四年末至一九二五年初所寫」(「傅檔」，V: 115)。這裡反對李玄伯說「解決古史的唯一方法是考古學」(李玄伯，〈古史問題的唯一解決方法〉，《現代評論》，1: 3，收入《古史辨》一下)，李文發表於十三年 (1924) 十二月二十七日出刊的《現代評論》，傳到德國應不早於 1925 年的春天。大體而言，1924 年傅先從《讀書雜誌》陸續讀到顧的疑古新論，向柏林的中國留學生羅家倫、姚從吾等人推崇顧頡剛，及下筆寫這段信時，已到 1925 年了。

❸　「傅檔」，V: 115；《傅集》四，頁 467。

❹　「傅檔」，V: 115；《傅集》四，頁 470。

❺　「傅檔」，V: 115；《傅集》四，頁 457。

之局，可為後來材料的考古學立下一個入門的御路，可以成中國 Alter-
tumswissenschaft 之結晶軸」❷。可惜顧頡剛沒有更上一層樓，看樣子也
不知該怎樣更上一層樓。

　　傅斯年顯然想借顧頡剛「用歷史演進的見解來觀察歷史上的傳說」❸
這把鎖鑰，一一解決今古文之爭所衍生的一切大問題，以「收漢學之局」，
做個總清理、總結賬。在這基礎上再用考古學來建立中國的「科學的古
代學」(Altertumswissenschaft)。這種重視考古學與考古材料的態度，後
來成為他一貫的風格，而與稍前稱頌顧頡剛史學稱王時，調侃李玄伯截然
不同。那時他認為這把總鎖鑰不會「為後來的掘地所掩」，顧頡剛的古史
論無待於後來的掘地，而後來的掘地卻有待於顧頡剛的古史論，於是慫
恿顧頡剛「還是在寶座上安穩的坐下去,不要怕掘地的人把你掘下去」❹。
大學時代同樣疑古❺，也同樣關注今古文學派的傅斯年，一旦決心進入
史學領域，如何跳出這個「顧氏王國」的陰影，而走出自己的路，將是
考驗他的嚴肅課題，其中一個重要的方法，就是善用他以前認為不會構
成「顧氏王國」之威脅的考古學。但 1926 年 8 月給胡適寫信時，似乎還
沒有完整的想法，只說依顧頡剛的方法收拾漢學之局，然後「可為後來
求材料的考古學立下一個入門的御路」，以成中國「科學的古代學」。

　　這封長信對他的史學方法說得比較明確的是語言學 (philology)。信
中評論胡適的學術成就，認為小說研究破天荒地「開闢了一條新世界」，
至於馳譽士林的中國古代哲學史，既不算空前，也非絕後，不如小說評
之具有長久的價值。大學時代就向校長蔡元培提出哲學門(系)之歸屬❻，
又在哲學的故鄉——德國研讀哲學的傅斯年，斷言中國沒有哲學，只有

---

❷　《祕信》37 冊，頁 360。

❸　胡適，〈古史討論的讀後感〉，《讀書雜誌》，18，收入《古史辨》一中，頁 192。

❹　「傅檔」，V: 115；《傅集》四，頁 456。

❺　本書頁 96。

❻　高平叔主編，《蔡元培文集》（臺北：錦繡文化出版社，1995），頁 468。

方術；而且不論哲學或方術，都是從語言的特質上來的。希臘哲學固從希臘話的特質出來，德國哲學也只是些德國語言的「惡習慣」。傅告訴胡適，「如把後一時期，或別個民族的名詞及方式來解，他不是割離便是添加，故不用任何後一時期，印度的、西洋的名詞和方式。」橫的方面，固不能借用西方的哲學概念來講中國的方術；縱的方面，古代方術與六朝玄學、隋唐佛學和宋明理學也「斷然不需要同一方法和材料」。傅斯年不像一般人，期望胡適在《中國哲學史大綱》上卷之後，接著中卷、下卷一直寫下去，他認為研究古代方術的「用具及設施，大多是言語學及章句批評學」，與研究佛學之需要梵文知識而不需漢學的章句批評學不同，依他自己的斷代，以性（習）之所近，但論古代，不下於南朝。「這些東西百分之九十是言語學及文句批評，故但教迫亭林（言語學）、百詩（章句批評）之遺訓，加上些近代科學所付我們的工具而已」❷❾。傅斯年向胡適提出語言學在研究中國古代方術或思想史的重要地位，就方法而言，已經超越顧頡剛的「史學王國」的疆界了。

　　方法之外，關於收拾漢學之局的具體問題，傅斯年〈與胡信〉所談的不外《春秋》是否魯史，《春秋》與孔子的關係，《穀梁》是否仿《公羊》，《左傳》如何學《公羊》，《左傳》與《國語》的關係，以及《史記》的問題等等，此外他對〈大學〉、〈中庸〉、〈禮運〉也都有些想法。這些問題〈與顧信〉有更詳細的論述，大概寫於 1925 至 1926 年間。平心而論，這些問題的視野都還在顧頡剛的範圍內，也沒有超越清末以來今古文之爭；即使按他的理想一一解決了，能不能走出一條「御路」，達到中國的 Altertumswissenschaft 的門口，恐怕都有疑問的。

　　但史語所「傅斯年檔案」有一本捕捉靈感的筆記簿❸⓿，其中一頁有「胡適之 Royal R'd」之字樣，Royal Road 在倫敦，應是 1926 年秋他與

---

❷❾　《祕信》37 冊，頁 357。

❸⓿　「傅檔」，I: 433。

胡適見面前後思索的隨筆，有的是短論，也有不少零碎片斷的語詞。這些語詞，有的在〈與顧信〉有所討論，詳者如「中庸——二段」的字樣❸，略者如〈六經與儒家的地理關係〉❸。有的則是全新的概念，如「古史」、「帝號」、「太山」、「旅于太山」、「五等爵」、「渤海」、「海外有截」、「殷周之際」、「爵五等吳齊種族」等，皆超出今古文的老問題。這些思考在歸國後多陸續寫成論文，如〈夷夏東西說〉、〈大東小東說〉、〈周東封與殷遺民〉、〈論所謂五等爵〉、〈姜原〉，構成傅斯年古代史研究的主要部分。另外，「莊子齊物論」，後來寫成〈誰是齊物論的作者〉。「晚周 v. 漢」列有三項子題，「1. 著書只是 by product v. 著書成專業，2. 能見時代背景 v. 不能，3. 問題 v. 系統」。民國十六至十七年任教於中山大學所編的講義〈戰國子家敘論〉或發端於此。

　　傅斯年以這些長短不一的文章攻佔中國古史研究的領域，而且表現鮮明的面貌，和顧頡剛截然區隔。溯其根源，可能多在 1926 年萌芽滋長，這本筆記是最有力的證據。1925 年春到翌年夏秋之間，短短一年多產生如此的巨變，當他給胡適寫的長信說「此時想到的題目至少有三打」時，他的史學天地應該基本成形了。當然，筆記簿所記的詞句或片斷文字不排除有東航途中的思考。傅斯年原先既是疑古派，疑古的顧頡剛所建築的史學王國，對轉變中的傅斯年，像一個繭，這也是向來他自己做的繭。但在東航中，傅斯年破繭而出，在悠悠天地間飛翔。大約四十天的航程，藍天碧海，傅斯年欣賞朝日晚霞和觀星望斗時，古史研究的課目和即將展開的史學革命應該是無時不在腦海中盤旋的吧！六、七年來多病而有點消沉的傅斯年似乎換了一個人，筆記上說：

　　　專向 traditional 說挑戰。一反殷周間觀念，以紂為 hero，志在召前

---

❸　「傅檔」，V: 115；《傅集》四，頁 461–463。

❸　「傅檔」，V: 115；《傅集》四，頁 472。

　　修而增殷民榮譽，故不憚煩。箕子是王夷甫，微子是譙周，周公
　　是多爾袞，太公是王船山心中之賈沖。

顯然比「懷疑」更多深刻雋永的意味了。筆記本又說：「若不去動手動腳
的幹——我是說發掘和旅行——他不能救他自己的命。」這是他有名的宣
言：「上窮碧落下黃泉，動手動腳找材料」的藍本，擺脫故紙堆的束縛，
展現一個新時代知識探索者的新形象。

　　筆記本還有更重要的，是中國與西方主客易位的態度。〈與胡信〉說，
他要做的古代史「但教追亭林（言語學）、百詩（章句批評）之遺訓，加
上些近代科學所付我們的工具而已」，清儒傳統重而近代科學輕。但筆記
的話便不同：

　　　　我們現在必須把歐洲的歷史作我們的歷史，歐洲的遺傳作我們的
　　　　遺傳，歐洲的心術作我們的心術。這個叫做「螟蛉有子，蜾蠃負
　　　　之」，就是說，歐洲人有文明，我們負來。假如我們不這樣幹，結
　　　　果卻也是一個「螟蛉有子，蠃蜾負之」，就是說，我們有土地，歐
　　　　美人負去。這是鄭康成《解》：「言有國家而不能治，則能治者將
　　　　得之也。」❸❸

這樣以近代科學為重的態度，與一年多後 (1928) 所作的〈歷史語言研究
所工作之旨趣〉❸❹近，反而與稍前寫給胡適的信遠。

---

❸❸　「傅檔」，I: 433。

❸❹　傅斯年，〈歷史語言研究所工作之旨趣〉，《中央研究院歷史語言研究所集刊》，
　　　1: 1 (1928)。

## 體質廻異的雙胞胎

民國十五年 (1926) 十月底船到香港，傅斯年應聘為廣州中山大學教授。中山大學之聘傅斯年，主要是朱家驊的主張。朱比傅只長兩歲，民國六年 (1917) 朱從德國留學回來，任教於北京大學，傅斯年還是學生，兩人並無接觸，但從沈尹默知道「傅孟真這個人才氣非凡」**❸❺**。翌年朱家驊赴瑞士專攻地質學，1920 年轉柏林大學，1922 年通過博士論文，次年 6 月傅斯年雖從倫敦轉到柏林，但朱家驊已獲博士學位而赴其他國家遊歷，年底雖返柏林短暫停留，他們似乎亦未見面。朱家驊再返北大，後以反對段祺瑞，十五年六月南走廣州中山大學。十月初，國民黨發表戴傳賢為中大委員長，朱任委員而總理實際校務**❸❻**。從朱家驊的行歷來看，聘傅斯年當是在他抵達香港以後的事。也就是說，當九月下旬傅自馬賽啟碇東航時，他的前途依然茫茫。

據朱家驊追憶，聘請傅斯年擔任院長兼兩系主任，十六年 (1927) 春一到任，馬上全力以赴，延聘有名教授，而自任功課亦甚多**❸❼**。延聘的教授包括顧頡剛、董作賓、羅常培、丁山等人，皆與他的志業有關；也在講課過程中更有系統地整理他的史學思想。然而和他的畢生志業——中央研究院歷史語言研究所最有直接關係的，是中山大學的語言歷史研究所。單從研究所的名稱來看，就知道這兩個機構是傅斯年史學思想孵育出來的雙胞胎，時間相差幾個月，不過由於外緣因素不同，這對雙胞胎的體質卻有極大的差異。

---

**❸❺**　朱家驊，〈悼亡友傅孟真先生〉，《傅故校長哀輓錄》。

**❸❻**　參據胡頌平，《朱家驊先生年譜》。

**❸❼**　朱家驊，〈悼亡友傅孟真先生〉，《傅故校長哀輓錄》。

十六年八月，中山大學語言歷史研究所創立，傅斯年兼任所長；十一月發行該所《週刊》，顧頡剛擔任主編。《週刊》發刊詞執筆為誰，頗有異說。當時也執教於該校的董作賓，雖返鄉省親，未與其事，但後來追述此事，從內容推測，斷定「必是孟真的手筆」❸。顧潮編著的《顧頡剛年譜》則歸屬於她的父親顧頡剛❸。承顧女士惠示原始資料「頡剛日程」，民國十六年十月二十一日欄有云：「作研究所週刊發刊詞」，其著作權屬應很清楚，執筆人是誰也證據確鑿。唯該發刊詞所體現的學術方向：「要實地搜羅材料，到民眾中尋方言，到古文化的遺址去發掘，到各種的人間社會去采風問俗」，不能說顧頡剛不可能有，但把語言歷史學提出來當作該研究所的綱領，卻非歸屬傅斯年專利不可。發刊詞且認定這兩門學問和其他的自然科學同目的、同手段；治學態度上宣示沒有功利的成見，知道一切學問不都是致用的；治學方法則要承受現代所究所問的最適當方法。這些絕對是「傅斯年式」的，不是顧頡剛的蹤影。我們知道不及一年，傅、顧齟齬，以致於分裂，治學態度之分歧是一大因素。主張普及和致用的顧頡剛這時寫下上述的宣示，顯然是替傅斯年說話，可能因為傅是所長，秉其意思作文。所以《國立中山大學語言歷史學研究週刊》發刊詞的著作權不能如實地按「頡剛日程」所記的認定。

十六年七月中山大學取消委員制，以戴傳賢為校長，朱家驊為副校長。誠如傅斯年給胡適的信所說：「中大不是毫無問題，在校外實有不少政治力量」❹，唯倚靠戴阻擋於外，朱經營於內，傅斯年這批人還能在這夾縫中創造小小的學術新天地。不過戴傳賢並不太穩，這年的下半年曾兩度被迫離校，第二次朱也一起離開。據顧頡剛給胡適的信透露，「此

---

❸ 董作賓，〈歷史語言研究所在學術上的貢獻──為紀念創辦人終身所長傅斯年先生而作──〉，《大陸雜誌》，2：1。

❸ 顧潮編著，《顧頡剛年譜》，頁144，簡稱《顧譜》。

❹ 民國十七年四月二日，《祕信》37冊，頁364。

間政變後，孟真急于脫離」❹。學校高層人事起起伏伏，一般情形，正如傅斯年給胡適的信所透露的，「一群敗類，如邵元沖、謝瀛洲、高元、翟俊千（三人皆所謂競社中堅）❹ 等，下了非做校長不可之決心，於是甚麼手段都用了，結果他們自抹了一鼻灰」❹。雖然校內奪權失敗，在地派與外來者的隔閡則一直存在，傅斯年埋怨「此間野蠻人士不解不諒」，顧頡剛、楊振聲諸人「均不覺廣州之可久居，頡剛望北京以求狐死首丘，金甫居廣州而如烏孫遠嫁」❹。這批外地教授雖然名滿天下，但在廣州中大直如「託身異國」（傅斯年語），語言歷史研究所同人的心情可見其一斑。

　　然而就在傅斯年到中山大學任教的這年，中國政局丕變，國民革命軍北伐相當順利，學術條件與以前大不相同。十六年四月，國民政府定都南京，五月議設中央研究院，十一月通過「中華民國大學院中央研究院組織條例」，確定中央研究院為國家最高科學研究機構，並舉蔡元培為院長，下設地質調查所、理化實業研究所、社會科學研究所、心理學研究所和觀象臺，聘請的籌備委員，歷史學有胡適，屬於社會科學研究所；考古學、人類學有李濟，屬地質調查所；傅斯年則歸屬於心理學研究所❹。當時既無歷史學、語言學或考古學的研

蔡元培像

---

❹　民國十六年十二月五日，《祕信》42 冊，頁 345。

❹　原函夾註。

❹　民國十七年四月二日，《祕信》37 冊，頁 364–365。

❹　民國十七年四月二日，《祕信》37 冊，頁 370–371。

❹　國立中央研究院文書處編輯，《國立中央研究院總報告》第一冊（十七年度）。

究所，更無「歷史語言研究所」。

　　傅斯年是嗅覺很敏銳的人，憑著北大時代與蔡元培校長的關係，「組織條例」一披露，他很快地在十七年正月到上海，說服蔡元培，「借用在廣州之語言歷史研究所已成就及將建設者，以成中央研究院之語言歷史研究所」。蔡元培立刻贊成，並「囑照一切原定計畫如樣進行」[46]。按照這辦法，其實是一個研究所掛兩面牌子。傅斯年返回廣州後，立刻覺得與中山大學這麼密切結合不妥，因此馬上再給蔡元培一個報告，改為合作關係，中央研究院的語言歷史所雖暫時借用中大的房舍圖書等設備，人員也有重疊，但經費、課題都要獨立，圖書的收集也要自己展開[47]。蔡元培也同意，於是在三月底聘傅斯年、顧頡剛和楊振聲為中央研究院歷史語言研究所常務籌備員。「歷史語言研究所」之名遂在十七年六月第一次院務會議出現，可以說是「無中生有」的一個機構，其催生者即是傅斯年；此時傅猶任中大語言歷史所所長，胡適乃戲稱他「狡兔二窟」[48]。

　　史語所的設置可以說是完全出於院長蔡元培對傅斯年的信任，關於這個研究所籌設的構想、意義和目標，蔡是不甚了了的。稍後傅斯年寫信請胡適代向蔡元培要求寬列史語所經費說：「蔡先生此時實不大瞭然我們這個研究所所處的地位。」[49]從十七年八月蔡為《歷史語言研究所集刊》

---

[46]　傅斯年十七年一月二十八日給蔡元培的信，引自王懋勤編撰，《中央研究院歷史語言研究所所史資料初稿》(臺北：中央研究院歷史語言研究所藏本，1969)，頁8、4–7，以下簡稱《所史資料稿》。

[47]　《所史資料稿》，頁9–15。

[48]　《祕信》37冊，頁371。

[49]　此信年分可能在十九年。信開頭說「莫干山之遊熱死」，提到同遊有任鴻雋(叔永)，是斷年的主要線索，但皆不可考。信云：「這個研究所若干不滿我們自己意思的地方，但創辦的時候總不免 Trial and Error。」又說：他因主張近代學問是工場的，不能零星做，「這兩年為此『搆閱既多，受侮不少』，然屢思去之，而仍不能不努力下去者，以為此時一散，至少在五年之內，在如此意義下的(事

所撰「隔靴搔癢」的發刊詞來看，
傅斯年的抱怨和擔心是有來由的。
傅斯年要如何讓蔡元培以及總幹
事楊銓明瞭史語所的地位及設所
的意義？五月間作的〈工作旨趣〉，
以及十一月寫的〈國立中央研究院
歷史語言報告書第一期〉❺，目的
都在為史語所定位，找尋意義，並
且說明存在的價值。而新的人事布
局，要爭取的學者，亦要能符合並
且實現傅的史學思想。他為中央研
究院歷史語言研究所塑造形象，灌
注有別於中山大學語言歷史所的

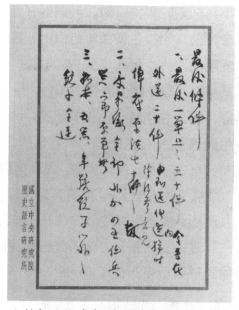

傅斯年使徐中舒購買善齋銅器的指令

生命。這兩個研究所的名稱雖然相似，起初甚至雷同，又是同一人創辦，
然而精神卻截然差異。籠統地說，一個是土派，一個是洋派，可以說是
不同體質的雙胞胎。

　　史語所的常務籌備員雖有三人，其實只是傅一人而已；楊振聲不久
到清華任教❺，顧頡剛也不參與❺。對外，傅斯年聯繫、奔波；對內，

---

　　業的、人的）一個集合是不可望的了。」傅斯年主張「集眾」研究大概不晚於
　　辦中山大學的語言歷史所，所以「這兩年」應包含十七年六月以後的時間。按
　　十七年十月六日傅斯年致馮友蘭、羅家倫和楊振聲的信說：「北平未去，實不
　　敢去也。怕的自己未組織好，辛辛苦苦的為人吞了也。如果是皆工作的，不把
　　些不相干的大大小小滿安著，奉送之不暇，何用此怕，此實為事業怕耳。」（《羅
　　家倫先生文存附編》，頁 520）此或即「搆閔」之一，涉及他與顧頡剛的分裂，
　　他之有不幹的念頭，也當在十八年年初以前。《祕信》37 冊，頁 409。

❺　「所檔」，元：198 之 1。

❺　上注❷所引十七年十月六日傅斯年的信，可證楊振聲（金甫）已在清華。此函

事必躬親，主持一切。我們從〈報告書第一期〉原稿刪改之痕跡可以體
會當時，至少在傅斯年心目中，籌備只他一人而已。原稿最先寫作「委
託顧頡剛先生及斯年」，寫到這裡發現漏了楊振聲（因為楊已去清華），
於是在「顧頡剛」的旁邊加楊，接著寫「三人籌備」。但覺得不妥，遂把
顧、楊之名字和「三人」刪掉，改為「委託斯年與顧頡剛、楊振聲兩先
生籌備」。這樣是比較符合實情的，但傅與顧的微妙關係也暴露無遺。顧
有自己的想法，也想管事，然而與傅的觀念相去頗遠，據他晚年 1973 年
7 月補記的日記云：「孟真乃以家長作風凌我，……予性本倔強，不能受
其壓服，於是遂與彼破口，十五年之交誼臻於破滅。」❸他們兩人在民國
二年進入北大預科，十五年後即民國十七年，也是籌備史語所不久，交
誼之破裂就表面化了。

## 傅、顧學術方向的歧異

　　十五年的友情而一朝絕裂，可能有個性因素，可能也有「瑜亮情結」。
一年後，十八年八月，顧頡剛給胡適的信有很詳細的剖白❸，不過，更
重要的恐怕是兩人對學術發展方向的歧異。傅斯年辦史語所，倡導科學
方法，力求專精，以提升中國的學術品質，〈工作旨趣〉甚至揚言近代學
術只是少數或個人的事。他說：

　　　歷史學和語言學之發達，自然於教育上也有相當的關係，但這都

---

　　《羅家倫先生文存》的編者定在十八年，誤。信中談到要聘李濟為考古組主任，
　　李接此職在十七年十二月，故當定在十七年。

❺❷　《顧譜》，頁 152。

❺❸　《顧譜》，頁 152。

❺❹　《祕信》42 冊，頁 361–380。

不見得即是什麼經國之大業，不朽之盛事，只要有十幾個書院的學究，肯把他們的一生消耗到這些不生利的事物上，也就足以點綴國家之崇尚學術了——這一行的學術❺❺。

歷史語言研究所不做推廣教育，〈報告書第一期〉向蔡元培建議，作為國立學術機關，首要任務應輔助從事純粹客觀史學及語學之企業，以及輔助從事、且已從事純粹客觀史學及語學之人❺❻。因為是「純粹客觀」的，故如〈工作旨趣〉所言：

這個反正沒有一般的用處，自然用不著去引誘別人也好這個。如果一旦引了，不特有時免不了致人於無用，且愛好的主觀過於我們的人進來時，帶進了些烏煙瘴氣，又怎麼辦？

〈工作旨趣〉作於十七年五月，然而同年三月，顧頡剛為中山大學《民俗》所作的發刊辭不但提倡研究全民眾的歷史，而且呼籲「我們要站在民眾的立場上來認識民眾，我們自己就是民眾，應該各各體驗自己的生活。」❺❼

傅斯年與顧頡剛學術發展方向之相左已極顯然，十八年八月顧給胡適的長信埋怨傅壓抑《民俗叢書》，他說，叢書「出到一、二冊時，孟真就說這本無聊，那本淺薄，出到三、四冊，（伍）叔儻就請校長成立一個出版審查會來限制，出到七、八冊時，戴校長就辭掉（鍾）敬文」❺❽。傅斯年認為「大學出書應當是積年研究的結果」，顧頡剛「以為這句話在

---

❺❺　傅斯年，〈歷史語言研究所工作之旨趣〉，《中央研究院歷史語言研究所集刊》，1：1。

❺❻　「所檔」，元：198之1。

❺❼　顧頡剛，〈民俗週刊發刊辭〉，《民俗》（民國十七年三月二十一日）。

❺❽　《秘信》42冊，頁365。

顧頡剛像

治世說是對的，在亂世說是不對；在一種學問根基打好的時候說是對的，在初提倡的時候說是不對的」❺❾。其實傅斯年創立史語所就是要提倡一種有深度的新學問，他的辦法是以少數人朝「極高明」的層次努力做去，而不是慢慢地、普及地打根基。但顧頡剛則說：「現在的人，救世不遑，那有人能積年的研究。」若依傅斯年的標準，「現在講不到出版，我們不出版，一班可以繼續我們工作的青年便得不到誘掖引導的力量，而要到別的方面去了」❻⓿。對傅來說，出版必需專精，專精不一定都要積年。誠如上述，傅不要漫無限制地「誘掖」青年；雖然如此，他並非不知道「歷史語言學在中國發達命脈所繫」在青年，故史語所肇建時，所關注的兩項基本工作之一是，「成就若干能使用近代西洋所使用之工具之少年學者」❻❶，而絕不引誘主觀而烏煙瘴氣的人。在史語所籌備期間，這兩位常務籌備員對學術應以精深為務，還是推廣為先，便產生這麼大的歧異；思想既已分道揚鑣，勢必無法共事，其他因個性或日常言語、行為所產生的誤解遂愈結愈深。

傅斯年辦史語所，何以那麼重視高品質的研究？顧頡剛晚年補記日記，對於他們的分歧有所解釋。他說：「傅在歐久，甚欲步法國漢學之後塵，且與之角勝，故其旨在提高。」❻❷這是實情。上文提到十七年四月傅斯年遊說胡適到中山大學講學的那封信，向胡報告史語所業已籌備，是

---

❺❾　同上。

❻⓿　同上，頁 366。

❻❶　「所檔」，元：198 之 1。

❻❷　《顧譜》，頁 152。

為「實現理想之奮鬥，為中國而豪外國，必黽勉匍匐以赴之」❻❸。傅斯年從歐洲回來時，他的學術境界既然自許超越了顧頡剛，則傳統學術更不足數；他心目中只有一個目標要克服，要超越，那就是歐洲的「漢學」，時時刻刻思考「為中國而豪外國」。他的認識和決心恐怕也給他帶來相當大的壓力，這在《歷史語言研究所集刊》創刊宣言的〈工作旨趣〉以及〈所務記載〉皆流露無遺。〈工作旨趣〉說：

> 中國境內語言學和歷史學的材料是最多的，歐洲人求之尚難得，我們卻坐看他毀壞亡失。我們著實不滿這個狀態，著實不服氣。就是物質的原料以外，即便學問原料也被歐洲人搬了去，乃至偷了去。我們很想借幾個不陳的工具，處治些新獲見的材料，所以才有這歷史語言研究所之設置。

上引筆記簿所謂另一種「螟蛉有子，蜾蠃負之」，我們有土地，歐美人負去❻❹，即同一心情。〈所務記載〉講到藏、緬、暹羅、太（傣）等西南語的調查研究，也同樣表現那種「著實不滿」和「著實不服氣」的焦急，故說：「若果印度支那語系的一行學問也被歐洲人佔了先去，乃真是中國人的絕大恥辱啊！」❻❺

顧頡剛不反對「欲與外人爭勝」，晚年辯解他所不同意於傅斯年者，在爭勝之道。顧認為：

> 非一二人獨特之鑽研所可成功，必先培育一批班子，積疊無數資料加以整理，然後此一二人者方有所憑藉，以一日抵十日之用，

---

❻❸ 《祕信》37 冊，頁 371。

❻❹ 「傅檔」，I: 433。

❻❺ 傅斯年，〈所務記載〉，《中央研究院歷史語言研究所集刊》，1: 1。

故首須注意普及。普及者，非將學識淺化也，乃以作提高者之基
礎 **❻❻**。

「高深」是否必需經過「普及」，是見仁見智的問題，至少對「急躁」而
「自信」**❻❼** 的傅斯年，一定覺得緩不濟急。至於積疊資料，加以整理，
是否就能與外人爭勝，這問題傅斯年是思考過的。在顧頡剛疑古的基礎
上，他既已走出一條路，遙見一個中國「古代科學」的天地（見前文），
當然不會以顧的方法為滿足。他的基本策略是上引筆記簿所記的「螟蛉
有子，蜾蠃負之」，徹底學歐洲漢學家的長處。正如〈工作旨趣〉所說：
「現在中國希望製造一個新將來，取用材料自然最重要的是歐美的物質
文明，即以物質以外的東西也應該取精神於未衰敗的外國。」這樣才有與
外人爭勝的指望，所以傅斯年這時的心情和清末革新派「師夷長技以制
夷」的態度是一致的。表面上雖向外人學習，內心裡則把西方的漢學家
當作主要對手。難怪十八年春間，顧頡剛準備接燕京大學聘書，傅斯年
大大反對，罵他「忘恩負義」**❻❽**，恐怕多少有點民族情緒在作怪。

史語所是傅斯年籌劃出來的，顧頡剛雖與他在中大同事，後來也同
任籌備員，但十六年十二月顧給胡適的信還問，報載胡在大學院辦歷史
研究所，有沒有辦好的希望 **❻❾**。這時傅斯年大概得知大學院院長是蔡元
培，正準備到上海、南京遊說蔡成立史語所。十七年三月顧給胡適的信
又說：「最好北伐成功，中央研究院的語言歷史研究所搬到北京，由先生
和我經管其事，孟真則在廣州設一研究分所，南北相呼應。」**❼❶** 他對傅斯
年的規劃似乎一無概念，對胡適在傅斯年的新學術中的地位也相當模糊。

---

**❻❻** 《顧譜》，頁 152。

**❻❼** 借顧頡剛語，《祕信》42 冊，頁 367。

**❻❽** 《祕信》42 冊，頁 368。

**❻❾** 《祕信》42 冊，頁 346。

**❼❶** 《祕信》42 冊，頁 353–354。

上面說過十七年正月、二月間，傅斯年前後向蔡元培陳述兩個方案，中央研究院歷史語言所與中山大學語言歷史所的關係雖有轉變，但當時史語所主要的人員基本上還是中大的班底，除聘請中大俄國教授民族學家史祿國 (Sergei Mikhailovich Shirokogoroff) 外，基本上都是沒有出過國門的本土學者，如文籍校訂組的顧頡剛，漢語組的羅常培，民間文藝組的董作賓，漢字組的余永梁和丁山❼。這樣的人力恐難以師外人之長技以與外人爭勝。所以在五月，傅斯年以三位常務籌備員名義給蔡元培和楊銓的報告就規劃了擬聘名單，包括胡適、陳垣、陳寅恪、趙元任、俞大維、李濟、劉復、馮友蘭、李宗侗、徐炳昶和羅家倫等，除陳垣外，都是留洋的學者。到這年年底，確定加入史語所這個團隊從事「集眾工作」的主要人物，有哈佛大學畢業的趙元任與李濟，巴黎大學畢業的劉復，和遊學哈佛與柏林兩大學的陳寅恪。這四人中，趙元任、陳寅恪和劉復皆於十七年九月二十日同發聘書❼。李濟當年赴歐洲，十二月返國，至廣州，會晤傅斯年，馬上決定轉任史語所❼。這四位是當時中國新派學者的代表，分別在語言、歷史、民間文藝和人類學、考古學等方面具有最先進的方法、最傑出的成就，以及最深厚的潛力。除劉復是北大教授外，他們都在清華大學國學研究院任教，所以傅斯年擘劃的史語所，其成員結構從十七年正月依賴中大語言歷史研究所為班底，到當年歲暮，變成以清華國學研究院為主體，就其體質而言，是從「本土派」變成「西洋派」。傅、陳、趙、李構成史語所的核心，顧頡剛排除在外。

---

❼　王汎森、杜正勝編，《傅斯年文物資料選輯》，頁 65。

❼　「所檔」，元：130 之 8b、9b、6b。

❼　「所檔」，元：25 之 3；李光謨，《李濟先生學行紀略》，收入王元化主編，《學術集林》卷十（上海：上海遠東出版社，1997），頁 41。

## 舊域維新的史語所

　　這時傅斯年三十三歲，李濟與他同庚，陳寅恪三十八歲，趙元任三十七歲。這個新研究所是一群壯年學者組成的學術團隊，它給中國學術界帶來的衝擊不只是年輕有銳氣而已。傅斯年撰寫〈工作旨趣〉，揭示他的目標、方法，發掘新問題，蒐集新材料，使用新工具，要把歷史學和語言學做得像自然科學那樣客觀和精確，使科學的東方學之正統能在中國建立起來。作此文時還在中山大學的氛圍下，大概沒預料到能那麼順利轉移清華國學研究院的班底。九月發出趙、陳等人的聘書❼❹，十一月撰寫史語所第一期工作報告，傅斯年向蔡元培論述史語所設置之意義云：

> 中央研究院設置之意義本為發達近代科學，非為提倡所謂固有學術，故如以歷史語言之學承固有之遺訓，不欲新其工具，益其觀念，以成與各自然科學同列之事業，即不應于中央研究院設置歷史語言研究所，使之與天文、地質、物理、化學同倫。今　先生在院中設置此所，正是以自然科學看待歷史語言之學，此雖舊域，其命維新❼❺。

歷史語言之學不能只秉承顧亭林、閻百詩的遺訓，即使他們代表中國傳統治學方法最先進的境界，還要本諸自然科學的求知態度，用自然科學的方法，此一舊領域才可能產生新生命。新生命的根源端繫於：

---

❼❹　「所檔」，元：130 之 8a（趙元任），元：130 之 9（陳寅恪）。

❼❺　「所檔」，元：198 之 1。

材料與時增加，工具與時擴充，觀念與時推進。……此項旨趣，約而言之，即擴充材料，擴充工具。以工具之施用，成材料之整理，乃得問題之解決；並因問題之解決，引出新問題，更要求材料與工具之擴充。如是申張，乃向科學成就之路❼⑥。

傅斯年對學術的基本看法應獲得清華國學研究院趙、陳、李諸君的認同，否則以清華的聲譽和他們在各自領域的地位，不可能齊集到傅斯年的麾下來，而史語所的新團隊也不可能這麼順利地組成。

同時傅斯年替院長擬致研究員聘書，禮遇之餘，還激勵共同任務的擔戴。〈聘書稿〉云：

我國歷史語言之學本至發達，考訂文籍，校核史料，固為前修之弘業；分析古音，辯章方言，又為樸學之專詣。當時成績宜為百餘年前歐洲學者所深羨而引以為病未能者。不幸不能與時俱進，坐看歐人為其學者擴充材料，擴充工具，成今日之巨麗。我國則以故步自封而退縮于後，可深惜也。現在中央研究院有歷史語言研究所之設置，非取抱殘守缺、發揮其所謂國學，實欲以手足之力，取得日新月異之材料，借自然科學付與之工具而從事之，以期新知識之獲得。材料不限國別，方術不擇地域；既以追前賢成學之盛，亦以分異國造詣之隆❼⑦。

在這種意念下，凡欲聘而且應聘者都是同志了。

所同何志？十七年傅的報告書說，「為發達近代科學，非為提倡固有學術。」此即〈工作旨趣〉兩點反對中的第一點，反對「國故」這個觀念。

---

❼⑥　同上。

❼⑦　「所檔」，元：130之1。

「國故」即「國故學」，簡稱「國學」，根據胡適的定義，是指研究中國一切過去的文化和歷史的學問[78]。胡適全面說明整理國故的方法，雖然晚到民國十二年北大之創刊《國學季刊》，但早在民國八年他已對學生毛子水的意見發表評論了[79]。當時胡與在《新潮》撰文的毛子水，以及編者傅斯年的按語有頗大的差別，毛與傅都想把中國固有的材料放在「世界的」學術中衡量[80]。在傅斯年心目中，「整理國故」和「輸入新知」是對立的，「不曾中國文先生壽的人」不能整理國故[81]，則所謂「國故」的地位亦思過半矣。胡適卻教訓毛子水，他的名言是：「發明一個字的古義與發現一顆恆星都是一大功績。」從學術研究的角度來看雖然無可厚非，回到當時的情境，未免有些「國粹家」敝帚自珍的氣味。三、四年後，以胡適為首的北大學者，他們雖然不滿過去三百年「昌明」的古學研究範圍太狹窄，要予以擴大，但所擴大者，不過取消經學作為主人的地位，提升子史脫離丫頭的角色而已。所謂用歷史眼光給「國粹」、「國渣」平等的地位，就算「便可以把一切狹陋的門戶之見都掃空了麼?」（借〈國學季刊發刊宣言〉語）胡適等人的宣言雖然想擴大研究範圍，但中國學者的學問卻始終在中國的範圍內打轉。

然而自己已經摸索出門徑的傅斯年便不同，他在〈工作旨趣〉斬釘截鐵地說：「學問斷不以國別成邏輯的分別，不過因地域的方便成分工。」上引代擬〈聘書稿〉更積極地表明：「材料不限國別，方術不擇地域。」顯然的，傅斯年心目中的歷史語言研究所不限於研究中國的歷史語言而已，「如果我們所去研究的材料多半是在中國的，這並不是由於我們專要

---

[78] 胡適，〈國學季刊發刊宣言〉，《國學季刊》，創刊號，收入《胡適文存》第二集卷一（臺北：遠東書局）。

[79] 胡適，〈論國故學——答毛子水〉，《胡適文存》第一集卷二。

[80] 毛子水，〈國故和科學的精神〉，《新潮》，1: 5，收入臺靜農、吳大猷主編，《毛子水全集》《雜文》卷（未標出版者及年月），頁27。

[81] 《祕信》37冊，頁349。

研究『國』的東西，乃是因為在中國的材料到我們手中方便些。」就近比較方便得到的材料，最後還是要與「世界上無論那一種歷史學或那一種語言學」一般，「用同一的方法」來研究，才能進入世界學術殿堂。胡適在《國學季刊》的宣言雖然提到博採參考比較的資料，由外國的啟示來解答中國的問題；然而「國故」是主，新學是僕，態勢至為明顯。因此傅斯年批評說，不論用什麼科學方法研究所謂「國故」的國學，頂多是一個「改良的存古學堂」而已。

　　傅斯年反對「國故」還有更深一層意義，他說：「西洋人造了支那學『新諾邏輯』一個名，本是和埃及脫邏輯、亞西里亞邏輯同等看的」，中國人若也如此看，豈不是成為一種死學問了嗎？現在他要「取所謂國學的大題目在語言學或歷史學的範圍中而論」，如同周之舊邦，維新其生命。方法是「擴充材料」和「擴充工具」，但這擴充和北大《國學季刊》的擴充不可同日而語，按照傅斯年的方法，「勢必至於弄到不國了，不故了，或且不國不故了。」他反對「國故」、「國學」或「中國學」等概念，因為在他看來，「這層並不是名詞的爭執，實在是精神的差異之表顯」。他要把中國的材料變成普世性 (universal) 的學問，因為凡夠得上「學問」的就應該是普世的，不能以國別為斷。這是傅斯年和胡適的區別，也是《歷史語言研究所集刊》和《國學季刊》的區別。

　　雖然格於慣性和傳統，史語所只能從中國的材料研究起，但按照傅斯年的規劃，第二步從洛陽一帶起，「將來一步一步的西去，到中央亞細亞各地，就脫了純中國材料之範圍了。」於是想在洛陽，或西安、敦煌，或吐魯番、疏勒設幾個工作站，他相信「有志者事竟成」。當時史語所在廣州，也希望數年以後能在廣州發達南洋學，他說：「南洋學應該是中國人的學問。」[82]這時清華的陳寅恪和李濟等人都具有超出國界的眼光和實

---

[82]　以上參傅斯年，〈歷史語言研究所工作之旨趣〉，《歷史語言研究所集刊》，1:1 (1928)。

證研究的能力，所謂「塞外之史，殊族之文」，不以中國為限。雖然民國二十二年 (1933) 以後陳寅恪轉而專注於「禹域以內」，但李濟的歐亞太平洋的思考卻終生不移易 ❽ 。在超越「國故」的見解上，他們與傅斯年是志同道合的。

## 「元和新腳」結合的基礎

上引顧頡剛晚年說傅斯年「欲步法國漢學之後塵，且與之角勝」，正道出傅的心情，唯其所欲爭勝者，不限於法國而已。帶有這種心情，或抱負，或壓力的人，不只傅斯年，陳寅恪、李濟也都非常明顯。他們的言詞往往激切悲憤，可以說，這是史語所創立時的共同心態。

在傅斯年的心目中，中國的學術園地是荒廢的。材料雖然不少，但是「靠西洋人的腿，卻不一定是他們的腦袋」，「自己的原料讓別人製造」，更談不上能製造別人的原料，像亞洲內陸中西文化交流等課題，「西洋的東方學者之拿手好戲，日本近年也有竟敢去幹的，中國人目前只好拱手謝之而已」 ❽ 。上文徵引過傅斯年在十七年寫的〈所務記載〉，呼籲研究印度支那語系，以免使歐洲人佔先，那才是「中國人的絕大恥辱」。他對中西的學術競賽是很在意的，民國十八年 ❽ 給陳垣寫了一封非常客氣的信，剖析他的心情，信稿云：

斯年留旅歐洲之時，睹異國之典型，慚中土之搖落，並漢地之歷

---

❽　本書頁 186。

❽　參傅斯年〈歷史語言研究所工作之旨趣〉。

❽　本函原稿未署年月，唯云：「去年一月斯年行旅京滬，與蔡孑民先生談及國立中央研究院宜設置歷史語言研究所之意。孑民先生久有此願，樂觀其成，即託斯年籌備。」故知此函作於十八年，但月份尚無法考。

史言語材料亦為西方旅行者竊之奪之，而漢學正統有在巴黎之勢，
是若可忍，孰不可忍❽。

大概也在此時或稍後，傅斯年向李盛鐸的兒子李少微求購珍藏之史料，
也說：

此日為此學問，欲對歐洲、日本人而有加，瞻吾國前修而不慚，
必于材料有所增益，方法有所改革，然後可以後來居上❽。

那麼他辦史語所的目的就如〈工作旨趣〉所宣示的，「要科學的東方學之
正統在中國」，含蓄地說，就如〈聘書稿〉所云「以分異國造詣之隆」，
骨子裡其實是企圖「後來居上」，替中國人出一口氣！

　　這種民族情緒陳寅恪毫不遜色。陳催促傅籌錢購買李盛鐸手中的內
閣大庫檔案，以免被燕京、哈佛捷足先登，他說：「若此項檔案歸於一外
國教會之手，國史之責託於洋人，以舊式感情言之，國之恥也。」❽稍早，
陳寅恪要求傅斯年設法買下商務印書館的孤本《經論藏》，好為「中國留
一版本」（原作「本版」）❽，也帶有類似的心情。陳寅恪的個性素傲，
但十八年對北京大學史學系畢業生卻吟誦出這般激切的詩句：「群趨東鄰
受國史，神州士夫羞欲死；田巴魯仲兩無成，要待諸君洗斯恥。」❾年輕
人成群到日本研究漢學，令為人師者羞愧不已，陳寅恪對中國學術失望
悲觀，似乎只有寄望下一代才有可能與外人爭勝。

　　傅、陳、李三人，唯李濟與外國人共事經驗最多，感受也最深。李

---

❽　「所檔」，元：109 之 1。

❽　「所檔」，元：69 之 3。

❽　「所檔」，元：4 之 5。

❽　《秘信》37 冊，頁 381、389。

❾　陳美延、陳流求編，《陳寅恪詩集》（北京：清華大學出版社，1993），頁 18。

濟在十二年 (1923) 回國，十四年開始與佛利爾藝術館 (Freer Gallery) 的畢士博 (C. W. Bishop) 合作，包括有名的西陰村史前遺址發掘。十七年底轉任史語所後，雙方合作關係依然持續 **⑨**。發掘安陽，斯密索利恩研究所 (Smithonian Institute) 資助中央研究院經費，李濟建議研究院宜出津貼 **⑫**。他向傅斯年傾吐心聲，說明建言的心路歷程：

> 完全是因為一時心血來朝（潮），想硬硬骨頭，同外國人作事不能不如此扎扎腳。他們面子上雖說是很客氣，心裡總以老前輩自居；對于我們這種窮小子只是提攜獎勵而已，而自己以為是站在無所不容的地位。這也未嘗不是實在情形，不過我們實在覺得難堪。自然，能擺脫他們的勢力幾分就擺脫幾分，實在沒法子，也只得像那「猿人」似的彎著脖子走走再說，耐性等著那「天演的」力量領著我們上那真真的人的路上去。也許我們的兒子（應該說我的）可以替我們出這口氣，希望總要有的 **⑬**。

李濟和陳寅恪一樣，把希望寄託在下一代。

史語所創所核心都是學貫中西之士，對中國傳統學術的困境，以及西方近代學術的優點瞭如指掌，雖然帶有濃厚的民族情緒，但絕不「阿Q」，絕不坐井觀天或孤芳自賞，他們採取的學術策略是「師夷長技以制夷」，並且按自己的標準，評鑑地結交朋友。十七年 (1928) 五月傅斯年擬聘的外國通信員有法國的伯希和 (Paul Pelliot)、德國的繆勒 (F. W. K. Müller)，和瑞典的珂羅倔倫（高本漢，Bernhard Karlgren），美國的勞佛 (Berthold Laufer) 也在考慮中 **⑭**。勞佛終於未聘，繆勒不久去世 (1930)，

---

**⑨**　李光謨，《李濟先生學行紀略》，頁 36–41。

**⑫**　民國十七年十二月二十日，「所檔」，元：25 之 3。

**⑬**　民國十八年一月二十三日，「所檔」，元：25 之 10。

伯希和和高本漢延續到抗戰前夕。有人建議聘請弗朗克 (Otto Franke)，陳寅恪反對說：「據其研究中國史之成績言,則疑將以此影響外界誤會吾輩學術趨向及標準。」⑨⑤

陳寅恪（前左）與傅斯年（後左）

　　上面說過傅斯年的「不服氣」和「不滿」，李濟後來追憶說，這種情緒「在當時的學術界已有很長的歷史,等到國立中央研究院成立之後，傅孟真先生才把握這一機會，把那時普遍存在學術界的『不滿的意』與『不服的氣』導入正規」⑨⑥。史語所創所諸同仁對西方先進的學術絕不色厲而內荏，歐洲人來把中國的材料搬了去，乃至偷了去，李濟問：「亂烘烘的中國能夠拒絕這些學問上的訪問麼?」而且從學術傳統來看，「他們所注意的資料，大半都是我們自己所忽視的。無論照什麼標準說，我們找不出充分的理由，反對別人來檢取我們自己所毀棄的資料」⑨⑦。此即傅斯年「螟蛉蜾蠃」論所引鄭康成的話「有國家而不能治，則能治者將得之也」⑨⑧之意。史

---

⑨④　王汎森、杜正勝編，《傅斯年文物資料選輯》，頁 65；《所史資料稿》㈠，頁 22。

⑨⑤　「所檔」，元：4 之 35。

⑨⑥　李濟，〈傅孟真先生領導的歷史語言研究所──幾個基本觀念及幾件重要工作的回顧〉，《中央研究院歷史語言研究所傅所長紀念特刊》（臺北：中央研究院歷史語言研究所，1951），收入《感舊錄》（臺北：傳記文學出版社，1967），頁 73。

⑨⑦　同上。

⑨⑧　「傅檔」，I：433。

語所第一代先賢雖不免於民族情緒，但與當時以及後來強調中國文化本位的學者根本差別即在此。

傅斯年創立的史語所既要「發達我國所能歐洲人所不能者，同時亦須竭力設法將歐洲所能我國人今尚未能者亦能之」[99]。最終目的是要「後來居上」，勝過西方漢學家。凡能達此目的之學者，皆在傅斯年聘請之列。陳寅恪、趙元任早已是傅斯年留學時期的舊識，但他與清華學校畢業後赴美的李濟則毫無淵源。傅斯年注意到李濟是一篇反駁史祿國的文章 "The Bones of Sincheng"[100]。史祿國來華應聘為廣州中山大學人類學教授，中央研究院史語所成立，被聘為研究員，他在中國人類學界的角色或可比擬於考古學界的安特生 (J. Gunnar Andersson)。十七年十月傅斯年給清華大學的馮友蘭、羅家倫和楊振聲三位友人寫信說:「李仲揆盛稱李濟之，我見其駁史祿國文，實在甚好。我想請他擔任我們研究所的考古一組主任，如他興趣在人類學，亦好。」[101]這時傅看出李濟兼具有「我所能而歐洲人所不能，和歐洲人所能而亦能之」的本事。李的史學觀點與傅非常接近，但在加入團隊之前，他對西方人的複雜心情，傅斯年當然還不清楚。從現在保存的檔案分析，史語所創所四巨頭中，學術觀點和發展策略與傅斯年最契合者，恐怕要推李濟。

這就涉及陳寅恪的問題。傅斯年與陳寅恪在柏林大學相處有兩年之久（1923 年夏至 1925 年夏），對陳的學問極其推崇，這是大家素聞的。唯大概民國十六年 (1927) 六、七月間，陳寅恪所作〈寄傅斯年〉詩，今之學者頗有不同的理解，這不僅關係兩人的交情，也涉及對當時學術界的認識。詩云:

---

[99] 《所史資料稿》(一)，頁 18。

[100] 〈新鄭的骨〉，收入李光謨，《李濟與清華》(北京: 清華大學，1994)。

[101] 《羅家倫先生文存附編》(臺北: 國史館，1976)，頁 524。

> 不傷春去不論文，北海南溟對夕曛。
>
> 正始遺音真絕響，元和新腳未成軍。
>
> 今生事業餘田舍，天下英雄獨使君。
>
> 解識玉璫緘札意，梅花亭畔弔朝雲❷。

詩既然是寄給在廣州的傅斯年，所謂「北海南溟」之對當視傅為可以共昏夕、話餘暉的對象。「正始遺音」指五月投水的王國維，「元和新腳」應是包含他自己在內的青壯學者。比較有異說的是「天下英雄」一句，陳寅恪是在表示「其立場與傅有別」❸呢？還是兩人互相欣賞，「唯使君與操耳」？陳詩迂曲隱約，素稱難解，但我比較傾向後一解釋。這時中山大學的語言歷史研究所尚未正式成立，「未成軍」者不一定就指這個傅斯年正在籌思的研究所，唯從上文論述語言歷史研究所到歷史語言研究所的轉變，和從中山大學本土派學者到清華大學西洋派學者的更替來看，即使史語所或包括清華國學研究院陳、趙、李三君，「元和新腳」，中國學術界的新陣營的確尚未成軍。

　　雖然後來陳寅恪的史學方向與傅斯年不盡同調，但民國十六年的陳寅恪就開始呈現跡象了嗎？我們從胡適祕藏書信知道陳寅恪請傅設法留住商務的《經論藏》當在此時❹。我們也知道十七年史語所一開始籌備，他很快答應傅加入這個「元和新腳」的新陣營，與趙元任、劉半農同接第一批聘書，並推薦陳垣擔任敦煌組主任❺，又積極購買內閣大庫檔

---

❷　《陳寅恪詩集》，頁 17。

❸　余英時，〈陳寅恪史學三變〉，《中國文化》，15、16 合期 (1997)。

❹　傅為此事與胡適寫過兩次信，一署十月十一日（《祕信》37 冊，頁 381），一無月日（《祕信》37 冊，頁 389），但用國立中山大學圖書館箋，而且信中提到十月一日就要開學，問胡適所檢定的外國教員人選可有能教本科者，此信當十月一日以前，可能在民國十六年的八、九月間。十月十一日那封也當在十六年。《祕信》37 冊，頁 389。

案 ⑩。我們又知道直到二十二年，他發表的論文幾乎全部都是關於「殊族之文，塞外之史」⑩，都是與西方漢學家角勝的課題。如果我們說一年後的史語所成為陳寅恪的「元和新腳」也不為過吧。十八年陳寅恪給北大史學系畢業生的贈言所云「田巴魯仲兩無成」，魯仲如果是影射胡適「整理國故」派⑩，與上文分析傅斯年反對「國故」正是同調，而非異曲。至於田巴是否指馬克思主義的左派史學家？傅斯年一向「憎惡馬克思主義」⑩，但贈詩時這派尚無像樣的著作，即使所謂中國馬克思主義史學的開山之作──郭沫若的《中國古代社會研究》，亦尚未出版，而且傅斯年並不把這本書看在眼裡，他重視郭的是《兩周金文辭大系》，陳寅恪似乎不會把尚未成形的「左派」與胡適等量齊觀吧？

根據檔案，晚到二十一年清華國文試題對子風波之後，陳仍然視傅為知己之人。大學入學考試，陳寅恪出國文試題，以「孫行者」求對，頗遭物議，遂給傅寫信說：

> 清華對子問題乃最深意之處，因考國文不能不考文法，而中國文法在緬藏語系比較研究未發展前，不能不就與中國語言特點最有關之對子以代替文法。蓋藉此可以知聲韻、平仄、語辭單複詞 (vocabulary) 藏貧富，為國文程度測驗最簡之法。……若馬眉叔之謬種尚在中國文法界有勢力，正須摧陷廓清，代以藏緬比較之學。中國對子與中國語之特點最有關，蓋所謂文法者即就其語言之特點歸納一通則之謂，今印歐系格義式《馬氏文通》之文法既不能

---

⑩ 「所檔」，元：4 之 4。

⑩ 「所檔」，元：4 之 1、2。

⑩ 陳寅恪，〈陳述遼史補注序〉，《金明館叢稿》二編，收入《陳寅恪先生文集》（臺北：里仁書局，1981）。

⑩ 同注⑩。

⑩ 民國三十七年四月二十八日給趙元任的信，「傅檔」，III: 195。

用，舍與中國語特點最有關之對子而更何最簡之法以測驗學生國
文文法乎？以公當知此意，其餘之人皆弟所不屑與之言比較語言
文法學者，故亦暫不談也 ⑩。

此信結尾問候語作「暑安」，日期署七月十七日，蓋風波發生時抒憤之信。
「北海南溟對夕曛」，以及「天下英雄獨使君」的確解，應該是這裡所說
傅斯年「知此意」，其餘諸人陳寅恪皆不屑與之言。如果早在十六年陳寅
恪就諷刺傅斯年獨稱英雄，要劃清界線，史語所恐怕無法成軍，至少孤
傲的陳寅恪是不會加入的。


# 同聲相應同氣相求


　　史語所這支研究隊伍是「志同道合」的組合，所謂「同聲相應，同
氣相求」，治學風格上的標準是新學術，與老一輩的「舊學」或「國故」
嚴格區別。史料的觀點固然如此 ⑪，其他諸如工具、方法、心態亦然。
十七年十一月撰寫的第一期報告書，傅對蔡元培揭舉新材料、新工具與
新觀念的目標後，接著說：「故當確定旨趣，以為新向（「新」，印刷本總
報告作「祈」），以當工作之徑，以吸引同好之人，以敬謝與此項客觀的
史學、語學不同趣者」 ⑫。同志便吸引，不同志便謝絕，此亦「道不同，
不相為謀」之意。
　　李濟便是一個例子。數十年後夏鼐記述考古組主任產生的經過說，

---

⑩　「所檔」，元：4 之 24。

⑪　參王汎森，〈什麼可以成為歷史證據──近代中國新舊史料觀念的衝突〉，《新
　　史學》，8：2。

⑫　「所檔」，元：198 之 1。

「所中提名二人，一位是著名金石學教授，另一位是年輕而具有一定的
近代考古學知識和發掘經驗的歸國留學生。蔡元培院長選擇後者，後來
證明這選擇是明智的」⓭。金石學教授指馬衡，年輕學者指李濟。夏鼐
雖在史語所工作過，唯其生也晚，對創所的歷史並不清楚，也不了解史
語所成立時的運作，成員不是院長選的，故多想像之詞。史語所設置的
目的是在提倡新學術，不是要找聞名的老教授來裝點門面。十七年十二
月李濟給傅斯年的信談董作賓第一次安陽發掘，提到「北大馬叔平曾間
接表示欲參加此事」，探問傅的可否⓮。可見史語所一成立，馬衡就想加
入。過了快一年，馬衡同時寫信給傅斯年、李濟與董作賓，正式提出參
加考古組的要求，傅斯年立刻拒絕，李濟向傅報告他與董作賓商酌過，
完全贊同傅的決定。他說：「彥堂已擬一極客氣信致馬叔平，弟亦將客氣
的回覆他。」⓯這無關乎人事傾軋，而是對知識的態度和追求知識之方法
的歧異；如果說是門戶，那也是「道」不同的緣故。

　　學問有新舊，人有老幼，但二者並無必然關聯。傅斯年拒絕前輩學
者馬衡（時年四十七）於千里之外，卻對另一前輩陳垣（時年四十八）
歡迎之唯恐不及。十七年六月陳寅恪向傅推薦聘陳垣來所研究敦煌資
料⓰，十一月傅斯年問陳寅恪敦煌組事有沒有接洽⓱，陳回信云「昨前
兩日連發函電，諒先達賢，援庵先生函附上」⓲。陳垣可能有來所之意
（原函未見），故傅撰第一期報告書中便說敦煌材料研究組由陳垣主持⓳。
不久，便寫了那封我所見過的傅斯年最客氣的信，以陳垣與王國維相比，

---

⓭　夏鼐，〈五四運動和中國近代考古學的興起〉，《考古》，1979：3。

⓮　民國十七年十二月二十日，「所檔」，元：25 之 3。

⓯　「所檔」，元：152 之 3。

⓰　「所檔」，元：198 之 1。

⓱　民國十七年十一月十四日，「所檔」，元：9 之 1。

⓲　「所檔」，元：4 之 4。

⓳　「所檔」，元：198 之 1。

稱頌「靜庵先生馳譽海東於前，　先生鷹揚河朔於後，二十年來承先啟後，負荷世業，俾異國學者莫我敢輕，後生之世得其承受，為幸何極！」❶⓴傅斯年與陳寅恪那麼竭誠歡迎陳垣，就是因為他的敦煌研究是「今日學術之新潮流」，他是一位「預流」者，取新材料研究新問題，「非彼閉門造車之徒所能同喻」❶⓴。陳垣和史語所志趣相投，而且成績斐然，可以讓歐洲和日本學者不敢輕視中國無人，故引為同道。

陳垣和史語所創所諸賢同樣有上面說過的那種難以言宣的民族鬱悶，十八年五月在燕京大學現代文化班演講「中國史料急待整理」，就說：「我們若是自己不來整理，恐怕不久，燒又燒不成，而外人卻越俎代庖來替我們整理了，那才是我們的大恥辱呢！」❶⓴兩年後他為日本文學博士那珂通世傳記的中譯本作序，感慨那珂翻譯蒙古文史籍，開啟日本學界研究蒙文的風氣，「吾人若不急起直追，將來勢必藉日文以考蒙古文獻，寧非學界之恥？」❶⓴類似這種引為恥辱的呼號，與上文所述傅斯年、陳寅恪和李濟的心聲是完全雷同的。

聘請陳垣，除陳寅恪外，劉復也是說客之一❶⓴，但陳垣一直猶豫❶⓴，終於沒來上任，只受聘為特約研究員，把《敦煌劫餘錄》的書稿交給史語所出版。

史語所新學術的趨向還可以從對劉復與中山大學民俗學者的取捨，以及拒絕郭紹虞的決定中看出來。十七年肇建，設有民間文藝組❶⓴，請

---

❶⓴　「所檔」，元：109 之 1。

❶⓴　陳寅恪，〈敦煌劫餘錄序〉，《敦煌劫餘錄》，歷史語言研究所專刊之四 (1920)。

❶⓴　陳垣，〈中國史料的整理〉，《史學年報》，1 (1929)。

❶⓴　陳垣，〈日本文學博士那珂通世傳序〉，《師大史學叢刊》(北平：國立師範大學史學會，1931)。

❶⓴　民國十七年十二月十四日，傅致寅恪、半農函，「所檔」，元：29 之 2；民國十八年一月二十三日，劉復回傅函，「所檔」，元：29 之 9。

❶⓴　民國十八年一月二十八日，劉復回傅函，「所檔」，元：29 之 8。

劉復主持❷。劉復雖然只長傅斯年四歲，但在北大教過傅，後來留學巴黎大學，獲博士學位。他對藝文研究的觀點在十四年 (1925) 寫的《敦煌掇瑣目錄》有清楚的宣示。他比較敦煌寫本《尚書》和幾首小唱的價值：

> 照著向來沿襲的說法說，《尚書》當然比小唱重要到百倍以上，《尚書》當然是大的，小唱當是小的。但切實一研究，一個古本《尚書》至多只能幫助我們在經解上得到一些小發明，幾首小唱卻也許能使我們在一時代的社會上、民俗上、文學上、語言上得到不少的新見解❷。

這就是一種新眼光，可以一掃過去的偏見，導引學者利用過去的材料研究當時的社會歷史文化，得出新看法，發現新天地，劉復謂之「舊瓶改裝新酒」。舊瓶新酒，亦即傅斯年「此雖舊域，其命維新」的意思，所以劉復「不希望成為國學家」❷，正如傅斯年之痛斥「國故」。按照劉復的規劃，史語所民間文藝組要做俗曲、俗樂、民歌、諺語，並望數年之內成一極可觀的「全國歌謠總藏」❸。其用意固不限於這些民俗，而是如傅斯年對劉復說的「從此民間藝文若干基本問題得申端緒」❸，往中國基層社會發掘問題，想與中山大學的《民俗叢刊》有所區別。

民間藝文研究容易流於「無聊」、「淺薄」，這是傅斯年與顧頡剛衝突的原因之一❸，劉復則注意管制出版的品質，「按英國《詩學雜誌》(*Chap-*

---

❷ 「所檔」，元：198 之 1。

❷ 「所檔」，元：130 之 4。

❷ 劉復，《敦煌掇瑣》，歷史語言研究所專刊之二，頁 14。

❷ 同上，頁 16。

❸ 「所檔」，元：29 之 6。

❸ 民國十七年九月二十日，「所檔」，元：130 之 6a。

❸ 《祕信》42 冊，頁 365。

book)之例，每年出《民文彙刊》若干冊，登載自為起訖稿子一種。」建立高水準的學刊才拿得出去與外人角勝，劉復與傅斯年開玩笑說：「兄本來不大贊成出無聊小雜誌，今改此法，想必欣然曰『正合孤意』，於是乎大點其頭，全身胖肉搜搜動！」⑬

劉復加入史語所五年有餘，因病去世，傅斯年「為之流涕數次」，說他是「北大老教員中第一位不該死者」⑭。因為劉復是北大一位真的走新學術的人，不做國學家，不是半吊子的「整理國故」者。相對的，稍後的郭紹虞便不了解史語所，民國二十五年他寫信給傅斯年，毛遂自薦，講了一大堆自己的研究成果，想進史語所⑮。郭的學問屬於傳統的文史考證和詩話，不是「預流」的學術，故傅老老實實告訴他「不在本所研究範圍之內」，給回絕了⑯。這也不能說是門戶，道不同，不相為謀也。

中央研究院歷史語言研究所這個新學術團隊，只經過半年多的籌備，立刻成軍。傅斯年說這個所「無中生有」，並不誇張。他辦事的精神是先騎在虎背上，不退卻。傅斯年深切了解到新時代的學術「已經不容易由個人作孤立的研究了」，於是提倡集眾的工作，「大家互相補其所不能，互相引會，互相訂正」。他要同仁走出書齋，改變「讀書就是學問」的風氣，「上窮碧落下黃泉，動手動腳找材料」。這樣的求知態度不僅創造一種新風氣，而且創造一種新人生觀，塑造一種新知識分子的形象。新材料激發新問題，因而援引新工具以謀解決；三者相互為用，以期開創新的領域。這樣建構的「科學的古代學」其視幾年前他所籌思的「入門御路」遙然遠矣。

於是乎當民國十七年 (1928) 年底之時，傅斯年、陳寅恪、李濟和趙

---

⑬ 民國十八年一月二十三日，「所檔」，元：29 之 9。

⑭ 民國二十三年七月二十三日，《祕信》37 冊，頁 422。

⑮ 民國二十五年三月十九日，「所檔」，元：34 之 2。

⑯ 民國二十五年三月二十二日，「所檔」，元：34 之 3。

元任這批學術菁英聚集在一起，懷抱相同的學術使命，秉持相近的學術態度，在發掘新問題，找尋新材料，使用新工具的大方向上開步邁進，展開中國二十世紀的新學術旅程。這就是歷史語言研究所。七十年來「名滿天下，謗亦隨之」，然而在人文學「新學術」的意義下，這類研究機構或大學似乎還不多見呢！

# 史學的兩個觀點
## —— 沈剛伯與傅斯年

　　孔子說：「友直、友諒、友多聞，益矣。」直則敢對朋友講真心的逆耳之言；諒乃設身處地為對方設想，見解雖然不同，並不攻訐；多聞可以補友人之不足。業師沈剛伯先生之於近代中國史學重鎮——中央研究院歷史語言研究所，適足以稱得上「益友」而無愧。沈先生與史語所及其第一代人的關係雖然淵源深遠，是史語所長年的朋友，但沒有加入這個新史學陣營；來臺以後雙方轉增密切，而沈先生的地位愈益尊崇，亦始終維持其益友的角色。

## 沈剛伯與傅斯年的君子交誼

　　論求學過程，生長在湖北宜昌西陵峽山區三斗坪的沈剛伯，青少年就讀於武漢方言學堂及武昌高師（武漢大學前身），與史語所創辦人傅斯年的關係不若顧頡剛有大學同窗室友之誼。論學術專業，沈先生赴倫敦大學大學院 (University College) 研習埃及學和英國史，與傅斯年所關懷的「歷史語言」頗有距離，所以也不會像義寧陳寅恪、鍾祥李濟之、武進趙元任成為傅斯年的同志。不過沈、傅二公青年相識，而且一直保持一定程度的聯繫。

　　沈先生與傅先生同年，1896 年（丙申）出生。1924 年沈先生二十八

歲，考取湖北省官費留英，進入倫敦大學大學院。同樣的這個學院，四年前 (1920) 傅斯年來這裡學習心理學，兼治數學。但他們兩人並不相識，因為傅先生在 1923 年 6 月已經由英赴德，轉入柏林大學文學院了。然而沈先生既讀萬卷書也行萬里路，當時第一次大戰之後，德法貨幣貶值，物價遠比英倫低賤，每逢假期，沈先生必往德法遊覽，於是在柏林結識傅斯年、俞大維、毛子水諸人。不久，傅斯年於 1926 年 9 月，自法國馬賽買棹東返，受聘於廣州中山大學，開始推展他一生的志業。據沈夫人曾祥和教授憶述，沈先生在翌年 (1927) 寧漢分裂後，武漢政府由共產黨接管，因拒絕加入共黨，官費遂遭取消，苦撐數月，無以為繼，靠友人接濟乃得返國，推測約在 1927 年秋天以後。

　　沈先生自十七歲述志就明言「量才適性」，要走自己的路。他生性恬澹，不想後人為他樹立豐碑，平生文不留稿，函不存底，幾乎沒有記日記，百年之後人事多非，要建構他的歷史的確相當困難。據沈夫人憶述，沈先生返國，初執教於母校武漢大學，旋以學潮，轉赴廣州，任教於中山大學。確切時間雖不可考，唯據胡頌平《朱家驊先生年譜》，1930 年 12 月朱家驊就任南京中央大學校長，翌年 (1931) 暑間聘請一批著名教授，沈先生是其中一人。那麼沈先生居留廣州的時間大概在 1928 年以後至 1931 年夏天，約兩年多而已。他在中山大學可能與傅斯年有過一段共事的時間，但自 1928 年春天以後傅受蔡元培之命籌備歷史語言研究所，該年 10 月史語所正式成立，傅先生乃離開中大。看來沈、傅二公即使共事也相當短促，不過他們都同在廣州。

　　史語所肇建之初，主要靠兩批人馬，首先是中山大學的語言歷史研究所，如顧頡剛、丁山、羅常培等，接著是清華大學國學院，如趙元任、陳寅恪和李濟。沈先生因為教授西洋史，與史語所關注的東方學相去較遠，雖然與傅斯年是老友，並未參與此一新史學運動。史語所創立不滿半年，1929 年 3 月開始遷移至北平，兩年後沈先生也轉赴南京，沈、傅二公有可能再度敘舊，當在 1933 年史語所總部遷移南京以後，到 1937 年

抗戰軍興之間。

近代中國學派有趨新的「北大」和守舊的「南高」之分，兩相對立。南京高師即中央大學的前身。不過沈先生在中央大學屬於異數，出身該校的沈夫人回憶說，沈先生的思想性情近於北大，與中央大學胡煥庸、沙學浚、張其昀、郭廷以、繆鳳林等人格格不入。當時中央大學有四位教授，號稱「四凶」，即沈剛伯、盧恩緒、方東美和伍叔儻，皆不與「南高」的風氣合流。

沈先生不但自己不留資料，似乎也很少給人寫信。譬如傅斯年與胡適都有相當完整的信札檔案，沈先生與他們兩人的交情匪薄，也有共事的經歷，但在這些檔案中，「沈剛伯」之名卻難得一見。單從資料的量來說，的確很使人懷疑沈、傅二人有什麼關係。但《胡適遺稿及祕藏書信》「傅斯年」的部分收一封傅致胡適的信，係傅代理北大校長時（1945 年 8 月～1946 年 6 月）向在美國的北大校長胡適報告校務，這封信寫了七條，長篇累牘，巨細靡遺，最後補第八條，短短一句話：「沈剛伯決定不來北大了，咳！」❶一個「咳」字重若千鈞，多少惋惜、多少無奈俱在其中，而傅、胡對沈先生的看重亦在不言中。

此信署 10 月 5 日，當在 1945 年，但據沈夫人回憶，1948 年沈先生應邀到臺灣大學短期講學，北京大學仍致聘書。當時莊長恭掌臺大，解聘不適任教員高達八十餘人，以致無法開學，教育部長朱家驊是沈先生的老友，請他出任文學院院長，為之延聘教授，襄助校務。當時國共戰爭方殷，不久北方局面急轉直下，沈先生遂在臺灣居留下來，以至終老。

---

❶ 耿雲志主編，《胡適遺稿及祕藏書信》37 冊（合肥：黃山書社，1984），頁 481。

## 舉薦傅斯年出任臺大校長

　　國民政府入主臺灣以後，臺灣大學的情勢和中國的大局一樣，動盪不安，三年內換了三位校長，其中第一任的羅宗洛和第三任的莊長恭分別擔任過中央研究院植物所和化學所的所長，而且都是第一屆院士，具有崇高的學術地位和行政經驗，但都無法對付複雜的局面。莊長恭離去，朱家驊商請沈先生出掌臺大，沈先生知道自己也不能穩定亂局，於是建議聘請剛從美國養病返國不久的傅斯年為臺大校長。這段公案對臺灣大學和史語所關係至大，由於史料不彰，不能不特為表出。

　　當時的臺大固無籍籍之名，傅斯年本來不屑做臺大校長，但大陸危在旦夕，許多機構欲遷無路，沈先生的提議固為臺大計，也藉以安置史語所同仁。朱家驊初聞建議，頗為猶豫，擔心傅是否願意屈就，沈夫人回憶當時沈先生的話說：「大胖（傅斯年），史語所是他的命，這次走投無路了。」王懋勤編撰的《中央研究院歷史語言研究所所史資料初稿》說：「三十七年徐淮戰事急轉逆化，行政院示意疏遷，十二月一日史語所召開所務會議，決議史語所之遷移聽候政府及總院作最後之決定，建議院部考慮本所在縮小範圍下，可以遷往臺灣、廣西或廣東。繼而決定史語所遷臺灣，於是立即又召集所務會議。」❷史語所從臺灣兩廣三地舉棋不定到決定遷臺，此一快速變化當然和所長傅斯年準備接掌臺大息息相關，而這個快速變化的原動力當係來自當時在臺大的沈先生。

　　大陸變色前夕，一般人都沒料到國民政府垮得那麼快、那麼徹底。回到當時的歷史情境，國家的前途，史語所的去路，眾口紛紜。此時史

---

❷　王懋勤編，《中央研究院歷史語言研究所所史資料初稿》，中央研究院歷史語言研究所未刊稿，頁 106–107。

語所剛自四川復原回京不過兩年多，陳槃〈師門識略〉回憶說：「三十七年冬（原誤作三十八年），首都告警，群情皇急，不知所以為計。」一日，傅先生召集同人會議，慘然說：「研究所的生命恐怕就這樣結束了。我的精力既已消亡，宿疾未癒，雖欲再將研究所遷到適當地區，使國家學術中心得以維持不墜，但我恐怕不能再負擔這麼繁劇的任務了。」於是提議遣散，一時滿座嚴肅悲哀，有的熱淚盈眶。傅先生大受感動，遂願以殘生護所，考慮遷移。陳槃說有人主張遷廣西，有人主張再回四川，莫衷一是，「來臺之議，自孟真師發之」。傅斯年力排眾議，決定遷來這個「民情隔閡」而且又剛剛發生過二二八事件的臺灣❸，固與他對整個大局的正確判斷有關，而臺灣大學這條路應該是沈先生舖陳出來的。

　　傅斯年飛來臺北，沈先生到松山機場接機，傅見面第一句就對沈先生說：「你整我如此，這次只有跳海了。」跳海，是傅斯年對國共交鋒局勢的判斷與他自己的抉擇。陳槃〈師門識略〉說 1948 年傅斯年自美返國前夕，有人勸他中國形勢不利，誠非歸所，不如留在美國。傅誓言絕不託庇異國，也不作共黨順民，首都不保乃適他省；他省不保，退居窮鄉；窮鄉不保，則蹈海而死矣❹。他寫給臺大黃得時的一幅中堂「歸骨於田橫之島」，當是國共再度交惡後他決心的顯示。

　　然而傅斯年短短一年又十一個月的臺大校長任期卻創出一片新天地，這恐怕是史語所同人憂愁相對，準備遣散時所想像不到的吧。輔佐傅斯年整建臺大者不只一人，但文學院院長沈剛伯應是左右股肱。算起來他們有二十多年的交情，校長祕書那廉君說，沈院長是和傅校長最談得來的朋友，所以經常來校長室，暑假酷熱，臺大沒有驅暑設備，兩人一胖一瘦，但都怕熱，遂打起赤膊，用「卷宗」當扇子，揮動不已❺。

---

❸　陳槃，《澗莊文錄》（臺北：國立編譯館，1996），頁 712。

❹　同上，頁 713。

❺　那志良，《臺大話當年》（臺北：群玉堂，1991），頁 36。

沈夫人回憶說，當時每天開會，經常到深夜一兩點，傅先生總到沈家開菜櫃找食物，可見他們交誼之深厚與性情之相投。

　　傅、沈二公在臺灣大學共事將近兩年，那時臺大百廢待興，沈先生襄贊之事蹟非本文所專述，與史語所相關最深者是沈先生合聘所中學者到臺大授課，如李濟、董作賓、勞榦、高去尋、芮逸夫、石璋如等人，於是奠定臺灣史學、考古和人類學的基礎。沈先生既敬重史語所的研究成果，但也覺得該所過去的學徒制要培養人才尚嫌不足，故建立史語所與臺灣大學互通的合聘管道，使專門研究得以傳播，學術得以傳承。直到今日史語所吸收的人才多拜沈先生此一規劃之賜，其影響於史語所者不可謂不大。

## 與社會脫節的新史學

　　沈先生的風格本來就有「其猶龍歟」的意味，一生特立獨行，即使面對一代霸才傅斯年，他也是「和而不同」的。他的史學思想雖然與傅斯年頗有差異，但他能理解傅說的精義，並且提出另一境界，不像有些人既不了解又肆意譏評。

　　沈先生的史學思想，要言之，關於史學的內在理路是講「通」和「變」；關於歷史學的外緣則講意義和作用，這些看法與傅斯年所倡導的「新史學」都有一些區隔。1968 年史語所四十週年所慶，沈先生應當時所長李濟的邀請，在紀念會上發表專題講演「史學與世變」。沈先生這場演講很委婉地指出史語所的新史學與社會脫節。他開宗明義說，世界上有人就有歷史，但只當政治結構瀕臨崩潰，社會組織大大動搖，經濟生活和禮教活動產生劇烈轉變時，才會產生史學。他很堅定地強調史學不只是書本的作業所能成事，史家也不是象牙塔內的玄想冥思者。史學必跟著環境轉變而不斷變化，「世變愈急，則史學變得愈快；世變愈大，則史學變

得愈新」。歷史著作之所以不斷求新求變，因為：

> 人們大都抱著鑑往知來的目的去讀歷史，一逢世變，便想從歷史
> 中探尋世變之由；求之不得，自然不滿意於現有的史書，而要求
> 重新寫過。於是乎每一個新時代必有好些根據其時代精神所改修
> 的新史書❻。

史語所同人多尊崇傅先生〈歷史語言研究所工作之旨趣〉❼的規範，〈工作旨趣〉固有其歷久而彌新的一面，但到底也是時代的產物，而且亦未能與第一次大戰後歐洲的轉變同步❽。到沈先生演講之時，不論全世界或中國的局勢變異遠甚於一次大戰之後，史學研究豈能再固守一次大戰前的「家法」乎？

　　就歷史研究的定位和寫作的形式來看，沈先生既確定歷史著作是要供給一般人閱讀，便和傅斯年「歷史學不是著史」的主張頗有距離。傅先生鑑於過去中西史家的著作「每多多少少帶點古世、中世的意味，且每取倫理家的手段，作文章家的本事」，於是一反其道，強調「歷史學只是史料學，利用自然科學供給我們的一切工具，整理一切可逢著的史料」❾。話是不錯，史學的「真」如果為倫理的「善」所掩，或因顧及文章的「美」而做了犧牲，便喪失其所以為史學的本分，像馬考萊 (Thomas Macaulay) 的《英格蘭史》(*History of England*)，誠然窮極文章家的本事，卻超出倫理家的範疇而流露出政治家的偏見。但歷史研究的成果是只給

---

❻　沈剛伯，〈史學與世變〉，《沈剛伯先生文集》（臺北：中央日報社），簡稱《文集》，頁 64。

❼　傅斯年，〈歷史語言研究所工作之旨趣〉，《歷史語言研究所集刊》，1: 1 (1928)，簡稱〈工作旨趣〉。

❽　同上，頁 70。

❾　傅斯年，〈工作旨趣〉。

少數專家還是為多數群眾？史語所顯然選擇了前者，故史學可以是尖端的知識探索，史學家也和自然科學家一樣具備相似的角色。然而因為歷史學既不是著史，只在少數尖端專家間對話，不以寫給一般人閱讀為職志，會不會缺乏社會的激勵而與時代脫節？史學隨時代之變異而求新的基本精神會不會因而有所疏略？恐怕是史語所同人應該時時警惕反省的吧。

傅斯年理想的研究社群是要有一批人，不為外物所動，搜尋一切可能的資料，使用一切可能的方法，專心致意追求知識的突破，以臻於世界最高成就之「東方學」水準。他相信只需要一批人，而且是一小批人就夠了，就可以達到躋身於世界東方學最高的成就之列。用沈先生的分類，史語所的史學是屬於純粹的、理論的史學，有別於帶有教育意義的實用史學。傅先生的〈工作旨趣〉說，「史語所所專注的歷史學與語言學這兩門學問之發達，自然於教育上也有相當的關係，但這都不見得即是什麼經國之大業、不朽之盛事，只要有十幾個書院的學究肯把他們的一生消耗到這些不生利的事物上，也就足以點綴國家之崇尚學術了。」反正史學研究「沒有一般的用處」，進入史語所的人如果「愛好的主觀」太強，難免「帶進一些烏煙瘴氣」，反而不宜於真知的探索。傅斯年顯然設法隔離學術與現實，以免受到污染，在當時的中國，尤其是革命發源地的廣州，用意是很深刻的；然而卻也造成史語所「與世隔絕」的形象與傳統，其中利弊得失，很難用一句話說清楚。

史語所重視純史學風氣，這方面沈先生基本上抱持肯定和尊重的態度，認為有其意義與必要。1974 年他到史語所演講「如何鼓勵青年從事本國古代史之研究」時說：「若不講純粹歷史而專講實用方面的歷史，則這種『實用』終將有時而窮。」❿缺乏純歷史作基礎的實用史學不只「有

---

❿　沈剛伯，〈如何鼓勵青年從事本國古代史之研究〉，《文集》，頁 529，簡稱〈古代研究〉。

時而窮」而已，過去有太多的例子證明往往流為「烏煙瘴氣」。然而天下事往往「禍兮福之所倚，福兮禍之所伏」，與時代社會隔離的純之又純的史學，如何維持不斷的創新力以免於枯竭？又如何得以接受外界不斷的刺激而產生新觀念，寫作新史書，以完成新史學呢？難道「實用」的需求便不可能成為「純粹」的動力嗎？其實即使不考慮人類教育的意義，單從史學本身來看，缺乏「實用」之刺激的「純粹史學」恐怕亦難得以充分發展。所以理想的史學至少應該包含沈先生提示的一個目的：「從純粹史學中產生一部實用的東西，讓不學歷史的人去看。」❶也就是說，歷史研究終究還是要回歸於社會，回應時代，尤其是史家對時代和社會的看法；而在寫作上，歷史研究恐怕不能與「著史」斷絕，應該也考慮寫一般人看得懂、喜歡讀的史書，以達成「歷史是人類之教育」的目的。這樣，把歷史家請入社會，從社會時代的變化中尋找靈感，乃可能發展研究新路徑或新境界。所以實用史學與純粹史學並不衝突，也不是通俗和專精之對立，應該說通俗化的考慮反而是推進專精的動力。否則今日專門史家既然和政治性的、哲學性的歷史作者分道揚鑣，社會大眾所讀的歷史卻是政治性或政治家、哲學性或哲學家的歷史，沈先生所擔心的，像史語所代表的新史學一旦和社會脫節，新史學的路又將如何走下去呢❷？沈先生針對幾十年來新史學發展的隱憂，在史語所四十週年所慶的紀念會上發出這樣的呼籲，流露出他對史語所前景莫大的關懷。

## 史學無法像自然科學之客觀如實

　　史語所倡導的歷史研究在二十世紀的中國是一種新史學，在使用新

---

❶　沈剛伯，〈古代研究〉，《文集》，頁 532。

❷　沈剛伯，〈史學與世變〉，《文集》，頁 75。

史料、配合新觀念、採納新方法等方面，沈先生基本上是贊同的。不過他在「史學與世變」的講演中提醒史語所同人說：「史語所成立的時候，世界潮流已開始變動，彼時還不十分顯著，可是後來就越變越大。到現在，那第一次大戰前所盛行的史學已難完全適用，而新的史學卻又未能確實成立，這是現在史學界所遭遇的大困難。」❸他臚舉過去西方種種具有決定論色彩的史學，到二次大戰以後已無人再像以前那樣深信不疑。史語所肇建固亦未嘗標榜「歷史本身含有某種決定性因素」的決定論，但傅斯年倡導建立與自然科學同等精確的歷史學，亦屬於第一次大戰前的風氣，沈先生的懷疑大概是他對史語所傳統的一種「微言」吧。

傅斯年的史學思想主張窮盡一切可能收集到的史料，運用多種科學工具，要把歷史學建設得和生物學、地質學等同樣地精確❹。知識力求客觀大概誰都不會反對的，問題是歷史知識能如傅先生這麼樂觀嗎？沈先生便不這般想，他認為史料「不管現在有什麼好方法收集，總是永遠殘缺不全」；當今史料如此，古代史料由於時間的淘汰，殘缺更甚。而且就是存在的史料也不一定可靠，即使是「人們親筆寫的日記、信札，有時也不見得全是真話」。這是史學先天性的缺陷，與自然科學的資料不同。因此，在「史料之搜集與鑑定都無法求全求備」的情況下，史學「自然很難成為純粹科學」❺。其次，關於史學所運用的輔助學科，在 1920 年代傅斯年關注的是地質、地理、考古、生物、氣象和天文，大多屬於自然科學。四十年後，沈先生則提出考古、人類、社會、經濟、統計、心理等學。他們的差異與其說是兩人對史學輔助學科採擇的偏好，不如說是史學潮流的轉變，人們對史學的認識不再以精確如實為最高的目標。以人為主要研究對象的史學固難懸自然科學作準繩，即使經濟、社會、

---

❸　沈剛伯，〈史學與世變〉，《文集》，頁 70–71。

❹　傅斯年，〈工作旨趣〉。

❺　沈剛伯，〈史學與世變〉，《文集》，頁 74。

心理等社會科學，沈先生也認為它們本身的科學基礎仍然還沒有確立。因此，史料既不夠翔實，所用的工具又有欠精確，晚年的沈先生便不像青壯的傅斯年那麼樂觀，不敢相信人類的歷史也同自然界的歷史一樣，可以「成為一門完全信而有徵的科學」❻。

傅斯年提倡的新史學宣示史學就是史料學，對於史料的處置，主張「存而不補」、「證而不疏」❼，「史料賦給者之外，一點不多說；史料賦給者以內，一點不少說」❽。這些話一般被理解為如同清朝王鳴盛所說：「作史者之所記錄，讀史者之所考核，總期於能得其實焉而已矣」；或德國蘭克的名言：「史家任務在找事實之真象。」(Wie es eigentlich gewesen.) 然而，傅斯年先生對於史學的客觀性有更深刻的分疏，1943 年他為《史語所集刊》外編第二種《史料與史學》作的發刊詞是這麼說的：

> 本所同人之治史學，不以空論為學問，亦不以「史觀」為急圖，乃純就史料以探史實也。史料有之，則可因鈎稽有此知識，史料所無，則不敢臆測，亦不敢比附成式。此在中國，固為司馬光以至錢大昕之治史方法，在西洋，亦為蘭克 (Leopold von Ranke)、莫母森 (Theodor Mommsen) 之著史立點。史學可為絕對客觀乎？此問題今姑不置答，然史料中可得之客觀知識多矣❾。

史學或許不能絕對客觀，但史家有責任從史料中追求客觀的知識。這態度比王鳴盛更了解史事與史料的分際，似乎也比蘭克清楚史家能力的限制。大家習聞傅斯年「史學便是史料學」的宣言，但多忽略他的另外一

---

❻ 同上。

❼ 傅斯年，〈工作旨趣〉。

❽ 傅斯年，〈中國古代文學史講義〉，《傅斯年全集》一，頁 68，簡稱《傅集》。

❾ 傅斯年，《傅集》四，頁 356。

句話：「史料學便是比較方法之應用」，因為史料「有來源的不同，有先後的不同，有價值的不同，有一切花樣的不同」❷。可見傅斯年也不單純地認為排比史料就是史學。

　　沈先生沒有否定史學求真的努力，不過他對從史料到歷史「真相」的過程看得比較複雜，絕非如王鳴盛「而已矣」那麼輕易❷。首先，沈先生對史料不敢如實地生起信之心，他在 1974 年為臺灣大學歷史系教學方針所作的指示表現出對待史料的矜慎。即使近代史家提倡而且堅信少疑的第一手資料，沈先生認為「無一不是經過寫作人主觀的選擇與主觀的組織而成的，無論他存心如何公正，寫出來的東西總是表現他個人的思想同識見，絕不能說是客觀。」在「人為的事物都不客觀，而尤以歷史記載為甚」的前提下，沈先生只承認史書所載只是「史事」，不能說是「史實」❷。相對於傅斯年「史料中可得客觀知識多矣」之樂觀，這的確是相當悲觀的論調。難道我們真的沒有辦法追求客觀的，或比較客觀的史料來建構「客觀的史實」(objective historical truth) 嗎？

　　上述傅斯年關於史料處置的宣言，其實可以有不同的理解。不過，相對於晚年的沈剛伯，壯年的傅斯年似乎把史家與史料的複雜互動看得比較輕易些。沈先生注意到史家難免有意無意主導或影響史學研究，他對史語所同人說：「一樣的史料，一樣的歷史上的事件，選擇各不相同，重點也絕對擺得不一樣；甚至對同一事件的解釋與發揮都會完全不同。」❷這便把史家與史料的互動慎重地估計進去，也就是說，歷史研究不可能沒有史家自己，而且這因素絕對地影響整個研究的進行與結果。沈先生將克羅齊 (Benedetto Croce, 1866–1952)「一切歷史都是現代史」加

❷　傅斯年，〈史學方法導論〉，《傅集》二，頁 6。

❷　沈剛伯，〈古史研究〉，《文集》，頁 531。

❷　沈剛伯，〈從百餘年來史學風氣的轉變談到臺灣大學史學系的教學方針〉，《文集》，頁 80，簡稱〈史學風氣〉。

❷　沈剛伯，〈古史研究〉，《文集》，頁 530。

以修正發揮說：「歷史的事實，固然古是古、今是今，我們絕不能說春秋戰國的歷史是現代史，但是任何歷史只要一變成書，就都變成現代史。」❷⁴ 也就是說，歷史是透過史家而呈現的。故沈先生說司馬遷寫的黃帝、堯、舜是西漢人心目中的黃帝、堯、舜，唐人、宋人以至明、清人寫的古史是唐、宋、明、清人心目中的古史。因為不同時代的人各有他們的問題，分別受到不同的社會挑戰，故即使面對相同的史料也會「重新擺布，重新選擇」而寫出不同的歷史。那麼，歷史研究顯然不可能只讓史料自己說話那麼簡單，即使「得其實焉」，史學並不能就「而已矣」地大功告成；因為誠如上面的分析，其所根據的資料無法求全求備，歷史真相也不可能獲得全貌❷⁵。沈先生服膺柯林烏 (Robin George Collingwood, 1889–1943) 的觀點：「歷史學者所研究的過去不是死了的過去，而是在某種意義上，仍然活到現在的過去。」所謂「某種意義上」，即是史家從史料中發現或感受到的意義，用沈先生的話說，就是史家挾其時代之精神和問題去搜羅古人陳事，把它們融化在心靈中，然後加以組織，賦以精神，而著成史書❷⁶。因此，史家從史料中所可能得到者，顯然不僅止於「客觀知識」而已。

# 貫注時代精神的新史學

　　二十世紀以來中國的歷史研究不論如何尊崇傳統，在大氣氛的影響下，相對於過去的史學都表現出不同程度的新風貌，也都可以稱之為「新史學」，唯其中有的自覺，有的不自覺；有的企圖另闢蹊徑，有的隨波逐

---

❷⁴　同上。

❷⁵　沈剛伯，〈古史研究〉，《文集》，頁 531。

❷⁶　沈剛伯，〈史學風氣〉，《文集》，頁 84。

流而已。誠如上論，對於史語所強調窮盡史料，運用精確學科作為研究工具，以追求客觀歷史的新史學，沈先生並不滿意。總體地評價，他認為這種新史學「本身還沒有完全建樹起來，自然還談不上轉移風氣」❷。1949 年以後，沈先生領導臺灣大學

沈剛伯演講時的神情

文學院二十餘年，在歷史系逐漸建立他的「新史學」。根據我的體驗，沈先生的史學思想與傅先生較大的差別是他更強調史家要清楚地體認時代社會的脈動，掌握「時代精神」(Zeitgeist)。

這可能與他的人生經驗以及對經驗的反省有關。1976 年沈先生八十大壽，賦有〈感時詠懷兼謝諸友〉一首，詩云：

我生逢季世，時局若蜩螗，八旬積年歲，三度歷滄桑。

三度滄桑，第一次清朝覆亡，他是十七歲的少年；第二次抗日戰爭，過了四十的壯年；第三次國民政府遷臺，已五十餘歲，逐漸邁入老年矣。這三次世變不僅是家國之變，傳統社會倫理和文化價值也發生根本性的大動搖。詩云：

欃槍掃大地，巨變撼遐方；道器多非舊，言行漸改常。竊國師操莽，食人率虎狼；天地殆將閉，蘭芷亦不芳。

---

❷  沈剛伯，〈史學與世變〉，《文集》，頁 75。

最後一次巨變，神州沉淪，沈先生「乘桴避秦吏」，來到臺灣，以維護最低限度的人格尊嚴。這次世變與前兩次不同，茫茫宇內幾無託身之地，使他深切感受到民國以來流行的史觀實「為厲之階」，於是謀求「建立一新而正當的史學以端人心而正風俗，乃決定講求『史義』以根絕一切史演之學，並培養『史識』以補考據之不足」。史演是十九世紀以來歐洲流行的追求歷史規律的「決定性史論」，其弊也僵固與物化；考據係指乾嘉以來的學風，其弊也支離，寖假而殆忽學術之終極目的在解決人類面臨的問題。為補偏救弊，沈先生提倡史義和史識以矯正之。史義包含嚴夷夏之防，明人倫之教，辨王霸之道，通古今之變，究天人之際；史識則指評判史料價值而發揮其作用，深化「時代精神」使史學達成教育人類的使命❷❽。

傅、沈二公同年出生，同樣經歷三度滄桑，但剛從歐洲返國、意氣風發的青年傅斯年所揭櫫的史學，肯定跟飽歷風霜和家國世變的沈剛伯有很大的差異，個人才性固然有以致之，時代因素恐怕還更重大。傅先生抱持蹈海的決心來臺，不及兩年逝世，我們無由知道如果他多活幾年，其史學思想與三十一歲時所作的〈歷史語言研究所工作之旨趣〉會不會有所改變；同樣的，我們也難斷言他必然會排斥沈先生的史義，堅持〈工作旨趣〉的宣言：凡是「把些傳統的或自造的『仁義禮智』和其他主觀，同歷史學和語言學混在一氣的人，絕對不是我們的同志！」

雖然沈先生的史學思想側重教學，傅先生的專注於研究，但這兩方面只是上游與下游的差別，而非河水與井水之互不相犯。沈先生著重史義與史識，「蓋非義不能正其學，非識不能用其學」，由此精進，冀望「將來或有樹立新史學之一日」❷❾。這樣的新史學顯然與「和社會脫節」的新史學有很大的不同。史義多少帶有一點道德的、倫理的意味，歷史家

---

❷❽ 沈剛伯，〈史學風氣〉，《文集》，頁80–84。

❷❾ 同上，頁85。

誠然不能避免自己的倫理，然而史學如果萬一成為「倫理家的手段」，會不會瀰漫著不可預期的「烏煙瘴氣」呢？提倡這種新史學的人也不能不有所提防。

史識則是一種境界，它與聰明才智有關，也可能從功力蘊育出來，從人生體驗出來，但基本上是中性的。史識的境界講究通達。沈先生少年沉浸於中國古典，青壯遊歷西歐，專治西方古史與英國憲政史，於是形成他特殊的通達學術風格。他晚年在史語所公開演講，對史語所同人說：「歷史就理論上講，應該是整體的，因為沒有古就沒有今，沒有過去就沒有未來。所以嚴格而論，只有通史才是真正的歷史。」❸ 相對的，傅斯年很早就認定通史的作法不會造就知識性的突破，同一平面的廣度聯繫才比較有可能。1926 年 8 月返國前夕，他在柏林寫一長信給巴黎旅次的胡適，不贊成胡適寫中國哲學通史，因為古代之方術、六朝之玄學、唐之佛學，和宋明之理學，材料方法都不同：

> 正難期之於一人。而且這二千年的物事，果真有一線不斷的關係嗎？我終覺——例如——古代方術家與他們同時的事物關係未必不比他們和宋儒的關係更密。轉來說，宋儒和他們同時事物之關係，未必不比他們和古代儒家之關係更密——所以才有了誤解的注。所以以二千年之思想為一線，而集論之，亦正未必有此必要。有這些道理，我以為如果寫這史，一面不使之於當時的別的史分，一面亦不越俎去使與別一時期之同一史會，如此方可以於方法上深造些 ❸。

傅斯年反對單線通史而重視斷代的綜合研究，在他的寫作計畫中有一部

---

❸　沈剛伯，〈古史研究〉，《文集》，頁 525。

❸　耿雲志主編，《胡適遺稿及祕藏書信》37 冊，頁 357。

書「由部落到帝國」❸，從部落時代，三皇五帝傳說到秦帝國瓦解，比較具有通史的性質，但基本上還是上古之斷代而已。沈先生也了解歷史愈積愈久，斷代研究乃學術發展的必然趨勢。然而斷代分工之餘又分支，又難以合作，於是流為「餖飣之學而無關宏旨」❸，沈先生對這種學風是深引為憂的。對任何一位專業研究者而言，深密的專題唯有建立在作者寬廣的架構上，方才容易顯示其意義。講究斷代、專題等細密研究的史語所，其實更需要具有通達的背景，點的細密才能顯現通盤的意義，這大概是沈先生在提倡古史研究之先要強調「只有通史才算是真正的歷史」的用意吧。

　　沈先生與傅斯年結交二十五年，在傅過世以後，自民國四十四年起，且長期受聘為史語所的通信研究員 (1955–1977)。他的新史學並不否定強調史料和輔助學科的史語所的新史學，他講的「史義」，大抵與傅先生〈工作旨趣〉不同科；他講的「史識」，史語所的同人多默默實踐，但卻未特別標明。不過他揭示史學與世變的關係，要史家體察時代社會精神，不斷改寫歷史，的確可以補史語所新史學之不足。在近代新史學的路途上，沈先生與史語所前兩代人比肩並進，始終保持「其猶龍歟」的風格；但他的史學思想與人格風範適足以稱作史語所的「益友」，給史語所同仁提供不同的視野和境界。史語所同人若能深切體會，也許可以發展出更完善的新史學。

---

❸　「傅檔」，II: 609。

❸　沈剛伯，〈古代研究〉，《文集》，頁 526。

# 新史學與中國考古學 —— 李濟

## 現階段中國考古學面臨的問題

中國人的科學考古當從 1926 年李濟發掘西陰村算起，至今超過七十年。以這年為基點，五年前瑞典地質學家安特生 (J. Gunnar Andersson) 發掘仰韶村，創造中國第一個考古學文化 —— 仰韶文化 —— 的概念；三年後中央研究院歷史語言研究所在小屯展開大規模、有計畫的殷墟發掘，揭露三千多年前的王都。總而言之，1920 年代可以說是中國科學考古發軔的時代。

啟動中國考古列車的安特生和李濟，他們的學術背景皆非考古。安特生專長地質學，故仰韶發掘的層位以距離地表深度機械地劃分，缺乏考古學的層位概念❶。李濟研習人類學，博士論文《中國民族的形成》(*The Formation of Chinese People*) 副標題作「一個人類學的探討」；雖然那時他的眼光已觸及考古學領域❷，但與西方考古專業到底有些區隔。

---

❶ J. G. Andersson, "The Site of Yang Shao Tsun", *Bulletin of the Museum of Far Eastern Antiquities* 19 (1947).

❷ 李濟，〈中國的若干人類學問題〉，收入《李濟考古學論文選集》(北京：文物出版社，1990)，頁 7，簡稱《選集》。

李濟像

借用張光直的話說，他不是以一個狹隘的考古專家地位出現的 ❸。這兩位考古開拓者的學術背景雖非嚴格意義的考古學，但地質學與人類學皆與考古學緊密相關，加以他們的出身和學、經歷，對爾後中國考古學的走向應有所影響。中國雖然有將近千年的金石學傳統，但二十世紀初發展出來的考古學卻是一條嶄新的西方之路，這從當時領導人物的背景來看，毋寧是極其自然的事；不過我們還是要從中國考古學萌芽滋長的學術環境，從李濟所服務的中央研究院歷史語言研究所——中國新史學發皇地的學風，以及該所創辦人傅斯年的學術思想來綜合分析才可能貼切。這些問題下節將有所論述，這裡先說考古學。

在歐洲，近代意義的考古學之開放，首推 1800–1840 年丹麥發生的古物學革命，湯森 (C. J. Thomsen) 提出石器、青銅和鐵器的三期說，沃薩耶 (J. J. A. Worsaae) 從地層加以證實，尼爾孫 (Steven Nilsson) 透過比較，而歸納出人類四期進展的生存模式：蒙昧、畜牧或游牧、農業和文明。1840 年以後石、銅、鐵三期說推廣到全歐，像一道清光照亮幽暗的史前世界，近代考古學於焉誕生 ❹。其後西方考古學隨著大學術環境的激盪，雖有進化論派、文化歷史學派和功能學派等差異 ❺，但在所謂「新考古學」(New Archaeology or Processual Archaeology) 看來都有其一致

---

❸　張光直，〈人類學派的古史學家——李濟先生〉，《歷史月刊》，9 (1988)。

❹　G. Daniel, *150 Years of Archaeology* (Duckworth, 1978), pp. 38–56, 77.

❺　B. G. Trigger, *A History of Archaeological Thought* (Cambridge University Press, 1992, first edition of 1989).

性，統統歸入「傳統考古學」之列。所謂新考古學是 1960 年代美國的突起異軍，其領袖賓弗 (Lewis Binford) 承襲泰勒 (Walter Taylor) 在 1940 年代對考古學的批判，而揭櫫新方法與新目標，強調生態研究，把考古學材料作系統關聯性的解釋，效法人類學，以成為人類學作為考古學的終極目的❻。基本上他們認為傳統考古學著重特定時空的文化特質，具有歷史學傾向，重視個別性超過普遍性，故難以對人類行為提供普遍的原因和法則；而今他們要探討社會文化體系和文化過程，解釋人類行為。如果考古學還和歷史有一點關聯，那只不過因為它所研究的對象是存在於過去而已。於是考古學遂告別歷史，轉而擁抱人類學，這在西方考古學史上，遂稱作「考古學革命」❼。

中國科學考古雖然可以分出幾個階段，使用的方法和關注的問題是有發展的，不過就與歷史學關係的密切程度來說，從 1920 至 1980 年代，甚至到現在，基調大體一致。在新考古學思潮傳入中國以後，號稱「黃金時代」的中國考古學界❽也重複 1960 年代西方發生過的歷史，產生「新」「舊」的分歧，中國考古學遂面臨嚴峻的理論與方法的挑戰。大體而言，自 1980 年代後期至 1990 年代，中國考古學界新舊雜陳，處在矛盾中，尤其年輕考古工作者普遍引起苦惱❾，而領導的一代對新考古學也出現倡導和批判兩種截然的態度❿。

---

❻ L. Binford, "Archaeology as Anthropology", *American Antiquity*, Vol. 28, No. 2 (1962).

❼ P. S. Martin, "The Revolution in Archaeology", *American Antiquity*, Vol. 36, No. 1 (1971).

❽ 中國社會科學院考古所，〈中國考古學的黃金時代〉，《考古》，1984：10。

❾ 中國歷史博物館館刊編委員，〈班村考古的思考與體會〉，《中國歷史博物館》，1995：1，頁 43。

❿ 俞偉超、張愛冰，〈考古學新理解論綱〉，《中國社會科學》，1992：6；張忠培，〈考古學當前討論的幾個問題〉，《中國文物報》，1993.10.24；張忠培，《中國

　　西方學術傳統重視創新，但往往喜歡把過去的「舊」推到極端，強調與自己的差異以增顯自己的特點。新考古學是不是真的那麼新❶，傳統考古學是不是那麼陳舊不堪？1960 年代當時似無疑義的問題，二、三十年後的看法卻不同。譬如柴爾德 (Gordon Childe, 1892–1957)，應該是所謂傳統考古學的代表了，但根據新近的研究，新考古學所標榜的鵠的──通則化，也正是柴爾德要做而且已經做的工作❷；甚至有的學者認為新考古學和後新考古學 (post-processual archaeology) 的爭論，都可以從柴爾德的研究獲得啟發❸。1980 年代末至 1990 年代被美國新考古學所震撼、所感動的中國考古工作者，有些人也難免犯了西方極端化的毛病，就像張忠培批評的，把新考古學描繪成巨人的時候，先得把傳統考古學打入小人國❹。但提倡新考古學最力，也許也是最有影響的俞偉超並不否定所謂傳統考古學的看家本領：考古地層學和考古類型學，甚至可以說他還是以這兩根支柱來架構中國「新考古學」的理論的❺，俞氏想要努力的是如何透過實物資料來了解歷史的原貌，所使用的方法便有見仁見智的差別。

　　作為一個中國考古學者，面對這種分歧的學風的確兩難，是要繼續當一個具有「歷史癖」的考古家呢，還是斷然易幟，投奔人類學陣營，或者尋找獨立自主的第三條路？解鈴還需繫鈴人，問題出自賓弗，我們還是從他檢查起。賓弗那篇革命宣言〈作為人類學的考古學〉

　　考古學：實踐・理論・方法》（鄭州：中州古籍出版社，1994），頁 143–149。

❶　G. Daniel, *A Short History of Archaeology* (Thames and Hudson), p. 178.

❷　Colin Renfrew, "Concluding Remarks: Childe and the Study of Culture Process", David. R. Harris ed., *The Archaeology of V. Gordon Childe* (1944).

❸　B. G. Trigger, "Childe's Relevance to the 1990s", David R. Harris ed., *The Archaeology of V. Gordon Childe*.

❹　張忠培，《中國考古學：實踐・理論・方法》，頁 145。

❺　俞偉超，《考古學是什麼》（北京：中國社會科學出版社，1996）。

("Archaeology as Anthropology")開宗明義所引維利 (G. R. Willey) 和菲利浦 (P. Phillips) 的話，其實有清楚的範圍，他們說：「美國考古學是人類學，此外什麼也不是。」(American archaeology is anthropology or it is nothing.) 雖然美國考古學的方法、理論源自舊大陸，不過就歷史的延續性和古今連屬的文獻來說，維利等人不能不承認美國無法與歐洲、中東或亞洲的考古相提並論 ❶。所以應該變成人類學的考古學，是像美國那種沒有歷史文獻只有民族誌的地方，但換到賓弗的手中，無限推廣，「美國考古學」只剩下「考古學」，而「我們作為考古家」者就是要在「我們的園地扛起完成人類學目標的重責大任」❷。

　　在我看來，資料可以規範學術的性質，自然與人文的大分野且不說，即使在人文社會科學的領域內，雖同樣以人或人群作為探討的對象，不同資料可能造就五花八門的學科，範圍縮小到考古學也是同樣的道理。一般討論考古學方法論都離不開資料、技術、方法和理論四個重要概念，誠如張光直所說，資料是研究歷史的客觀基礎，技術是取得資料的手段，方法是研究資料的手段，理論是研究人類歷史的規律性認識的總結 ❸。然而對於「人類歷史的規律性認識」也是以資料作基礎的，所以考古因資料之不同會產生不同的技術、方法和理論，於是形成不同的考古學。美國考古的資料性質，至少在歷史延續性方面不同於中國，中國考古學借他山之石以攻自己之錯時，豈可毫無別擇地照單全收？下文我們在新考古學和傳統考古學之間有所取捨去就，基於資料規範學術性質即是一項重要的考慮。

　　學術發展往往有其傳統，不論批評或繼承，皆有特定對象和特定義

---

❶　G. R. Willey and P. Phillips, *Method and Theory in American Archaeology* (Chicago: University of Chicago Press, 1958), pp. viii.

❷　L. Binford, "Archaeology as Anthropology", *American Antiquity*, Vol. 28, No. 2.

❸　張光直，《考古學專題六講》（臺北：稻香出版社，1988），頁 61。

涵，異地移植，同樣名詞的指涉或內容並不一律，這就像越淮而種的橘，其實已是枳了。美國新考古家所批判的傳統考古學，大部分對象是西方的文化歷史考古學 (Culture-historical archaeology)，而中國提倡新考古學的人，批判對象之一也是中國考古學的歷史性。這兩方面的「歷史」是否雷同？不能不分辨。在中國，二十世紀以來的歷史學急遽轉變，亦有學派和階段的差異，不能簡化為「中國歷史學」，更不能混淆地稱作「傳統史學」。這個劃分認識不清，即使睥睨賓弗「教主」的人[19]也難免走 Binford 的老路，把歷史學當作「舊」，西方傳來的考古學當作「新」，而號召中國考古學家脫離「傳統史學」的窠臼，投入人類學的陣營[20]，俞偉超不否定考古學重建歷史的功能與任務，但對歷史學的理解也同樣定位在傳統的史學[21]。這些都是對二十世紀中國史學發展，尤其是傅斯年所倡導之新史學陌生所造成的誤解。

　　儘管 1960 年代興起的新考古學在歐美已經過時，但他們提出的考古新路徑以及後來風起雲湧更新的各種考古學派，如象徵、結構或批判等考古學[22]，在中國恐怕還沒過去。它們留給中國考古家的問題依然是：中國考古學應該是「歷史學的」還是「人類學的」，或者其他的方式？這個困擾當從二十世紀中國新史學（不是所謂的傳統史學）與考古學的交涉情形來考察。

---

[19]　張光直，〈從俞偉超、張忠培二先生論文談考古學理論〉，《中國文物報》，1994.5.8；張光直，《考古人類學隨筆》（臺北：聯經出版公司，1995），頁 132。

[20]　張光直，〈考古學與「如何建設具有中國特色的人類學」〉，收入陳國強等著《建設中國人類學》（上海：三聯書店上海分店，1992）；張光直，《中國考古學論文集》（臺北：聯經出版公司，1995），頁 1–24。

[21]　俞偉超，《考古學是什麼》，頁 56、62。

[22]　B. G. Trigger, *A History of Archaeological Thought*, p. 339.

# 中國考古學基調的形成

不論新考古學家怎樣把考古學拉進人類學的圈子，總不能不承認考古學和人類學有一個很大的差別，即在於它的「古」字。考古學的資料是過去的遺存遺物，不像人類學絕大部分取材於當今之世。所以考古學的時間領域便接近歷史學而遠離人類學，歷史悠久的地區，如埃及、近東、中國、印度等地，考古家所處理的絕對年代固然古老，即使新考古家在美國的發掘研究，相對年代也都屬於史前階段。

在新史學風氣下成長的中國考古學，其基調是歷史重建，與美國新考古學所批評的文化歷史學派不盡相同，反而含有一些新考古家所提倡的成分，這和它成長的溫床——中央研究院歷史語言研究所的史學是有密切關係的。當西方考古學引入中國之時，就和當時中國史學的發展，尤其是古史研究結合，其交涉點是在史語所。史語所的史學是中國二十世紀的新史學，絕非傳統歷史學。這話要從疑古學派說起。

1923 年顧頡剛提出「層累地造成的中國古史」，引起疑古和信古的辯論，李玄伯 (1924) 和陸懋德 (1926) 先後都主張只有考古學或借助於考古證據才是解決古史疑難的科學方法，但真正付諸實行的，則推始於1928 年成立的史語所。史語所創辦人傅斯年原來也是疑古派，留學歐洲七年，於 1926 年底返國，深以疑古為不足，改走重建之路❷❸。疑古和重建都是二十世紀中國的新史學。疑古派證成古人認定的古史其實只是春秋戰國秦漢人的古史觀而已；重建派則在樓臺拆毀後的空地上重拾一磚一瓦，以建構新的樓臺，其所依憑的材料大部分是考古的證據。所以中國考古學一開始便擔負起歷史重建的任務。

---

❷❸ 參本書頁 98–118。

　　這裡所說歷史重建的「歷史」是和新考古學所批判的「歷史」有所區別的。傅斯年認為「現代的歷史學研究已經成了一個各種科學的方法之匯集」，故他揭示的治學宗旨是不斷擴張研究材料和工具❷。創所規模，據他手寫的第一期報告書的規劃共分八組，即漢語、人類學民物學、漢字、民間文藝、史料學、文籍考訂、敦煌材料研究、考古學❷。爾後續有修訂，1929 年遷移北平乃合併為三組，第一組史料學與敦煌，第二組漢語、漢字和民間文藝，第三組考古與人類學❷。可見當時所謂的「歷史」，範圍是很廣的，與大學科系劃分所謂的歷史不同。從傅斯年、李濟到夏鼐都說考古學就是史學之一部分❷，也都是這種廣義的歷史學概念。這是新史學的歷史概念，考古學與歷史學的關係要放在這種學術結構以及發展過程來看，如果不之此圖，而硬以「傳統的中國歷史學」來突顯與近代考古學之不搭調，並不符合中國近現代學術發展的實情。

　　在傅斯年受命籌備歷史語言研究所大約半年之後，李濟便離開清華國學院，加入史語所的行列。他對「歷史」和「重建」的認識，可以說是傅斯年新史學理論的實踐者。李濟的安陽考古，一開始就抱定希望在那極多、極平常的陶片、獸骨等基本材料上「能漸漸建築一部可靠的殷商末年小小的新史」❷。新歷史植基於新資料，而新資料的取得則是靠田野考古。李濟說：

❷　傅斯年，〈歷史語言研究所工作之旨趣〉，《中央研究院歷史語言研究所集刊》，1：1 (1928)。

❷　中央研究院歷史語言研究所藏，「史語所檔案」，元：198 之 1，簡稱「所檔」。

❷　「所檔」，元：203 之 2。

❷　傅斯年，〈考古學的新方法〉，《史學》，第 1 期，收入《傅集》四，頁 289–299；李濟，〈田野考古報告編輯大旨〉，《田野考古報告》第一冊，中央研究院歷史語言研究所專刊之十三 (1936)；夏鼐，〈什麼是考古學〉，《考古》，1984：10。

❷　李濟，〈民國十八年秋季發掘殷墟之經過及其重要發現〉，《安陽發掘報告》第二冊，中央研究院歷史語言研究所專刊之一；《選集》，頁 232。

> 田野考古工作……是一種真正的學術，有它必要的哲學的基礎、
> 歷史的根據、科學的訓練、實際的設備。田野考古者的責任是用
> 自然科學的手段，搜集人類歷史材料，整理出來供給史學家採
> 用 **㉙**。

田野考古者和狹義的史學家只有分工之不同，其追求歷史重建的終極目
標則無異，而且二者合則雙美，離則兩傷。他們的學問即是廣義的歷史
學，李濟故說：

> 這本是一件分不開的事情，但是有些有所謂具現代組織的國家卻
> 把這門學問強分為兩科，考古與歷史互不相關，史學仍是政客的
> 工具，考古只能局部的發展。如此與史學絕緣的考古學是不能有
> 多大進步的 **㉚**。

缺乏以科學手段獲得資料作基礎的歷史學的確容易流為政客的工具，然
而歷史證明，二十年後在中國的學術現實，即使以科學手段獲得的客觀
資料也有可能變成當政者的工具，這大概是篤信科學的李濟始料不及的
吧。不過在學術能獨立自主的環境中，考古學若脫離歷史，有可能淪為
只是提供資料的工具，沒有弘大的發展性。他顯然寄望田野工作者不要
僅滿足於從田野發掘資料，還要進一步成為考古學家，也就是和狹義的
歷史結合，從事歷史重建的工作。考古與歷史原本分不開，換句話說是
共同成為廣義歷史學的一部分。

　　從研究方法說，傅斯年新史學重建歷史的方法論是用盡可用的材料，
聯繫所有可以聯繫的工具，他說的工具即是學科；而且對於「史料賦給

---

㉙　李濟，〈田野考古報告編輯大旨〉，《田野考古報告》第一冊；《選集》，頁53。

㉚　李濟，〈田野考古報告編輯大旨〉，《田野考古報告》第一冊；《選集》，頁53。

者以內，一點也不少說」❸，也就是把各個材料的內涵、各種材料間的關係講透徹。此一原則性的宣示隨著世界學術的發展，工具的精密和概念的更新，可以不斷擴充，最終目的是要把研究對象完整深入並且徹底地呈現。即使像新考古學家賓弗所懸揭的目標，從出土文物講到生態環境 (technomic)、社會文化系統 (socio-technic) 以及社會體系內的意識成分 (ideo-technic)，也不出「把材料說盡」的範圍，所以傅斯年新史學的方法論可以吸納學術界不斷創發的新方法。我們固不宜誇大 1920 年代的先見，但也不必樂觀相信後代方法一定和前人對立。

中國考古學萌芽伊始所表現的濃厚史學傾向，早在李濟與傅斯年合作之前，他發掘西陰村的動機就很明顯了。民國十四年冬至翌年春，李濟先在山西南部汾河流域做考古調查，經過一段時間的摸索，終於理出頭緒，部分以歷史遺址，部分以可能的史前定居點作為他前進的路標，歷史遺址包括傳說的舜陵和夏陵❸。西陰村的史前遺址是在尋訪夏代陵墓途中發現的，他所以決定發掘，部分是這位置正處在傳說夏王朝——中國歷史開創時期——的王都地區的中心❸。發掘結束後，李濟給清華國學院師生解釋他選擇山西工作的原因，因為《史記》講到「堯都平陽，舜都蒲阪，禹都安邑」，這些古代名城皆在山西南部。據當時的學生戴家祥回憶，王國維在場，也主張找一個有歷史根據的地方，一層層掘下去，看它的文化堆積❸。民國十七年十一月李濟應聘為史語所考古組主任，他繼董作賓之後在小屯發掘，計畫以小屯為中心徹底工作，「不但極可靠之三代史料可以重現人間，且可藉此訓練少數後進，使中國科學的考古

---

❸ 傅斯年，〈中國古代文學史講義〉，《傅集》一，頁 68。

❸ 李濟，〈山西南部汾河流域考古調查〉（原英文，李光謨譯），收入李光謨編，《李濟與清華》（北京：清華大學出版社，1994），頁 19–28。

❸ 李濟，《西陰村史前的遺存》（北京：清華學校研究院，1927）；《李濟與清華》，頁 29–30。

❸ 戴家祥，〈致李光謨〉，《李濟與清華》，頁 170。

十三行遺址石璋如主持發掘 (1959)，李濟視察。

可以循序發展」❸ 。可見他看重的是三代史料，而這裡後來證實的確就是殷都。三十年後徐旭生調查豫西，也是抱著尋找夏墟、夏文化的態度到田野去的 ❸ 。

從王國維、李濟、傅斯年到徐旭生，不論涉及考古領域深淺，都有以考古學解決歷史問題的傾向。新考古學家或許要歸咎於中國人無可救藥的「歷史癖」吧？ 然而在中國土地上，尤其黃河中、下游地區，一個鏟子下去，非經宋唐漢周各層無法達到新考古學所賴以建立理論的史前階段，硬叫中國考古家不理會歷史問題也難，這就是上文所指出的，資料不同會產生不同之考古學的道理。當然中國考古學濃厚的歷史興趣連帶包含史前部分，最近幾十年中國主要的考古領導人如夏鼐或蘇秉琦，不是說史前史等於史前考古 ❸ ，便以復原古代歷史的本來面目為考古學之終極任務 ❸ 。

❸ 「所檔」，元：25 之 3，民國十七年十二月二十日李濟致傅孟真函附致蔡孑民、楊杏佛函。

❸ 徐旭生，〈1959 年夏豫西調查「夏墟」的初步報告〉，《考古》，1959：11。

❸ 夏鼐上引〈什麼是考古學〉。

　　自傅斯年揭舉古史重建，李濟以考古學來實踐，歷經夏鼐、蘇秉琦前後七十年，中國科學考古皆以重建歷史為基調，這期間李濟主編《中國上古史（待定稿）》，夏鼐參與和主編《新中國的考古收穫》與《新中國的考古發現和研究》，蘇秉琦主編《中國通史》第二卷《遠古時代》，大抵都把考古學當做歷史學看待。即使在美國學風中成長而且參與新考古學革命的張光直，前後四版的《中國古代考古學》(*The Archaeology of Ancient China*)，基本上也是一部上古史。即使在中國以提倡新考古學著稱的俞偉超，他從事的楚、羌等「歷史民族區」的實證研究❸❾，無一不是歷史的著作。然而不論新考古學家或者更新的後新考古學家，凡想給中國考古學注入新生命的人，該怎樣看待過去這七十年的考古學史呢？

## 以科學工具重建歷史的考古學

　　檢討中國考古學的發展，應深入其發展過程，發掘它所強調或忽略的地方，再分析其中的長短優劣，而不是以後世的概念或理論作批評的準繩。譬如上文提到新考古家企圖熔生態環境、社會文化系統和社會意識成分於一爐，這些概念在第二次大戰以前尚未成為學術的主流課題，李濟的考古學因時代限制，未突顯這些概念是很自然的，但並不表示所謂中國「傳統」考古家的成果就是一些零星文化現象的拼盤而已。

　　大家都知道傅斯年的新史學特別重視史料，他那句「近代的歷史學只是史料學」的宣言，能同情地了解的人並不多❹⓪。上面已說過，在新史學的體系中，史料之所以佔居絕對重要的地位，是因為史料可以塑成

---

❸❾　蘇秉琦，〈關于重建中國史前史的思考〉，《考古》，1991：12。

❸❾　俞偉超，《先秦兩漢考古學論文集》（北京：文物出版社，1985）。

❹⓪　許冠三，《新史學九十年》（香港：香港中文大學出版社，1986），頁 215–216。

學術的方向，可以規範治學的方法。那麼在中國這種不重視理論的學術傳統中，對李濟這種不喜歡徒託空言，而寧願實證研究的學者，他提出的史料範圍就含有方法學的意義了。李濟考古學的方法論見於他申論古史重建的七類材料範圍中❹：

> 1. 屬於人體解剖學與生物學的古人類化石，以及東亞現代地形尚未形成以前的地文、地理、氣候和動植物；
> 2. 與東亞地形有關的科學資料，包括地質、氣象、古生物等研究成果；
> 3. 人類文化遺跡，史前古器物；
> 4. 屬於體質人類學的遺骸；
> 5. 「狹義的」考古發掘品（青銅時代及以後的文物）；
> 6. 民族學和民族誌的資料；
> 7. 文獻史料。

這七類材料可以歸納為四門：生態學 (1、2)、民族學 (4、6)、考古學 (3、5)、狹義的歷史學 (7)。從新考古學來說，第三、第五是他們批判的傳統考古學，也是現在有些人對中國考古學不滿的所在。第五、第七屬於歷史時期的資料，基本上是新考古學未觸及的領域，倒是關於生態學、民族學的材料和新考古學頗有相通之處。不過李濟考古學涉及生態和民族的部分，意涵仍與新考古學有所差別，單論時空範圍似比新考古學悠遠寬闊，這是與傅斯年強調「科學的」學風息息相關的。

傅斯年的新史學以自然科學為師，他的〈工作旨趣〉肯定顧亭林研究歷史事蹟要觀察地形的方法，但惋惜如果能有現代一切自然科學的工

---

❹ 李濟，〈再談中國上古史的重建問題〉，《中央研究院歷史語言研究所集刊》，33(1962)；《選集》，頁 90–92。

具，亭林的成績必更卓越。他相信若干歷史學的問題非有自然科學之資助無從下手，無從解決，所以現代科學如地質、地理、考古、生物、氣象、天文等學術無一不是供給研究歷史之工具，史語所的目標也想把歷史學建設得和生物學、地質學同樣地精確，在中國建立起科學的東方學。當時中國能發揮這類工具效應的機構，尤其和我們這裡要討論的課題有關者，首推民國五年 (1916) 成立的地質調查所。大約半世紀後，李濟總結殷墟的發掘與研究，寫成《安陽》(*Anyang*) 一書，第三章標題作「田野考古方法」("field method")，卻專講地質調查所及其科學家—— 美國人葛理普 (A. W. Grobau)，瑞典人安特生，加拿大人步達生 (Davidson Black)，德國人魏敦瑞 (J. F. Weidenreich) 和法國人德日進 (Pierre Teilhard de Chardin)，正反映李濟（或史語所）考古學方法上的興趣。

地質調查所這五位外國專家，不是地質學家就是古生物學者，後來從他們的專業領域伸入考古而成為考古學家。上述李濟七類材料範圍屬於生態和民族者，都和地質調查所有過密切的合作。先說民族學。

心理學和人類學（尤其是體質人類學）出身的李濟，他的學術有兩大課題，一是中國民族的原始，一是中國文化的原始，二者合成為李濟考古學的核心 **❷**。李濟考古學把民族和文化等量齊觀，可能有其歷史學考慮的，也就是說，他以追究民族的起源和流變作為解答他歷史觀的方法。他在博士論文中把現代中國人分作五大民族單位，從時間和空間兩方面勾畫他們的遷徙情況，西元三至六世紀及十一世紀兩次移動的規模最大，促使中國的民族變化比任何其他單一原因造成的後果都更劇烈 **❸**。李濟雖然根據多項標準劃分民族，最基本的則是人體測量，如身高、頭形、鼻形、膚色等，終其一生不曾忘情於體質人類學 **❹**。我們發現民族

---

**❷** 李濟，〈中國上古史之重建工作及其問題〉，《民主評論》，5: 4；《選集》，頁 81–87。

**❸** 李濟，〈中國的若干人類學問題〉，《選集》，頁 6–7。

一項在傅斯年的史學同樣佔有絕對重要的地位，他最主要的學術著作幾乎都是環繞中國古代民族這個課題。有趣的是傅斯年在大學時代就提出與流俗迥異的中國歷史分期法，秦漢是純粹漢族的「第一中國」，隋唐是漢族為胡人所挾、別成系統的「第二中國」，他認為研究一國歷史不得不先辨其種族，種族一經變化，歷史必頓然改觀，故宜據種族之變遷升降為歷史分期之標準❹。於是史語所人類學組乃有體質人類學之研究，這不但是李濟考古學的特色，也是傅斯年新史學的特色。

探索民族的原始主要是把人體測量方法應用於考古發掘的人骨資料上，李濟致力的「北京人」研究即憑藉上述地質調查所步達生和魏敦瑞的成果❹；步達生也曾利用安特生提供的出土人骨材料研究華北史前居民和現代居民的體質特徵❹。像這樣把古生物學、古人類學等工具引入考古學，不但構成李濟考古學的重要成分，也成為中國考古學不可分割

---

❹ 李光謨，《鋤頭考古學家的足跡》(北京：中國人民大學出版社，1996)，頁 150–152。

❹ 傅斯年，〈中國歷史分期之研究〉，《北京大學日刊》(民國七年四月十七～二十三日)；《傅集》四，頁 179–182。

❹ 李濟，〈「北京人」的發現與研究及其所引起之問題〉，《國立臺灣大學文史哲學報》，14 (1965)；《選集》，頁 98–127。

❹ D. Black, "The Human Skeletal Remains from the Sha Kuo Tun Cave Deposit in Comparison with those from Yang shao Tsun and with Recent North China Skeletal Material", *Palaeontologia Sinica*, Vol. 1, Fasc. 3 (1925); D. Black, "A Note on the Physical Characters of the prehistoric Kansu race", *Memoir of the Geological Survey of China*, Series A, No. 5 (1925); (步達生，〈甘肅史前人種說略〉(李濟譯)，《地質專報》甲種第五號)；D. Black, "A study of Kansu and Honan Aeneolithic skulls and specimens from later Kansu prehistoric sites in comparison with North China and other recent crania", *Palaeontologia Sinica*, Series D, Vol. 6, Fasc. 1 (1928) (步達生，〈甘肅河南晚石器時代及甘肅史前後期之人類頭骨與現代華北及其他人種之比較〉，《古生物誌》丁種第六號第一冊，地質調查所)。

的一個部門。考古發掘重視人骨資料遂亦成為中國考古學的傳統。首先
是史語所殷墟發掘的人骨，1950 年代以後累積的資料時空範圍更廣，時
間從舊石器時代中、晚期到青銅時代或更晚，空間遍布中國各地，研究
的目的也不外想闡明人種起源和發展，了解史前各地居民體質特徵以推
定其種屬，進入歷史時期則想印證文獻所記載的各種民族❹，基本上還
是沿襲李濟的傳統。

　　傅斯年也認為考古學與人類學的關聯應該特別注意人骨測量❹，故
史語所設有人類學組研究田野考古所得的人骨資料，李濟在臺灣大學則
創辦考古人類學系。但這兩個機構的考古學卻沒有走上民族考古學 (eth-
noarchaeology) 的路子，不像賓弗根據阿拉斯加愛斯基摩人 (Nunamiut
Eskimo)、南非布什人 (Bushmen) 或澳洲土著等民族學調查研究而解釋考
古遺址之結構功能❺。李濟考古學的民族學成分雖然也理論性地包含原
始民族的風俗習慣，但對現代民族誌的運用是相當謹慎而節制的，深怕
超過比較參考的範圍太遠而引出荒謬可笑的議論❺。因為基本上他認為
民族學家調查公布的材料，可靠度的差異甚大❺，比起古生物學、體質
人類學，是夠不上稱作「科學」的。

　　科學工具應用到考古學，第二個領域是鑑定動物骨骼以推斷當時的
生態環境。李濟這方面的工作也和地質調查所分不開。他主持殷墟發掘，
一開始就關照到生態的層面，即使在西方也算先進的。參與鑑定的古生
物學家有德日進、楊鍾健和劉東生，先後辨認出安陽二十九種哺乳動

---

❹　韓康信、潘其風，〈古代中國人種成分研究〉，《考古學報》，1984: 2。

❹　傅斯年，〈考古學的新方法〉，《傅集》四，頁 294。

❺　L. R. Binford, *In Pursuit of the Past* (Thames and Hudson), pp. 144–192.

❺　李濟，〈再談中國上古史的重建問題〉，《中央研究院歷史語言研究所集刊》，33
　　(1962)；《選集》，頁 97。

❺　李濟，〈民族學發展之前途與比較法應用之限制〉，《國立雲南大學社會科學學
　　報》，1: 1 (1941)；《選集》，頁 37–45。

物 ❺❸，它們有的野生，有的家養，有的外地引入，就全群動物觀之，與現在安陽之哺乳動物分布大有出入，顯示當時黃河中下游的生態與今日頗不相同。這些動物同時包括有習於寒帶生活和熱帶生活的種屬，譬如以竹子為主食，只生存在海拔三千公尺以上之寒冷山地的扭角羚 (Budor-cas taxicola lichii) ❺❹，但也有南方熱帶的象、水牛和竹鼠 (Rhizomys cf. troglodytes Matth. and Gr.)。印度象 (Elephas indicus L.) 即使是南方的貢品，放生供商王狩獵，當時黃河中下游也要有適宜牠生存的氣候生態，何況水牛是最為普遍的動物之一，而生於南方森林地區的竹鼠在安陽也不算罕見。另外殷墟出土的魚骨發現鯔魚 (Mugil sp.)，此種魚產於中國東南沿海江河入海之處，安陽地處內陸，不可能出產。學者遂推測，若非貢品，殷商時代安陽的地理環境與現代必不相同，可能有鹽分較高的內地湖泊，或者有直接入海之川流，鯔魚得以溯江而上抵達安陽地區 ❺❺。

　　1949 年以後，繼承史語所考古學的中國科學院考古研究所 1954 年發掘西安半坡，同樣注意獸骨，並及於孢粉分析 ❺❻，應該也是史語所傳統的延續。半坡之後比較大規模的考古發掘都不忽略生態考古的資料，如臨潼姜寨和白家村、寶雞北首嶺、南鄭龍崗寺、淅川下王崗、寧陽大汶口、兗州王因和西吳寺、泗水尹家城、膠縣三里河、上海崧澤、南京北陰陽營和餘姚河姆渡等等，不煩備舉。可見中國考古學注意生態資料

---

❺❸　de Chardin, P. Teilhard and C. C. Young, "On the Mammalian Remains from the Archaeological Site of Anyang", *Palaeological Sinica*, Vol. XII, Fascile, 1 (1936)；楊鍾健、劉東生，〈安陽殷墟之哺孔動物群補遺〉，《中國考古學報（田野考古報告）》四 (1949)。

❺❹　楊鍾健，〈安陽殷墟扭角羚之發現及其意義〉，《中國考古學報（田野考古報告）》三 (1948)。

❺❺　伍獻文，〈記殷墟出土之魚骨〉，《中國考古學報（田野考古報告）》四 (1949)。

❺❻　中國科學院考古研究所，《西安半坡》附錄（北京：文物出版社，1963），頁255–269。

不但有悠久的傳統，而且也蔚成風氣。

生態考古學是把生態區域、人群結構和文化特徵合在一起考慮，以探索人群為適應生態環境所引發的文化變異。巴爾士 (F. Barth) 說考古家如能在三者的關係回答「為什麼」的問題，就可以對人類學的一般領域有所貢獻了❺❼。這種研究推到極端，認為生態塑造產業形態、制約人口結構而形成文化特徵。新考古家便千方百計想以有限的生態和人口的變數證明它們對社會文化體系之形成佔有關鍵的角色。相形之下，中國「傳統」考古學的生態研究遂顯得保守，只停留在動植物遺存所反映的自然環境和氣候的變遷❺❽，以及環境因素對經濟類型或經濟成分的制約而已❺❾。回顧 1930 年代史語所與地質調查所合作分析殷墟動物骨骼以來，中國考古學利用生態資料重建歷史的傳統並無太大的改變。不過像巴爾士的論證，從北極區的狩獵採集經森林區到密西西比河 (Mississippi) 谷地的農業和半游獵形態，研究的對象甚為原始，生態決定的成分固可能比較大❻⓪。即使如此，生態系統派的考古學者在變化過程上所作的解釋，經常是建立在一連串的假設上，沒有明確地證實❻❶。而且從文明發展的

---

❺❼ F. Barth, "Ecologic adaptation and culture change in archaeology", *American Antiquity*, Vol. 15, No. 4 (1950).

❺❽ 賈蘭坡、張振標，〈河南淅川下王崗遺址中的動物群〉，《文物》，1977: 6；柯曼紅、孫建中，〈西安半坡遺址的古植被與古氣候〉，《考古》，1990: 1。

❺❾ 高廣仁、胡秉華，〈王因遺址形成時期的生態環境〉，《慶祝蘇秉琦考古五十五年論文集》（北京：文物出版社，1989）。

❻⓪ F. Barth, "Ecologic Adaptation and Culture change in Archaeology", *American Antiquity*, 15: 4(1950).

❻❶ C. K. Chang, "Ancient Trade as Economics or as Ecology", J. A. Sabloff and C. C. Lamberg-Karlovsky ed., *Ancient Civilization and Trade* (University of New Mexico Press, 1975)；張光直，《中國青銅時代》（臺北：聯經出版公司，1983），頁 141–142。

進程來看，新考古家的持論反而有失偏頗。他們那麼強調生態、人口或技術決定論，輕忽個人才智之創發，漠視人類有效控制自然以增進生活品質的方法，對一切文化的改變似乎認為與人的主動性可以完全無關[62]。這是缺乏說服力的。所以李濟淺嚐即止的生態研究反而給中國考古學樹立一個「不及於亂」的規範，作為重建歷史或古代社會的基礎，但不致於發展成體系性的環境決定論。

# 重建過程中對外來思潮的回應

傅斯年矢志把科學的東方學之正統移到中國，不論吸收的人才或交往的學者，都是通達學術行情，佔居世界學術主流的人物。他倡導的治學態度是留心世界學術思潮，對這些思潮作出回應，但又堅持走自己的路，不輕易盲從。史語所的中國考古學便是在這種氣氛中逐漸茁壯的。

當史語所創立之時，歐美考古學流行的思潮是文化歷史考古學 (culture-historical archaeology)，目的在重建過去的生活，對於文化來源和發展的解釋，採取 1880 年代以後的傳播論，而不是更早流行的進化論。也就是說，他們相信文化動力受自外來更甚於發乎內在的因素[63]。就文化歷史學派而言，考古學整合入龐大的歷史學，與傅斯年新史學的宗旨正不謀而合；但從當時世界主流的傳播論來說，中國文化成為西方文化的餘緒，則非傅斯年、李濟等人所能接受，至少在民族感情上如此。其實文化歷史學派的研究取向就像民族主義史學一樣，有可能造成民族主義考古學[64]，不過由於傅、李篤信科學，而且強調客觀的治學態度，他們

---

[62] Trigger, *A History of Archaeological Thought*, pp. 289–290.

[63] Trigger, *A History of Archaeological Thought*, pp. 104–206.

[64] ibid., p. 174.

既不願訴諸情緒以譁眾取寵，又想據理服人以進軍世界學術主流，這條
自己的路走起來便倍覺艱辛。

世界古文明不論像丹尼爾 (Glyn Daniel) 所分的六區或像法蘭克弗
(Henri Frankfort) 分的三區，夏鼐指出只有中國這一區成為傳播論派和獨
立演化論派爭論的交鋒點❻。當 1921 年春天安特生在仰韶村南的深溝發
現細緻的彩陶竟然跟石器一起出現，他無法解釋，倍感沮喪。等他回到
北平地質調查所，查閱樸佩利 (Raphael Pumpelly) 在中亞阿斯克哈巴
(Ashkhaba) 附近之綠洲安諾 (Anau) 的發掘報告 *Explorations in Turkestan
expedition of 1904, Prehistoric civilizations of Anau*，遂有所體會，同年秋
天再赴仰韶村從事系統發掘❻，於是提出仰韶彩陶西來之說。安特生比
較仰韶與安諾和烏克蘭崔玻利 (Tripolje) 的彩陶，採取英國考古家荷伯生
(Hobson) 等人的斷代，認定河南彩陶是西方的彩陶經草原帶東傳而來
的❻。安特生的說法，尤其關於西方彩陶的考古發現，很快獲得阿爾納
(T. J. Arne) 的補充 (1925)。根據阿爾納的研究，自安諾以西，經外高加
索 (Transcaucasia)、伊朗西南伊蘭 (Elam) 地區的蘇薩 (Susa)、木先 (Tepe
Mussian)，兩河流域下游的阿布沙琳 (Abu Shahrain)，至崔玻利這一橫貫
東西的路線上，另外伊朗南方的巴路支斯坦 (Baluchistan) 和印度的德干
(Deccan) 等都有彩陶發現。這些遺址加上 1923–1924 年安特生在甘肅的
發掘調查，一幅洋洋大觀的東西彩陶分布圖就出現了❻。

阿爾納比較陶器的色致、形式和文飾，斷定仰韶彩陶與安諾一、二

---

❻ 夏鼐，《中國文明的起源》(臺北：滄浪出版社，1986)，頁 85。

❻ Andersson, "The Site of Yang Shao Tsun", *Bulletin of the Museum of Far Eastern
Antiquities* 19 (1947), pp. 1–4.

❻ J. G. Andersson, "An Early Chinese Culture", *Bulletin of the Geological Survey of
China*, No. 5, pt. 1, pp. 34–40.

❻ V. Gordon Childe, *The Aryans: A Study of Indo-European Origins* (London:
Kegan Paul, Trench, Trubner & Co., Ltd., 1926), p. 176.

期同時 (1925)。安諾遺址分南北兩個大土堆 (kurgan)，北堆早於南堆，第一、第二期在北堆，第一期屬於石器時代，第二期屬於銅石並用時代 **69**。仰韶與安諾孰為先後，安特生曾請教負責安諾田野發掘的史密特 (Hubert Schmidt)，史密特的態度比較保留，不如上述荷伯生等英國考古家之堅定 **70**，也不像阿爾納把未見金屬器的河南彩陶當作西方第一次傳入，而出土金屬器的甘肅彩陶則排在第二次 **71**。中國考古家在這種學術潮流中，則想找出既能為世界學術所接受，但對自己的民族和文化的原始又覺得是合理的解釋。

　　1926 年春天李濟發現西陰村史前遺址，當年秋天從事發掘。發掘報告開宗明義就提安特生在中國境內西自甘肅，東至奉天發現多處類似西陰村的文化遺址，李濟認為安特生「所設的解釋好多還沒有切實的證據」，我們急需要做的，「不是那貫串一切無味的發揮，而是要把這問題的各方面，面面都作一個專題的研究。」西方考古家根據東西相距數千萬里的零星彩陶就建構自西徂東的傳播路線，這種貫串的大理論，李濟認為是「耗時無益的工作」；而且西陰彩陶若與別處的「對照」比較起來，並沒有顯著的抄襲痕跡，如果說彩陶原始於西陰村，其實也舉不出反證的 **72**。然而 1929 年秋季的安陽發掘，卻在未經翻動的地層發現一塊帶彩的陶片，李濟把它放在當時對彩陶所理解的時空架構中，回應安特生、阿爾納等人關於安諾與仰韶關係的論斷。李濟採取法蘭克弗比較審慎的態度，圖

---

**69** R. Pumpelly ed., *Explorations in Turkestan Expedition of 1904: Prehistoric Civilizations of Anau* (Washington Carnegie Institution, 1908), p. 50.

**70** Andersson, "An Early Chinese Culture", *Bulletin of the Geological Survey of China* (1923), pp. 39–40.

**71** T. J. Arne, "Painted stone age pottery from the Provence of Honan, China", *Palaeontologia Sinica*, Series D, Vol. 1, Fasc. 2 (瑞典阿爾納，〈河南石器時代之著色陶器〉，《古生物誌》丁種第一號第二冊，地質調查所)，pp. 23–24.

**72** 李濟，《西陰村史前的遺存》，頁 5、30–31。

案花文偶爾的相似不一定是傳播造成，有些毋寧可以獨演得到。而且安諾與蘇薩的年代尚有疑問，「所以仰韶文化的時期並不能因為它與中亞、西亞共同有帶彩的陶器緣故而得到什麼準確的程度」❼❸。今日這個考古學與人類文化史上的大課題雖然有比較明確的見解，唯在七十年前中國考古學萌芽之初，像李濟採取這種保留的態度，固然是他嚴謹學風的展現，但似乎也不能完全排除帶有民族主義的成分吧。

　對於強大的文化西來說的浪潮，史語所的新史學不會全盤否定，只採取審慎的態度；然而城子崖黑陶文化的發現，給傅斯年和李濟的學術找到出路，可以合理地安頓他們的情感，好像久困重圍的孤軍忽獲外援，而殺出條路。他們在史語所出版的考古報告集《城子崖》的序言分別這樣說，這個遺址「不但替中國文化原始問題的討論找了一個新的端緒，田野考古的工作也因此得了一個可循的軌道」❼❹；或說，「中國史前及史原時代之考古，不只是彩陶這麼一個重大問題」，也不應「以這個問題為第一重心」。支持這個理念的即是城子崖這個與西方彩陶截然有別的新端緒。所以在傳播理論流行的時代，傅斯年的新史學能擺脫一元論傾向，確認「中國的史前、史原文化本不是一面的，而是多面互相混合反映以成立在這個文化的富土之上的」❼❺。這是文化起源的多元論，從一個以上的文化起源中心復原古代歷史、社會與文化，中國考古學遂開展了自己的前程。

　樸佩利中亞探險，安諾的發掘是要解答他長年以來有關亞利安 (Ar-yan) 民族、文化、語言與歐洲之關係的問題，所以安諾彩陶及其他動植物的文化遺存被解釋成兩河古文明的來源，從中亞到兩河，一種由東而

---

❼❸　李濟，〈小屯與仰韶〉，《安陽發掘報告》第二冊，中央研究院歷史語言研究所專刊之一 (1930)；《選集》，頁 239。

❼❹　李濟，〈城子崖序〉，《城子崖》(臺北：中央研究院歷史語言研究所，1934)。

❼❺　傅斯年，〈城子崖序〉，《傅集》三，頁 207。

西的傳播❼。但安諾及其以西的彩陶資料放在安特生的架構中就成為近東與遠東的比較了❼。且不說樸佩利的假說能否成立，近東或中亞，對中國而言皆是「西方」，後來俄國學者瓦西里耶夫的中國文化西來說（1976、1989 中譯本），便受到更帶有民族感情的批判❼。瓦西里耶夫把中國文化西來之「西」放在西藏─喜馬拉雅山地帶的北部，這裡他推測可能曾是人種或民族的核心，其中一部分分化出來成為「原中國人」（中譯本作「原始中國人」，疑當是步達生所謂的 proto-Chinese），而給中國帶來新石器文化❼。這和安特生等人的理論一樣，同樣很難證實。經過幾十年考古資料與研究的累積，中國境內的考古系列自然比李濟時代的認識更加清楚，中國文化本土起源說已有更多客觀的證據，不是只靠民族感情來支持而已，但對東西彩陶的「相似性」似乎也不能存而不論。嚴文明便認為中國與西方的彩陶不但不同源，發展過程亦未曾有過重要的聯繫，因為相似的自然條件和文化水平是可以獨自發展出相似的彩陶的，所以彩陶可以有多元的中心❽。這反映 1950 年代以來中國一些考古學者的意見，即相似的生產水平和自然環境會導致類似文化面貌，而非依賴文化傳播不可❽。這些看法活像德國民族學家巴斯滇（Adolf Bastian）的翻版，他說：類似環境面臨類似的問題可能創造出類似的方法來解決❽。

---

❼　Pumpelly, *Explorations in Turkestan Expedition of 1904: Prehistoric Civilization of Anau*, xxv, pp. 67–75.

❼　J. G. Andersson, "Preliminary Report on Archaeological Research in Kansu", *Bulletin of the Geological Society of China* 5, 1925.

❼　邵望平、莫潤先，〈評瓦西里耶夫中國文明的起源問題〉，《考古》，1989: 12；楊育彬，〈評瓦西里耶夫古代中國文明的起源〉，《文物》，1976: 7。

❼　瓦西里耶夫，《中國文明的起源問題》（北京：文物出版社，1989），頁 168–170。

❽　嚴文明，〈中國史前文化的統一性與多樣性〉，《文物》，1987: 3。

❽　俞偉超，《考古學是什麼》，頁 103。

中國考古學者反對文化西來說，主張中國文明本土起源和發展，是有附帶條件的，即使在瀰漫民族主義的中國，夏鼐並不排斥在發展過程中可能加上一些外來的因素❸；大多數古史學者和考古家都承認有不少中國文化的源頭非在現代中國疆域以外追查不可，如果以傳統漢文化的區域為範圍，即所謂中國本部，外來的成分則更多。一個對實證研究者而言，如何發掘或認識文化發展過程中的外來因素，才是重要的課題。李濟在這方面給中國考古學立下一個規模，他是把中國的歷史文化當作全人類歷史文化的一部分來看待的，因此他不只一次地提醒學者要突破秦始皇給後人設定的界線，要我們北越長城以尋找中國文化的源流，南方也要走到太平洋諸島上去❹。所以李濟討論殷墟出土的五種兵器和工具便放在橫亙歐亞大陸的青銅文明中來分析，推測帶鏊或帶環的兵器與工具應有中國以外的因素。不過對於殷墟和南西伯利亞米努辛斯克 (Minussinsk) 盆地的青銅文明，誰是傳遞者，誰是接受者，李濟在保留存疑之中多少帶有自東徂西的傾向❺。

古人並沒有現代的國界，文化交流隨時隨地都可能發生。如果 1920、1930 年代的傳播論以人類文明出於西亞是謬誤的，那麼強調文化的自發性，中國學者既排斥西來說於前，卻宣揚中原文化一元中心論於後，遙遠的周邊接受中原文化，在邏輯上顯然是矛盾的。中國考古學經過 1960、1970 年代盛行的典型中國傳播論「龍山文化形成期」(Lungshanoid Cul-

---

❽ Trigger, *A History of Archaeological Thought*, pp. 100–101.

❽ 夏鼐，《中國文明的起源》，頁 84。

❽ 李濟，〈中國上古史之重建工作及其問題〉，《民主評論》，5：4；李濟，〈再談中國上古史的重建問題〉，《中央研究院歷史語言研究所集刊》；《選集》，頁 80–97。

❽ 李濟，〈殷墟銅器五種及其相關之問題〉，《慶祝蔡元培先生六十五歲論文集》，《中央研究院歷史語言研究所集刊》，外編第一種 (1933)；李濟，〈殷商陶器初論〉，《安陽發掘報告》第一冊 (1929)；《選集》，頁 530–546、317–319。

tures)，此一直到 1980 年代初蘇秉琦提出「區系類型」理論 ❽ 才寢息。
區系類型以多元中心建構中國本部文化的根源，但又不忽略其間的交流，
比較能全面解釋現有的考古材料。區系劃分法雖因人而異 ❽，但現在提
出的說法尚限於中國本部。如果說青藏高原、戈壁沙漠真的產生阻隔作
用，那麼區域類型所勾畫出來的藍圖是可以支持中國文明獨立起源於東
亞的理論的；可是如果中國本部與外界仍有交通孔道，它在整個亞洲地
區「區系類型」的位置，與其他區系的關係是重譯往來，還是直接傳遞？
這些問題至今猶缺乏比較清楚的看法。現有的理論架構仍達不到李濟的
視野 —— 以歐亞大陸作為中國考古學的基盤。

從亞洲或世界看中國並不意味中國文化沒有本土的成分，史語所發
展出來的中國考古學毋寧是更肯定後者的。傅斯年說西洋人治中國史多
注重外緣的關聯，其所發明多在「半漢」的事情上；他雖承認這方面的
重要性，但同時覺得有些更重要問題卻是「全漢」的。他說，如果按照
傳播論，先秦文化「只是西方亞洲文化之波浪所及，此土自身若不成一
個分子，我們現在已有的知識已使我們堅信事實並不如此」❽。這是史
語所尋找東方黑陶文化的思想動力，從後來中國文化的特質逆推，應有
相當大的成分是獨立發展成功的，李濟曾舉骨卜、絲蠶和殷代的裝飾藝
術，即使外國人也不能不承認是遠東獨立發展的東西 ❽。所以中國考古
學成立之初，即具有一種傾向：在自己的文化系統內尋找文化演變的軌
跡。基本上這個傾向和實弗從內在觀點考察文化變化 ❾ 頗有相通之處，

---

❽ 蘇秉琦，〈關于考古學文化的區系類型問題〉，《文物》，1981: 5。

❽ 嚴文明，〈中國史前文化的統一性與多樣性〉，《文物》，1987: 3；蘇秉琦，〈關
于重建中國史前史的思考〉，《考古》，1991: 12。

❽ 傅斯年，〈城子崖序〉，《傅集》三，頁 207。

❽ 李濟，〈中國上古史之重建工作及其問題〉，《民主評論》，5 卷 4 期；《選集》，
頁 87。

❾ Trigger, *A History of Archaeological Thought*, pp. 295–296.

雖然他們採取的手段並不相同；但如果從兼顧外來因素這點來說，中國
考古學又比 1960 年代的新考古學更具先進性，像霍德 (Ian Hodder) 所主
張的，帶著世界體系的要求，在更寬廣的領域內了解考古文化的內在質
素 ❾❶。所謂世界體系，傅斯年提倡的新史學除研究大家習稱的「漢學」
外，毋寧更看重非漢的「虜學」 ❾❷。在考古學方面，李濟則把中國放在
烏拉山、喜馬拉雅山和印度洋以東的亞洲大陸，環太平洋的各群島，從
北極到南極，包括南北美洲，這一個大區域內，就人類文明發展的程序
以尋求殷商文化的來源 ❾❸，這樣可能反而比「閉關自守」式的研究更容
易看清楚真相。

受時代風氣的影響，李濟考古學探索文化內在發展軌跡顯然帶有進
化論的色彩，有些地方難免陷於單線進化論之弊。人類學進化論把各種
不同文明安排在一個普遍的進階程序上，考古學進化論也不例外，把物
質文化納入一張進化表，根據幾個簡單的原則解釋形制異同的變化。如
巴爾福 (Henry Balfour) 所舉豎琴的例子，會古今異地諸例於一堂，近代
非洲、南美、幾內亞等後進民族簡單弓弦的樂器是豎琴的早期形態，古
代埃及、敘利亞、希臘和印度的複雜豎琴是進步的形態，不問民族有無
遷徙，文化有無交流，假定凡成為人類使用之豎琴，必經過如此的階段。
事實上進化論者如巴爾福不能不承認從簡單到複雜的發展過程，所謂「真
正的」(actual) 連續並不能獲得歷史和考古證據的充分支持，他們甚至不
預期事實的發展序列必會出現，不過根據形制的相似性，認為掌握住所
謂的主流 (main stream)，就可建構它們的進化程序 ❾❹。說穿了這是一種

---

❾❶　同上，p. 350.

❾❷　傅斯年，〈歷史語言研究所工作之旨趣〉，《中央研究院歷史語言研究所集刊》，
　　1：1 (1928)；《傅集》四，頁 258。

❾❸　李濟，〈中國上古史之重建工作及其問題〉，《民主評論》，5：4；《選集》，頁 81。

❾❹　J. L. Myres, *The Evolution of Culture* (Oxford: at the Clarendox Press, 1906), pp.
　　viii–xiv.

理想形態，不是事實。但考古進化論派健將彼特・雷佛斯 (Augustus Henry Lane-Fox Pitt-Rivers) 即以這種方式建立他的進化理論，一根最簡單的棍棒可以演化出無數的形制：第一種發展方向或是蘑菇頭棒 (mushroom club)，或是鳥頭棒 (bird club)，第二種方向或是棍棒回飛器 (waddy boomerang)，或是回飛器 (boomerang)，第三種方向成為盾牌 (shield)，第四種方向拋置棍 (throwing stick)，第五種方向或是鶴嘴戰鋤 (war pick, malge)，或是稱為 leangle 的戰鋤，第六種發展方向則是長矛 (lance) ❾❺。然而這張兵器或工具的發展系譜只是形態學的關係圖，沒有歷史或考古的根據，也可能不是真實的進化表。

這種古器物進化論對李濟影響頗深，他研究小屯出土的各式青銅小刀，即本著由簡而繁的原則建構一幅系譜 ❾❻，大抵採用彼特・雷佛斯研究澳洲土人棍棒系譜的方法。他不但把凹背凸刃的北方式刀和凸背凹刃的中原式刀同歸一類，也把環柄與獸首柄的北方式刀與中原刀列為同科。我們今日已很清楚地認識環柄刀和獸首刀、劍是北方民族文化的標識 ❾❼，它們在殷墟出現，顯示彼時北方文化對中原的影響。但李濟卻認為殷商的獸頭刀都由較簡單的開始，經其長期孕育發展而成，以獸頭裝飾的風氣則係商人接近動物群之故 ❾❽。這種解釋顯然完全排斥外來的因素，與

---

❾❺　Lane-Fox Pitt-Rivers, L T.-Gen. A., "On the Evolution of Culture", ed. by J. L. Myres, *The Evolution of Culture* (Oxford, at the Clarendox Press, 1906), pl. III.

❾❻　李濟，〈記小屯出土之青銅器・中篇・鋒刃器〉，《中國考古學報》四，(1949)，插圖 26；《選集》，頁 647。

❾❼　參杜正勝，〈歐亞草原動物文飾與中國古代北方民族之考察〉，《中央研究院歷史語言研究所集刊》，64：2 (1993)；陳芳妹，〈再論故宮所藏殷至商初的異形兵器及其所反映的文化關係問題〉，《中國藝術文物討論會論文集》（臺北：國立故宮博物院，1992）。

❾❽　李濟，〈記小屯出土之青銅器・中篇・鋒刃器〉，《中國考古學報》四 (1949)，頁 36；《選集》，頁 650。

他之對待有鋬兵器的態度❾❾截然不同。強調科學考古的李濟建立古兵系譜當然不會像巴爾福所說，只掌握器物發展「主流」而不追究歷史與考古的證據，他研究豫北青銅句兵自殷商到戰國大約一千年的歷史，遂依地區分成小屯、侯家莊、辛村、琉璃閣和山彪鎮五組，測量銅戈上下刃線的比率，以及胡部位的穿孔由無而有，於是建立銅戈的進化史❿。他得出的發展序列雖然大體上符合事實，但殷代無有胡戈的結論便被西北岡 1003 大墓所出的銅戈所推翻⓫。這是器物形態學建立發展史可能經常會遭遇的難題，不是李濟一個人所能解決的。

　　李濟治學素以嚴謹著稱，而仍不免發生這樣的錯誤，可見器物形態的發展如果沒有精確的地層根據加以約束，充足的資料呈現其全貌，恐怕很難避免上述進化論派的流弊。蘇秉琦以較多的資料作基礎，在這方面有比較進步的貢獻，他不但堅持地層學是形態學的基礎，「運用器物形態學進行分期斷代必須以地層疊壓關係或遺跡的打破關係為依據」，而且把器物與人以及社會的因素結合一起，「不能把器物形制變化理解為如生物進化」的模樣⓬。這樣，器物類型的系譜才可能比較接近真實，而器物所代表的人們和社會的歷史也才可能重建。雖然中國考古學的器物類型系譜不會再蹈百年前進化論派的覆轍，但如果我們沒有忘記二里頭一至四期文化歸屬、劃分的爭議，卑之無甚高論的形態學，最困難的恐怕是具體的實踐吧。它作為考古學的一大特色，考古學的看家本領，擔負

❾❾　李濟，〈殷墟銅器五種及其相關之問題〉，《慶祝蔡元培先生六十五歲論文集》，《中央研究院歷史語言研究所集刊》外編第一種 (1933)；《選集》，頁 522–546。

❿　李濟，〈豫北出土青銅句兵分類圖解〉，《中央研究院歷史語言研究所集刊》，22 (1950)；《選集》，頁 686。

⓫　參梁思永、高去尋，《侯家莊第四本 1003 號大墓》（臺北：中央研究院歷史語言研究所，1967），頁 123–125。

⓬　蘇秉琦，〈地層學與器物形態學〉，《文物》，1982: 4；蘇秉琦，《蘇秉琦考古學論述選集》（北京：文物出版社，1984），頁 254–255。

建構長時段演變的任務，但比之百餘年前的彼特・雷佛斯、蒙德里歐 (Oscar Montelieus)，或五十年前的李濟，現在的精密度又長進多少呢？這似乎是中國考古家不能不省思的問題。

## 中國考古學的前景

這個問題繫於各人對本文開篇所提問題的看法而有所差異，是要作一個歷史學傾向的考古家，還是人類學傾向的考古家？當然不一定非採取排他性的抉擇不可。而且根據各種客觀條件，拾長避短，對未來中國考古學的發展仍然可能有比較一致的共識。

經過上文的分析，我們多少可以掌握中國考古學自萌芽以至茁壯的過程中所呈現的一些特質，一方面回應過去新考古學輸入中國所引起的爭議，另方面也指出不能無視於學術發展脈絡，而只機械地抄襲西方新舊考古學的劃分。其實就西方考古學的發展而言，新考古學者截然區分新舊也不見得是正確的。賓弗自許站在西方考古學進化改變的主要轉捩點上 (a major point of evolutionary change)，英國考古學家丹尼爾則評論說：「考古家總是談論進化改變和文化進程，1960 年代美國此一宗派的考古家似乎忘了考古學史，也許我寫這本《考古學小史》(*A Short History of Archaeology*) 還有一點價值，讓他們讀讀或再讀湯森 (Thomsen)，沃薩耶 (Worsaae)，蒙德里歐 (Montelieu) 和柴爾德 (Childe)。」[103] 這話對現在中國考古家，不論是否宣揚新考古學，恐怕都還有意義。

果不其然，1970 年代以後愈來愈多的考古學家相信史前文化相當歧異，有人且暗用歷史特殊性來解釋文化歧異性，所以備受「新考古學」批評的文化歷史學派又隱然復活，大體上再度肯定歷史複雜性中的特殊

---

[103]　Daniel, *A History of Archaeology*, p. 191.

相，而文化的發展除物質因素外也連帶注意意識型態、信仰和文化的傳統。於是不多久就產生新歷史學派和新進化論派❿。受到西方考古學思潮的啟示，未來中國考古學的發展宜抱著兼容並蓄的態度，收集各種可能的資料，運用各種可能的工具和方法以建立中國考古學的內容。原則上仍然沿襲傅斯年的方法論，發揚李濟的考古學，但輔以臺灣過去三、四十年新史學的發展經驗，追求整體性和有機性。1960 年代許倬雲把社會科學一些方法引入史學研究⓯，二、三十年後我提倡新社會史學，都可算是新史學傳統的進一步發展。根據我們的理解，歷史可以分為物質的、社會的和精神的三個層面，研究者可從任何一點入手，尋繹多層面的關聯，再從各層面的關係建立研究對象的有機性，最後完成其整體性，使重建的歷史不但有骨骼而且有血肉、靈魂，這樣的歷史也才可能和現實人生接榫⓰。這種新史學的方法同樣可以應用到考古學上，而彌補被新考古家批評的不足之處。蘇秉琦要把史前考古學昇華到史前史，不但具備「硬件」的骨肉還具備「軟體」的靈魂⓱，恰與我們的史學見解不謀而合。顯然的，到 1990 年代，雖然經過新考古學的衝擊，中國考古學還是沿著新史學的道路前進，資料、方法、觀念、課題固然大為豐富，但歷史學取向的基調還是一以貫之，不至於像新考古學偏重生存模式而輕忽社會組織與精神現象。

考古學主要的研究對象是經過科學發掘所獲得的物質遺存，但考古學不限於物質文化，考古學也不等於物質文化史。美國新考古學家批評傳統考古學只研究「物」，不研究「人」，這樣的論斷是否公允，我們該

---

❿　Trigger, *A History of Archaeological Thought*, pp. 329–369.

⓯　許倬雲，〈社會學與史學〉，《二十世紀之人文科學》第九冊《史學》，收入《求古編》（臺北：聯經出版公司，1982），頁 619–645。

⓰　本書頁 22–37。

⓱　蘇秉琦，〈關于重建中國史前史的思考〉，《考古》，1991: 2；蘇秉琦，《華人‧龍的傳人‧中國人——考古尋根記》（瀋陽：遼寧大學出版社，1994），頁 15。

怎樣理解，都可以再討論，至少中國的考古學自萌芽以來，以它具備歷史的基調，從未放棄透過物質以探求古人活動的嘗試。張忠培所謂「透物見人，研究歷史」❿，即是科學考古引入中國以來就揭舉的奮鬥目標。尤其 1950 年代以後，有些考古家在這方面更有意識地進行探索，新石器時代的研究成果較著者可以張忠培和嚴文明為代表。張忠培推測元君廟仰韶墓地反映的社會組織❿，排比半山─馬廠文化、大汶口文化和齊家前期等三階段的墓地而建構中國父系氏族制的發展❿；嚴文明從姜寨一期村落遺址重現社群聚落❿，從仰韶房屋基址透視家庭結構❿。他們的研究方法我曾撰文商榷❿，在理論層次上，也只是對恩格斯《家庭、私有制和國家的起源》的註釋而已；不過這都是透物以見人的嘗試，有的甚至早到 1950 年代末，即使放在世界考古學史中，也算相當先進的。

　　這種學風有沒有受到 1949 年以後中國新政權意識型態的催化呢?應該是可以肯定的。馬克思主義既然成為解釋人類所有行為和文化的金科玉律，中國考古學何能例外? 那麼中國考古學從過去的歷史基調進而運用馬克思歷史階段論支配考古材料，乃有《新中國的考古收穫》那種類

---

❿　張忠培，〈考古學當前討論的幾個問題〉，《中國文物報》，1993.10.24；張忠培，《中國考古學：實踐‧理論‧方法》，頁 143。

❿　張忠培，〈元君廟墓地反映的社會組織初探〉，《中國考古學會第一次年會論文集 1979》(北京：文物出版社，1980)；張忠培，《中國北方考古文集》(北京：文物出版社，1990)，頁 34–50。

❿　張忠培，〈中國父系氏族制發展階段的考古學考察〉，《吉林大學社會科學學報》，1987：1、2；張忠培，《中國北方考古文集》，頁 148–179。

❿　嚴文明，〈從姜寨早期村落布局探討其居民的社會組織結構〉(與鞏啟明合作)，《考古與文物》，1981：1；嚴文明，《仰韶文化研究》(北京：文物出版社，1989)，頁 166–179。

❿　嚴文明，〈仰韶房屋和聚落形態研究〉，收入《仰韶文化研究》，頁 180–242。

❿　杜正勝，〈考古學與中國古代研究──一個方法學的探討〉，《考古》，1992：4。

似社會進化史教程的考古教科書問世。從過去重視多種文化現象的學風轉而確立獨斷的唯物史觀，經濟決定論，用以解釋國家的形成，以及史前社會的特質。從過去「文化歷史的」(cultural-historical) 傾向轉為文化單線進化論 (unilinear cultural evolution)，排斥文化傳播論偏重外緣成分，強調社會文化體系的內在變化。凡此種種，1950–1980 年間中國考古學的發展基本上都可以在 1930 年代的蘇聯找到先例，這還不包括對所謂資產階級考古學的批判和狂熱愛國主義的煽惑。像俄共考古理論家拉夫朵尼卡斯 (V. I. Ravdonikas) 之批判蒙德里歐形態學，以及清除過去考古學的「污染」，在這三十年內的中國也毫不陌生，可以說幾乎是亦步亦趨的翻版 ⓫。

我們肯定經濟因素影響人類文明的重要性，但屬於社會層次的家庭生活、政治組織、法律規範，財產觀念以及精神層次的宗教信仰、人生觀與美學哲學等方面的追求則不是單純的經濟因素就可塑造的。英國馬克思主義史學家霍布士邦 (Eric Hobsbawn) 認為馬克思本人已指出每個社會各有其獨特的歷史，其反映於經濟的變化也各有特殊的方式。因為不可能以一些通則來解釋所有文化轉變的具體實情，所以霍布士邦判斷馬克思傾向於採取多線進化論 (multilinear evolution)，至少在短程或中程的時間內如此 ⓬。1970、1980 年代以來西方的所謂新馬克思主義 (Neo-Maxism) 普遍地採取與傳統馬克思主義有別的看法，認為在前資本主義社會，非經濟因素才是決定社會轉變的主宰，而意識型態的複雜度對人類行為和考古資料的解釋也愈來愈佔重要的成分 ⓭。夏鼐說考古學要研究的是一個社會或一個考古學文化的特徵和傳統，研究人類的古代情況，橫的方面是每一時期人類各種活動及其間的互相關係，縱的方面則是各

---

⓫　Trigger, *A History of Archaeological Thought*, pp. 216–229.

⓬　Trigger, *A History of Archaeological Thought*, p. 222.

⓭　ibid., p. 341.

種活動在時間上的演化，進而闡明這些歷史過程的規律。但他知道不能把這種歷史過程寫成簡單的社會發展史，而在探求一般規律之外也要分別各國家、各民族歷史進程的特異點及其客觀原因 ❶。1980 年代以後，以蘇秉琦為代表的中國考古家一方面宣稱要走自己的路，呼籲建立考古學的「中國學派」❶，他與夏氏的指導性議論很能表現中國自從改革開放之後，考古學在長期教條主義抑制下力求突破的過渡現象。

教條主義考古學極力要湊成人類文明發展的普遍原則，另一方面，美國新考古學之批評傳統文化歷史考古學，強調它自己具有人類學的傾向，追求普遍化，而非歷史學的特殊化。表面上看來，這兩種思潮，似乎可以合流。不過夏鼐反對新考古學，因為新考古學家一直沒能拿出一條大家公認的新規律來 ❶。如果新考古學能在普遍規律的領域內有所建樹，信奉歷史過程之規律的夏鼐就沒有反對的理由了嗎？夏鼐過世之後，新考古學才在中國普遍發展，尤其進入 1990 年代，新考古學以及後新考古學的理論和方法大力衝擊青壯考古學者，重要著作相繼譯述流傳。舉其著者，如中國歷史博物館考古部編的《當代國外考古學理論與方法》(1991)、中國社會科學院考古研究所編的《考古學的歷史・理論・實踐》(1966)、以及南京博物院發行的《東南文化》等，中國考古學應該怎樣面對此一風潮，似乎不是夏鼐引證丹尼爾一句權威的話「新考古學變老了」就可解決的 (1984)。

然而中國考古學家所要資取於過去四、五十年西方考古之經驗者是什麼？這是關係中國考古學未來發展的重要問題。根據過來人張光直的現身說法，他認為美國新考古學對中國有用的地方是日新又新的技術和方法，以及藉此技術、方法獲取資料、解釋資料而發展自己的看法 ❷。

---

❶ 夏鼐，〈什麼是考古學〉，《考古》，1984：10。

❶ 蘇秉琦，《蘇秉琦考古學論述選集》，頁 305。

❶ 同注 ❶。

所謂方法應該是多樣的，原則上大概不外從考古遺存見當時的社會情狀，從零碎無生機物見整體的、有機的社群和人的活動。以新石器時代來說，我曾提議根據人骨的年齡、性別作人口學的分析，以了解聚落人口結構；從人骨病變推求人的健康狀況、勞動習慣和飲食文化；由聚落遺址的動植物資料重現當時的生態環境和生活資源。總之，綜合地建構古人生活的面貌。我進而提出復原「村落共同體」的主張，就現有資料的性質分成五個層次：自然生態、聚落形態、社會組織、人群結構與人際倫理。動植物遺存告訴我們當時的生態環境，保存完好的聚落遺址使我們如親臨其境之感，聚落內家屋的大小和墓葬的排列也許可以透視當時的社會組織，人骨遺存或可反映人群結構，至於房屋的格局大概也能傳達倫理變化的訊息❶❷❶。這種研究取向所得結論是精細或者粗疏，端繫於田野考古資料之多寡和解釋工具之精粗而異，終極目標都不外追求理論既整體又有機，與新史學的目標契合。

　　新史學的觀念和方法注入考古學不限於整體性和有機性的歷史重建，還想對文化變遷提出解釋，許倬雲之探索良渚文化的衰落❶❷❷即是一例。輝煌的良渚文化何以消失呢？許倬雲從後世帝國崩潰的經驗知道「報酬遞減」的邊際效應和複雜系統的不穩定是導致社會崩解、文化式微的重要因素，用來檢視良渚文化的考古資料，發現統治階層過度消耗資源，投下更多勞力，所得不如所失，終於拉垮原有的複雜社會體系。就良渚文化這個個案來說，當然可以再更細密地驗證，但大體上這種研究方式

---

❶❷⓪　張光直，〈從俞偉超、張忠培二先生論文談考古學理論〉，《中國文物報》，1994.5.8；張光直，《考古人類學隨筆》，頁 137–138。

❶❷❶　杜正勝，〈關於考古解釋與歷史重建的一些反省〉，中央研究院歷史語言研究所主辦「中國考古學與歷史學整合國際研討會」(1994.1.4–9)，收入《中國考古學與歷史學之整合研究》(臺北：中央研究院歷史語言研究所，1997)，頁 13–43。

❶❷❷　許倬雲，〈良渚文化到哪裡去了？〉，《新史學》，8：1 (1997)。

將使賓弗所批評的「歷史的」考古學失去依據，賓弗之流的新考古家一向批評歷史傾向的考古學不能對文化改變和進化增益任何解釋 ❿，顯然不適用於新史學影響所及的考古學。

　　中國考古學家在汲取美國新考古學的觀念和方法時，有一點基本差異恐怕不能不注意，美國新考古學所研究的社會多很簡單，以賓弗對考古遺址結構的解釋而言，他所涉及或參證者不是南非的布什人、澳洲中部的原住民，就是阿拉斯加的愛斯基摩人 ⓬。中國考古學處理的資料和課題則遠為複雜，七十多年的中國考古學一直帶有濃厚的歷史傾向，不全是萌芽時期確定下來的特性，也不能歸咎於考古家的惰性，恐怕和資料的性質有很大的關係。

　　歷史傾向的考古學本身具有觀察文化長期演變的特色，然而上文說過，中國考古學之父李濟一生探索的兩大課題是中國民族的原始和中國文化的原始，以他重建中國上古史的規劃來看，時間拉得很長，空間推得很廣，但演變的觀念並不明顯。李濟似乎沒有受到與他並世的大考古家柴爾德的影響；柴爾德揭舉人類文明進化的規律，從新石器革命到城市革命 ⓭，幾乎成為史前史或史前考古學的通則，但在李濟考古學中卻看不到類似的痕跡。中國考古學此一空白後來被馬克思主義的歷史階段論填補，但因為太僵化，故不能令人滿意，1980 年代以後中國考古學理論的主要引導人蘇秉琦基本上繼承李濟而有所改善。蘇秉琦回顧他一生的考古志業，鬥雞臺瓦鬲墓的研究打破他的大一統「怪圈」，泉護村和元君廟的仰韶文化遺址打破「硬套社會發展規律教條的怪圈」。他說，於是找到了新起點，知道中國古代文化多源，必須按實際存在的不同系統尋

---

❿　L. Binford, "Archaeology as Anthropology", *American Antiquity*, Vol. 28, No. 2, 1962.

⓬　L. R. Binford, *In Pursuit of the Past* (Thames and Hudson), pp. 144–192.

⓭　V. Gordon Childe, *Man Makes Himself*, A Mentor Book.

其淵源、特徵，及各自的發展道路❶。這是他有名的「區系類型」理論形成的剖白，後來他概括中國考古學發展目標有三：中國文化的起源和發展，中華民族的形成和發展，和統一多民族國家的形成和發展❷。第三項主要是研究夏商周三代，即青銅時代，李濟在方法上雖未明白揭示，但在實證方面，規劃《中國上古史（待定稿）》即是具體的落實。蘇秉琦的路雖然是他自己體會出來的，但有些曲折其實是現實政治造成的，從整個中國考古學發展史來看，未免白費力氣。所以到這階段，他大抵仍在李濟的餘蔭下經營；但到 1980 年代中期以後，他把屬於方法學的區系類型理論和課題取向的古文化古城古國結合起來，中國考古學的新時期才算誕生❸，於是超越李濟的藩籬，而對西方考古學的大理論提出一些回應。

　　蘇秉琦將以前構想的考古學三大目標進一步系統化，構成「重建中國古史」的框架：㈠從氏族到國家，㈡方國—中國，和㈢中華統一實體三階段❹，這樣才達到社會長程發展理論的層次。他的說法，尤其去世之前不久接受《明報月刊》的訪問❺，提出古國、方國、帝國的國家發展三部曲，與我的古史研究架構不謀而合。我把從新石器時代、三代到戰國大約六千年的歷史，分成從村落經邦國到帝國三大發展階段❻，過

---

❶　邵望平訪問整理，〈蘇秉琦談考古學的中國夢〉，《明報月刊》，1997: 7。

❷　蘇秉琦，〈建國以來中國考古學的發展〉，《史學史研究》，1981: 4；蘇秉琦，〈燕山南北地區考古〉，《文物》，1983: 12；蘇秉琦，《蘇秉琦考古學論述選集》，頁 270、301–305。

❸　蘇秉琦，〈關于考古學文化的區系類型問題〉，《文物》，1981: 5；蘇秉琦，〈遼西古文化古城古國〉，《文物》，1986: 8；蘇秉琦，〈文化與文明〉，《遼海文物學刊》，1990: 1。

❹　蘇秉琦，〈重建中的「中國史前史」〉，《百科知識》，1992: 5；蘇秉琦，《華人・龍的傳人・中國人——考古尋根記》，頁 139。

❺　邵望平訪問整理，〈蘇秉琦談考古學的中國夢〉，《明報月刊》，1997: 5。

去多年的學術研究，大抵利用考古資料重建這三階段的歷史 ⓛ。如果柴爾德的兩次革命可以作為西方考古學理論的一種典範，那麼村落─邦國─帝國的三階段，或說「三次革命」，是否也可以提供研究人類長程歷史之參考呢？中國考古家似乎應多利用中國歷史綿延發展的龐大資產，從本身的資料出發，嘗試建構理論，才不致於捧著金碗沿門要飯。

　　以歷史為基調的考古學並不是專為解答遠古歷史的個別問題而存在的，也不是專門為撰寫遠離現代又只局限在黃河到長江一片土地的歷史而已。不論考古或歷史，最終目的都是要揭示人類文明發展的奧祕，所以「三次革命」的理論雖為歷史發展建一架構，它的價值則繫於課題與結論有沒有普遍的意義。像文明的起源、國家的形成都是普遍的課題，中國考古學提出的解釋能不能有更大的效用？張光直的文明起源新說 ⓛ即是中國考古學走自己的路又回應世界考古學主流的一種嘗試。西方主流思想認為文明始於人類之創造環境，並把自己與原始的自然環境隔開，因此文明的起源即宣示與前此時代之破裂。張光直從另一種方式思考，受亞洲與美洲之薩滿式意識型態的啟發，以人與自然連續的宇宙觀作為文化底層，發展出相關的政治程序、社會體系、祭儀信仰和美學等文明。這種看法告訴我們文明的開始是人與自然結為一體，與以前的時代關係是連續不斷的。張光直認為亞、美薩滿式的連續性比猶太基督教式的破裂性更能解釋世界多種文明發展的過程。

　　張光直透過青銅器動物文飾、古代美術人獸母題、亞琮、「亞形」和商巫的研究，建立他的「薩滿論」ⓛ。他所研究的課題都屬於中國文化

---

⓬　我提倡此說始於 1980 年代，散見諸多著述及教學、演說，在印象中，大概 1990年代以後中國學者才逐漸有此觀念。

⓭　杜正勝，〈古史鑽研二十年〉，《中國歷史學會會訊》，47 期 (1994)；杜正勝，《古典與現實之間》（臺北：三民書局，1996），頁 9–30。

⓮　張光直，〈連續與破裂：一個文明起源新說的草稿〉，《九州學刊》，1：1，收入《中國青銅時代》二集（北京：三聯書店，1990）。

的「禮」，而薩滿或巫只是禮的一部分，但為能夠與世界主流學術對話，遂取「巫」而捨「禮」。除非我們能證明巫文化是古禮的核心或底層，否則回應式的研究恐怕還是未善用中國資料以建立一般原則吧？中國考古學界有「中國學派」的口號❸，什麼是中國學派呢？除了本文論述的具有歷史傾向的基調外，是不是也該從中國資料開發出關係人類文明發展的課題，經過實證研究以供其他文明體系參考，而不只是對西方之課題和結論的回應？

## 結　語

1960 年代初期，歷史語言研究所在李濟領導下開始編撰《中國上古史》，「編輯緣起」說：近代的田野考古學為中國新史學奠定穩固的基礎，開闢建設的資源❸。而今在二十世紀即將結束、中國考古學度過七十春秋之時，這門學問已累積龐大的資料，號稱是中國考古學的黃金時代❸，滿懷自信，前程似錦。但資料不等於學術，如果沒有方法學或理論的貢獻，是不能成其為學術的。因此也有考古家對於中國考古學是否進入黃金時代抱著保留的態度，號召同志，學習西方考古學的新成果。任何學問若要維持不斷的創造力，往往要靠外來刺激，或注入新的生命，所以

❸　張光直，〈濮陽三蹻與中國古代美術上的人獸母題〉、〈中國古代藝術與政治──續論商周青銅器上的動物紋樣〉，皆收入《中國青銅時代》二集。

❸　蘇秉琦，〈建國以來中國考古學的發展〉，《史學史研究》，1981：4；蘇秉琦，〈燕山南北地區考古〉，《文物》，1983：12；蘇秉琦，《蘇秉琦考古學論述選集》，頁 305、269。

❸　中國上古史編輯委員會，〈「中國上古史」編輯計劃的緣起及其進行的過程〉，《中國上古史（待定稿）》第一本（臺北：中央研究院歷史語言研究所，1972）。

❸　中國社科院考古所，〈中國考古學的黃金時代〉，《考古》，1984：10。

提倡新考古學的俞偉超無疑有其一定的貢獻 ❶。不過「黃金時代」這頂桂冠是不是要等到中國「傳統」考古學汲取了新考古學的「合理內核」❶才能戴呢？恐怕是見仁見智的問題。

本文分析七十年來中國考古學的傳統，說明它雖一向以歷史學為基調，但不能完全抄襲美國新考古學派批評西方傳統考古的論調，把它理解為文化歷史學派。自中國考古學萌芽之際，研究的方法和資取的工具已含有後來美國新考古學的要求，這是因為中國考古學的史學性格是二十世紀引入並且發揚的新史學，不是中國的傳統史學。有些考古家不明此理，也仿效美國新考古學家的呼籲，寧近人類學，而遠離史學，遂產生另一種混淆。

考古家「應該」當個人類學家，還是歷史家？雖是西方的問題，但給中國年輕考古工作者帶來相當的困擾。人類學家研究的對象是人或人群，新歷史家亦然，但與傳統史學的「英雄式」個人有差別。所以在新史學脈絡中發展出來的中國考古學，以對象而言，其實無歷史學或人類學之分。

一般認為歷史是研究個案，社會科學才注重通則，美國新考古家擺脫西方傳統，納考古學於人類學陣營，即以追求與現代人類社會有關的通則為目標，不要當古董。不過對新史學而言，這不一定是問題之所在，誠如法國考古家庫爾班 (Paul Courbin) 說的，考古研究的「目標」基於研究者的「終極目的」，是要使那些靈魂已經出竅的通則成形，還是探索過去真正發生的事實？(Whether his "ultimate goal" is the formalization of disembodied laws or the knowledge of what has in fact occurred, what has actually happened: the *past*.) ❶ 或許有人會問，過去的事實與我們現世何干？

---

❶ 俞偉超，〈考古學思潮的變化〉，《中國文物報》，1991.1.13–27（第 2–4 期）。

❶ 俞偉超，〈我國考古工作者的歷史責任〉，蘇秉琦主編，《考古學文化論集2》(1989)。

其實就歷史學看來，不同時空的人類行為往往名同而實異，或表面相同而內涵相異，或造因近似而結果歧異。歷史家不相信可以建立一個放諸四海的模式供人套用，但並不表示歷史學就是博物館內的古董；相反的，歷史是生活，但通則往往可能是行屍走肉。史學研究要回到原來的情境，在那種時空脈絡中觀察人類文明的創發，以汲取歷史經驗，給現代人一些啟示。相對於人類學，考古學與歷史學在學科性質上至少有兩點比較接近，第一，它們都是探索過去的學問，第二，它們的資料往往帶有機遇性，不夠完備。以有限的過去資料建立人類行為的通則，雖然不一定全無可能，但寧可更加謹慎；然而我們倒可以根據有限的過去資料，有機整體地綜合，給現代社會提供一些參考。所以個案並非「與世隔絕」，通則也不能「照單全收」。從人文社會學科最近二、三十年發展的趨勢來看，探索意義比尋找法則更為重要[141]，考古學者殊不必以不能備位通則而感覺遺憾。

　　且不論考古學是否如安培 (Lester Embrée) 講的那麼偉大，說是所有科學的基礎[142]，庫爾班卻指出過去的事實顯示，美國人類學家把考古的事物供人類學差遣 (using "archaeological" facts for anthropological ends)，而歷史家則運用考古資料以建立歷史 (handling archaeological "data" to construct history)。折衷於兩極之間，他為考古家立言說，歷史家和人類學家既然不靠考古家也能自己收集考古文獻，而且往往相當成功，同樣

---

[140] Paul Courbin (Paul Bahn trans.), *What is Archaeology? An Essay on the Nature of Archaeological Research*, Originally Published as *Quést-ce que lárchéologie? Essai sur la nature de la recherche archéologique*, (1982) (University of Chicago Press, Chicago and London, 1988), p. 152.

[141] 余英時，〈歷史女神的新文化動向與亞洲傳統的再發現〉，《九州學刊》，5: 2 (1992)。

[142] Lester Embree, "Archaeology: the Most Basic Science of All", *Antiquity*, Vol. 61, No. 231 (1987).

的，考古學家也可以成為成功的歷史家、金石學家或人類學家。不過就專業觀點而言，庫爾班認為考古家不能喪失本色，捨己之田而耘人之田，不論作為人類學家或是歷史學家，他都不能算是做「考古學」，只是不務正業罷了 **⑭**。

考古家的本色是什麼？他有什麼看家本領為人類學家、歷史學家或其他學者所不及的？直到現在考古家的本事大概仍以層位學和器物類型學為主吧，但這不意味他可以不採用其他工具和方法。考古學的對象是科學發掘的遺存遺物，運用層位學、器物類型學以及其他手段進行分析、解釋，最終目的在解答人類文明的奧祕，包括過去的文明進程和對當今的啟示。這樣的考古學自然也不能離其他學科而獨立，應屬於廣義的歷史學的一支。即使主張考古學寧靠近人類學的張光直，他擬議的先秦史，即是一種綜合的歷史學。研究農業生活以前階段的方法包括地質學、古地形學、古生物學、古植物學、古人類學和舊石器考古學；農業生活以後，除田野考古學外，還要用礦物學、動物學、植物學、社會文化人類學等學科的技術和方法；步入文明時代，與文獻史學者、考古學者和古文字學者的關係更加密切 **⑭**，這就和在新史學風氣中成長的中國考古學的傳統合流了。

1949 年以後中國考古學受客觀條件的影響，在進化論思潮的規範下尋找今日中國疆域內各種古代文化的起源與發展。對域外，實行絕對的「本土」起源論；對域內，則盛行傳播論，不論「龍山文化形成期」，或是「區系類型理論」或「統一多民族國家說」，皆帶有不同程度的傳播論

---

**⑭** Paul Courbin, *What is Archaeology? An Essay on the Nature of Archaeological Research*, pp. 154–155.

**⑭** 張光直，〈對中國先秦史新結構的一個建議〉，中央研究院歷史語言研究所主辦「中國考古學與歷史學整合國際研討會」(1994.1.4–9)，收入《中國考古學與歷史學之整合研究》(臺北：中央研究院歷史語言研究所，1997)；張光直，《中國考古學論文集》，頁 31–32。

色彩。古代是沒有今日的政治疆界的，以今之疆域分隔文化發展形態，不是學術之正軌。蘇秉琦說的不錯，「區系的中國」是方法論，「世界的中國」也是方法論[145]。所謂「世界的中國」，可以理解作把中國放在世界文化體系中，發展為比較論，但不忽略傳播論；可能自西徂東，但也有自東徂西的成分。這也是傅斯年、李濟以來中國考古學的傳統。

中國考古家一直沒有放棄重建古史的使命。歷史研究不能脫離史料，但史料不是單純地擺在那裡就能成為歷史的。考古資料作為重建古史的基本史料當然也不能只是一堆「斷爛朝報」，只有發展出含具人類普遍意義的課題，重建古史才符合新史學的任務，也才能答覆新考古學的挑戰。如果能從中國考古資料發現普遍意義的課題，推衍而成為普世性理論，這時才稱得上「中國學派」吧。

中國學派，這是所有中國考古家未來發展和奮鬥的目標，現在恐怕還無法明確界定，需要匯集大量研究成果後才可能看出眉目。但事先不能沒有理論性的自覺，我雖提不出正面答案，以下幾點卻是可以明確堅信的——只用中國資料，不足以稱中國學派，可能也成功不了中國學派。即使有特殊適用中國資料的方法，也還不能算是中國學派。所謂「中國學派」絕對不能只有一派。

---

[145] 蘇秉琦，〈中國考古學的黃金時代即將到來〉，《中國文物報》，1992.12.27；蘇秉琦，《華人・龍的傳人・中國人——考古尋根記》，頁 139。

# 錢穆與二十世紀中國古代史學

　　錢穆學貫四部，著作等身，而在學術史上具有里程碑之意義者，依出版先後，一般公認是《劉向歆父子年譜》(1930)、《先秦諸子繫年》(1935、1956)、《中國近三百年學術史》(1937)、《國史大綱》(1940) 和《朱子新學案》(1971) 五種，第一、二兩種屬於古代史範圍。錢穆治學尚通貫，不以斷代為限，然而他這兩部影響深遠的著作顯然是斷代的，唯其方法則可推衍及於他的整個史學風貌。本文以這兩部名著和其他一些相關的古史論述，試圖從二十世紀中國古史研究的脈絡中鉤勒錢氏古代史學的要義和特色，分析他的歷史貢獻，以及與其他重要潮流之間的異同。至於實質內容的討論，固非這篇短文的任務，何況以後來居上的新知識評量早期著作的得失，是欠允當的。

## 以史實破經說

　　錢穆開始成名之作是《劉向歆父子年譜》，這篇論文奠定他在二十世紀中國古代史學的地位。二十世紀初期中國的古代史學處處瀰漫著今文學家的古史觀，以康有為《新學偽經考》和《孔子改制考》兩部書的基本概念為骨幹，相信漢代古文經典是劉歆偽造的，不足採信；而西漢經師所傳的今文經典也不能坐實當真，不過是孔子為改制而託古的創作，總之，今古文經書都不是反映歷史事實的記錄。在這種氣氛下，章學誠

錢穆像

的「六經皆史」垮了，而乾嘉學者使用校讎、音韻、文字、訓詁和考據諸方法以剖析六經義理，即所謂的古文學派，自然亦如歧路亡羊，去「道」愈遠。所謂古代歷史已無事實可言，只存在於一些人的觀念中；而這些觀念也不過假借著「孔子」這個象徵符號，當它作挖空的容器，裝填上自己的思想而已 ❶。《劉向歆父子年譜》即針對這股學風而發，最終目的在出離經學而返於史學，所以錢穆雖出入經史，但基本上是一位史學家。

　　錢穆《師友雜憶》說他二十歲時讀夏曾佑《中國歷史教科書》，始知經學有今古文之別。二十六歲以後任教於蘇州后宅鎮泰伯市立第一初級小學 (1911–1912)，讀《新學偽經考》而心疑 ❷。他對今古文學的態度大抵依違於兩者之間而有所取捨，早期撰著的《國學概論》（1926–1928，1956 出版）開宗明義論孔子與六經的關係，認為古人書籍兩大類別是《詩》和《書》，《詩》含樂，《書》含禮，《周易》起於殷周之際，《春秋》有功於文獻；所以孔子之前雖無所謂的「六經」，但《詩》、《書》、《易》、《春秋》是早就存在的。他說，過於執著發掘義理，便難免「借後儒之理以說先聖之經，固無賴乎有經也」 ❸。這是一種史學家的態度。當他應顧頡剛之邀稿而作《劉向歆父子年譜》時，爬梳《漢書》，發現漢初的張蒼、文帝時的賈誼，以至宣帝時的路溫舒、張敞都修習《左傳》，其他如眭孟、京房、谷永、劉向、翟方進等人亦都用左氏之說，肯定古文學

❶　王汎森，《古史辨運動的興起》（臺北：允晨文化出版公司，1987），頁 167。

❷　錢穆，《師友雜憶》，收入《師友雜憶、八十憶雙親合刊》（臺北：東大圖書公司 1983），頁 75、132。

❸　錢穆，《國學概論》，收入《錢賓四先生全集》1，（臺北：聯經出版公司），頁 11，簡稱《錢集》。

家所講的《左傳》早在劉歆之前已經普遍流傳了。

　　《劉向歆父子年譜》的方法是以史學破經學,「著其實事,實事既列,虛說自消」,於是乎可以脫經學之樊籠而發古人之真態❹。這就是孔子所說的史學的根本精神:「我欲載之空言,不如見之於行事之深切著明也。」❺原來北平各大學都開經學史和經學通論的課程,當然也都在康有為學說的籠罩下,及 1930 年 6 月《劉向歆父子年譜》一文刊出,各校經學課遂多在秋後停開❻,可見此文發揮了相當大的作用。但當時多數人還是跳脫不出今古文門戶之爭的思考窠臼,遂都疑錢穆主張古文家言❼。不過錢氏既然超脫於經學門戶之外,當然不會前門驅狼而後門迎虎,因為像劉師培的《中國歷史教科書》所述的九頭紀與五帝神蹟等等「同樣不可信,甚且更見其疲軟而無力」。他對於兩漢經學今古文爭議的立場,「端在撤藩籬而破壁壘,凡諸門戶,通為一家」,把經學問題看作史學問題, 全據歷史記載而發掘古人學術之真相, 經學爭論的偏見自然水落石出。這套方法可以說是「還經於史」,用於解析經今古文之爭,錢氏很有自信,認為另闢治學途徑,開啟的戶牖迥異乎前人❽。由此可見他對《年譜》充滿信心, 溢於言表, 事實上這篇大文也的確給長年以來的今古文爭議作一了結。

---

❹　錢穆,〈劉向歆父子年譜自序〉,《兩漢經學今古文平議》(臺北: 東大圖書公司,2003),頁 7。

❺　《史記‧自序》司馬遷引述。

❻　錢穆,《師友雜憶》, 頁 139。

❼　同上, 頁 140。

❽　錢穆,《兩漢經學今古文平議》, 頁 5–7。

# 考古即疑古

　　二十世紀初，中國古史學界承繼今文學風，再加上反傳統的社會潮流，於是蘊育出疑古的史學風氣，錢穆對此風氣的態度若即復離。他認為自己也是疑古的，不過他不用「疑古」一詞，而自謂「考古」。當然，沒有英文 archaeology 的意思，反而近於顧頡剛的「疑古」，用他的話說，二者「精神意氣，仍同一線，實無大異」❾。然而因為錢氏堅持「疑與信皆須考」，「考信必有疑，疑古終當考」，始終標榜他的工作是「考古」，而不願稱作「疑古」❿。這也顯露錢穆治學與為人的風格——不與人同。他的「考古」有考據訓詁的意味，但他卻自認為非清儒之訓詁考據所可比擬或企及⓫。二十世紀中國的古代史學在馬克思主義史學成為氣候之外有兩大主流，一是顧頡剛所代表的「疑古派」，另外一個主流則是傅斯年所代表的「重建派」。錢穆的「考古」與疑古既然「實無大異」，當近於顧氏，而其考古的目的既在追求真實的歷史，所謂「貌若辨偽而旨切存真」⓬，顯然又近於傅氏。不過，他與這兩大學派雖有某種程度的交集，實質上是截然異趣的。現在先說「考古」與疑古的異同。

　　顧頡剛晚年追憶編寫《古史辨》的原起說，激發他懷疑古史記載的人，遠的有鄭樵、姚際恆和崔述，近的則是胡適和錢玄同，沒有提到康有為⓭。但就他那篇名震寰宇的《古史辨》第一冊〈自序〉⓮所述，一

---

❾　錢穆，《師友雜憶、八十憶雙親合刊》，頁 146。

❿　錢穆，同上，頁 44。

⓫　錢穆，〈莊老通辨自序〉，《莊老通辨》（臺北：東大圖書公司，1991），頁 1–2。

⓬　錢穆，〈兩漢經學今古文平議自序〉，《兩漢經學今古文平議》，頁 3。

⓭　顧頡剛，〈我是怎樣編寫古史辨的?〉（上），《中國哲學》，2 (1980)。

⓮　顧頡剛，〈古史辨第一冊自序〉，《古史辨》一上 (1926)（臺北：明倫出版社重

般認為顧氏的疑古係康有為《新學偽經考》和《孔子改制考》進一步的發展，亦非空穴來風⑮。不過細查顧氏〈自序〉，疑古與經今文學恐怕還是異大於同的。顧頡剛原本信從古文學派的章太炎，斥今文學家為妄人，及讀《新學偽經考》，明白古文的來歷確有可疑，於是對今文家平心不少。後來又讀到《孔子改制考》，承認上古之事茫昧無稽，不禁十分佩服康有為的觀察力之敏銳。但他並沒有因而變成今文派，他總覺得「學問必須在繁亂中求得的簡單纔是真實的綱領，若沒有許多繁亂的材料作基本，所定的簡單的綱領便終是靠不住的東西」。從繁雜資料尋出大脈絡、大趨勢正是史學家的極致，今文學家只「從簡單中尋見學問的真相」，遂難免「淺陋」⑯。至於窮究真知的態度和超越經典權威的精神，顧頡剛所表現的近代知識分子的風範，則絕對不是康有為夢想所及的。

顧頡剛疑古的精義匯聚在「層累地造成的古史」這個觀念上，一提出來，胡適就一針見血地指出：「這種見解重在每一種傳說的『經歷』與演進，這是用歷史演進的見解來觀察歷史上的傳說。」⑰「層累造成說」包含非常細膩而且豐富的內涵，與《偽經考》、《改制考》所倡導的造偽絕不相似，錢穆自然也看到這層，他比較傳說與偽造之異，傳說是社會上共同有意或無意演進生長的結果，自然的、連續的、漸變的；偽造是一人或一派的特意製造，人為的、改換的、突異的。他承認康氏之說有些粗糙武斷，不合情理，不如顧氏所謂傳說演進的說法較近實際。不過在錢穆看來，顧頡剛仍「不免根據今文學派的態度和議論來為自己的古史觀張目」，他不能徹底割捨康有為，遂給古史辨的發展橫添許多「不必要的迂迴和歧迷」⑱。譬如古史系統傳說，鄒衍稱始黃帝，鄒衍之前的

---

印，1970）。

⑮ 參王汎森，《古史辨運動的興起》，頁 209–215；湯志鈞，〈古史辨和經今文〉，《紀念顧頡剛學術論文集》（上）（成都：巴蜀書社，1990）。

⑯ 顧頡剛，〈古史辨第一冊自序〉，頁 29–30。

⑰ 胡適，〈古史討論的讀後感〉，《古史辨》一上，頁 192。

荀子卻說到更早的太皞、燧人、伏羲，早於荀子的孟子則提到神農。錢穆總懷疑層累的古史傳說要一層層「剝皮」的話，次第似乎也不是那麼井然的。《古史辨》第一冊出版，一年之內發行二十版 ⓳，不但風行史學界，也風行知識界，難怪傅斯年欽佩顧頡剛在史學上稱王，因為他佔據了中央的地位 ⓴，但這種恭維錢穆恐怕是不會首肯的。即使在疑古的天地中，他疑〈堯典〉，疑〈禹貢〉，疑〈易傳〉，疑《老子》出莊周後，相信自己所疑皆超過顧頡剛 ㉑。然而「層累造成說」所建構的歷史文獻解析的新「典範」，重視「傳說經歷」更甚於「史蹟整理」 ㉒，錢氏似乎缺乏同情的理解。終其一生，錢氏對疑古派的批判愈來愈嚴厲，因為他認為懷疑的路子走不下去，破壞遠過於建設，必將無路可走。

## 博綜會通重建歷史㈠：人事繫年

錢穆的歷史學反對懷疑破壞，他要走的是歷史重建的路，研究的方法則是博採文獻，綜合貫通，而尋出其中條理，以重新建構歷史面貌。這種方法在他的《莊老通辨》謂之「博綜會通」 ㉓，類似說法亦見於其他著作。他一輩子的學問既強調「博」，又強調「通」，以會通來綱領博雜的歷史萬象而求其頭緒，晚年特揭「統之有宗，會之有元」 ㉔，所以

---

⓲　錢穆，〈評顧頡剛五德終始說下的政治和歷史〉，收入《古史辨》五下，頁 620-621。

⓳　顧頡剛，〈我是怎樣編寫古史辨的?〉（下），《中國哲學》，6 (1981)。

⓴　傅斯年，〈歷史語言研究所工作之旨趣〉，《傅斯年全集》四，頁 457（臺北：聯經出版公司，1928）。

㉑　錢穆，《師友雜憶》，頁 146。

㉒　余英時，《史學與傳統》（臺北：時報出版公司，1982），頁 275。

㉓　錢穆，〈莊老通辨自序〉，頁 12。

「博綜會通」這四個字可以概括錢穆治史的主要方法和精神。現在分考辨人事繫年與解析社會和思想兩部分來說明。

錢穆自第一部成名作品《劉向歆父子年譜》起就展現他一生的治學風格。《年譜》以史實破經說，也就是以實學破虛論；「實」字貫穿他以後的經典性著作，可以作為他個人學風的標識，而最推經典者，莫過於《先秦諸子繫年》。

錢氏首先治《論語》、《孟子》，由於編著《論語要略》而涉及孔子生卒行事，編著《孟子要略》而先為孟子立傳❷⑤。研治思想家之思想之前，先了解思想家的事蹟，這種研究取向就帶有濃厚的史學旨趣。由於考究孔孟，使他旁及諸子百家，於是有《繫年》之作。《繫年》分〈考辨〉、〈通表〉兩部，〈考辨〉詳其立說之根據，〈通表〉著其結論之梗概❷⑥，表面上是一部個別諸子百家的考據著作，其實是通貫春秋晚期經戰國到贏秦統一大約三百五十年的學術、思想和政治的歷史。

他對《繫年》的評價相當自信，認為有三點是前人比不上的，第一，綜貫百家，排比聯絡，互相呼應；第二，不局限於少數著名人物，凡稍可考查者無不窮羅緝逸，於是學術源流乃繫然條貫；第三，不專限於諸子，旁及相關史事，因而訂正史籍所載政治史的錯誤，再反過來幫助諸子年世的考訂，則若網在綱，一目了然❷⑦。一言以蔽之，就是要盡可能蒐羅所有的資料，條列所有的人事，錯綜排比，互證得失，最後尋找一種最合理的理解，以重建歷史真相。這種研究法，錢賓四有一個很傳神的比喻，他說譬「如常山之蛇，擊其首則尾應，擊其尾則首應，擊其中

---

❷④　錢穆，《從中國歷史來看中國民族性及中國文化》(臺北：聯經出版公司，1979)，頁 76。

❷⑤　錢穆，〈先秦諸子繫年跋〉，《先秦諸子繫年》(臺北：東大圖書公司，1999)，頁 621。

❷⑥　錢穆，〈先秦諸子繫年通表〉，《先秦諸子繫年》，頁 511。

❷⑦　錢穆，〈先秦諸子繫年自序〉，《先秦諸子繫年》，頁 1–2。

則首尾皆應」。然而這也難免含有一定的危險性，所謂「一子有錯，諸子皆搖」❷❽。不過他倒相當樂觀，他相信「先秦遺文，六國之際，於今可考者，縷指而計之，程年以盡之」，便不怕考證不廣；「謹記其異同，推排其得失，次其先後，定其從違，必有當者，可以確指」，也不怕思慮不精❷❾。他認為諸子述古儘管可以信口開河，寓言無實，但記述當世之事，無意托古，轉多可信。故以諸子驗證《竹書紀年》、《史記》，亦以諸子書還考諸子事，於是「羅往跡，推年歲，參伍以求，錯綜以觀，萬縷千緒，絲絲入扣，朗若列眉，斠可尋指」❸⓿。這種近乎「天羅地網式」的互證法真可謂極盡廣博綜合之能事了。然而單「博綜」還不夠，還要在非常繁雜的資料中理出一個頭緒，錢賓四遂再標舉「會通」，故謂「博涉必尚會通」❸❶。考其會通之法是相當難以言傳的，他說諸子百家有的可以得其生卒年壽，有的可以推其交游出處，「片言隻字，冥心眇慮，曲證旁推」，而後可以「信於四達而無牾，一貫而可通」❸❷。《先秦諸子繫年》這部龐大細密的論著恐將成為學術界的「廣陵散」了，此其關鍵不在於資料之「博綜」，而在於整理資料之「會通」，因為錢穆所謂「冥心眇慮」的研究法只能意會，是無法言傳的。

　　上節說過二十世紀中國古代史學的兩大主流除顧頡剛的疑古派外，還有傅斯年的重建派。顧頡剛的史學精義把「傳說的經歷」看得比「史蹟的整理」還重要，他雖分析古史傳說，但傳說所涉及的古史則是不可知的，至少無法建構，此與傅斯年及其所領導的歷史語言研究所企圖重建歷史之大業不同。就「重建」而言，傅氏可以引錢氏為同道，故經常推薦《劉向歆父子年譜》。據錢氏說，傅斯年的用意「乃以此破當時經學

---

❷❽　同上，頁1。

❷❾　同上，頁19。

❸⓿　同上，頁20。

❸❶　錢穆，〈莊老通辨自序〉，頁2。

❸❷　錢穆，〈先秦諸子繫年自序〉，頁19。

界之今文學派，乃及史學界之疑古派」❸。不過說傅、錢同道也只是從治史的目標——重建而言，其實他們兩人所用的方法、所重視的問題、所憑藉的資料都存在著相當大的歧異。

傅斯年提倡的歷史研究特別重視新資料和新方法，並且強調集眾工作，以自然科學為模範引導史學風氣。他的〈歷史語言研究所工作之旨趣〉標舉三項目標，第一是使用直接史料如卜辭、銘文、考古發掘、日記、志書；第二是擴張材料，如中國歷史上周邊民族的文書、記錄或中國境內少數民族的調查，第三是擴充使用的工具，也就是各種足以開啟歷史奧祕的學問，如語言學、考古學以至地質、地理、生物、氣象、天文等自然科學。這是史語所的史學方法。錢穆的史學雖然窮極資料，但相形之下，資料的性質只限於文獻，還是比較單一的。至於會通的方法，任何有實際研究經驗的人雖然都不否認「心通其意」的重要性，雖然都相信史識是衡量史家高下及作品優劣的重要憑藉，但錢穆的「冥心會通」顯然不如傅孟真所揭櫫的方法之有跡可循。

錢穆對傅斯年視同涇渭，也可以從他對二十世紀中國古史研究大權威王國維的評價透露一二。王國維早在傅斯年創辦史語所之前就成名，其治學旨趣史語所引為同調，研究古史尤其擅長以新出的甲骨金文和傳統文獻交叉論證，直到現在這種「二重證據法」中國古史學者無不依然奉為圭臬。錢穆評論這位史學大師的治學路徑是第二流，成就則是第一流❹。所謂「路徑」究何所指，記錄者沒有交代，推測大概是指材料和方法吧。那麼錢穆評價傅斯年所講的新觀念和新路向自然也就不言可喻了。他對於像卜辭之類的新資料，態度雖不若章太炎之決裂，多少抱著冷淡的矜持，在北京大學講授中國上古史，以為「龜甲文以外尚有上古史可講」❺；晚年甚至堅決相信欲考殷商一代之治亂興亡，唯有見於《史

---

❸ 錢穆，《師友雜憶》，頁 146。

❹ 嚴耕望，《錢穆賓四先生與我》（臺北：臺灣商務印書館，1992），頁 63。

記‧殷本紀》，而無以考於龜甲❸。那麼董作賓博綜卜辭而建構的曆譜，所發掘的軍政社會文化諸史事❸，其開拓古史知識之功和在歷史研究上的意義，錢穆顯然是無法理解的。錢氏在北大怎樣講中國上古史，因為沒看過講義（可能沒有存留下來），不能討論，據說實際上只是講先秦學術史❸。如果可以從應聘北大前夕所撰的〈周官著作考〉和〈周初地理考〉❸窺其上古史研究之大略，則顯然亦走「博綜會通」的路子。由於錢穆跳不出傳世文獻以迎接各式各樣的新史料，但也知道古文學派如劉師培者流恍惚曼衍的古史系統❹不可信，其古代史學之範疇乃不能不循著他的另一論敵——胡適「截斷眾流」的規範，因此，不論他有多強烈的民族文化意識，時代上限也只能在東西周徘徊，無法上溯到更廣闊、更遙遠的唐虞夏商中。

## 博綜會通重建歷史㈡：思想社會

　　錢穆所擅長的古代史限於文獻記載所及的春秋戰國，尤其是思想史方面。關於古代思想的分析和重建，文字史料固遠比非文字史料直接而且重要，所以錢穆博綜典籍，會通文獻，以其特具的敏銳眼光和提綱挈領的綴聯能力，能取得超越前人的成就，最有系統者當推墨學的源起與流變。這方面的研究主要見於《墨子》(1931) 和《惠施、公孫龍子》(1931、

❸　錢穆，《師友雜憶》，頁 142。

❸　錢穆，《現代中國學術論衡》（臺北：東大圖書公司，1990），頁 147。

❸　董作賓，《殷曆譜》（李莊：歷史語言研究所，1945）。

❸　王明，《自傳》（成都：巴蜀書社，1993），頁 8。

❸　錢穆，《師友雜憶》，頁 140。

❹　劉師培，《中國歷史教科書》，收入《劉申叔先生遺書》一，（寧武南氏校印，臺北：華世出版社重印）。

1977）兩書。他將墨家分為前後兩期，初期墨學以墨翟及其弟子為代表，他們標榜役夫行徑，以「反貴族」為其學說的主要根源，以「非儒」佔據學術門戶，以「尚賢」「兼愛」作為學說的兩大骨幹，最後才敷衍「天志」「明鬼」，為其著書立說的護符。錢穆認為學界所重視墨家與宗教的密切關聯並不切中要害，宗教只是初期墨家的一層保護色而已，故後來墨家流衍多支，沒有走上宗教之路，反而是相對於宗教的另一極端——能言曉辯的「別墨」，此一轉變的關鍵人物則是戰國中期的惠施。

善辯的惠施何以和墨家繫聯在一起呢？錢穆提出「歷物」作為惠施學說的結晶，歷物要旨即「氾愛萬物，天地一體」，氾愛之義上承墨翟兼愛，但天地一體則是惠施新說，已超出墨翟的天志。有惠施堅白之論，才有公孫龍白馬之非馬，以至於其他如「鉤有須」、「卵有毛」或「雞三足」、「火不熱」等能服人口不能服人心的詭辯。在墨家發展的過程中，錢賓四以為墨子之徒正統派所建立的鉅子制度，漢代的游俠猶有其遺風；墨團的苦行共財則流為許行君臣並耕的神農之言；墨學不合人情，令人不堪，宋鈃乃出來彌補這個缺憾，以心之寬容和情欲寡淺的新心理學來達到初期墨家節葬、節用、非樂、非攻、尚賢、兼愛等主張，所以也用不著講天志和明鬼。這些學說的淵源流變就是錢穆博綜會通後所揭櫫的「思想線索」，他並認為許行的思想再進一步便成了莊子一派的無政府主義，宋鈃的新心理學開出《老子》哲學的「慈」和「儉」，於是漢代人對先秦所作的學派分類，「農學、小說家、名家、道家都做了墨家的代售處、分發所了」[41]。

錢穆批評清儒考據，「踏實有餘，蹈虛不足」，唯有具備「綜合之慧眼」和「博通之深識」的人乃能蹈虛，這兩項條件當然也是可以意會而不可言傳的。踏實則博綜，蹈虛則會通，他以「博綜會通」之法而建構的先秦思想線索，其精彩處可當作藝術品欣賞，但也存有相當大的爭議

---

[41]　錢穆，《墨子》，頁 59、66、78，收入《錢集》6。

性。戰國百家流派是不是就如他所部別的，歸納在儒和墨之中，有墨而無道，這種一家之言並無多少人採信，但好像也沒有人嚴肅地討論過，只有一個問題——老子年代爭論得比較激烈。這場爭辯的主角是胡適之和梁任公，但錢穆的意見最為極端，他主張老子不但晚於孔子，而且晚於莊子，便是用這種方法獲得的結論。他選定一些概念名詞，經過「博綜會通」的分析排比，條貫出「思想線索」❷，循此線索以定著作的年代和思想家的先後，而建構思想史的脈絡。老子思想之所以必晚於莊子、惠施，是因為《老子》書開宗明義並舉「道」與「名」這兩個概念的緣故。他的方法引起胡適的批評，胡適基本上認為「思想線索」是很有危險性的，不能免除主觀的成見。這方法如雙刃劍，可以兩邊割。你的成見偏向東，這方法就幫助你向東；你的成見偏向西，這方法就幫助你向西。所謂「思想線索」，缺乏證據性的價值，而且古代思想界的重要觀念也不是那麼容易弄明白的❸。錢穆為胡適這篇短評再作三篇文章申論他的意見❹，胡適之皆置之不理，因為雙方治學方法的根本歧異並沒有改變，還是「思想線索」的問題。今日重讀這段公案，如果從文獻學來看，錢穆所條貫的「思想線索」是根據傳世的《老子》第一章開宗明義「道可道」與「名可名」而來的，如果根據馬王堆帛書「上德不德」作開宗明義，本章所攻擊的焦點只是「禮」❺，要找到合適的時代背景，老子所居「思想線索」的位置，放在春秋末年豈不更合理嗎？

我不準備具體討論關於老子年代的辨駁，只想指出新資料的重要性，以及「博綜會通」法潛在的危險性。這種方法用到社會、制度上，可以稱作「情勢考證法」，〈周官著作考〉用此法建構資料網絡，也暴露與《通

---

❷ 錢穆，〈莊老通辨自序〉，頁 8–9。

❸ 胡適，〈與錢穆先生論老子問題書〉，收入《古史辨》四下，頁 411。

❹ 錢穆，〈關於老子成書年代之一種考察〉、〈再論老子成書年代〉、〈三論老子成書年代〉，皆收入《莊老通辨》。

❺ 參唐蘭，〈老聃的姓名和時代考〉，收入《古史辨》四下，頁 348。

辨》類似的問題。因為綜合而得的社會是否合乎實況，則是見仁見智的問題，但新資料應該可以起一些比較重大的作用。〈周官考〉結論謂《周禮》作於戰國，絕非劉歆偽作，應是大多數人可以接受的論斷。它的史學方法的意義毋寧是從反映政治社會情態的制度史資料而考據著作年代，故在《周禮》研究史上具有突出的地位。不過錢穆雖考《周禮》之著成年代，其實欲透過史料的「博綜會通」，以重建《周禮》著成的戰國時代的社會。但是如果我們使用新資料來檢驗〈周官考〉的一些辨證，檢驗他所謂的戰國社會情態，這方法便暴露只根據文獻的「博綜會通」是不完整的。譬如知道西周的儷匜 ❹，就不會相信黥墨是春秋末期華夏民族傳習南方越民族風俗而創的刑罰 ❹；知道卜辭或西周刖者守門的銅器 ❹，自然不會有戰國普遍以刑人為奴隸的論斷 ❹；知道師旅鼎，應該不會把《尚書‧呂刑》的罰鍰壓到戰國晚年 ❺；知道散氏盤，就知道封建與封疆是並行不悖的 ❺；嫻熟金文，則知金文學者有西周軍門稱和之說 ❺，便不會單純地斷定始於戰國 ❺。還有，從古代農莊共同體來看，《國語‧齊語》所記個人或家庭相疇、世同居、少同遊的社會，與行政強制規範的什伍制有著根本的差異 ❺，就不會把〈齊語〉所述與《管子》、《周官》同樣看待 ❺；如果有民族學、民俗學的素養，自然也不會說音

---

❹　杜正勝，《編戶齊民》（臺北：聯經出版公司，1990），頁 272。

❹　錢穆，《兩漢經學今古文平議》，頁 352–353。

❹　杜正勝，《編戶齊民》，頁 268–269。

❹　同注 ❹，頁 354。

❺　同上，頁 372。

❺　同上，頁 421。

❺　白川靜，〈再論蔑曆〉，《歷史語言研究所集刊》，51：2 (1980)。

❺　同注 ❹，頁 446。

❺　杜正勝，《編戶齊民》。

❺　同注 ❹，頁 367。

樂招致物怪鬼神全起於戰國了❺❻。《周官》一書雖著成於戰國，但包含有
更早的材料，把早期材料當作戰國現象，古代社會史就混亂了。照這樣
看來，研究古代社會要「博綜會通」，恐怕更非注入傅斯年一生提倡的新
資料和新工具不可。

## 結　語

　　本文檢討錢穆古代史學的歷史定位，有以下兩個基本立場。第一，
不以後之研究評論其內容。錢穆的古史重要著作多完成於 1930 年代，距
離今日已過六、七十年。這期間，中國古代史研究由於新資料的發現以
及各種輔助學科的引進，頗有長足發展，固不能以後來的研究成果作準
繩，所以本文僅就其研究取向和方法具有學術史意義的部分發揮，盡量
不論述實質內容。第二，與別家的比論衡量亦以錢氏交涉的對象為主，
不以別人之所有而論其所無。譬如郭沫若所代表的馬克思主義古代史學，
以馬列理論闡述中國資料而建構中國古代社會的面貌，不論關切的課題
或使用的方法與錢氏的差異更大，錢氏也很少與他們交涉，故不在本文
論述之列。

　　總結錢穆古代史學所呈現的學術風格，我個人有幾點看法。首先，
他的知識雖然旁通經史子集，但歸結於史，用史實破經說，結束晚清以
來瀰漫於學界的今文學，廓清經學的混淆，把傳統史學的作用發揮到極
致。其次，他在二十世紀古代史學兩大潮流——「傳說經歷」與「史蹟
重建」之外自樹一幟，有所同，也有所不同。他以疑古自任，所疑「皆
超於頡剛」❺❼，但對顧頡剛「傳說的經歷」似乎缺乏同情的了解。他的

---

❺❻　同上，頁 454。

❺❼　錢穆，《師友雜憶》，頁 146。

歷史研究也想要重建歷史，但對傅斯年強調的新資料和新工具始終抱著
矜持的排拒。學術上的態度，他與顧、傅有距離，正如思想文化上他之
對待胡適一樣，都是異曲同工的。這些方面錢穆顯然都處於時代潮流之
外，終其一生，扮演著主流批評者的角色。

　　錢穆治學強調博綜群籍，會通其意，的確指出史家優劣的關鍵。但
由於輕忽新資料，致使「博綜」猶有遺珠之憾；而過於強調「慧眼」或
「深識」，學者只能憑其用心與體會，缺少可以依傍的進階，則難以師法。
我曾概括錢氏治學的情性與眾不同，有其志氣，不一定有其學識；有其
學識，不一定有其才情❺❽。不論學術或思想上，他都可稱得上是一位特
立獨行之士，在二十世紀的中國必佔有適當的歷史地位。

　　錢穆可能是中國歷史上著述最多的學者，以後恐怕也少有人能夠超
越。他或許自認為一生並不得意，故到六十三歲寓居九龍鑽石山，為《莊
老通辨》寫下爭辯幾十年的感慨，引述歐陽脩論《易傳》的話說，「二千
年前有一個孔子，脩與之同說，二千年後焉知無一人與脩同其說？」前後
三、四千年，會通其心者不過三兩人而已。這段話透露錢氏的學問心境，
雖有「千萬人吾往矣」的氣概，似乎仍然難掩「夕陽殘照」的孤獨！

# 後　記

　　此文係應香港中文大學新亞書院之邀，為「錢賓四先生百齡紀念學
術研討會」(1995.5.11–13) 而作。錢穆先生長享高年九十又六，所謂百齡，
距其去世不過四年而已，其門生故舊猶多孺慕感懷之情，舉行學術研討
會並不一定合宜。我雖曾私謁，承其教誨，但不敢自命是他的學生，因

---

❺❽　杜正勝，〈學術與現實之間〉，《文星》，復刊 3 號，收入杜正勝，《古典與現實
　　之間》（臺北：三民書局，1996）。

為敬重錢先生乃二十世紀中國學術界成一家之言的學者，希望能給他一個客觀的歷史定位，與其門生之懷念心情，自然有所不同，所以此文在這次研討會中未免有些突兀，這是我對錢門弟子深感抱歉和不安的地方。

　　此文在會議期間引起一些討論，我覺得有責任略作澄清。第一，錢先生的家人認為我說《劉向歆父子年譜》係應顧頡剛先生之邀稿而作，有厚誣前賢之疑，因為顧先生邀稿，而錢先生卻寫一文專來批評顧先生，有失厚道，錢先生不會如此無禮。其實我的陳述本於錢先生的自述，《師友雜憶》（東大圖書公司 1983 年版）頁 132 云：

> 余在蘇中（按即蘇州省立中學），函告頡剛，已卻中山大學聘。頡剛復書，促余第二約，為《燕京學報》撰文。余自在后宅，即讀康有為《新學偽經考》，而心疑，又因頡剛方主講康有為，乃特草〈劉向歆父子年譜〉一文與之。然此文不啻特與頡剛諍議，頡剛不介意，既刊余文，又特推薦余至燕京任教，此種胸懷，尤為余特所欣賞。固非專為余私人之感知遇而已。

〈劉向歆父子年譜〉是專門寫給顧頡剛先生的，錢先生自己說得十分明白（「乃特草……一文與之」），非我杜撰，更無關乎厚道不厚道的問題。

　　第二，拙文論述錢穆先生對傅斯年先生所倡導的新資料與新工具抱著矜持的態度，有人解釋說，錢先生並不全然排斥甲骨文和金文的研究。我的說法係就他們兩人對歷史學認識的大方向而言，其根據亦請看《師友雜憶》頁 142：

> 又有人來書，云，君不通龜甲文，奈何靦顏講上古史。余以此書告講堂諸生，謂余不通龜甲文，故在此堂上將不講及。但諸君當知，龜甲外尚有上古史可講。諸君試聽，以為如何。

可見錢先生並不隱諱他對甲骨文研究存而不論的態度，他這種治古史的
態度，我認為對董作賓先生在古代史學的重要性缺乏理解，話說得淺白
了些，但不是攻訐之詞。且看他在《現代中國學術論衡》〈略論中國考古
學〉一章說的話：

> 然則殷墟新發掘，可以補遷書（按，指司馬遷《史記》）之缺，但
> 亦可以證遷書之有據可信。今欲考殷商一代治亂興亡之大業，則
> 惟有見於遷書，而無以考於龜甲。故中國古人讀史即以考古，而
> 中國史學之可貴亦由此而益見矣❺⁹。

錢穆先生治史重視政治之治亂興亡，遂認為龜甲文的史學價值遠不及《史
記》，他的態度應該很清楚；他的「讀史即以考古」之論，顯然針對傅斯
年先生的話——「我們不是讀書的人，我們只是上窮碧落下黃泉，動手
動腳找東西」而發。錢先生不贊同傅先生的學風，所以接著說：

> 中央研究院為近代中國一最高學術研究機構，有關中國舊學方面
> 者，則為中國歷史語言研究所（按，應稱「歷史語言研究所」）。
> 其中最主要者，一為考古與龜甲文研究，一為語言學。……試問
> 研究龜甲文，以及研究各地白話方言，又與治中國史具何關係？
> 治龜甲文過於舊，治語言學又過於新，新舊相衝突，惟俱是模仿
> 西方，則不知覺❻⁰。

甲骨文、方言與歷史無關，這是錢先生的歷史學與傅先生不同之處，他
對史語所的批評即顯示他對傅先生缺乏同情的了解，對他所成長時代之

---

❺⁹　錢穆，《現代中國學術論衡》，頁147。

❻⁰　同上，頁148。

世界學術缺乏認識，由此透露兩人對歷史學觀點的差異自然相當大。

　　古代史學只是錢穆先生史學的一部分，整體觀察，也不見得是他最重要的部分。不過他成名於中國古代史學發皇的時代，與當代大家都有過往，在這領域內也有不朽的著作，故可就其古代史學的方法與態度客觀析論。純從私情而言，我受過錢先生的指點，獲益良多，始終對他抱持敬意；我寫此文亦只作歷史論斷，說明錢穆先生與其同輩人的異同，而且好多話都是錢先生的自道，我從沒想到要故意去分別甲乙。

# 通才考古家高去尋

## 懷　念

　　這些年來中央研究院的面貌丕變，一棟棟大樓像春筍一般平地竄起，只有五十年前興建的兩層樓的考古館，以及一牆相隔的平房胡適紀念館尚維持舊觀，而邊臨的馬路也還是院內的南北幹道。這麼單薄的「舊底子」仍然可以給懷舊的人一點憑藉，好像回到幾年前，看到一個高碩的背影走出考古館，拄著拐杖，沿著馬路，一步一停地走回家去。他就是我的業師高曉梅（去尋）先生。我習慣稱他「高先生」，不稱呼「老師」。

　　念臺大歷史學研究所時，我始入高先生之門，及民國六十九年 (1980) 我任職歷史語言研究所之後，與他過從遂密，到他去世，計有十二年之久。高先生平易近人，甚得上上下下的敬愛，凡與他接觸過的人都有他們自己的故事或感受；但我更體察到他晚歲的十來年成為史語所的精神象徵，以及後輩學者對他的敬重，這應該不只是人緣好而已。這些年來我因為職務的關係對本所的歷史稍加留意，探索本所的精神和風格，偶爾檢讀高先生（以下臨文不諱）的著作，多有心神相契之感。我想他之成為 1980 年代史語所精神之所繫，毋寧是他那種通才型的學問風格。

# 資淺的田野考古家

　　高去尋是一位通才的考古家，不是指他考古學樣樣懂，反而是他能跳出考古的範圍，從更寬廣的人文社會科學看待考古資料與問題。他的通達是能入乎其內，出乎其外。而且從他治學的格局和方向，我似乎體會到史語所創所的真正企圖，他也正是史語所創辦人傅斯年要物色的學問種子。

　　一般都稱頌高去尋是出色的考古家，以他的殷墟發掘報告的貢獻，應該是當之無愧的。但大家也不要忽略，他的田野資歷並不深，他開始參加史語所舉世聞名的安陽考古已晚到民國二十四年 (1935) 北京大學剛畢業之時。這是侯家莊西北岡第三次，也是最後一次的發掘，殷墟第十二次，在此之前殷墟從 1928 年以來已發掘十一次了。考古組安陽發掘有十位青年，號稱「十兄弟」，依入所參加工作的先後，高先生排行第九，他在同輩中顯然屬於「後進」。數年前，石璋如寫一篇紀念高去尋的文章❶，那些生動的記述多少可想見這位考古生手所面臨的一些窘境。

　　從 1935 年秋天參與田野工作到 1937 年夏天終止安陽發掘，高氏的殷墟田野經驗只有兩年，在西北岡和小屯將近一千八百座墓葬中經他視察的約有三百，多是小墓。這兩年除西北岡第三次發掘外，他參

高去尋像

---

❶　參石璋如，〈高去尋先生與殷墟發掘〉，《田野考古》，2：2 (1991)。

加了小屯第十至十二次、大司空村和琉璃閣，其中大司空村他擔任領隊。
抗戰軍興，輾轉西南，1940 年冬，史語所遷居四川南溪李莊，翌年 (1941)
秋，和中央博物院、營造學社合組川康古蹟考察團，發掘彭山崖墓，高
去尋躬與其事，至 1942 年春結束，前後不滿一年。這是高氏繼安陽之後
第二次的田野經驗。最後一次經驗是史語所剛來臺灣不及一年就開展的
第一個發掘──埔里的大馬璘遺址，為期只有短短二十天而已。

　　高去尋的安陽考古經歷，當時的見證人石璋如上引的紀念文已有所
述，本文從略。這裡只述他參加彭山崖墓的發掘，抄錄幾則他的發掘日
記（史語所藏），以推想當時的情狀。日記用鉛筆寫在小記事簿的粗糙土
紙上，距今四十七年，不少字跡淡白難辨。

　　1941 年 10 月 23 日在寂照庵出發油房山調查，崖墓日記記山野之狀
云：

> 由曾樹林家往東北尚有崖墓七八，在第一階層，更往東北則至江
> 口鎮，後面岩石皆成斜層狀（按，畫斜層地形圖），無崖墓；但其
> 上面則近代墓壘壘然，數不下千餘。第三層有二崖墓相鄰，於其
> 口拾一陶俑殘片，顯然皆已破壞。下午調查貓貓溝，貓貓溝者諱
> 言虎而稱之也。溝極行其北溝緣，由 PS131（按，指丁家坡 131 號
> 崖墓）處下有三崖門，皆已洞開。更至工人某住家處（愈行欲〔愈？〕
> 向下）。至其田主田家，已無人行路，距溝底不過三四丈，突成陡
> 壁，不能下，乃沿路歸。

景色雖荒，但歷歷如畫。11 月 4 日記豆芽坊 169 號崖墓之發掘，帶我們
從地面走入漢代的崖墓：

> PS169，墓道長 5.30m 長，1.93m 寬，全填土（南高北低，東高西
> 低，乃就土坡形）。自二日掘起，最上為農耕土，原約 0.30m，又

掘至 0.55m 深，在偏北處露出石槨上口。石槨 2.55m 長，寬 1.40m。
石槨四周鋪有許多紅色石塊，大石塊不規則形，原兩三層，共厚
約 0.60m。……0.95m 深露出前簷，簷上為斗拱之雕刻，其下之
第一層為 0.45m 高，第二層簷雕雙臥羊，中央一怪人物形。此層
簷下為門楣。（下略）

高氏除崖墓發掘外，也注意其他文物的考查，12 月 10 日日記云：

午前隨陳明達往半邊街調查牛王洞。牛王洞實非刻牛形，乃一在
石橋旁之崖龕內造一坐式佛像，像頭之旁有一牛角形乳（按，乳
當是浮的筆誤）雕，是否乃佛光所破則不知。本地人傳言，「石牛
對石鼓，銀子萬萬數。」其所對之石鼓乃一崖外之大石，如鼓形，
中部有龕，龕內無物，疑乃佛像全被破壞者。

他也留意民俗，12 月 12 日云：

午前彭山寨子山工人楊玉山謂余曰，「此地有錢人家死後，綢子包
屍首，玉環金圈帶在手腕上，因為如此則屍不朽爛，口內含銀子，
子孫可以有錢使。」余問曰近日此種風俗仍存否，楊曰：「有錢人
家仍然如此。」

在 11 月 11 日的日記有兩句題外話：「趙舒廉搗亂，不挖花生，欠打手心
十板。」趙某大概是工人，從筆跡判斷也應該是他寫的，可以反映為人的
風趣，也是枯寂發掘工作中的一件小插曲吧。

彭山崖墓發掘日記還有很多資料，或可與南京博物院編纂的報告互
相檢證，當然這不是本文的目的，故不再引述。

總計高去尋一輩子在考古工地大概不超過三個年頭，相對於一般的

考古家，他的田野履歷難免資淺，然而他何以能位列中國重要考古家之林呢？除因編寫殷王墓葬報告而贏得令名外，恐怕還可以從他的考古學風格來理解。這點我在他剛去世時寫的兩篇紀念文字曾經提過❷，他的治學特色要從大學時代說起。

## 風華青年吞四宇

　　高去尋 1910 年出生，1930 年進入北京大學預科，翌年 (1931) 升入正科歷史系，二十歲剛剛出頭。他與胡福林（厚宣）、楊向奎、王樹民、孫以悌和張政烺等前後期同學組成潛社，創辦《史學論叢》。1933 年《論叢》第一冊發表了他的第一篇學術論文〈殷商銅器之探討 —— 先秦藝術史之一章〉。一個學者的試作，往往是往後漫長學術生涯的雛型，高去尋是一個很好的例證。

　　〈殷商銅器〉訂正前人的謬誤，確定可信之殷商銅器，態度謹嚴，論斷有法。這些長處固然難能，但還夠不上獨特，值得重視的是他具有敏銳的學術眼力和開闊的治學方向。年紀輕輕的高去尋有感於中國發展了千餘年的古器物學仍停留在銘文的片面研究，未臻完善，遂想以古器物，尤其是當時大家重視的青銅器，作為中國青銅時代物質文化的主要代表，從形制花文的作風比較不同時代文化之盛衰，並比驗出土器物之地區，以迫尋中國各處文化傳播的痕跡，進而考察古代中外文化交流的情形。換言之，他研究殷商銅器已跳脫向來鑑賞家的窠臼，以形制和花文的藝術母題研究文化史。他拈出「藝術史」的概念，從當時參考過的文獻推測，顯然受到如西龍 (Osvald Sirèn, *A History of Art*) 或凡諾羅薩

---

❷　參杜正勝，〈考古學家高曉梅先生學述〉，《考古》，1992：5；杜正勝，《古典與現實之間》（臺北：三民書局，1996），頁 237–243。

(Ernest F. Fenollosa, *Epochs of Chinese and Japanese Art*) 等西方學者的啟發，在當時中國學界，這是相當新穎的識見。

在傳播論盛行的 1920、1930 年代，高去尋初試啼聲，把中國文化放在世界的脈絡中理解，也就是把自己的思考放在世界潮流中，借用陳寅恪先生的話，即是「預流」。〈殷商銅器〉一文強調殷器文飾的遠東特色，帶有濃厚的太平洋傾向，我當然不會盲從一個二十來歲的青年提出的論斷，殷商藝術與太平洋藝術是否如他所推測的「同其系統」，我也不能下任何判斷；不過這種所謂遠東的特色，四十多年後張光直講殷商文明之起源是很在意的 ❸，李濟亦謂殷代裝飾藝術代表很早的太平洋的一個傳統 ❹。這麼有趣的巧合，最可能的解釋恐怕是治學心態的共通性吧。

八、九年後高去尋寫作〈殷禮的含貝握貝〉 ❺，認為古代黃河流域的貝文化似是中國東南沿海文化向北的流傳，其更遠的來源和文化背景可能屬於南太平洋與印度洋的一個文化區域。此文是否大學時代觀念的發揮，今難考訂。不過，大體上他開闊的學問領域並沒往東南走太遠，而是朝向西北。〈殷商銅器〉已經引用俄人博洛夫卡 (Gregory Borovka) 的《斯克泰藝術》(*Scythian Art*)，與此文同年發表的〈山海經的新評價〉，接受日人小川琢治的指引，注意到《山海經》人獸合體的怪物反映中西文化的溝通。這時的高氏日夜寢淫於「斯克泰‧西伯利亞」(Scythio-Siberian) 文化中，而鑄冶成他一生的學術風格。果不其然，再過一年 (1935)，他向指導教授傅斯年交出一張漂亮的成績單——大學畢業論文〈李峪出土銅器及其相關之問題〉 ❻。

❸ 張先直，《中國青銅時代》(臺北：聯經出版公司，1983)，頁 80。

❹ 李濟，〈中國上古史之重建工作及其問題〉，收入張光直、李光謨編，《李濟考古學論文選集》(北京：文物出版社，1990)，頁 87。

❺ 高去尋，〈殷禮的含貝握貝〉，《中央研究院院刊》一 (1954)，頁 373–401。

❻ 此篇論文經我整理發表於《中央研究院歷史語言研究所集刊》，70: 4 (1999)，頁 905–1000。

　　李峪是山西北部恆山下渾源縣的一個小村莊，1923 年出土一批銅器，有一部分為法國古董商人萬納克 (W. L. Wannieck) 購得，帶回法國展覽。當地傳說秦始皇巡狩過渾源，謂這批器物是當時祭祀山川所埋之器，萬納克遂創「秦式」(Ch'in Style) 一詞，被西方漢學界廣泛引用。高去尋蒐集多種著錄，以及留在中國境內的銅器照片，加以研究。首先從歷史文獻考證秦始皇未到過渾源，並據祭儀論李峪遺物非祭祀山嶽所用。其次從同出的帶鉤、戈劍、車馬器等論證這是一處墓葬，又從歷史地理趙武靈王墓之所在反駁李峪遺物屬於武靈王之說。第三部分分析李峪銅器形制與花文的特徵，比較洛陽、新鄭所出，採用瑞典高本漢中國青銅器的斷代和分類，認為屬於「淮式」(Huai Style)。在這部分高去尋也比較李峪出土少盧劍和屬氏編鐘的文字，展現他的古文字素養。結合各種條件，他推定李峪墓葬當在西元前五與四世紀之間。今日我們有更直接的考古資料可以比較論證，譬如太原金勝村的趙卿墓以及侯馬陶範，對 1930 年代這位未出茅廬青年的論斷，不能不驚訝「雖不中亦不遠矣」。即使在今天，高去尋的論述尚有不讓後之來者的，那就是最後第四部分，外來文化影響的問題，我們可以體會這位風華青年對西方知識的掌握，瑞典的安特生，俄國的博洛夫卡，英國的敏斯 (E. H. Minns)，芬蘭的塔勒格林 (Tallgren)，以及法國的薩爾摩尼 (Alfred Salmony)，他們的論述他都不陌生。他的心神已經超越燕山長城，悠遊於葉尼塞河 (Yenisei River) 上游米努辛斯克 (Minussinsk) 盆地到黑海北岸的草原地帶了。

　　交過論文，高去尋懷著一顆忐忑的心去看傅斯年，等待批評。傅斯年肥胖的身軀坐在圈椅內，推推眼鏡，白眼一翻說：「Mister 高，華而不實。」他一聽，喜出望外，得個「華」字足矣。行家了解這個領域，這個課題，牽涉多少歐洲的活語言，中亞、南亞的死文字，多少外國歷史文獻和考古資料，「實」之一字談何容易！我們知道傅先生對陳寅恪的敬重即是看上他對中亞、南亞古文獻獨步全國；他之提攜于道泉，就是欣賞他精通藏文。傅斯年的東方學與其說是「漢學」，不如說他更關心長城以

北以西的「虜學」。高氏自然而然在他欣賞的年輕人之列，北京大學的這支「尖」就被拔到史語所來，時間雖晚，但還趕得上安陽發掘的後期。

## 顛沛猶縈塞外天

　　1935 年，高去尋以二十五歲之英年投入殷墟發掘，不滿兩年，因日軍進逼中國，史語所西遷，安陽發掘遂中止。高去尋的生命與史語所同步，在長沙、昆明，和李莊間流徙。抗戰勝利後復原南京，不久又轉徙臺灣，初在楊梅，直到 1954 年才在臺北近郊的南港今址安頓下來。前後共二十年，從二十五到四十四歲，人生最具發展活力的青壯年就在動亂中逐漸銷蝕。

　　1954 這一年傳來西北岡發掘領隊梁思永過世，高氏遂受命輯補其遺稿，開始他另一個二十多年編寫考古報告的生涯。正式展開工作還要晚三、四年，就他個人的學術生命來說 1935–1958 年可以當作一個階段。這期間他寫作的文章由於戰亂或其他因素，往往有遲至十餘年後才刊布者，故下文的討論係以創作之時為準，不繫刊印的年代。這時期他論著的特點是從中原考古資料看中原與北西民族文化的交流，如：

　　黃河下游的屈肢葬問題 (1938)

　　戰國墓內帶鉤用途的推測 (1938)

　　評漢以前的古鏡之研究並論淮式之時代問題 (1943)

　　徑路神祠 (1944)

　　殷代的一面銅鏡及其相關之問題 (1957)

　　The Ching-lu Shen Shrines of Han Sward Worship in Hsiung Nu Religion (1959)

另外，大學畢業論文〈李峪銅器〉原擬作為慶祝北京大學四十週年紀念論文，因上海、香港淪陷，該文圖版印刷非抗戰時期內地印刷廠所能勝任，遂改寫他文❼。寫作此文時我從張光直那邊獲得高氏兩篇未刊稿，這是高氏生前交給他的，其中一篇〈匈奴的宗教〉，史語所講論會的稿子，未署年月，經我校對內容，其中一節為〈徑路神祠〉的原稿，應是 1944 年冬季寫的。

高去尋參加安陽考古一年後 (1936)，主持發掘大司空村，這是大司空村第二次發掘，撰有〈第二次探掘安陽大司空村報告〉，尚未印行；1938 年底完成〈黃河下游屈肢葬〉這篇討論性的文章，直到抗戰結束後 (1947) 才刊印。屈肢葬作為中國考古學的一個課題，即使不是這篇論文最先提出來的，在那個時代，這篇論文肯定是最深入的。最近三十年，黃河中上游屈肢葬的資料遠比以前豐富，但中國學者中能像高先生把這課題作為世界文化史或宗教史之一環者，恕我孤陋，尚不知有第二人。

大司空村墓地第一期多直肢葬，第二期多屈肢葬，這個轉變引起高去尋的注意，而根據隨葬器物，連同琉璃閣及城子崖上文化層，這些屈肢葬都屬於戰國時代，於是考查它的來源❽。在中國境內，戰國以前黃河下游不見屈肢葬，但黃河上游如甘肅的邊家溝和沙井村是發現過的。依高先生當時的看法，沙井遺址有可能晚到戰國，邊家溝的屈肢葬最少要比黃河下游的早幾百年，但他並不因此就推斷黃河下游的屈肢葬的習俗是受上游的影響。

從歷史文獻來看，黃河下游發現屈肢葬的地方也是春秋時期戎狄出入最頻繁的地方。埋葬習俗既然反映死後靈魂觀念和宗教信仰，屈肢葬是否代表戎狄的葬俗呢？也就是說，屈肢葬墓的主人即是戎狄。然而這

---

❼　參《國立北京大學研究院文科研究所油印論文》（昆明：國立北京大學研究院文科研究所，1943）編者案語。

❽　以下關於屈肢葬的述說，引用高去尋，〈黃河下游的屈肢葬問題〉，《考古學報》，二（南京：中央研究院歷史語言研究所，1947），頁 121–166。

種墓葬的構造與隨葬品卻又都是典型的戰國式，要都說成戎狄也有困難。於是高去尋考慮屈肢葬這種葬俗有沒有可能源出域外。他大概查遍當時在中國可能查閱的考古文獻，了解歐洲、非洲、美洲和日本自新石器時代以來的屈肢葬。就地緣論，與甘肅邊家溝可能有關聯者，雖不排除葉尼塞河上游米努辛斯克盆地，但時代更接近者則是南俄的赭石墓，及後來的斯克泰墓地，它們的時代最晚不遲於戰國。

高去尋利用敏斯的巨著《斯克泰人與希臘人》(*Scythians and Greeks*)，比較大司空村與南俄赭石墓的屈肢姿勢，大體而言，較晚的赭石墓比較常見如大司空村僅屈下肢的姿勢，而與其先行階段之上下肢拳屈者不同。中國黃河下游和南俄之間是否產生過文化交流或習俗傳播，這是自羅士托夫契夫 (M. Rostovzeff)、安特生和高本漢以來許多大學者所關注的「斯克泰・西伯利亞」文化圈的大問題，高去尋研究李峪銅器已認為戰國北方銅器頗受這個文化系統的影響，在這裡他又舉帶鉤、劍和胡服騎射加強論證。撰述〈李峪銅器〉時，高去尋提出李峪在中外交通上之地位的問題，他的心目中顯然有一條從俄國南部到中國黃河中游橫貫歐亞草原帶的道路，自戰國以來就存在。這條路上的古代民族因接觸交流而沐浴在「斯克泰・西伯利亞」文化中，如高氏所說：「他們大都以馬背為家，隨牧畜轉移，逐水草遷徙，信意馳騁可一日千里，對東西文化的傳播本極容易。所以在中國古文獻上，器物上，都能見到斯克泰・西伯利亞文化的影響，南俄屈肢葬儀的東來中國也當有極大的可能。」

帶鉤是胡服的一部分，自 1915 年王國維寫〈胡服考〉已建立這個觀念，所以帶鉤之為物雖小，卻是民族文化的表徵，高去尋的戰國帶鉤研究也放在所謂「斯克泰・西伯利亞」文化系統的脈絡中討論，其考古資料同樣出自大司空村的發掘❾。西方學者對於帶鉤的用途，說法相當紛

---

❾ 高去尋，〈戰國墓內帶鉤用途的推測〉，《中央研究院歷史語言研究所集刊》，23 下 (1952)，頁 489–510。

歧，高本漢說是肩部的衣鉤，英國的葉慈 (W. P. Yetts) 說是掛劍之用，法國伯希和 (P. Pelliot) 和薩爾摩尼則認為拴在腰部皮帶上。高氏根據田野考古的材料，從出土位置歸納其用途：有在肩際的衣鉤，在腰部的帶鉤，在膝部的掛鉤；並且從中外文獻或考古資料尋求輔證。他既注意到中原的帶鉤是春秋戰國之際突然的產物，而且ㄣ形的中原式帶鉤的形制並不見演進的痕跡，其裝飾花文又見於南俄斯克泰時代的作品，遂和江上波夫或羅士托夫契夫一樣，往中國的北西尋找帶鉤的來源。

史語所有例行的講論會，1944 年冬，高氏講〈匈奴的宗教〉，寫有長篇的講稿，這篇稿子分四節，先據中國文獻推測匈奴的多神鬼信仰，再據語言材料論匈奴屬於北亞巫教或薩滿教的一環，第三節即是後來發表的〈徑路神祠〉，最後一節討論休屠王的祭天金人。這裡先說「徑路」。

〈徑路神祠〉有中英文兩種版本❿，英文本的引證比中文本詳贍。中文本雖作於 1944 年，但二十七年後才發表，英文本係 1958–1959 年訪問加州大學柏克萊分校時的講稿，經蔑士 (Russell Maeth) 翻譯，也晚了十五年。漢朝官方祀典有徑路神，「徑路」之名古今中外學者頗有紛歧，其論述的原始根據是《漢書‧地理志》的一句話，「雲陽有休屠金人及徑路神祠之所」，歷來句讀不同，解釋遂異。這個問題高去尋早在〈李峪銅器〉已經提到，此文再闡述發揮，同樣作為「斯克泰‧西伯利亞」文化系統的一環。漢代文獻的「徑路」即《逸周書》的「輕呂」，希羅多德 (Herodotus)《歷史》(*Historiàe*) 的 acinaces。希羅多德記載斯克泰人祭祀戰神，其形像是稱為 acinaces 的刀 (第四卷第六十二節)。在德國夏德 (F. Hirth)、瑞典高本漢和日本白鳥庫吉與江上波夫等人的研究基礎上，高氏進而考證徑路神祠之設置是出於漢宣帝對來降匈奴的一種懷柔政策。

---

❿ Chu-hsun Kao, "The *Ching-lu shen* Shrines of Han Sword Worship in Hsiung Nu Religion", *Central Asiatie Journal*, Vol. V, (The Hague, 1959–1960), pp.221–232; 高去尋，〈徑路神祠〉，《包遵彭先生紀念論文集》（臺北：國立歷史博物館，1971），頁 99–102。

　　至今休屠王的祭天金人，未整理發表。所謂祭天金人自三國以下即有兩派說法，一派主張是祭天之主，一派認為是佛像，而後者逐漸居優勢。日本羽溪了諦從印度造像藝術史論證佛教造像之成熟不早於西元後一、二世紀，故不可能在西元前二世紀傳入張掖塞外。羽溪的斷代高氏是贊同的。羽溪另外推測金人可能是印度其他神像，白鳥庫吉不以為然，主張是漢人所製拱衛紫微天垣的十二星的天神。白鳥的說法，多根據揚雄〈甘泉賦〉，高去尋認為他的解釋不足取信，而從吉爾吉斯草原 (Kirghiz Steppe) 的石人 (Kamenncya baba) 立論，推測這可能是西元前三至二世紀歐亞草原帶崇拜偶像的風氣東傳，而影響匈奴的祭天神人像。

　　高去尋青壯之年關於「斯克泰・西伯利亞」文化在中國的研究還有古鏡，歐美及日本學者通稱作「秦式鏡」。梅原末治所認定的秦式鏡，經他訂正，有不少是西漢初年淮南國的產品。這類古鏡於西元前五、六世紀在中國突然發達，他雖然懷疑可能有受「斯克泰・西伯利亞」文化的影響，並不主張中國古鏡是源於北西的外來文化。十四年後他發表西北岡第 1005 號小墓出土的一面銅鏡，從兵器與工具方面論述南西伯利亞卡拉蘇克 (Karasuk) 文化不可能早於殷文化，以否定中國圓板具紐鏡可能源自南西伯利亞塔格爾 (Targar) 文化的解釋。

　　西方漢學界的中國銅器研究，1920 年代有所謂的「秦式」，到 1930 年代改稱為「淮式」，此名雖創自 Rene Grousset (Grousset, *Les Civilizations de L'orient, Tome III-La Chine*)，因高本漢的採用而普遍。據高本漢的中國銅器斷代，淮式是繼殷式 (Yin Style)、殷周式 (Yin-Chou Style) 和中周式 (The Middle Chou Style) 之後的一個時代風格，在漢式 (Han Style) 以前，所以也就是東周器。當時就所知的資料歸納而得的「淮式」風格，今日看來基本上是指春秋晚期到戰國的晉系青銅器，其被賦予「淮式」之名恐怕也是古董界所傳出於安徽壽縣的緣故吧。李峪出土的銅器，高氏否定了「秦器」說而稱「淮式」，正如漢以前的古鏡，他不稱「秦式鏡」，卻稱「淮式鏡」一樣，皆採用西方的學術概念。

　　往昔高去尋一說到「淮式」或「斯克泰·西伯利亞」，總是神采飛揚。當時我的興趣在中國古典城邦，以及帝國形成前的編戶齊民，沒有好好跟他學北亞，但總明顯地感受到這是他的學術生命之所繫。他在四十五歲以後接手整理西北岡報告，先後對刀斧葬的銅刀和弓形器做過研究，雖然未再看到年輕時「斯克泰·西伯利亞」文化系統的洋溢，但刀斧葬和弓形器也正是殷周時期中原與草原民族交涉的重要指標，可見高去尋自大學時代啟動的知識興趣老而彌堅，不曾或忘。

　　高氏過世不久，我在報紙上發表一篇紀念文字，有一段話這麼說：

　　　　曉梅師青壯有為之年因遭國家百憂，早歲名作沒有進一步發展的機會，就像一顆未發足光的寒星，俯視著淒涼遼闊的原野，一閃一爍！橫亙歐亞草原文化交流史的研究，幾十年來中國人尚有不足，不只是曉梅師一人的遺憾而已吧！人生際遇，幸與不幸，實在難說啊[11]！

有一位同事看到了，認為我把高先生寫得太淒涼，頗不以為然。但最近李濟先生的哲嗣李光謨公布他父親的書信，有一封給趙元任先生的信說：

　　　　他（高去尋）進所雖不太早，但曾趕上安陽發掘，為思永所賞識。現在他整理侯家莊的工作及思永遺著，成績甚佳。在考古組內中國書讀得最好，英文及日文的閱讀能力亦不差。現在日本的梅原末治教授來此，對他的淵博甚為敬佩。孟真在時久有送他出國之意，以時代非常，屢遭挫折，只能怨命了。此次若有成功的希望，亦算我們完成了傅公一生未完之願也[12]。

---

[11]　杜正勝，〈一代考古名家的潛德幽光〉，《聯合報》，1991.11.26。

[12]　《中國文化》，15、16 合期 (1997)，頁 382。

這封信涉及許多方面，下文會逐步說明。關於傅斯年的心願，因為高氏有興趣的「斯克泰・西伯利亞」是不可能在中國單獨完成的，他有才華可以在這領域出人頭地，但中國沒有足夠的條件，應該到歐洲去研習。可惜大學畢業兩年內，七七事變就爆發，往後都在戰亂和動盪中過，渡海來臺不到兩年，傅又因公逝世，難怪李濟要感嘆命運了。此信作於 1956年底，李請當時在加州大學柏克萊分校任教的同事趙元任安排高去尋赴美訪問，一年半後終於得以成行，但這時高氏已經四十八歲了，這領域涉及許多語文，的確太遲了。

1990 年代晚期我擔任史語所所長，查點山彪鎮和琉璃閣的資料，深深有感，這些與李峪同一系統的青銅器，全所應數高氏最有能力來整理，然而他的後半生卻受命整理西北岡，而沒有動過山彪鎮與琉璃閣。單單一次大司空村的小發掘，他就作出屈肢葬、帶鉤等等的大文章，展現遠北遠西的無垠世界，如果他能經手這兩批材料，相信必把古代中外民族文化交流的研究帶到另一更高的境界。然而大概礙於尊重原發掘人的傳統，他與心愛的「淮式」、「斯克泰・西伯利亞」又一次失之交臂，能不怨命嗎？


## 博雅多方的考古解釋


上引李濟給趙元任的信說到高去尋的學問淵博，連日本考古學大家梅原末治也敬佩不已，這當然不是客套。兩位老同事的私人信函何必恭維一位學生輩的同仁呢？我在紀念高氏的文字也有這麼一段話：

> 綜觀曉梅師之學識，可分幾個方面，他親躬殷墟田野發掘，撰著
> 不朽之報告，是位考古學家；博通甲骨金文，是位古文字學家；
> 本科訓練歷史學，著述旁徵四部，據殷墟考古建構殷商古史，是

位歷史學家；追究喪葬禮俗，參引民族誌書，是位民俗學家；尤
其專精三代古器，斷其年代，析其風格，發其義蘊，究其禮俗，
超邁傳統古器物學之樊籬，是一位開啟新學風的古器物學家 ⑬。

這段文字寫在高氏剛剛過去不久，或許難免情厭於理，但如今經過多年，
我的情緒已平靜，現在重讀，並不覺得有厚愛吾師的曲筆。

　　我對世界各國的考古學家所知有限，不能比論，但就我比較熟悉的
近代中國考古家來說，有人開創領域，指示方向（如李濟），有人根據材
料，建構理論（如蘇秉琦）；不過要找運用多種學問，解釋考古材料，見
地敏銳如高去尋者，似乎不多，他在中國考古學界應是一位通才的考古
學家。

　　從〈李峪銅器〉開始，高氏的考古學論文在在體現多方面的學問。
戰國帶鉤研究既徵引波斯浮雕之游牧民族畫像，又考證天竺沙門的「袈
羅沙曳」；既援引吉爾吉斯草原的石人像，又參證史籍經傳的「德佩」和
「事佩」。為推斷「淮式」古鏡之年代，以「長」與「脩」一字之差而研
究《淮南鴻烈》的避諱，於是確定有些是淮南王安時代之作。因為漢人
日常語言的「長相思」鏡銘作「脩相思」，避安父淮南厲王長之諱也。

　　彭山崖墓發掘日記云 1941 年 12 月 19 日探掘寨子山 900 號墓，這是
有名的楊子興之墓，第一墓室門旁之石壁題識「藍田令楊子興所處内」。
此墓發掘工期相當長，據日記一直到次年 1 月 15 日才不再有記載，這塊
題識寫在 12 月 26 日的下面。早在 1910 年，托蘭士 (T. Torrance) 著錄過
(*The Journal of the North China of the Royal Asiatic Society* vol. 41)，但對
「内」字不得其解。内，原石作 ⑭。彭山崖墓聯合發掘團成員中有不
同隸定法，大約發掘一年後，高去尋考釋此字，旁徵《隸釋》「張賓公妻

---

⑬　杜正勝，〈一代考古名家高曉梅的潛德幽光〉，《古典與現實之間》，頁 242。

⑭　南京博物院編，《四川彭山漢代崖墓》（北京：文物出版社，1991），頁 12。

穿中二柱文」的兩個「內」字，引述先秦兩漢關於作為房室之名的「內」，而斷定楊子興墓石之文正是漢代人「一堂二內」的「內」。在史料尚未自動化的時代，不能不佩服這位年紀剛過三十的年輕學者之博聞強記。現在我們對漢代資料的掌握比以前豐富，凡踏勘過四川崖墓的人也不能不佩服他的解釋敏銳而正確。

　　高去尋給張光直的文稿有一篇題作〈崖墓中所見漢代的一種巫術〉，也是史語所學術講論會的講稿，無年月，可能寫在彭山崖墓發掘結束不久。彭山寨子山崖墓 550 號❶ 第二層簷崖有男女祕戲之浮雕圖像，兩人作坐式，男子右手置於女子右肩而下撫其乳，左手撫女子之下體；女左手搭於男左肩上，右手執男之左腕。兩吻相接，女子之舌尖稍微吐出。高先生考證此圖，縷述考古發現和文獻所載的祕戲圖像，檢討關於祕戲圖功能的各種說法，而歸結於辟邪厭勝，他認為「漢墓之有這類圖像乃為保護葬或死者之屍體及靈魂的一種巫術之使用也」。

　　前面說過的屈肢葬，高去尋有意識地當做宗教史和文化史的問題來研究；而 1942 年結束彭山崖墓發掘後所寫的巫術性的祕戲圖和殷禮含貝和握貝，則明確標誌民俗學。在這篇文章中，大概用盡中國歷代主要的喪禮飯含資料，尤以魏晉以前為詳。不過高氏的博雅不在於資料之收集，而在研究行情的熟悉，舉凡他要討論的課題，歷來的重要說法他都有所把握，而且知道各家的貢獻與不足，最後並提出自己的見解。含貝、握貝屬於廣義的「飯含」禮儀，關於它的意義，東西洋學者異說紛紜，有的說為防止死者靈魂出竅以祟禍生人，但從中國人祖先崇拜與死後觀念來看，此說不值一駁；有人說有祈求復生的意味，然而和漢代人「枯臘」之說抵觸；有人認為是生殖力的象徵，但高先生據考古情境和甲骨金文相關的「貝」字資料提出既具有發展觀點又比較全面的解釋。他說殷人對貝的觀念還比較原始，帶有宗教意味，而且錯綜複雜，尚未淨化 (sub-

---

❶　此據《四川彭山漢代崖墓》，高去尋先生文稿作 PS535。

lime)，既作為裝飾品或護身符，也作為貨幣和祀品。他推測喪禮之用貝顯示殷人視貝為生命力或生殖力的象徵；而墓葬之含貝、握貝喪儀也許是給死者生命力。

　　此文重建殷人對貝的觀念，不只是單純地綜合各家學說而已，而是建立在充分的文字學資料上，由卜辭文例確定貝作為一種祀品，釋「取」為一種祭名，「取」字从貝从手，與用手持貝薦於神祇的儀式有關。這種文字學的工夫，恐非東西洋學者所能企及。從大學時代第一篇學術論文〈殷周銅器之探討〉，高去尋的文字學素養就嶄露頭角，爾後討論小屯殷墟灰坑 YH0006 南井出土的牛距骨刻辭，和西北岡第 1003 號大墓西墓道出土的小臣㠱石段殘片銘文，都具有古文字學家的法度。牛距骨刻辭除文字考釋外，由宰丰、年月日與祭名而排比刻辭內容的年代，雖尚難有定論，但高氏指出殷代記事的一種體例和卜辭用字自成風氣，都是很專門的見識。小臣臣㠱石段銘文也是紀事刻辭，徐仲舒、胡厚宣皆曾受梁思永之託撰寫考釋，文稿不知下落，高氏乃作考釋，論證小臣職位並不太低，而臣㠱這個人名也見於銅器銘文。關於此段的年代，高去尋的看法比較謹慎，據銘文書體推測可能在祖甲到帝辛之間。

　　高去尋說他在大學預科以半年時間涉獵甲骨文書籍，進入正科後聽了半年的研究課程，時間雖然不長，對這個專家之學的領域已有高度的掌握。後來同事張秉權創「成套卜辭」之說，最先認識其意義的是高去尋而非作者本人，張遂一直懷著知音的感激❶⑥。不只是文字學，歷史文獻也一樣。上引李濟的信函說高氏是史語所考古組內中國書讀得最好的人，上文提到的論文都可以充分證明。據說歷史組的一位俊彥，很有自信，作文自認無懈可擊，但一經高氏寓目，總發現一些闕漏。他的博雅適足為同儕的畏友。

---

❶⑥　張秉權，〈學習甲骨文的日子〉，杜正勝、王汎森編，《新學術之路》（臺北：中央研究院歷史語言研究所，1998），頁 927–928。

# 不朽盛業《侯家莊》

　　1954 年西北岡發掘的領隊兼報告撰寫人梁思永過世，史語所委請高去尋整理梁氏的遺稿，由於工作條件的限制，實際展開則遲至 1958 年。然而他在這年秋天應邀赴美訪問，翌年回國才開始密集整理，三年後出版西北岡 1001 號大墓報告，編號為《侯家莊》第二本（第一本可能是總論，從缺）。以下依次是 1002、1003、1217、1004、1500、1550 共七個大墓七本報告，編號至《侯家莊》第八本，出版時間是 1976 年。所以四十八歲到六十六歲這十八年是他整理西北岡報告的時代，呈現學術生涯的另一風采，也奠定他在考古界的崇高地位。

　　《侯家莊》第八本出版後，高去尋雖然繼續未竟之業，去尋一則擔任所長，公務日繁，而且所長卸任時，年過七十，體力益衰，報告的整理遂多力不從心。不過他在世時猶斷斷續續整理西北岡東區三大墓（1129、1400 和 1443）以及小墓總述，在他身後五年，三大墓經石璋如校補而出版，編號是《侯家莊》第九本。東區三大墓報告雖是高氏的遺稿，但尚未定稿，用它來對照前面七本報告，高去尋對安陽考古以至整個中國考古學的貢獻就更加明白了。今日學術界能讀到如此豐實的《侯家莊》報告，不核校梁思永的原稿❼，是無法知道高去尋的真正貢獻的。

　　西北岡墓地從 1934 年 10 月至翌年 12 月前後發掘三次，梁思永決定暫停發掘，以便整理報告。想不到一年半後抗戰爆發，史語所流徙於中國西南。1938 年春史語所遷到昆明後，梁氏才開始撰寫，1940 年底史語所再遷李莊。幾年來不但動盪，工作室亦狹小，無法開箱檢視出土文物。

---

❼　中央研究院歷史語言研究所藏，梁思永撰，《西北岡發掘報告稿》，以下所論凡梁氏之意見皆引自此稿。

更關鍵者，到 1942 年初夏，梁氏病倒，長期臥榻，報告的編寫遂停頓下來，十二年後落在高去尋的肩上。

　　西北岡共發掘得殷代大墓 11 座（東三西八，後者含一個大坑），小墓 1221 座，梁思永原來擬訂的「西北岡殷代墓地發掘報告」共分十三章、三表：

　　　　第一章　　墓地之地理位置與環境
　　　　第二章　　墓地發現之經過
　　　　第三章　　墓地發掘之經過
　　　　第四章　西北岡文化堆積之結構與殷代墓葬在堆積層中之位置
　　　　第五章　　殷代大墓總述
　　　　第六章　　殷代大墓分述
　　　　第七章　　殷代小墓總述
　　　　第八章　　殷代小墓分述
　　　　第九章　　遺物分類（據質料形態）敘述
　　　　　　　　　銅、金
　　　　　　　　　石、玉、綠松石
　　　　　　　　　骨牙、龜版
　　　　　　　　　貝、蚌
　　　　　　　　　陶
　　　　　　　　　儀仗痕跡
　　　　第十章　　殷代裝飾花紋之分析
　　　　第十一章　人骨遺存
　　　　第十二章　鳥獸骨遺存
　　　　第十三章　後代墓葬之分布與敘述
　　　　表一　殷代小墓分析表
　　　　表二　殷墓重疊相疊表

表三　遺物登記表

梁思永病發前完成第一至四章，第五章只寫一頁，以及第六、七兩章和第九章的「儀仗痕跡」，都是初稿，共約二十二萬字。另外也編好表一與表二，因為這是寫第七章的準備工作。

　　1954 年所長李濟將梁氏遺稿點交給高去尋，李氏認為按梁氏的計畫，決非一人之力短期所能完成，在 1956 年他遂擬訂一個編撰構想❶⑧：

　　第一本：（原無題，茲定為「墓葬研究」）
　　　　　甲編：發掘之經過——梁稿一至四章
　　　　　乙編：大墓
　　　　　丙編：小墓
　　　　　丁編：其他墓葬
　　第二本：遺物研究
　　　　　甲編：石刻與玉
　　　　　乙編：青銅
　　　　　丙編：其他
　　第三本：人骨研究
　　　　　甲編：體骨
　　　　　乙編：頭骨

然而李濟這樣的規劃也不是一人之力短期之內所能勝任的，於是決定依次分別整理大墓，也就是專作梁氏的第六章，而第九章的構想則按所屬之墓分別敘述。

　　高去尋輯補的定稿七本及未定稿一本，只要對比梁著遺稿的篇幅，「輯補」的分量就一目了然。

---

❶⑧　據《西北岡發掘報告稿》檔案附件。

| 大墓 | 梁著遺稿 | 高輯定本 | 備　註 |
|---|---|---|---|
| 1001 | 正文 28 頁（打字紙）<br>草圖 26 頁（薄打字紙） | 第一至四章，1–69 頁，<br>據正文輯補<br>第五章，70–75 頁，補<br>寫<br>第六章，76–356 頁，補<br>寫<br>圖版 270<br>附圖 7 | ①打字紙如今 A4 以<br>　下未特標明者皆<br>　指此類打字紙<br>②紅米厘紙比 B5 還<br>　小，淡紅格測量繪<br>　圖用紙<br>③報紙是一種比 B5<br>　還小的空白紙 |
| 1002 | 正文 9 頁（第 10 頁只<br>一行）<br>表 2 頁<br>草圖 8 頁<br>草圖 4 頁（紅米厘紙）<br>草圖 1 頁（報紙）<br>草稿 1 頁（報紙） | 第一至四章，1–21 頁，<br>據正文輯補<br>第五章，23–116 頁，補<br>寫<br>圖版 87 | |
| 1003 | 正文 13 頁<br>表 3 頁<br>草圖 11 頁<br>草圖 4 頁（紅米厘紙）<br>數目紙 3 頁（報紙） | 第一至四章，1–36 頁，<br>據正文輯補<br>第五章，37–147 頁，補<br>寫<br>圖版 114 | |
| 1004 | 正文 1 頁<br>草圖 8 頁<br>草圖 4 頁（紅米厘紙）<br>草圖 3 頁（報紙） | 第一至四章，1–35 頁，<br>增輯<br>第五章，36–167 頁，補<br>寫<br>圖版 146 | |
| 1217 | 正文 10 頁<br>表 2 頁<br>草圖 23 頁（薄打字紙<br>15 頁、厚打字紙 8 頁） | 第一至四章，1–27 頁，<br>輯補<br>第五章，29–126 頁，補<br>寫<br>圖版 103 | |
| 1500 | 正文 14 頁<br>表 3 頁<br>草圖 23 頁<br>草圖 4 頁（紅或黃米厘<br>紙） | 第一至四章，1–48 頁，<br>輯補<br>第五章，50–123 頁，補<br>寫<br>圖版 92 | |

| 1550 | 正文 9 頁<br>表 5 頁（常見遺物表 3 頁打字紙、重要遺物表 2 頁報紙）<br>草圖 12 頁<br>草圖 4 頁（紅米厘紙）<br>草圖 2 頁（報紙） | 第一至四章，1–25 頁，輯補<br>第五章，27–129 頁，補寫<br>圖版 127 | |
| 1129 | 正文 1 頁 | 第一至四章，1–5 頁 | 附東區三大墓 |
| 1400 | 正文 7 頁<br>表 2 頁<br>草圖 25 頁 | 第一至四章，1–38 頁<br>第五章，39–59 頁<br>圖版 63 | |
| 1443 | 正文 7 頁<br>表 2 頁<br>草圖 22 頁<br>草圖 1 頁（黃米厘紙） | 第一至四章，1–34 頁<br>第五章，35–80 頁<br>圖版 35 | |

　　上述「正文」原來是梁思永遺稿的第六章大墓分述的文字，無標題，高去尋按墓分離出來，再分章節，編入插圖，賦予標題——如墓葬位置、保存情形、盜掘經過、墓葬以前以後的遺跡，墓坑木室的形制與工程，墓內外殘存的殉埋等。經過這麼細緻的加工，殷王大陵於是綱舉目張，展現在我們面前。從上表篇幅的對照，我們知道佔每本報告最主要部分的出土器物章都是高氏據實物補寫的，他從梁氏遺稿獲得的協助只有一份《西北岡器物研究紀錄》，而這也只是「紀錄」而已，未及進行「研究」。高先生自 1958 年開始編撰第 1001 號大墓，到 1976 年出版大墓 1550 號，前後十八年，把 84 頁草稿，15 頁表和 140 頁大小草圖化成八巨冊（第 1001 大墓上下二冊）、1164 頁、939 圖版的考古學經典報告。單以篇幅來寫，補寫的部分超過 80%，然而出版扉頁猶題「梁思永未完稿，高去尋輯補」。「輯補」二字所蘊藏的高貴人格，這些數據可以說得很明白。

　　輯補也包含訂正訛誤。即使梁思永遺稿比較完整的部分，有時亦有疏漏，如 1001 大墓的人殉，高去尋補寫第二類正坑內木室外側的殉葬者。這具被後世盜墓者破壞的骨骸為梁先生所遺漏，由於此一發現，我們知

道「在墓底以上木室的外側填土時也有人的殉葬」❶。原稿 1003 號大墓的方位與 1500 大墓矛盾，高氏發現是 1003 大墓的原稿錯誤❷。1550 號大墓北墓道出土 24 排人頭骨，但平面分布插圖只見到 23 排，這由於原來觀察人測繪圖疏忽，高氏從縱面分布插圖及梁思永的鉛筆旁註獲得補正❷。1002 號大墓「置器面」的祭祀遺物梁思永原稿與視察人的發掘日記不符合，但實物已不存，故無從判定❷。高去尋甚至也發現田野登記號有誤，如 1001 大墓的銅圓鼎之登記號應屬於銅瓿❷。《田野登記表》此墓的「殉 2 中有碎銅片一堆」，視察人推測是爵瓿鼎三物的殘片，高氏核對出土照片，疑心出土時有疊，可能發掘後接合碎片時，誤將田野編號張冠李戴了❷。凡此種種可以看出高氏整理報告的細膩，證明經他提供的資料具有高度的信用。

　　《侯家莊第二本 1001 號大墓》李濟的序說：「校訂輯補師友的著作，比自己寫一本書更要困難，困難的程度是無法計算的，凡是有這一經驗的著作人大約都體味到這一甘苦。」其困難甘苦，校補東區三大墓未定稿的石璋如有很具體的說明，他說：梁氏的草書另成一格，頗難認識，抄寫他的草稿必須反覆思索才可找出門徑。插圖圖稿是梁思永親手繪製的，

❶　梁思永遺稿，高去尋輯補，《侯家莊第二本 1001 號大墓》（臺北：中央研究院歷史語言研究所，1962），頁 32。

❷　梁思永遺稿、高去尋輯補，《侯家莊第四本 1003 號大墓》（臺北：中央研究院歷史語言研究所，1967），頁 1。

❷　梁思永遺稿，高去尋輯補，《侯家莊第八本 1550 號大墓》（臺北：中央研究院歷史語言研究所，1974），頁 22。

❷　梁思永遺稿，高去尋輯補，《侯家莊第三本 1002 號大墓》（臺北：中央研究院歷史語言研究所，1965），頁 19。

❷　梁思永遺稿，高去尋輯補，《侯家莊第二本 1001 號大墓》（臺北：中央研究院歷史語言研究所，1962），頁 309。

❷　同上，〈輯補後記〉。

用 2H 鉛筆，削得尖尖的，在薄打字紙上筆道又輕又細，經過歲月，已經褪色，初接圖稿會誤認為是白紙 ❷。不只此也，高去尋補寫出土器物，每件要核對原物，他在《1001 號大墓·輯補後記》說：這本報告編撰的三年，大部分時間和精力都用在器物的整理上，「有時一件器物的找尋，或一件破斷器物的接合，勢須將西北岡甚至小屯的此類出土物全部清查一遍才能解決；有時一件田野登記號已失或模糊不清的器物，是否 1001 墓出土，需要翻閱全部《墓葬記載表》、《田野記載表》、附圖、發掘日記、照片等等才能確定。」即使這樣，還是有不能核對的東西。高先生在他們同輩中進所較晚，只趕上西北岡最後一次發掘，由於是生手，被分配到東區發掘小墓 ❷，無緣視察大墓，這對他後來整理大墓報告自然增加一定的困難。即使如此，他並沒有辜負史語所以及整個學術界的期望，這是他投注加倍的心血和精力換來的。

　　考古家固不該有，也不會有挖寶的心態，但面對盜空的墓葬總是情難以堪的。西北岡王陵基本上都盜空了，1004 號大墓的牛鼎、鹿鼎、三百多頂銅盔、三百六十件銅矛和三百六十個銅戈不過是南墓道最北段劫餘的倖存，1550 號大墓殘存最多最好的器物竟然是出在沒有被盜掘到的兩個墓內的殉葬坑！殘存的遺物一般都出於古代盜掘坑，報告謂之「翻葬坑」，也就是古之盜墓賊不要的殘餘；加上近代盜掘竭澤而漁，不少大墓的出土器物是「少得可憐」的 ❷。高去尋面對的就是這種資料，他心情的無奈在 1968 年給張光直的一封信裡有所透露，他說：「現在每天都是描寫破爛的東西，量多長多寬，枯燥無味已到極點，下班回家已筋疲力盡。」❷一個馳騁於歐亞草原的精魂為這些「破爛的東西」銷磨二十年，

---

❷ 梁思永遺稿，高去尋輯補，石璋如校補，劉秀文助理，《侯家莊第九本1129、1400、1443 號大墓》，（臺北：中央研究院歷史語言研究所，1996）。

❷ 參石璋如，〈高去尋先生與殷虛發掘〉。

❷ 梁思永遺稿，高去尋輯補，《侯家莊第三本1002 號大墓》，頁22。

❷ 張光直，《考古人類學隨筆》（臺北：聯經出版公司，1995），頁152。

終至於「筋疲力盡」，最後雖然完成不朽的盛業——《侯家莊》，對他的
人生不知是幸還是不幸？但他的心情，依我的體會，總是不太愉快的。
從他的著作目錄也可印證我的推測，在殷墟考古這個領域，他寫的論文
除上面提過的弓形器和銅刀，只討論了大墓木室的涵義，和提出殷有墓
塚說，如此而已。


# 尾　聲


　　《侯家莊》報告系列的第一本，可能是規劃整理梁思永遺稿的第一
至第四章，第五章大墓總述只有一頁文稿，故第 1001 號大墓的報告序列
自第二本編起。第一本沒有整理，唯原稿俱在，問題也比較單純，今已
準備與高去尋生前已完成的小墓總述一齊付梓。

　　未讀過梁氏遺稿的人絕對無法想像高去尋的貢獻，而《侯家莊》第
九本就高氏要求的標準來說，還是未定稿，這也許是他生前遲遲不願發
表的原因。第八本出版時，他已經六十六歲，不到兩年，他出任史語所
所長，三年任滿，堅決向錢思亮院長請辭，已七十一歲矣。超過古稀之
齡的老人再來整理先師遺著，檢點實物，翻查發掘日記，核對《墓葬記
載表》和《田野記載表》那一大堆密密麻麻的數目字，實在難啊！五十
多歲時一天工作下來尚且筋疲力盡，何況七十多歲呢！然而高去尋還是
一點一滴地做到人生的終站。他本來可以指導年輕同仁協助從事，但他
告訴我，他整理報告是替史語所還債，希望年輕人發展自己的學問，不
要掉入這個大泥塘。我覺得他好像在訴說自己年輕時的心願，「己所不欲，
勿施於人」，他始終由自己一人扛起全所的「債務」。

　　高去尋任職所長期間最重要的功業是規劃第一期五年計畫，這個計
畫是史語所改變體質，呈現年輕化、多樣化的契機。遷來臺灣的史語所，
1980 年是一個分水嶺，是斷代分期的界線，這一年對史語所有這麼大的

意義，與高氏之規劃五年計畫是分不開的。

　　1966 年高去尋榮膺中央研究院院士，獲得學者一生的最高榮譽。他晚年給史語所，以至整個學術界揭示明確學術的標準，什麼才是學術，什麼才稱得上見解，他的品評具有絕對的作用。在是非準繩日益混淆的今天，高去尋的學術風範猶如暮鼓晨鐘一般，發人深省。

　　史語所七十週年，出刊《新學術之路》，撰寫「高去尋」這條，我乃比較全面地研讀他的著作，才發現 1936 年 10 月他主持的大司空村第二次發掘，在 1938 年年底以前應已完成報告，但一直沒有發表。經過考古組同仁努力翻查，終於在史語所的考古館庫房找到，是來臺後的謄清稿，插圖基本上亦完成，只缺圖版而已。我想此篇文稿應該整理發表，這工作一定比他整理梁思永的遺稿輕易得多。在他身後，能再為他老人家做一點小事，我覺得生命非常充實而且有意義。

# 附錄：高去尋 (1910–1992) 學術年表

| 時間 | 年歲 | 學術活動 | 史語所相關大事 |
|---|---|---|---|
| 1910 | | 出生 | |
| 1928 | | | 史語所初創於廣州 |
| 1929 | | | 史語所遷往北平 |
| 1930 | 20 | 進入北京大學預科 | |
| 1931 | 21 | 升入北京大學正科歷史系 | |
| 1933 | 23 | 發表〈殷商銅器之探討 (先秦藝術史之一章)〉(北京大學潛社《史學論叢》第一冊) 發表〈山海經的新評價〉(《禹貢》，1.1) | 1 月考古組南遷，歷史、語言兩組仍留在北平 |
| 1935 | 25 | 發表〈讀前漢書西域傳札記〉(《禹貢》，3.5) 完成畢業論文〈李峪出土銅器及其相關之問題〉 北京大學畢業，進入中央研究院歷史語言研究所，任練習助理員 9 月參加西北岡第三次 (殷墟第十二次) 發掘 | |
| 1936 | 26 | 3 月參加小屯第十次 (殷墟第十三次) 發掘 9 月參加小屯第十一次 (殷墟第十四次) 發掘 10 月主持大司空村第二次 (亦殷墟第十四次) 發掘 | 7 月，結束北平事務 |
| 1937 | 27 | 3 月參觀琉璃閣發掘 參加小屯第十二次 (殷墟第十五次) 發掘 升助理員 | 7 月史語所西遷，初駐長沙 |
| 1938 | 28 | 12 月完成〈黃河下游的屈肢葬〉(《中國考古學報》2 [1947]) 寫〈戰國墓內帶鉤用途的推測〉初稿 (《歷史語言研究所集刊》，23 下 [1951]) | 1 月再遷昆明 |

| 1940 | 30 | | 9月內遷四川南溪李莊 |
|---|---|---|---|
| 1941 | 31 | 6月至次年3月發掘彭山崖墓<br>升助理研究員 | |
| 1942 | 32 | 發表〈漢崖墓題識「內」字之一解〉(《北京大學文科研究所油印論文》之十)<br>〈崖墓中所見漢代的一種巫術〉暫定作於此年<br>寫〈殷禮的含貝握貝〉初稿(《中央研究院院刊》,第一輯,1954) | |
| 1943 | 33 | 寫〈評漢以前的古鏡之研究並論淮式之時代問題〉初稿(《集刊》,14 [1948])<br>升副研究員 | |
| 1944 | 34 | 冬寫〈匈奴的宗教〉,其中有一節即〈徑路神祠〉的初稿(《包遵彭先生紀念論文集》1971) | |
| 1946 | | | 復原回南京 |
| 1948 | 38 | 4月完成〈殷墟出土的牛距骨刻辭〉(《中國考古學報》,4 [1949]) | 12月積極準備疏遷 |
| 1949 | 39 | 升正研究員<br>11月參加大馬璘發掘 | 1月遷抵臺灣 |
| 1950 | 40 | 發表〈晉之始封〉(《大陸雜誌》,1.4 [1950]) | 12月傅斯年逝世 |
| 1954 | 44 | 受命輯補梁思永「西北岡殷代墓地發掘報告」,點交遺稿。 | 西北岡發掘領隊梁思永逝世 |
| 1956 | 46 | 發表〈小臣𣪘石𣪘的殘片與銘文〉(《集刊》,28 [1957]) | |
| 1957 | 47 | 發表〈殷代的一面銅鏡及其相關之問題〉(《集刊》,29 [1958]) | |
| 1958 | 48 | 5月開始整理西北岡出土文物<br>9月赴加州大學柏克萊分校訪問一年 | 4月考古館落成 |
| 1959 | 49 | 在柏克萊講 "The Ching-lu Shen Shrines of Han Sward Worship in Hsiung Nu Religion" (*Central Asiatic Journal*, Vol. V, 1959–1960)<br>在柏克萊講 "The Royal Cemetery of the Yin Dynasty at Anyang" (臺大《考古人類 | |

| | | 學刊》，13/14 [1959])<br>秋天返國，編撰西北岡 1001 號大墓 | |
|---|---|---|---|
| 1961 | 51 | | 6 月傅斯年圖書館落成 |
| 1962 | 52 | 《侯家莊第二本西北岡第 1001 號大墓》問世 | |
| 1963 | 53 | | 史語所籌劃編撰中國上古史 |
| 1964 | 54 | 為國立歷史博物館之展覽寫〈新鄭銅器〉（《歷史文物叢刊》，2.1） | |
| 1965 | 55 | 《侯家莊第三本西北岡第 1002 號大墓》問世 | |
| 1966 | 56 | 榮膺中央研究院第六屆院士 | |
| 1967 | 57 | 《侯家莊第四本西北岡第 1003 號大墓》問世<br>發表〈刀斧葬中的銅刀〉（《集刊》，37） | |
| 1968 | 58 | 《侯家莊第五本西北岡第 1217 號大墓》問世 | |
| 1969 | 59 | 發表〈殷代大墓的木室及其涵義之推測〉（《集刊》，39） | |
| 1970 | 60 | 《侯家莊第六本西北岡第 1004 號大墓》問世 | |
| 1972 | 62 | 7 月任考古組代理主任 | 考古組主任自 1929 年 6 月起一直由李濟擔任 |
| 1973 | 63 | 發表〈西北岡出土的殷代弓形銅器〉（東吳大學《中國藝術史集刊》，2） | |
| 1974 | 64 | 《侯家莊第七本西北岡第 1500 號大墓》問世 | |
| 1976 | 66 | 《侯家莊第八本西北岡第 1550 號大墓》問世 | |
| 1978 | 68 | 出任史語所所長，一任三年<br>9 月規劃歷史語言研究所第一期五年發展計畫 | |
| 1980 | 70 | 發表〈殷代墓葬已有墓塚說〉（臺大《考古人類學刊》，41） | |
| 1982 | 72 | 赴夏威夷參加「商文明研討會」，會見夏 | |

| | | 蕭、胡厚宣、張政烺等舊同事 | |
|------|----|------------------------------------------------------|-----------------------------|
| 1986 | 76 | | 史語所歷史文物陳列館啟用 |
| 1988 | 78 | 發表〈商湯都亳的探討〉(《董作賓先生九五誕辰紀念集》) | |
| 1991 | 81 | 10 月 29 日逝世 | |
| 1996 | | 遺著《侯家莊第九本西北岡第 1129、1400、1443 號大墓》問世 | |

# 北方文化研究之先導

　　高師曉梅（去尋）先生北京大學畢業論文〈李峪出土銅器及其相關之問題〉，民國二十四年 (1935) 六月完成，二十七年修訂，原來預備在《慶祝北京大學四十週年紀念論文集》刊布。時值抗戰方殷，主編者認為「港滬淪陷，印刷發生障礙，所附圖版均不能插入，勉付油印，殊貶損原作之精詣」，於是抽換另一論文❶而〈李峪銅器〉一文遂延宕六十餘年，至今乃得以問世。

　　高先生學術真正的興趣可能是中國北方民族文化與藝術的研究，在我寫的幾篇紀念他的文字都提到這點，這是我從他問學將近二十年獲得的整體印象和感受。但這課題，當他在世時我並沒下過工夫，高先生或難免有「對牛彈琴」的遺憾吧？在他過世前兩、三年（約 1988–1989），一次論學後，他將〈李峪銅器〉的原稿交給我，也沒說什麼，大概希望我讀讀而已。

　　他去世後，我才動念研究歐亞草原帶古代民族與文化的交流，於是查考資料，閱覽眾說，益發覺得李峪銅器這個課題，高先生六十年前的論說在當時固稱尖端，即使今日仍極具參考之價值，然而因為他的論文一直沒有發表，至使談論李峪銅器者，皆不知有高去尋其人。

　　高先生以此篇論文獲知於傅斯年所長而與史語所結緣一生❷，1998

---

❶　高去尋，〈漢崖墓題識「內」字之一解〉，《國立北京大學研究院文科研究所油印論文》（昆明：國立北京大學研究院文科研究所，1943）。

年史語所七十週年，我乃決定整理此文在《歷史語言研究所集刊》七十
週年紀念專號上發表，此固非純循私情，乃有學術之公義在焉。不論 1930
年代的學術史，即使到 1990 年代之末，高先生這篇論文仍然值得我們注
意。

　　抗日戰爭之前，中國古代青銅器之出土對古史產生最大衝擊者，當
推中央研究院歷史語言研究所在河南北部，包括安陽、濬縣、汲縣和輝
縣等商周遺址的科學發掘。其次比史語所早或與之同時，未經嚴肅考古
而流入古董市場的新出青銅器，對古史研究亦極重要，主要有四批，即
1923 年的渾源李峪村和新鄭李氏園，1928 年的洛陽金村和 1923 與 1933
年的壽縣朱家集。它們給中國古代史及青銅器學帶來大量的新材料，引
起國內外學者關注，相率研討新問題，提出新理論。

　　關於李峪銅器的問世，高先生的文章中已有交代，這裡不再重複。
巴黎展覽後，續有學術性的報導❸，然而對這批資料用力最深，蒐集最
全者，當推梅原末治 1936 年 5 月出版的《戰國式銅器の研究》❹，舉凡
流散於法、德、英、瑞典和美國的公私收藏，以及殘留在中國境內者大
抵收羅殆盡。同年 6 月商承祚雖然也出版《渾源彝器圖》❺，卻遠遜於
梅原氏。商氏之書係將山西并州大學教授時伯齊提供的李峪銅器照片十
八幀據為己有❻，外加梅原末治所編❼的九幀，共計二十七幀而成，只

---

❷　參本書頁 240。

❸　Georges Salles, "Les Bronzes de Li-yu", *Revue des Arts Asiatiques*, Tom VIII, No.
　　III (1944).

❹　梅原末治，《戰國式銅器の研究》，東方文化學院京都研究所研究報告第七冊
　　(1936)。

❺　商承祚，《渾源彝器圖》，金陵大學中國文化研究所叢刊甲種 (1936)。

❻　參張頜，〈渾源彝器拾遺〉，《山西文物》，1982: 1；商承祚，〈渾源彝器圖序〉，
　　《渾源彝器圖》。

❼　梅原末治，《歐米蒐儲支那古銅菁華》（大阪：山中商會，1933–1935）。

記錄簡單的基本資料，沒有展開學術討論。高先生寫作〈李峪銅器〉早於梅原的《研究》與商氏的《彝器圖》，他用的資料係留存在中國的十八幀（與商氏同），再從歐洲學者出版的五種書籍收集得十九幀，計三十七幀，其視商氏《彝器圖》遠為精詳，與梅原的《研究》亦相去不遠。然而可能因為高先生的論文沒有出版的緣故，中國學者論李峪銅器，所憑藉的資料多知有商書而不知有高文；世界學者也多引述梅原氏，無人提及高先生。

1923 年李峪到底出土多少銅器或遺物，恐怕永遠無法有精確的數字。梅原氏曾推測五十餘品❽，因為根據的資料頗有重複，故不可信。據我估計，容器大概不會超過四十件（含殘器），武器、車馬器及其他約三十多品。高先生的研究集中在容器，他引用的資料基本上已接近所知的總數了。附帶說明者，我的估計數字不包括 1960 年代張頷的徵集，和1970 年代山西省考古所的新發掘❾。張氏徵集上距出土已經四十年，是否即是 1923 年那個墓坑的東西，很難斷言；至於山西考古所的新發掘當然與 1923 年的無關。

就我知見所及，關於李峪銅器的研究，論方面之廣、角度之多、論述之深，直到今日，高先生這篇論文恐怕還是其中的翹楚。1920 年代歐洲學者耳食秦皇祭恆山的地方傳言，而有「秦器」之說。雖然梅原末治在不知「李峪」這個地名時就反對秦器說，改稱為戰國銅器❿，但高先生此文根據文獻證明秦始皇從沒到過渾源，也沒祭拜過恆山，才得以釜底抽薪，徹底解決。繼秦器說之後，又有趙器說，徐中舒在 1932 年出版

---

❽　梅原末治，〈所謂秦銅器に就いて〉，慶應義塾大學三田史學會，《史學》，10: 3 (1931)。

❾　山西省考古研究所（陶正剛），〈山西渾源縣李峪村東周墓〉，《考古》，1983: 8。

❿　梅原寫〈所謂秦銅器に就いて〉一文時，皆稱 LI-Yü，「李峪」之名是森鹿三告訴他的，見梅原，〈LI-Yü 位置の補正〉，《史學》，11: 3 (1932)。

的《斸氏編鐘考釋》推測李峪銅器是趙武靈王 (325–299B.C.) 的遺物 ❶，
高先生未點名地加以反駁。主趙器說者當時尚有別人，如森鹿三 1935 年
10 月發表在《東洋史研究》創刊號的〈晉・趙の北方進展と山川の祭祀〉，
認為李峪銅器是趙氏崇祀山川的遺物。這篇文章高先生寫作時當然不可
能看到。這批遺物固非秦器，也非趙器，與祭祀山川亦無關，而是墓葬
之物。今日累積的考古知識已能輕易地判斷為墓葬，不過高先生當時主
張墓葬說，我雖不敢說是第一人，至少是非常先進的創見，即使對李峪
用功甚深的梅原末治也到 1936 年的《戰國式銅器の研究》才提出這種說
法 ❷，比高先生還晚一年多。

　　此文有相當的篇幅討論李峪銅器的形制與文飾，這是一種藝術史的
研究法，在當時中國的學術界也算是相當先進的研究取向。因為這種取
向的啟發，他乃將李峪銅器放在更寬廣的背景探討與北西域外的關係，
即所謂「斯克泰・西伯利亞」(Scythio-Siberian) 的課題。

　　二十世紀中國新學術的第一代學者研究中國歷史文化，他們的視野
多非常寬廣，能注意中國與域外的關係，與我們現在所論之課題相關者，
如李濟殷墟銅器的分析 ❸，或徐中舒的狩獵圖像考 ❹，皆是典型的例子，
高先生這篇論文即是承襲這種學風。雖然所謂「斯克泰・西伯利亞」風
格是相當籠統的概念，但北方草原帶的民族文化交流自古以來就很頻繁，
黃河流域以北的戰國青銅工藝，尤其像李峪這種處於長城內外地帶的地
方，含有非華夏的外來文化成分並不令人意外。最近幾十年所謂「李峪
式」青銅器出土不下二、三十處，累積大量的材料，使我們對這類銅器
有更深入的認識，有人分為「晉式」、「燕式」和「北方系」三種 ❺，也

❶　徐中舒，《斸氏編鐘考釋》，中央研究院歷史語言研究所專刊七 (1932)。

❷　梅原末治，《戰國式銅器の研究》，頁 7。

❸　李濟，〈殷墟銅器五種及其相關之問題〉，《慶祝蔡元培先生六十五歲論文集》
上 (1933)。

❹　徐中舒，〈古代狩獵圖像考〉，《慶祝蔡元培先生六十五歲論文集》下 (1935)。

有人分作「燕器」和「代器」 ⑯。這些工作雖然比前人細密，但現在中
國學者討論這個問題，反而不太注意 1930 年代的學風，不是從殷周尋找
根源，就是在當時的所謂華夏國家推求影響，與北方草原帶的關聯往往
相對地忽略。現在看這問題當然遠比 1930 年代複雜，我也不贊成動輒用
那個籠統的「斯克泰・西伯利亞」的概念來概括，但如果只限在燕山和
長城以南，會是一個正確的討論場域嗎？高先生所謂李峪銅器有少許外
來影響的謹慎論斷，在今天看來是太保守或是太大膽？恐怕只有全面清
查東周黃河以北諸國的文化變化及其與草原帶的關係才好評論。

　　李峪銅器既不屬於西元前三世紀晚期的秦始皇 (221–210 B.C.)，也
不屬於西元前四世紀末的趙武靈王，高先生定此墓葬在西元前五、四世
紀之際，根據今天的知識，這個結論可以說雖不中亦不遠矣。東周銅器
的斷代，精確而無異議的證據並不多，上述幾批重要出土器，新鄭和洛
陽金村有銘文，但人與事的考訂也只有一般比較可以接受的看法，不敢
說有絕對的定論。後來洛陽中州路的發掘，結論雖然多作為別地方出土
物斷代的標尺，但也只有相對的時間意義而已。在這樣的條件下，由於
個人的體系或取捨，李峪銅器年代的推測乃有早到春秋中晚期（如陶正
剛）⑰，或春秋晚期（如鄒衡）⑱，也有晚到戰國初葉的（如安志敏）⑲。

　　1990 年代侯馬鑄銅遺址的報告問世 ⑳，對李峪銅器的年代判定起了
一些積極作用。李峪銅器有一部分（即所謂的「晉式」）可以在侯馬鑄銅
遺址找到類似或相同的陶範和陶模，大多屬於遺址的 IV 段到 V 段。因
為遺址中未發現明確紀年的材料，該報告據地層疊壓和陶器形制分作三

⑮　李夏廷，〈渾源彝器研究〉，《文物》，1992：10。

⑯　趙化成，〈東周燕代青銅容器的初步分析〉，《考古與文物》，1933：2。

⑰　陶正剛，〈山西渾源縣李峪村東周墓〉，《考古》，1983：8。

⑱　鄒衡，《商周考古》，頁 258。

⑲　安志敏，〈河北省唐山市賈各庄發掘報告〉，《考古學報》，六 (1953)。

⑳　山西省考古研究所，《侯馬鑄銅遺址》（北京：文物出版社，1993）。

期六段，其絕對年代只能以侯馬作為晉國晚期之都城而約略估計。西元前 585 年晉遷都新田（今之山西侯馬），約 530 年晉公室衰落，453 年韓趙魏滅智氏，403 年三家分晉，376 年晉亡。侯馬第 I 段未見鑄銅遺物，假設作為都城是從 II 段開始，報告說每段時間相差不遠，則一段約四十年，那麼 IV–V 段大約在西元前 500–420 年之間。這雖然也只是一種粗估，但多少可以作為推考李峪銅器年代的一種準則。依此準則，所謂春秋中、晚期之說（會不會受那座無法精確斷年的金勝村所謂趙卿墓❷❶的暗示?）可能稍稍偏早，西方漢學界最近的說法，有人定在西元前六世紀晚期到五世紀早期❷❷，但恐怕不如定在西元前五世紀❷❸比較符合侯馬鑄銅遺址的層位吧。所謂「李峪風格」並不限於侯馬鑄銅遺址 IV 或 V 段，也延續到 VI 段，而其屬於所謂「燕式」的部分尚未有更進一步的斷年，所以這些新推測也只是比較可以接受的看法而已。大體而言，李峪銅器可能不會早於西元前五世紀或其上半（即 500–450 B.C.）。那麼高先生給李峪銅器所下的年代，或嫌略遲，但最多恐怕不會超過五十年吧。1930 年代有這種結論，應該是非常精確了。

最後必須指出的，高先生此文引用高本漢「淮式」的概念，算是一個小瑕疵。「淮式」是 1930 年代中國青銅器學的新說，把原來籠統的「殷式」、「周式」和「漢式」的分期更加精密化。按照高本漢的分期法，在「中周式」（西元前九至七世紀）之後到漢帝國成立之前，約七或六世紀到三世紀間的銅器屬於淮式❷❹，相當於梅原末治的「戰國式」（含蓋春秋

❷❶ 參陶正剛、侯毅、渠川福，《太原晉國趙卿墓》（北京：文物出版社，1996）。

❷❷ Jenny So, *Eastern Zhou Ritual Bronzes* (Arthur M. Sackler Foundation, 1995), p. 425.

❷❸ Alain Thote, *Rites et festins de la Chine antique* (Paris-Musées, 1998), pp. 157–158.

❷❹ B. Karlgren, "The Exhibition of Early Chinese Bronzes", *Bulletin of the Museum of Far Eastern Antiquities*, No. 6, pp. 90–92.

晚期）。高本漢理解的「淮式」特徵❷，毋寧有相當多今日所謂晉系或北方系的成分，因為他最先獲知的材料是 1923 年瑞典人卡爾貝克 (Orvar Karlbeck) 得自壽縣朱家集的遺物，遂創造這個南北扞隔的名詞。高先生當時在這種新概念的架構下論述是一種進步，雖然用了一個今日看來甚不妥當的名詞，但對李峪銅器內容的討論並無影響。

❷　ibid., p. 93.

# 三
# 實踐與試驗

# 新史學基地的剖析
## —— 史語所七十年

## 在世界學術中的史語所

中央研究院歷史語言研究所自民國十七年 (1928) 籌備成立，已過整整七十個年頭。相較於西方具有數百年傳統的大學或科學院，史語所的七十年算不得悠久，但在中國傳統中，近代意義的學術機構超過七十年的也不太多。尤其人文學方面，史語所有意標舉治學的新態度、新方向與新方法，目標明確，旗幟鮮明，罕有機構或團體能與之相比。

不論在中國學術界或世界東方學界，史語所的人力與成績固然有限，但就學術方法及其實踐而言，史語所多少還有指標意義，研究、檢討本所這七十年對未來的人文學的發展，應當可以有一些啟發。

進一層說，學術發展無法遺世而獨立，必然會對時代社會的變化有所回應。七十年前和七十年後的史語所一定有所不同，這個團體的人所處的政治社會環境不同，面臨的時代問題不同，傳承的國內外學術傳統不同，更重要的，研究者本身的「人」不同。由於這些不同，使史語所的同人不能不嚴肅地認識過去，客觀地評估現在，以便有效地規劃未來。經過七十年的歲月，史語所已經延續了五個學術世代，有足夠的資料提供分析研究；也因為她是一個團隊，不像個別成言的一家，所以檢討過

去以覘測未來也才倍覺有必要。

具有頗負盛名之傳統的史語所，旁觀世界學術思潮數度改易的史語所，現在絕大多數同人都經過世界學術思潮洗禮的史語所，還有處在臺灣──一個有多種可能走向的國家──的史語所，在這樣的基礎和條件下，往後的路該怎麼走呢？我的同仁和我覺得應該利用七十週年所慶的機緣，由本所同仁自我省察，並特約與本所學術領域相關，卓然有成的學者蒞所指導，召開研討會以聽取學界的高見。我們把研討的重點放在學術史和方法學的檢討，總其名曰：「邁向新學術之路」。史語所幾代人都走在新學術的道路上，未來研究所的內涵可能不同，但求新的態度和精神則不會改變。

我們雖然本著聽取靜言的態度來舉辦這次研討會，但從大會提供的報告引言文稿來看，受益的當不會只限於史語所的同仁而已。

宏觀的歷史學者重視歷史分期，正確的分期能掌握某一特定時代的真相、通相和特質，連貫幾個時期或段落，便構成歷史發展的趨勢或軌跡，甚至可以嘗試找尋推進歷史發展的動力。可見分期是在把握歷史整體的認識，深入內涵，同時也發揮披荊斬棘的作用，不迷失於叢脞複雜的表相。本此態度，我們將史語所的歷史分做六期：

1. 籌備創立期（民國十七年一月至十八年六月），計一年半；
2. 塑形鷹揚期（民國十八年七月至二十六年六月），共八年；
3. 動盪困頓期（民國二十六年七月至四十三年十二月），前後長達十七年半；
4. 生息復甦期（民國四十四年一月至六十九年十二月），約二十五年；
5. 開展多元期（民國七十年一月至八十六年七月），約十七年；
6. 新結構與新時代（民國八十六年八月至今），剛開始一年而已。

　　七十年的史語所有什麼創新，有什麼轉變，有什麼堅持？可能各有不同看法，我願以過來人的經驗，表達個人一點粗淺的認識，或能給這個重要的學術機構作一張素描，以了解我國學術發展的一些風貌。

# 半個世紀的傳統和實踐

## 無中生有

　　所謂史語所的傳統是在第一期和第二期這不及十年的時間奠定的。上文的分期有的涉及比較細微的考證，這裡不能備述，但有幾點仍須加以說明。第一，史語所是一個「無中生有」的機構，她的產生完全因人而成事；其次，創所建立的學風長期以來受到相當的尊重，遂塑造成史語所的面貌和性格，至少有五十年的時間，學術界一提起史語所就浮出某種固定的形象。

　　這裡簡述史語所最初五十年四期的歷史及其特點，先從第一期的籌備和創立說起。民國十六年底，中央研究院籌備之初，只準備設立四個研究機構，即理化實業研究所、地質調查所、社會科學研究所和觀象臺❶，既沒有歷史所，也沒有考古所，更無歷史語言研究所。後來和史語所有關的人物，這時分屬於各所的籌備委員，如專長考古學和人類學的李濟屬於地質調查所，專長列入歷史的胡適屬於社會科學研究所，而傅斯年則中央研究院準備聘他為心理學研究所的籌備委員❷；至於趙元任、陳寅恪，或顧頡剛，皆未之聞。

---

❶　見〈中華民國大學院中央研究院組織條例〉，《國立中央研究院總報告第一冊・民國十七年度》，頁 4。

❷　同上，〈各研究機構籌備委員名錄〉，頁 417–420。

　　史語所是在十七年一月，傅斯年說服蔡元培而後成立的。同年十月他寫給陳寅恪的信說：「此研究所是無中生有」❸，是記實之言。雖然史語所常務籌備員之正式聘請遲至三月底，其實籌備工作已在一月就開展了，到十月才有自己的所址，後來決定以遷入新居的日子作為所慶紀念日。然而如果從史語所的內涵來看，十七年十月成立的史語所還看不出未來面貌的雛型。這牽涉兩層，一是人員結構，一是組織架構。關於人員結構，我研究傅斯年的史學革命，提出史語所初創，經歷從中山大學語言歷史所到清華大學國學院的轉變，成員背景與治學方法從「土派」轉為「洋派」❹，此一轉變在十月尚未完成。

　　至於組織架構，史語所草創之初有九組、八組或七組等說法，九組說見於十七年五月傅斯年寫的〈歷史語言研究所工作之旨趣〉，屬於歷史者五組，即文籍考訂、史料徵集、考古、人類及民物，和比較藝術；屬於語言者四組，即漢語、西南語、中央亞細亞語和語言學❺。八組說出自同年十一月傅斯年的史語所第一期報告書，即漢語、人類學、民物學、漢學、民間文藝、史料學、文籍考訂、敦煌材料和考古❻。七組說則是十八年六月遷移北平後，第一次所務會議的發言記錄❼。

　　不論七、八或九組，短短不到一年之內如此歧異，顯然是理想為配合現實所做的調整。譬如負責文籍考訂組的顧頡剛與傅斯年分道揚鑣，而傅斯年苦心羅致的陳垣原欲委以敦煌材料組，終不能來。及陳寅恪、趙元任和李濟接聘，十八年春天遷北平，人事底定，乃全盤檢討組織架構，而確定設立三組。第一組史學，文籍校訂等屬之；第二組語言學，

---

❸　中央研究院歷史語言研究所藏，「史語所檔案」，元：9 之 1，簡稱「所檔」。

❹　參本書頁 129–134。

❺　傅斯年，〈歷史語言研究所工作之旨趣〉，《中央研究院歷史語言研究所集刊》，1：1 (1928)，簡稱〈工作旨趣〉。

❻　傅斯年，〈國立中央研究院歷史語言報告書第一期〉，「所檔」，元：198 之 1。

❼　「所檔」，元：207 之 3。

民間文藝等屬之；第三組考古學，人類學、民物學等屬之❽。而陳、趙、李分別擔任第一、二、三組之主任，七十年來的史語所其基本規模至此確立。所以我們認為本所創立成形當斷自十八年六月。到二十三年原社會科學研究所民族學組併入，史語所乃有第四組，即人類學組；四十七年增設甲骨文研究室，發展成五組的架構，七十九年改名為文字學組。這些增益都可視為十八年三組原型的衍生，要到八十六年語言學組獨立成所，史語所才面臨基本的改變。

## 學風的建樹

　　史語所創所的基本理念和治學方法，首重收集整理新材料，三組架構確立，正式開展研究，一一實踐創所的理念，塑造史語所的治學風格。在歷史學方面，史語所投注大批人力物力整理新購置的內閣大庫檔案，成立明清內閣檔案編刊會，並且出版《明清史料》甲、乙、丙三編，共三十冊。重視材料，尊重材料，不尚議論，遂成為史語所的基本性格。

　　相對於明清檔案，史語所的中原考古則有立即引起學界注意的重大發現，改寫中國上古史，並且為古代史研究方法提供經典的示範。這時期的考古調查或發掘，北及昂昂溪、通遼、赤峰，南到南京，但主要集中在河南和山東，豫北的安陽、濬縣和汲縣，以及魯西的章邱與魯東的日照❾。時代橫跨龍山時期、殷商、西周和東周。尤其安陽殷墟，論遺址內含之豐富，研究意義之創新，以及發掘報告的詳審都有劃時代和典範性的地位。

　　考古之外，語言和民族調查也展現史語所的治學態度。趙元任、羅常培屬於漢語，十八年加入的李方桂專攻非漢語。第二期漢語調查先後

---

❽　同上。

❾　石璋如，《中央研究院歷史語言研究所考古年表》(臺北：中央研究院歷史語言研究所，1952)。

調查兩廣、海南、河北、陝西、安徽、江西、湖南、湖北等地的一些方言，非漢語則有黎、僮、撣、羅羅、苗，以及暹羅語和泰語。民族學方面，早在創所之始就調查雲南漢人、羅羅，川康羌民、西番；到人類學組成立，除先前的松花江赫哲族和湘西苗族外，馬上展開浙南畬民、雲南民族，以及滇緬邊境的少數民族，也對江南的兒童進行體質測量❿。

這時期史語所考古、語言和民族的業績正是傅先生所宣揚的理念──「上窮碧落下黃泉，動手動腳找材料」的具體實踐，於是構成史語所學風的另一基本性格，不但找直接材料，而且是從田野獲得第一手的新材料。這些材料大多超越傳統材料的範圍，故此輩學者的典型和傳統讀書人截然不同。

史語所在人們心目中的形象，也靠研究成果來建立。機關代表刊物《中央研究院歷史語言研究所集刊》，至抗戰前夕出版到第七本第二份，與四期的《安陽發掘報告》和一冊的《田野考古報告》，共約刊出二百四十篇文章。史學的傅斯年、陳寅恪、丁山和徐中舒，考古的李濟和董作賓，語言的趙元任、李方桂和羅常培，他們的論文都具有典範作用。另外還有歷史、考古、語言、民俗和民族的專刊。這些林林總總的論著，問題新、角度新、方法新，更重要的是達到傅斯年所期望的高標準，躋於東方學研究之列，足可與歐洲的學術先進爭勝。就在這八年內，史語所奠定她的形象，確立她的標準，享譽國際；這八年也是史語所的黃金時代，故我們稱作「塑形鷹揚期」。

## 在困頓中成長

隨著抗戰的爆發，史語所開始一連串的遷徙，進入第三期。歷駐長

---

❿ 參王懋勤編，《中央研究院歷史語言研究所所史資料初稿》第五章，及王氏編〈中央研究院歷史語言研究所大事年表〉，《中央研究院歷史語言研究所四十周年紀念特刊》（臺北：中央研究院歷史語言研究所，1968）。

沙、昆明、李莊、南京、楊梅諸地，最後到南港定居，前後十七年有餘，我們稱作動盪困頓期。

抗戰期間，因地制宜，各種調查發掘工作依然不曾間斷，但規模終不能與第二期相比。舉其著者，考古方面先後在陝西、甘肅、寧夏和四川、雲南等地進行調查和發掘，尤其中國大西北地區可補前一期專注於中原的闕漏。語言學和民族學多偏於雲南、貴州和四川等中國西南地區。遷來臺灣以後，駐紮楊梅時，考古、語言和人類學這三組的同人也分別在北部和中部從事相關的調查和發掘，但研究條件並不比抗戰時期間稍有起色❶。

史語所進入第三期時，第一代人大多健在，依然領袖風騷，即使在極度艱困的環境下仍有破天荒的巨著，如董作賓的《殷曆譜》。但論此期之特色，最顯著的是第二代人登上了學術舞臺。第二代人大抵可以分成「先進」和「後進」兩批，抗戰以前進所者謂之「先進」，以北平幾所著名大學，如北大、清華、輔仁畢業生為主；抗戰期間進所者謂之「後進」，基本上是北京大學文科研究所和中央大學的學生。十年樹人，本所第二代人，尤其是先進，在第三期逐漸嶄露頭角，雖然他們的論著或遺留在淪陷區，或為後方條件所限，大部分等到抗戰勝利後才出版。史學如勞榦、陳槃、全漢昇、張政烺、李光濤、逯欽立、王崇武，語言如丁聲樹、周法高、董同龢，考古如高去尋、石璋如、夏鼐，文字如屈萬里，民族如芮逸夫、馬學良等皆逐漸成名。稍後，第二代「後進」之士也相繼展現他們的成績，如嚴耕望、黃彰健、王叔岷、張秉權，但基本上已東遷來臺了❷。

民國四十三年史語所來南港定居，進入第四期，直到六十九年「五年計畫」實施之前，這漫長的二十五年雖比以前三期安定，但局面卻比

❶　同上。

❷　上述名單根據史語所出版刊物粗略估算，只舉其大概而已。

史語所在南港的原貌

以前縮小，算是生息復甦的階段。這時史語所逐漸引進年輕學者，屬於第三代人。他們大多是臺灣大學畢業，也受教於史語所第一代和第二代的著名學者，大抵還信守史語所治學的態度。其中有些人出國深造，甚至帶來新的治學方法，譬如許倬雲，在臺灣學術教育界造成極大的影響，但由於多種外在因素，對史語所本身並沒有產生顯著的影響。

史語所第四期人力結構呈現嚴重的外流現象。第一代的趙元任和李方桂，分別於抗戰初期和抗戰結束赴美，民國四十年代董作賓也有一段時間離臺赴港。民國五十年代，第二代的勞榦、周法高、李孝定和嚴耕望，以及第三代的許倬雲、陶晉生亦先後赴東南亞和美國任教。雖然他們離所的原因不同，有的人到晚年也再度返所復職，唯就史語所的學術傳承而言，則因失血而幾乎斷層。

即使如此，史語所第四期的成績，《中央研究院歷史語言研究所集刊》持續不斷出版，個人專著相繼問世，在歷史、語言、考古、民族和古文字各領域都可列為經典的著作。本所主持下的不朽著作，考古有李濟的古器物學專刊，石璋如的小屯墓葬與建築遺存，高去尋的侯家莊大墓；甲骨文如張秉權的《殷墟文字丙編》的綴合和考釋，以及李孝定的《甲骨文字集釋》；歷史如李光濤的《明清史料》、勞榦的《居延漢簡考釋》、黃彰健的《明實錄》校勘；語言如李方桂的《武鳴土語》、張琨的《西藏口語語料》、董同龢的《鄒語研究》；民族如芮逸夫和管東貴的鴉雀苗禮俗等。然而這些業績多是收割前時期各種調查和發掘的果實，表現史語

所重視新材料的一貫學風；我們可以說，史語所創立的理念經過第二、三期的實踐，到第四期才有機會比較全面地把實踐所得的成果公諸於世，雖然方言調查報告之出版還要晚幾年。

　　史語所自籌備創立以來至第四期結束時，已超過半個世紀，因客觀環境轉變，研究條件也有所改善，遂進入屬於她的現代史的第五期。

## 體質多元化的開展

　　民國六十九年，不論對整個中央研究院或對史語所的發展，都具有劃時代的意義。本所歷史進入第五期，這轉變最直接的觸媒是這年七月開始推動的「五年計畫」，政府投資大筆預算支持學術研究。有經費，也有名額，人才設備逐漸充實，全院氣象為之一新。

　　第五期的轉變其實有更深刻的意義，臺灣的經濟已奇蹟似地起飛，社會上中產階級已經成形，戒嚴體制如強弩之末，政治民主化和思想自由化成為普遍潮流。這些學院外的變化給學院帶來衝擊，也給學院注入活力。

　　我在民國六十九年九月進所。我常常有個感覺，好像站在一條山脈的分水嶺上，一邊看到的是史語所過去的制度，另一邊看到的則是史語所逐漸浮現的新面貌。我初來時，體驗到過去拮据儉樸的作風，威權猶存的氣氛，和輩分井然的秩序，當然也感受到「所即是家」的融入與認同。與我同輩而先我幾年入所的同仁應該能憶起當時的場景，想必也會與我有相同的感受。如果我的感受比較強烈，可能因為我初來不久就遇上巨大變化的緣故吧！

　　經過長期的人事凍結，民國六十九年夏天以後若春冰解泮，直到現在，史語所年年進用新人。尤其七十一至七十六年這六年間，連續進用三十六人❸，超過民國六十三年時全所研究人員的總數將近一倍半；往

往一年內進用五、六人，最多且有八人。我之所以舉六十三年作斷限，因為在此之前舉用新人遲緩，人數極其有限，六十四年以後才逐漸再吸收新進，但六十四至六十八這五年內全部只進用六人而已，可見七十一年以後發展的快速。

如果從民國六十九年七月新會計年度，也就是「五年計畫」正式執行之時算起，到八十六年六月語言組獨立成語言所籌備處之前，單單這十七年中新進的人員便有五十六人之多，佔六十三年全所研究人員總數的二倍，也是六十八年時全所的一・七五倍。加上第五期中，老輩或退休，或凋零，史語所的組成遂轉而以新人為主。結構成分之「新」，即是史語所第五期的一項特色。

新人促使研究所的體質產生轉變，一是年輕化。上述直到語言組獨立前所進的五十六人，只有一人年齡超過半百。也就是說，史語所在這十幾年的新進的五十五人，基本上多是大學研究所剛畢業的碩士或博士。第二是心態的變化，第四期最後四、五年進所的新人，絕大多數皆碩士級的助理研究員，受制於內外的威權體制，當時很少有獨立的發言權，但第五期的新秀相當高的比率是以副研究員的身分應聘的。副研代表具有獨立研究的能力，進所不久對所務言論就發揮一定的分量；再隨著臺灣政治的民主化和社會的自由化，史語所的家長式權威結構乃逐漸解體。

第三種改變是多元化，對史語所的學術傳統衝擊最大。史語所第一代人是同志的結合，治學態度相同，奮鬥目標相同，家國的感懷也相同❹。

---

❸ 七十一年六人，即邢義田、洪金富、鄭秋豫、陳鴻森、王道還、余澤宇；七十二年五人，即黃進興、鍾柏生、劉淑芬、康樂、劉益昌；七十三年六人，即蒲慕州、蕭璠、石守謙、劉錚雲、王明珂、陳韻珊；七十四年七人，即于志嘉、林素清、王汎森、高有德、魏培泉、邱敏勇、陳光祖；七十五年四人，即顏娟英、何漢威、林英津、孫天心；七十六年八人，即莊申慶、廖伯源、柳立言、黃居仁、劉增貴、陳玉美、蔡哲茂、林富士。參看《中央研究院歷史語言研究所七十年大事記》(臺北：中央研究院歷史語言研究所，1998.10)。

第二代人雖然不是清一色的北大，但基本上多是第一代人及其朋友的學生，入所以後配有導師予以指導，史語所遂有所謂的導師制或學徒制。到臺灣來以後，由於史語所與臺大文學院建立合聘制度，第三代人大抵是在這種制度中養成，進所以後仍然有導師指導。史語所向來濃厚的師徒傳統到第四代人，也就是四期末五期初進所的同仁便淡化了。淡化的原因是多方面的，一則史語所的學者頗多「散而之四方」，留守者也不以教學見長，自然不易傳承；再則是史語所內部導師制已經廢弛。不過最重要的因素恐怕是這些新進人員，即使在臺灣求學時有機會直接或間接受教於史語所的學者，他們多在外國修習了最高的學位，也就是說，他們的治學方法或態度得自外國者可能比本國深。那麼從外國（主要是美國）各名校畢業而進入史語所研究的同仁自然會給本所帶來各色各樣的學術傳統，於是相當徹底地改造本所的體質，使趨於多元化。

　　民國五十一年二月，史語所所長李濟在中央研究院第五次院士會議酒會上慨嘆科學未能生根，青年留洋不歸，與會院士雖有強作樂觀的❶❺，但仍難免流露「新亭對泣」的意味。此一景象可以作為史語所第四期歷史的寫照。然而三十年後，局面完全改觀，不但英才匯聚，由於研究經費相對地充足，學術活動也呈現數十年來得未曾有的活躍。概括歸納起來有五多，一是專題計畫多，二是委託計畫多，三是大小型學術研討會多，四是客座訪問和學術講座多，五是學術合作協議多。其詳不能備錄，本所最近出版的《七十年大事記》可供查考❶❻。

　　這些學術活動還透露幾項特點，第一，沒有放棄史料收集和整理的傳統，以漢籍自動化和明清檔案重新全面整理的規模最大，投注經費最

---

❶❹　參本書頁 151–156。

❶❺　參胡頌平，《胡適之先生年譜長編初稿》冊十（臺北：聯經出版事業公司，1984），頁 3899–3901。

❶❻　大事記編輯小組，《中央研究院歷史語言研究所七十年的大事記》，（臺北：中央研究院歷史語言研究所，1998）。

多；另外規模較小者則有唐代墓誌銘與漢簡。其次是田野新資料的充實。考古，在臺灣各地從事發掘和調查；語言，除本土的南島語調查研究外，亦旁及藏緬語；民族學調查長年來停頓，但近年也開始在羌族地區進行。第三，研究計畫有明顯的專題化趨向，不純以資料之收集為主。

民國八十五年中央研究院評議會通過成立語言學研究所籌備處，次年六月語言學組獨立。評議會亦決定史語所名稱不變，剩下歷史、考古、人類和文字四個學術組。此一新結構是這個七十年的老學術社群未來發展的基礎。


## 承襲傳統所面臨的挑戰


世界學術界內部的變化，長年以來推陳出新，於今為甚。史語所創所的目的是要與外國的東方學者對話，自然不會自外於世界學術界。幾十年來隨著臺灣的開放發展，史語所很自然地融入世界學術社群，可能汲取的養分，或感受的知識壓力已超出東方學的範疇。她所標榜的治學態度，重視的治學方法及數十年來多學科互補的組織結構，也到達非徹底反省思考不可的時候了。

史語所人員要面對這種新局面的當然不是第一、二代人，甚至也不是第三代人，而是第四代及第五代的人。在討論如何面對這番變化之前，請先了解史語所現在的結構。史語所七十週年時有研究人員六十二名，其中屬於第二代者二名，第三代者四名，其餘都是第四和第五代，佔九成以上。第四代人除少數稍早三、四年進所外，多在六十九年（即史語所第四期）以後才加入這個學術團隊，而今則構成研究的主力。他們自入所以後，經過十幾年的潛修精研，紛紛臻於成熟，在許多領域佔有領袖性的地位。未來史語所開展新局主要就是依賴這批人。史語所過去被視為「老人所」，其實現在全所平均年齡只四十四‧三歲，而佔九成以上

的第四、五兩代人則更年輕，平均四十‧七歲。論年齡級距，分布在三十六至五十歲者最多，佔有六成以上。從年齡結構看，史語所的研究活力是非常高昂的。

還有一層，史語所成員在外國完成最高學位者佔全所 53%，佔第四、五代人的 60%，若把曾經到國外長期研究者也包括進去，則分別提高到 74% 和 84%。這些數據與中央研究院人文組各研究所研究人員外國最高學歷的 56% 相比，已相當接近❶。由此又可澄清一個印象：這個向來以研究中國傳統歷史文化的史語所，不是古董，即使包含只有中國人才容易掌握的學門（如文字學），其成員之養成教育仍然非常國際化。這些背景都是我們思考史語所未來發展的重要基礎。

雖然現在史語所的結構已有這麼高度的「新」成分，人員來源多元化，也沒有硬性的規範或戒律，但誠如上文所論，即使在六十九年 (1980) 以後，仍然可以感受到史語所的傳統，所以討論未來，還是要從最根本的創所理念說起。

## 堅持直接史料

史語所治學素重史料是大家都知道的，並且成為一個「註冊商標」，以致掩蓋創所的其他宗旨。史語所強調的材料，是新而直接的材料，傅斯年〈工作旨趣〉說：一種學問凡能直接研究材料便進步，間接研究前人所研究，或只研究前人所創造之系統的則退步。又說：凡一種學問能擴張材料的便進步，否則便退步。他這麼宣揚史料的重要，也一再說近代歷史學只是史料學。史語所長年以來堅持此一信念，身體力行，遂獲

---

❶ 據民國八十七年九月二十五日中央研究院人事室提供的資料，本院人文組各研究所研究人員三百九十四人，最高學歷國別，中華民國一百七十五人，美國一百六十八人，日本十六人，英國十四人，德國十人，法國五人，其他六人。外國共二百一十九人。

得「史料學派」的稱號。

外界所謂「史料學派」往往帶有貶義，指史語所的人只知蒐集、整理和排比史料的工夫，不會解釋歷史，更無理論。此種偏見已有人指出是望文生義或斷章取義造成的誤解與曲解 ❶❽。其實這個「史料學派」是不是只懂得史料排比，沒有歷史解釋，應該就她已出版的六十九本《集刊》、八期考古期刊、三期人類學刊、五種會議論文集（國際漢學會議不計），共將近一千八百篇論文，以及九十九種專刊、三十五種單刊和三十六巨冊田野工作報告加以分析，不能只對一兩句革命式的宣言馳騁議論。稍有常識的人都知道史學不會只等於史料，但缺乏可信而有效之史料作基礎的史學勢必淪為空論，則是很多聰明之士往往忽略的。誠實的學者絕對堅持空論不是學問，難以驗證的「史觀」大理論只適合作為信仰；這兩種議論都有痛快淋漓的特性，很能引誘人，但對人類知識卻難有增益。何況人之才性不同，即使只有整理資料，踏踏實實把材料整理出來發展，雖然樸拙，至少對學術界還有一點貢獻，不像馳騁於過眼雲煙之理論家，往往鬧笑話，而且貽誤他人 ❶❾。

史學不等於史料，但史學等不等於史料學呢？這問題要看你對「學」字作什麼樣的詮釋。傅斯年〈史料論略〉的序言說：「史料學便是比較方法之應用。」可見史料之成為「學」要看「比較方法」用得是否妥當，是否深入，他說：

　　史料是不同的，有來源的不同，有先後的不同，有價值的不同，

---

❽　許冠三，《新史學九十年》（香港：中文大學出版社，1986），頁 215–216。

❾　李光濤引述傅斯年的話說：「歷史語言之研究第一步工作應搜集材料。而第一步之原料為最要，將來有所發表，即無大發明亦不致鬧笑話。因此種原料他人所未見，我能整理發表，即是對於學術界之貢獻，決不致貽誤他人。」見李著〈明清檔案〉，《傅所長紀念特刊》（臺北：中央研究院歷史語言研究所，1951. 3）。

有一切花樣的不同 ❷ 。

這已清楚地表明他不會單純到「照單全收」地相信史料，也不會機械到
只把史料排比出來讓它們講話即可。譬如他的未刊稿〈天問〉討論神話
的史料性質就說：

> 所謂神話故事之有史料價值者，不是說神話故事是信史，乃是說
> 神話故事是若干早年民族之世界觀、歷史觀，可由其中找出社會
> 的背景，宗教的分素，文化的接觸，初民的思想等等❷ 。

能從神話故事看出社會情境、宗教文化以及初民思想的種種歷史現象，
是要靠比較方法的應用才可能達成；應用能不能充分發揮，則繫於他所
提倡的多學科之互補是否真的實踐。這麼說，我們至少理解所謂比較方
法的史料學實已超越史料的層面，而屬於科際整合的境界了。整合得好，
應用充分發揮，如果能做到他在《中國古代文學史講義》所揭示的目標：
「史料賦給者以內一點不少說」，大概也就可以「史料賦給者以外，一點
不多說」了❷ 。把史料之「有」說得徹底，大概也就不必去說史料之「無」
的部分了。這是利多而弊少的好方法，但不少人卻硬是喜歡去講史料之
所「無」。這也牽涉到他在〈工作旨趣〉另外一個爭議性的話題：反對疏
通。其實他「只求證，不言疏」的治學方法，本義是要清除中國傳統史
論的流毒，是要把史學研究導向學術之正軌，故說：「不受任何傳說（統?）
觀念的拘束」❷ ，想不到卻遭受號稱進步之史學家的譏諷！

---

❷ 　傅斯年，〈史料論略〉，《傅斯年全集》二，（臺北：聯經出版事業公司，1980），
　　頁6，簡稱《傅集》。
❷ 　中央研究院歷史語言研究所藏，「傅斯年檔案」，II: 630。
❷ 　傅斯年，〈中國古代文學史講義〉，《傅集》一，頁69。
❷ 　同上，「傳說」，疑是「傳統」之誤筆或誤植。

　　傅斯年和史語所這麼重視史料，存在著一個基本的前提，即相信有客觀真實的歷史，而且可以人力追求得到。史學能不能絕對客觀，傅斯年雖然多少有些存疑，但他絕對相信「史料中可得之客觀知識多矣」[24]。這當然不意味史料自自然然就是客觀的，不過關於史料可能存在的主觀性，傅先生著墨不多，而且他也比較少提醒史家在排比或比較史料的過程所可能摻雜的主觀因素，遂難免對史料客觀知識之獲得過度樂觀[25]，這對比較方法史料學的周密度是會有所折損的。

　　本來史料的產生就可能帶有作者的主觀性，史料的排比解釋也會挾雜學者的主觀偏好；即使如此，天地間是否就沒有「客觀」的「真實」歷史，而一切記載只存在於人的理解或與主觀性的對話嗎？好學深思之士固不妨鑽研連綿無盡的玄思，但對活生生的人，譬如被控謀殺罪的死刑犯，有沒有謀殺，怎樣謀殺，宣判什麼罪名，以及怎樣執刑，應該都是客觀而且是真實的存在。歷史家對於歷史事實的了解和認定，寧近於法官之審讞，而遠於哲人之玄想。史料以文字語言為媒介固先天地潛藏著一些陷阱，言不能盡意，文可能掩義；即使如此，我們就有理由相信「真實是想像的產物」(the real is as imaged as the imaginary) 嗎？1990 年代初老牌史家史東 (Lawrence Stone) 和年輕學者的爭議[26]，追根究柢，恐怕是對「實體」與「媒介」之差距的認知寬窄不同吧。

　　倡議史料的傅斯年先生不是不知道史料之中大有陷阱在，以他對自然科學涵養之深，尚且知道自然科學的所謂「客觀」，其實有不少是科學家的 anthropomorphism（按自己的形象來描繪所說的對象），而社會科學在發達過程中，也有很多社會文化的偏見；不過，他也堅持超階級的見

---

[24]　傅斯年，〈史料與史學發刊詞〉，《傅集》四，頁 356。

[25]　參本書頁 165–169。

[26]　Lawrence Stone, "History and Post-modernism", *Past and Present 131* (May 1991)；回應見同刊 133 期 Patrick Joyce 和 Catriona Kelly 之文，135 期 Stone 及 Gabrielle Spiegel 又有所回應與討論。

解和超階級的事實卻也不少，不能一筆抹殺。歷史社會的客觀性，推到極端，不論社會科學或自然科學，傅斯年承認都是個「理想的境界」，然而我們「想以客觀為理想而去努力，尚且弄得不客觀，一旦完全把客觀放棄，認為是不可能的，不需要的，……以為一切社會的方法都是從某一主觀的法規，這對於社會科學之進步當然是一個大障礙。」❷這是他晚年給臺大法學院《社會科學論叢》所作發刊詞的叮嚀，表達了他對社會科學方法論的見解，想不到四十年後還用得上，相當切合後現代主義對史學衝擊所衍生的議題。我認為歷史終究應該有個真實——這樣算是信念嗎？——史家即使不能至，心不能不嚮往之。追求知識的人總要想盡辦法獲得那個真實，他應感謝後現代主義者提醒所有可能的陷阱，但不能停下來或走回頭路，應該一步步朝向前去。

## 反省科際整合

史語所是一個多學科組合的研究團體，從所名來看，包括歷史和語言兩大範圍。傅先生之引語言學入歷史研究，根據文獻可以追溯到民國十五年回國前夕他從柏林給胡適寫的那封長信，他說：「弄古代的方術論者，用具及設施大多是言語學及章句批評學」，治佛學或宋明理學，用具「全不是言語學的事了」。因為他準備回國後，「將隨（顧）頡剛而但論古代的，不下於南朝。這些東西百分之九十是言語學及文句批評，故但教追亭林（言語學）、百詩（章句批評）之遺訓，加上些近代科學所付我們的工具而已。」❷兩年後他創辦史語所，語言與歷史含蓋的分支就相當多，他寫的指導方針〈歷史語言研究所工作之旨趣〉和給繆勒 (F. W. K. Müller) 的信函都有詳細的規劃 ❷。

---

❷ 傅斯年，〈國立臺灣大學法學院「社會科學論叢」發刊詞〉，《傅集》四，頁 364。

❷ 耿雲志主編，《胡適遺稿及祕藏書信》37 冊（合肥：黃山書社，1994），頁 357。

❷ 〈工作旨趣〉云：一、文籍考訂，二、史料徵集，三、考古，四、人類及民物，

　　然而我們也不難發現這兩大範疇基本上各自為政，給繆勒的信甚至說語言之部設在廣州，歷史之部設在北京。誠如給胡適的信說的，語言學和章句批評只適合用於漢代以前的方術研究，但史語所的研究範圍卻不限於古代，何以獨獨取「語言」為名呢？從初創時期的文獻來看，語言與歷史之分離似乎是必然的結局。不過，對於這個問題我沒有足夠的學養可以討論，只就常識層面說，像民國二十二年以前陳寅恪的語言學與史學之互證，或如外國東方學家論東西民族文化交流的經典著作，語言學仍然是歷史學的好幫手。而漢語方言與非漢語的調查，對族群文化的研究也應該有所助益。

　　從史語所成立的過程來看，結合不同學科雖有其理論意義，但也明顯存在著因人設事的情形。不論八組、三組、四組或五組，都脫離不了人的因素，也就是說，所謂集眾研究的諸學科，其結合基礎不一定是不可割捨或不可取代的。只有不同學科間存在有共同課題，而且覺得需要對方的協助，這個學術團隊才可能存活下去。如果中心課題喪失，各學科勢必分道揚鑣，而這個團隊便面臨解體的命運。七十年的史語所證明，

---

五、比較藝術：以上歷史範圍；六、漢語，七、西南語，八、中央亞細亞語，九、語言學：以上語言範圍。與繆勒信（「史語所檔案」，元：55）雖寫在十七年五月，與〈工作旨趣〉同時，但規劃略有不同，分為 (I) Philologie（語言）：A. Textkritik der alten Literatur（古代文籍考訂），B. Dialektforschung und Phonologie（方言研究與音韻學），C. Erforschung der indo-chinesischen Sprachen（印度支那語言研究），D. Zentralasiatische Sprachen（中亞語言），E. Indische Sprachen (besonders Sanskrit)（印度語言，尤其是梵文）；(II) Geschichte（歷史）：A. Praehistorie, Archaeologie und Palaeographie（史前史、考古、古文字學），B. Forschung der Geschichte von der aeltesten bis zur neuesten Zeit, insbesondere zunaechst materialsammlung und Guellenforschung（從古代到現代的歷史研究，尤其是史料的收集和研究），C. Kulturgeschichte und Volkskunde（文化史和民俗），D. Kunstgeschichte（藝術史）。

所謂學科整合，歷史與考古是最成功的，因為史語所有像李濟那樣關懷歷史命題的考古家，考古家遂成為史學家不可或缺的同志❸；但如果考古學家寧願為人類學家，或考古家有比歷史文化更迫切的追求，到那一天，再一次的結構重整恐怕也是無可避免的事。

其實一個多學科的團隊，只有課題之主從，學科之間是沒有父子的。像史語所這樣的組合，只有把人類的歷史文化當做中心課題，匯集各種學科的特殊方法以解答之，才可能各盡所長而合作愉悅。以法國年鑑學派成功的經驗來看，據赫未 (Jacques Revel) 的考察，布洛克 (Marc Bloch) 和費夫爾 (Lucien Febvre) 成功之處在於能在史學的周圍組織了一個人文社會科學系統，而這個系統所圍繞的中心學科則是史學❸。按照我的理解，這樣的「史學」意涵是很廣的，即以人類社會的歷史文化為總目標的學科，它可以是人文學或人文社會科學的總稱，而不是現行大學體制中，文學院之歷史系的歷史而已。

西方體制的學科分類經過這一百年的發展，似乎有一趨勢，即一個學科的邊緣部分逐漸與別一學科的邊緣接近，反而與本門的核心疏遠。原來屬於同一學門的舊學科，因核心與邊陲愈離愈遠，於是分解；而不同學門的邊陲地帶，因為互相鄰近遂可能組成另一新學科。在新學科形成以前，最普遍的要求是科際整合。就臺灣學術界過去三十年的經驗而言，科際整合並未確實實現過，因為每一學科都固守本位，而且缺乏中心課題。史語所早在七十年前不但走上科際整合這條路，形成中心課題，其成員並且在治學態度、方法甚至人生觀，都有相當一致的地方，她應該是今日思考學術政策，提倡科際整合的人借鑑的典範。但中央研究院以及全國學術界並沒有從她這七十年的歷史汲取什麼經驗。

話回到史語所本身，現在史語所的建置有四個學術組，主要包含三

---

❸　本書頁 174–215。

❸　見梁其姿等編譯，《年鑑史學論文集》（臺北：遠流出版公司，1989），頁 4。

個學門，未來可能分，但也可能合，端看史語所的同人如何看待自己的
研究，如何發掘相通的課題，以及如何認識學術的走向而定。

## 走入社會的新學術

　　史語所作為一個多學科的研究團體，她標榜的另一宗旨是擴張新工
具。類似於對史料的堅持，傅斯年也說過：凡一種學問能擴充研究應用
的工具的，則進步，不能的，退步。所謂工具，包含各種不同學科所採
用的方法。當時世界的學術風氣，社會科學剛剛興起不久，傅先生對自
然科學又有相當的修養，所以他舉涉的新工具多屬於自然科學。但隨著
治學態度與方法的轉移，世界主流思潮是社會科學逐漸進入史學，一度
且有入主出奴之勢。歐美風氣如此，臺灣亦不例外。

　　然而過去相當長的一段時間，這種風氣基本上並沒有波及到史語所，
其利弊得失當然難以一言而蔽之。不過現在整個所的人員結構既已徹底
改變，成員大多熟悉世界主流的走向，累積研究成果，雖欲捍隔世界潮
流亦絕無可能。當然，在另一方面，史學界也比較成熟，不再那麼景仰
社會科學方法；即使對從本質上質疑研究憑藉（即史料）的新思潮，史
語所也能有所堅持，有所取捨。換句話說，我們可以更冷靜思考自己的
長短，採擇各種可用的資源，創造最宜合自己條件的研究。

　　以過去幾年史語所工作的經驗，繼傅斯年擴充新材料、擴充新工具
之外，我們可以以擴充新領域作為未來發展的方向❸❷。近年我們既尊重
個人研究，也規劃集眾的工作；我們先建立一個個的研究基地，再由基
地去推動專題研究。這些研究基地即是本所的專題研究室，包含國家與
社會、思想文化史、法制史、禮俗宗教、生命醫療史、臺灣考古、東南

---

❸❷　參本書頁 26–28。

亞考古、生態考古、古文字、文物圖像及出土文獻等領域。我們想以研
究室規劃、推動研究計畫，以及學術活動，假以時日，逐漸有成，則新
領域自然會一個個被開發出來，學術傳統自然就形成了。向來臺灣一直
有人鼓勵科際整合，國家資源也一直投注在一個個研究計畫上，我們的
專題研究室可以含攝這些長處，但因為有基地，必定更有久遠性。短短
幾年來，這些專題研究室有的已開啟一些領域，略有所成，並且得到國
內外同行的肯定。

　　不過，無可諱言的，史語所有些傳統對成員無形中也塑成一些習性，
對未來的發展可能會造成障礙。回顧這個學術團隊產生的歷史，她和所
賴以生存的土地、社會，以至時代的關係並不大。傅斯年有感於中國學
術不如人，乃師法歐洲東方學家的治學態度與方法，援引前賢一些值得
提倡的遺訓，利用材料上的方便，而發起豪情壯志，創辦史語所，目的
是想把正統的東方學從巴黎轉到中國來。這當中有一個相當重要的心理
因素，即「為中國而豪外國」，因此，他主要對話的對象是歐洲第一流的
東方學家；因此，他的團隊「只要有幾個書院的學究肯把他們的一生消
耗到這些不生利的事物上」即可。既不以人多取勝（人多不一定能取勝），
也不想影響或改造社會群眾，甚至不願他的成員受到外界「烏煙瘴氣」
的感染❸，於是這個團隊便逐漸養成象牙塔的性格。

　　且不說利弊得失，這樣的性格要在一個研究機構長期存在，首先需
要有一把極強、極大的保護傘；而且其成員也只願與古人遊，與萬里外
的同行為友，不在乎周遭的環境。但現在史語所面臨的環境與以前卻有
根本的差別。從全世界的局面看，持續四、五十年的東西兩大陣營的對
立，到 1990 年代初隨著東歐的轉變和蘇聯的解體而結束，過去神聖化的
意識型態勢必煙消雲散。人類雖然拋棄舊包袱，而在這個新舊世紀交替
之時，也必定會發現新的危機和急切要解決的新問題，譬如環境維護與

---

❸　傅斯年，〈歷史語言研究所工作之旨趣〉，《傅集》四，頁 263。

經濟開發的平衡，國家主權與個人人權的衝突，對資源與文化的重新認定，以及人在地球上的地位的反省等等。這些思潮必定會衝擊學術界，學術研究對於人類面臨的新問題也不能不有所回應。

　　我們再把問題範圍縮小一點，回到臺灣本身，回到這個創於廣州，發於北平和南京，而在臺灣度過半個世紀的史語所。史語所原來在全中國最高學術機構的中央研究院中，是人文學研究力量最雄厚、成果最豐碩、名響最尊崇的一個研究所，在世界學術界也曾被視為中國學界的代表❸❹。她甚至有段時間是中央研究院唯一的一個人文和社會科學的研究所，自民國二十三年 (1934) 社會科學研究所與北平調查所合作後，到四十四年 (1955) 民族學和近代史兩個研究所籌備處成立之前，史語所一所便代表了中央研究院全部的人文社會科學。如果說史語所原屬於「中央的中央」的地位，恐怕也不誇張吧！遷來臺灣，客觀情勢改變，臺灣不能代表中國，史語所即使有些優異成績，並不足以作為檢視中國人文學研究的指標。這情況在 1980 年代以後逐漸公開化，到 1990 年代臺灣社會急遽轉變，臺灣主體意識快速確立，一向以研究中國歷史文化為主的史語所乃逐漸被社會邊緣化。人文社會科學長期以來就不是國家學術的主流，過去二十年，人文學又比社會科學更遠離現實社會，更無發言權，史語所面臨的新局面隱然帶有「邊緣的邊緣」的危機。

　　對追求科學真知的人，蟄居象牙塔並非壞事，然而歷史這門學問，當研究者與世隔絕時，他還能得到什麼思想上的啟發，透視什麼歷史現象，觀察到什麼歷史癥結嗎？換句話說，象牙塔性格適不適合做歷史研究，這個嚴肅問題在史語所四十週年慶時，臺大文學院院長沈剛伯蒞所

---

❸❹　見《歷史語言研究所七十年大事記》，民國二十六年條。1937 年 2 月英國劍橋大學 Harold Temperley 函邀中國參加國際歷史學會，教育部同意本所建議：以中央研究院歷史語言研究所名義致函國際歷史學會申請參加，中央研究院評議會歷史組推薦人選，由教育部委派，年費及出席代表旅費由教育部補助。

演講「史學與世變」就碰觸到了。沈先生很含蓄地指出史語所的新史學是與社會脫節的純史學，固有其可貴之處，但與時代社會隔離的純之又純的史學如何維持不斷的創新力以免於枯竭，如何接受外界不斷的刺激以產生新觀念，寫作新史書，如何從時代社會的轉變中尋找靈感以開展研究的新路徑或新境界❸，是史語所同人不能不認真思考的問題。

走出象牙塔，走入社會，不是拋棄學術，反而是要發展學術 ── 至少是環繞史學為中心的人文社會科學系統。一個走過七十年歲月的機構，考古、語言和歷史部門曾在新資料的發掘收集上，完成可觀的貢獻，民族部門也擺脫傳統以漢人為中心的習性，以「他群」的研究為志業。然而基本上，史語所的學術還是以中國為主要的研究對象，此一先天的限制對未來的發展恐怕不見得有利。然而中央研究院的人文學還是限於中國，院方政策性地發展漢學，並且相信這是臺灣人文社會科學進入世界學術主流的憑藉，只要能用主流通行的文字發表就成了。

這使我想起傅斯年〈工作旨趣〉反對「國故」這概念的宣言，他說：「學問斷不以國別成邏輯的分別，不過是因地域的方便成分工。」因此他反對西洋人所造、與埃及脫邏輯 (Egyptology)、亞西里亞邏輯 (Assyriology) 等同的「新諾邏輯」(Sinology) 之名，雖然難免有些「民族的」憤慨，但他的認識我基本是贊同的。歷史雖然有時代、國家和民族的分別，那是材料，但歷史「學」作為一種學科就不能只以特殊材料見長，而應該具有普世性，不論是從學術研究或文化關懷來說皆當如此，這恐怕是傅先生反對「國故」這個概念的原因。人文社會科學的研究不能老在中國的圈子內打轉，所以他宣示要：「擴充材料，擴充工具，勢必至於弄到不國了，不故了，或且不國不故了。」從這條路把中國的學術帶入世界主流，至於使用不使用主流文字已是次要了，雖然那是一種有利有效的工

---

❸ 沈剛伯，〈史學與世變〉，《中央研究院歷史語言研究所集刊》，40 上 (1968)；參本書頁 165–173。

具。人文社會科學研究要超越中國的政治疆界，走入亞洲內陸，航向南洋，這兩個方向，七十年前他就提出來了，可惜沒有發展下去。他原想在這方面栽培幾個年輕學者，也因種種主客觀因素無法收到預期的成果。

史語所的目標是要在世界學術中佔一席之地，我作為她的一個成員，思索這個問題，但苦於難得良策。妙計應該在各位學者的口袋中。然而歷史家總相信歷史發展是層層相因的，我們肯定研究新領域的重要意義，要開發新領域，擴大新領域；但我們也不能不更加批判地自我檢討──我們能不能跳出漢人的界限看歷史文化？能不能跨越中國的疆域全面地看人類的活動業績？能不能走入社會，從時代問題激發學術課題？我們企盼看到一個更遼闊的視野，一個更明朗的前景！

# 舊傳統與新典範
## —— 史語所七十五週年

## 舊傳統易言，新典範難說

　　對像史語所這麼具有悠久學術信譽的研究機構，她的學風鮮明，一般的認識應該是比較清楚的。然而由於時移勢轉，以今視昔，未必能真正體會創規立矩時的情境，難免有責備之毀；同時也因太過於強調傳統，後之來者對前賢往往會有過諛之譽。所以舊傳統雖然好像容易說，卻不一定能說得清楚，相對的新典範，唯其歷時尚淺，是否能成為後人的軌範，是不容易判斷的。

　　七十五週年的歷史語言研究所是一個贏得學術信譽的研究所，過去相當長的一段時間，國內關於人文學，特別是歷史學的論述，幾乎無不舉史語所作例證 —— 雖然一般總是帶著或多或少的批判意味。

　　史語所的形象或風貌，一方面很明確，譬如對史料的絕對堅持，以至於被譏刺為「史料學派」；另一方面又好像不容易把握確切的共相或通性，連一個所徽，試過多次，都無法尋求共識。愛護史語所的人也許會恭維她的壯實渾厚，根深柢固，如孔門弟子之讚誦孔子，「仰之彌高，鑽之彌堅」。我作為史語所的一員，今天不是來恭維我們自己，毋寧想坦率地作一些分析。

1980 年我有幸加入史語所，到今天算算過了將近四分之一個世紀，也等於相伴史語所三分之一的壽命。這個數據令我豐然而驚，除了人間國寶石璋如老先生之外，下意識猶自以為年輕的我竟然變成史語所最老的一員了。我不是在這裡以「壯」賣「老」，只想說明一點，1980 年就入所的經驗，讓我體會到史語所傳統的制度與氛圍，但也像站在山脊上，另一邊又看到新世代的變化。

我初來所，經常聽到所謂「史語所金字招牌」的豪語，相信遲我一兩年來的同仁猶有類似的記憶。後來我有機會接觸所的檔案，也作了一些研究，倒有點猶豫恭維「太祖高皇帝」的人是不是真的了解傅斯年的史學或史學思想。我不敢唐突本所前賢，不過有一個現象是假不了的，把「傅斯年」當作嚴肅的學術課題要晚到 1980 年代末，才有王汎森先生在余英時教授的鼓勵下，選作博士論文。大批的「傅斯年檔案」，歷經多人多次整理，1990 年代中期才開放，而豐富的早期「史語所檔案」能夠上架索閱，又要晚幾年。

缺乏充分資料，尚未深入研究，不論是外人的求全之毀或內部的愛護之譽，都不一定可靠。傅斯年也好，史語所也好，或史語所的第一代、第二代，大多尚未深入研究，所以談史語所的傳統，是應該保留一些的。而今討論史語所的「舊傳統與新典範」，不能不事先聲明立場，過火之處，大家或許能包容我的直率，體諒我的用心。

## 分期透露的信息

近代學術潮流中，東亞各國學術的近代化，日本稍早，此外難得有百年的大學。在臺灣，擁有如史語所之悠久歷史的學術機構，除與她同庚的臺灣大學外，再也找不出第二家了。至於那些襲取別人名分的大學，只能作為反映臺灣特定時期意識型態的見證，因為她們不像史語所是貨

真價實地一脈相傳下來。

歷史是很奇妙的，有點像《老子》說的：「禍兮福之所倚，福兮禍之所伏」，也像太極圖，陰中有陽，陽中有陰。當史語所以七十五年老店真傳喜形於色之時，比起中央研究院內一些四、五十年的兄弟所，我們的心情多少流露出眷顧和依戀，勇氣上大概不如他們的決斷吧。史語所的同仁如果坦誠面對外在或內心的負戴，處境可能有點類似「在臺灣的中華民國」，剪不斷，理還亂。

常人賤近貴遠，臺灣的人文學者往往忽略最近五十年的成就，其實已經有人把臺灣五十年的史學當作課題研究了，本所同仁豈不該細細回顧史語所在臺灣怎樣走過超過她三分二的歲月嗎？如果截去源頭，便算是我們的，那麼史語所還剩下什麼呢？

七十週年所慶時我們編了一本《七十年大事記》。歷史學講斷代分期，史語所這七十年該怎麼分期，不同階段各有鮮明的面目嗎？有什麼理論或方法足以代表不同時期的特色？史語所對外在環境，如政治、社會或文化的變化，有沒有反映？當時我對這些問題找不到答案，膚面地分作六期❶：籌備創立（1928–1929 年）、塑形鷹揚（1929–1937 年）、動盪困頓（1937–1954 年）、生息復甦（1955–1980 年）、開展多元（1981–1997 年）、新結構與新時代（1997 年至今）。開展多元期是因為中央研究院開始實施五年計畫，陸續進來大批新成員；新結構期是因為二組（語言學）獨立成所。這樣分期基本上多不涉及學術思潮，而動盪困頓期含蓋從抗戰到定居南港，連 1949 年大遷徙這麼重大的歷史變化都沒有反映出來，如果此一分期還可接受，豈不顯示史語所和政治社會的關係真的太疏離了。

如果說史語所不同階段的學術面貌不夠鮮明，如果說史語所的學風與外在因素的關係淡薄，倒也不妨當作她的特色。對照我們的兄弟民族

❶ 大事記編輯小組，《中央研究院歷史語言研究所七十年大事記》（臺北：中央研究院歷史語言研究所，1998）。

所——真的是分家的親兄弟，史語所這種特色似乎顯得更清晰了。

1995 年民族所慶祝四十週年，李亦園先生發表專題演講，很清楚地劃分民族所學術三個階段，即 1949–1965 年傳統民族誌的研究，1965–1987 年結合社會科學，和 1987 年以後試圖解釋❷。

專注於中國少數民族及臺灣原住民的民族所，1965 年開始研究漢人的社會與文化，並且加入心理學、社會學的人才，這是一大改變；1987 年臺灣解除戒嚴法，民族所認為此一自由解放的因素深深影響學術研究。

史語所真的是一尊不動天王嗎？學歷史的人不會相信天下有不變之事物。但史語所「盛世」以後，較少峰迴路轉，恐怕也是不爭的事實，這是什麼緣故？

## 多學科組合的結構性問題

近代中國學術界中，史語所的一大特色是多學科組合的「集眾」研究，傅斯年把歷史學、語言學、考古學和人類學等幾種學門聚在一起，希望少則幾個人就一題目合作，大則成為有規模的系統研究❸。上述諸學門雖然不是一創所就成軍，磨合時間並不長，除人類學稍晚幾年，其他三個主要學門大約一年內就底定。特色在這裡，不過問題也出在這裡。誰有能力在這四學門中提出一貫之道，從學術上充分統合呢？高明的傅斯年，無中生有而成此所❹，他的一貫之道恐怕也只偏於方法學吧，譬

---

❷　Yih-yuan Li, "The Studies of Anthropology in Taiwan: A Personal View"；徐正光、黃應貴主編，《人類學在臺灣的發展，回顧與展望篇》（臺北：中央研究院民族學研究所，1999）。

❸　傅斯年，〈歷史語言研究所工作之旨趣〉（簡稱〈工作旨趣〉），《中央研究院歷史語言研究所集刊》，1: 1（廣州：歷史語言研究所，1928）。

❹　參本書頁 119–156。

如他在〈歷史語言研究所工作之旨趣〉揭櫫的使用直接材料、擴大新材料和擴充應用工具，這是大家所習知的。論實際內容，七十多年來我們倒難得看到史語所的集眾研究有什麼課題真的貫穿這四門學術。

　　歷史語言研究所，單看名稱就知道是以歷史學和語言學為支柱的，傅斯年給同仁定下的基本大法〈工作旨趣〉，不但開宗明義兼舉這兩門學問，論述也力求融合。然而這兩道招牌菜一開始卻分別端上桌，並沒有攪拌在一起，更談不到熬成「你中有我，我中有你」的羹湯。他在籌備初始，寫給柏林民族博物館 (Museum für Vollerkunde) Müller（繆勒）的信❺，語言與歷史截然二分的隔離感比〈工作旨趣〉令人更深刻。

　　語言所終於在六十九年後 (1997) 自立門戶，那時我正負責史語所所務。據我所知，過去的所長都不願看到分所，語言所的獨立固為形勢所趨，當我對歷史更加了解後，則深覺其理有必然。因為從創立之初，歷史學和語言學這兩門領域就缺乏溝通的橋樑。第一代公開討論這個問題，見於 1963 年的一次同仁談話會，李方桂建議採納「聯邦制」，各組室雖皆獨立成所，而仍同在一起從事研究工作❻。到 1980 年代中期，院長吳大猷 (1907–2000) 有一次與研究員談話，也提起語言分所的問題，但他明言不處理。

　　史語所七十週年舉辦方法學省思研討會，剛分家的語言所也回來參加。不論梅祖麟的中國語言學主題演講或何大安闡述無語言組之史語所如何處理「語言」的報告，他們回顧歷史與語言七十年的結合，所能舉出的例證也不過傅斯年的《性命古訓辨證》一書和陳寅恪的〈東晉南朝

---

❺　中央研究院歷史語言研究所藏，「史語所檔案」（簡稱「所檔」），元：55，德文，傅斯年擬的信函，1928 年 5 月 9 日，開頭只稱教授，未置人名，但信函說：「你可能記得我參觀民族博物館」，推測收信人當是 Friedrich Wilhelm Karl Müller。又說，同樣的信也寄給 Pelliot（伯希和）和 Karlgren（高本漢）。

❻　民國五十二年四月二十九日，中央研究院歷史語言研究所同仁談話會紀要（屈萬里紀錄）。

之吳語〉一文而已❼。語言與歷史結合如此之難，正暴露集眾研究的結構性問題。

　　然而歷史學和考古學在中國大陸時期卻很不同，二者關係非常密切。本來在傅斯年的規劃中，考古是屬於歷史學這大類的，負責考古的李濟，其終極目的也是要以考古資料重建古史❽。不論學理、經驗和成果，傅斯年的歷史學和李濟的考古學相得益彰，史語所能夠享譽國際學術界，正是拜這兩個學門合作之賜，殷墟考古與殷商史的建構是最佳的典範。

　　張光直曾經說過：假如中國第一個由國家執行的連續性大規模發掘不是殷墟，而是一處史前遺址，一個以社會科學為主要取向的考古學便可能在中國誕生❾。其實這不是「如果」的問題，史語所的發掘是思考學術史問題而作的政策決定，1928 年 7 月，李濟尚未加入之時，傅斯年派董作賓 (1895–1963) 從事考古調查，便針對傳言出土甲骨卜辭的安陽、出土石經的洛陽，以及漢畫像石之鄉的南陽作過評估，最後選定安陽殷墟❿。李濟加入史語所發掘殷墟以前，任職清華大學國學院，發掘夏縣西陰村，正是一處彩陶時期的遺址，但據說他在考古成果歡迎會上的開場致詞說，選擇山西工作，是因為《史記》所說「堯都平陽，舜都蒲阪，禹都安邑」，都在山西之故⓫。史語所考古學之帶有濃厚的歷史學性格，

---

❼　梅祖麟，〈中國語言學的傳統與創新〉；何大安，〈典型在夙昔：史語所未來推動漢語的一些省思〉，《學術史與方法學的省思》（臺北：中央研究院歷史語言研究所，2000）。

❽　本書頁 185–192。

❾　K. C. Chang, "Archaeology and Chinese historiography", *World Archaeology*, Vol. 13, No. 2 (1981)。

❿　「所檔」，元：23 之 1、2、3，民國十七年七月十三日，八月十八日，八月三十日董作賓寫給傅斯年的三封工作報告信。

⓫　李光謨編，《李濟與清華》（北京：清華大學出版社，1994），頁 170，戴家祥致李光謨的信。

是歷史的必然，不是偶然。而這個必然性投射到我們今天的情境，便衍生出截然不同的結果。

學術機構和人一樣，是有生命的，外緣與內因都會影響她的發展，改變她的走向。搬來臺灣的史語所，最初也投入本土田野考古調查或發掘，定居南港後，反而專注於整理發表殷墟考古報告，二十二年後才進用臺灣考古的人才，而所方推動的田野考古還更晚。這期間，歷史與考古的結合只有一項「中國上古史」寫作計畫，撰作成員較雜，二十年後出版的「待定稿」❷，距離傅斯年歷史與考古整合的理想頗遠。

史語所考古學和歷史學之合作，所以成功於中國而失敗於臺灣，正是外緣內因的綜合結果。試想想，一個遲到西元 1600 年才進入歷史的地方，沒有經過青銅時代，沒有產生過國家，到二十世紀仍然生存著不少原住民，臺灣的考古學自然會跟人類學走得近，而與歷史學離得遠。另一方面，史語所的歷史學過去幾十年則「不知有漢，無論魏晉」；脫離她所在之土地的歷史學，如何能與非要靠這塊土地滋養的考古學結合為一呢？史語所的情勢注定，以前共同開創天下、樹立家聲的學門兄弟——歷史與考古——非分不可，除非史語所的歷史家和考古家雙方都有所調整。

至於人類學，四十八年前人類學組凌純聲別立門戶，成立民族學研究所，拾回人類學的主體性，芮逸夫則留在原所，發展中國民族史。爾後進入四組（人類學組）的成員基本訓練都是歷史學，自然以歷史研究為主，1980 年代開始探尋新方向，以別於一組（歷史學組）的歷史。就某些傾向來看，這批歷史學家與人類學家或社會科學家的聯繫，似乎比與同所的歷史學家更密切，不過還不至於會產生另一波的分裂危機，但也無法判斷以行政力量取消組別，就會促進人類學組與歷史學組更緊密

---

❷ 《中國上古史（待定稿）》，史語所第一本「史前部分」1972 年出版。第二本「殷商編」，第三、四本「兩周編」皆遲到 1985 年才出版。

地結合。

史語所原來建置沒有文字學組 ❸，甲骨研究本屬於考古，後來獨立成甲骨文研究室，多少是因人設事。甲骨文與甲骨學的研究擴大為文字學，從個別學科的主體性言，是一種加強，但從傅斯年創所的理念來說，其實是一種倒退。

規模近於大學之學院的史語所，七十多年下來，不但分屬另一端的語言學脫離歷史學自奔前程，連原來統隸在歷史學大類下的各種學科，也先後因主客觀因素而面臨解體的局面。作為史語所之臺柱的歷史學不知如何自處？

## 輔助學科與歷史解釋

一般歸類，傅斯年在史語所屬於歷史學家，不過，他的歷史學近於前蘇聯時期包含多種人文社會學門的「歷史科學」，而不是大學文學院歷史系的歷史學。這是他創立史語所的最高和最終目標，且不說考古與人類學，即使語言學也是要為歷史學服務的。

他自己評價《性命古訓辨證》，「以語言學之立點解決哲學史之問題」❹，而據語言學家的看法，他是真正懂得語言學又能結合歷史的人。考古學呢？雖然在他的求學過程中，我們找不到任何關於學習或研讀考古學的資料，他當然沒下過田野，但從第一次安陽發掘董作賓的報告所作的遙控指示，他對地層的釐清、文物的分判以及出土物原位的存真紀

---

❸ 民國十七年十一月三十日傅斯年草擬的「國立中央研究院歷史語言報告書第一期」曾規劃漢字組，附設經籍詞典編輯組，參「所檔」元：198 之 1。據這份報告書，史語所分為八組，但只維持大約半年，隨即消失，建置史學、語言學、考古學三組。

❹ 中央研究院歷史語言研究所藏，「傅斯年檔案」，III: 1157，簡稱「傅檔」。

實是完全內行的 **⑮**。

　　然而史語所歷史組的歷史學自創所以來，相較於其他組的學問，顯然比較帶有「古世、中世的意味」，後來有一段時期甚至幾乎變成文籍考訂之學。即使在創所之初，也看不到有什麼特別令人耳目一新的治學手段。我們倒是看到語言學組有各種實用語言學儀器，譬如蓄音機 (dicta-phone)、音浪計 (kymograph)、真空管擴音器等，以便記音，而且與留聲機器公司商議灌收「音檔」。考古組的皮尺、日晷、指南針、經緯儀、測量尺、望遠鏡、照相機、三腳架與平板測量板，以及人類學組的彎腳尺 (spreading caliper)，直腳尺 (sliding caliper) 等各種體質測量儀器，凡此種種都是歷史學組無法想像，也使用不上的科學新工具，歷史學家還是使用紙和筆而已。新工具會發現新資料，引導新問題，促成新學問，傅斯年苦心熟慮要建立科學的歷史學，歷史學組能承受這個重責大任嗎？

　　根據大概是 1930 年或翌年史語所的「工作報告」，歷史組規劃以商周遺物研究上古史，以敦煌材料研究中古史，以內閣大庫檔案研究近代史 **⑯**。換句話說，歷史學的更新與發展是寄望在新史料上。傅斯年為覓求新史料，在陳寅恪 (1890–1969) 尚未進所時，即聽從他的建議，說服蔡元培 (1868–1940) 張羅大筆款項，購買所謂八千麻袋的內閣大庫檔案，委任陳整理 **⑰**。不久陳寅恪就交給徐中舒，徐後來也不做，交給書記李光濤。依當時的整理工具，實在無法從這八千麻袋很快抓到要領，傅斯年難免失望，李濟才嘲弄他是不是想從這批檔案找到努爾哈赤未曾入關的證據 **⑱**！雖然是笑話，也可見當時歷史學本身的困境。

---

**⑮**　「所檔」，元：23 之 2，傅斯年覆董作賓的信（民國十七年十一月三日）。

**⑯**　「所檔」，元：203，可能是徐中舒的筆跡，但授意者應該是所長傅斯年或組主任陳寅恪。

**⑰**　「所檔」，元：4 之 1（民國十七年十月十七日），之 4（民國十八年二月九日），之 14（可能民國十八年某月二日）陳寅恪給傅斯年的信。

**⑱**　李濟，〈傅孟真先生領導的歷史語言研究所〉，《感舊錄》（臺北：傳記文學，

歷史學新史料的獲取是具有機遇性和被動性的，不像考古、人類、語言，可以從事計畫性的調查和發掘。然而即使增加新史料，當時傅斯年提倡的應用工具，因為受限於他的思想與偏好，竟亦難以應用。他早年是「科學迷」，相信自然科學方法具有普遍意義，可以用來研究其他學問。留學英、德前後七年，在倫敦大學醉心於實驗心理學及佛洛伊德心理分析，轉入柏林大學，熱衷近代物理學以及數學的或然率❶。因此史語所要擴充的工具是自然科學，如地質、地理、考古、生物、氣象、天文等，依他說，這些無一不是供給研究歷史問題的工具。可是除考古之外，上述自然科學對歷史的輔助，傅斯年不但沒有像語言學那般做了實證示範，也沒有理論或方法學的闡述。

傅斯年的新史學所要擴充的學科，〈工作旨趣〉不曾涉及社會科學，可能不是無意的疏忽，而是有意的不取。其實早在他畢業出國那年，他的母校北京大學，朱希祖接掌歷史系，進行史學改革，就「以社會學、政治學、經濟學等社會科學，為史學基本知識，列於必修科」了❷。留學歐洲七年於學無所不窺的傅斯年，豈有不知社會科學的道理。但史語所「傅斯年檔案」存有一份未發表的文稿〈中西史學觀點之變遷〉❷，他只提到近代社會科學工具之完備會促進史學發展一句話而已，沒有進一步的申論。此文不知寫於何時，但直到他人生最後階段，給臺灣大學法學院《社會科學論叢》作發刊詞，他仍然說：「我于法學院的學問本是隔行。」

不講社會科學方法，並不意味實證研究不具社會科學的概念，也不

---

1967)。

❶ 王汎森、杜正勝編，《傅斯年文物資料選輯》(臺北：傅斯年先生百齡紀念籌備會，1995)，頁 39–50。

❷ 朱希祖，〈北京大學史學系過去之略史與將來之希望〉，《國立北京大學三十一週年紀念刊》(北平：國立北京大學三十一週年紀念會宣傳股，1929)。

❷ 史語所紀念傅斯年百齡時予以發表，見《當代》，116 期 (1995.12)。

意味不能具有社會科學解決問題的功效。傅斯年對中國古代民族與文化的論述，即是最好的例證。社會科學有什麼理論能達到〈夷夏東西說〉那種層次呢？史語所歷史組主任陳寅恪同樣不講社會科學❷，而其中國中古史的實證研究卻被以批判性著稱的社會科學家奉為研究的典範❸，這可能都是具有強烈問題意識的緣故吧。

　　鷹揚時期的史語所普遍具有問題意識，歷史學亦不例外。既然有問題意識，使用充分的新資料來說明問題，便不可能沒有所謂的歷史解釋。過去有些人往往太執著於傅斯年宣言式的口號，不察就裡，老在「史學便是史料學」❷或「反對疏通」❷等題目上做文章，塑造一個稻草人當靶子。評論者往往認為他反對疏通即反對歷史解釋，其實「歷史解釋」是否等於「疏通」是很有問題的，他們接受傳統的注疏和章太炎式的通轉嗎？傅斯年強調「史料賦給者之外，一點不多說；史料賦給者以內，一點不少說」❷。單把史料擺出來就能「一點不少說」嗎？七十多年後，不論贊成或反對，我們對他當時的詞句固不必經典式地字字作解，但是把史料的義涵說得一點不剩，不是解釋是什麼？把許多表面上看似不相干的史料匯聚一起，在一個論旨下說得一點不剩，不是歷史解釋是什麼？傅斯年的古史著作不多是這個樣子嗎？陳寅恪如果有歷史解釋，他的中古史著作也不外是這種形式。

　　史語所建肇，歷史學的兩大臺柱是傅斯年和陳寅恪，陳一直留在清

❷　陳弱水，〈現代中國史學史上的陳寅恪──歷史解釋及相關問題〉，收入《學術史與方法學的省思》。

❸　黃應貴，〈歷史學與人類學的會合──一個人類學者的觀點〉，收入《學術史與方法學的省思》。

❷　傅斯年，《史學方法導論》，《傅斯年全集》二（簡稱《傅集》）（臺北：聯經出版公司，1980），頁6。

❷　傅斯年〈工作旨趣〉。

❷　傅斯年，《中國古代文學史講義》，《傅集》一，頁69。

華大學遙領史語所一組，傅對他則長期特例優容㉗，可能因為傅敬重他，史語所有賴於他，更重要的恐怕是他們兩人有共同的理念，學術方針相近之故。近來「陳寅恪」研究，頗有「神聖化」或「神祕化」的傾向，另方面似乎也深化他與傅的差異，甚至把傅推到刻板地只講史料論證，而突出陳的歷史解釋。傅斯年和陳寅恪的學術當然有所不同，不過就我的「體會」，史語所此一新研究團隊，個個皆是獨霸一方的人物，他們同聲相應，同氣相求，有共同的學術態度，也有共同的學術標準和目標。我們明顯的看到他們同樣重視史料，同樣具有敏銳的問題意識，同樣不強調社會科學，但同樣做了歷史解釋。反省今日中央研究院（至少是人文所），一群人來自四面八方，世界各大名校，聚在一起，當然各有自己的特性，然而如果沒有一些共同點，這樣的機構存在的理由是有可能遭到挑戰的。

　　不講社會科學方法的史語所，如果連帶失去問題意識，或者突顯不出史學的問題意識，她的所謂歷史研究自然被屏除在歷史學之外。1960–1970 年代，臺灣史學界引進一波波的社會科學風，雖然推動新局勢者是史語所的歷史學家，前有許倬雲，後有陶晉生，然而對當時史語所的學風幾若蚍蜉撼樹。史語所的人不能革自己的命，跑到外面去革更大的命，而所革的命卻對自己所寄賴的機構無可奈何。這是一個耐人尋味的現象，也許是舊傳統太強了，但也有可能當時史語所的堅持並非真正了解傳統。直到 1990 年代《新史學》誕生之初，基本上還脫離不了那個「傳統」陰影，即使內外環境已經急劇變化，史語所一些「好事之徒」還是寧願選擇在華廈外面搭一間草寮棲身。

---

㉗　陳寅恪把最滿意的文稿給史語所出版，參與所的重大決策，不過他以家庭之故，不願離開北平到南京就任，仍留在清華大學教書，但仍領史語所最高等級薪資。傅斯年並且特別為他張羅優厚的待遇，相對於朱希祖和羅常培，真有天淵之別。朱原準備從北京大學轉任史語所，只因要求兼課，傅斯年便拒聘，羅也因在北大任教而與傅絕裂。這些過往雲煙，史語所都存有檔案。

　　史語所第一代人非不知有社會科學，卻不看重社會科學，此其原因還待研究，不過據我的直覺，可能他們認為社會科學還幼稚，不夠「學術」，不能作為發掘新知的工具。然而隨著世界潮流的推移，社會科學愈益強勢，歐美先進國家如此，臺灣豈可能抗拒？1960 年代社會科學方法被引入臺灣史學界，倡導的新方法表面上雖然社會科學家與歷史學家攜手合作，其實是前者居於思想指導地位，後者則收集資料，提供例證而已。如此結合不是平行關係，是階層關係；社會科學作主，歷史學為僕，於是引發歷史家所謂「史學危機」的呼號❷❽。

　　社會科學的理論或概念進入史學，對歷史學家的確不再只是單純的應用工具了，它不是工具性格，反而是主宰性格。然而不論有跡可尋的理論或比較不著痕跡的概念，其根源還是在於問題意識，在這個平臺上，社會科學與史學是沒有軒輊的，也不必擔心有出主入奴的悲劇下場。

　　史語所準備接受這個挑戰者是「非正統」的歷史家，他們掛名在四組（人類學組）之下，或許為求名實相符，或許只想與所內正統的一組同仁有所區別，於是自 1980 年代以後展開新史學的探索。今天這個場合我並不想闡述十餘年來這股史學新潮流，某些領域，譬如醫療或民族，不同學者作過學術史、理論和方法的論述，其中與社會科學的距離各有遠近之異，援引理論的程度也有多少之別，不能一概而論。

　　五年前史語所七十週年研討會上，人類學組同仁的研究多蒙兄弟民族所的學者指正❷❾，這應該是史語所的歷史家進入社會科學領域而接受的第一次檢驗吧。誠如上面說的，不必強分社會科學領域或歷史學領域，

---

❷❽　黃進興，〈中國近代史學的雙重危機：試論「新史學」的誕生及其所面臨的困境〉，《中國文化研究所學報》，新六（香港：香港中文大學，1997）。

❷❾　黃應貴，〈歷史學與人類學的會合——一個人類學者的觀點〉；何翠萍，〈生活、人群與禮俗——從人類學的觀點看史語所歷史學者九〇年代以來對生活禮俗的研究〉；張珣，〈人類學與歷史學宗教研究的對話〉，皆收入《學術史與方法學的省思》。

二者之間是有共同平臺的，那就是人、人群、社會與文化，關鍵還是在
於提出什麼問題，使用什麼資料來解答問題，以及自己所能達成的目標。
社會科學家和歷史家對話，不妨多體會歷史問題，多研判史料的性質，
多了解歷史家建構的世界及其限度，簡單的說，設身為歷史家而思考理
想的歷史學，大概就不至於提著社會科學的名著當燈籠，而抱怨找不到
自己中意的東西。

## 與世隔絕的學術民族主義

　　雖然問題會帶動史料，新問題促使人去尋找新史料，但問題意識不
是平白而生的，與研究者內心的關懷和外在的環境皆分不開。

　　什麼是史語所的關懷？傅斯年首創這個人文社會科學研究機構，其
原始動機恐怕頗為複雜，但他的老同學顧頡剛指出他「欲與人爭勝」，當
是一針見血的觀察。傅所要爭的人是外國人，是當時以法國為首的歐洲
先進的「漢學家」（其實應該說東方學家才是）。顧頡剛晚年回憶往事，
下了「與人爭勝」的斷語，多少帶有貶意，其實換個說法，陳寅恪講學
術「預流」，要趕上「世界學術之新潮流」 ❸，以及我們今日努力奮鬥的
國際化，大學要擠進前百大，要成為亞洲第一等等目標，都是同一體事。

　　為了能夠與外人爭勝，傅斯年斷然採取菁英主義，即使他管了不少
天下國家大事，卻堅持這個研究所只須「要有十幾個書院的學究，肯把
他們的一生消耗到這些不生利的事物上，也就足以點綴國家之崇尚學術
了。」 ❹換言之，主要這批學者的研究成果可與世界主流「漢學家」的經

---

❸　陳寅恪，〈敦煌劫餘錄序〉，《金明館鎖叢稿二編》，頁 236，收入《陳寅恪先生
　　文集》二（臺北：里仁書局，1981）。

❹　傅斯年，〈工作旨趣〉。

典著作媲美，最後能把科學的東方學之正統從巴黎搶過來，建立在中國土地上，史語所的目標就達成了。由於學術觀點與策略，傅斯年的菁英主義和世界視野與主張普及教育和本土關懷優先的顧頡剛異趣，當時同受蔡元培之命籌備史語所的同窗終於分裂，結果是顧離開史語所。

　　歷史學的傅斯年、陳寅恪，考古人類學的李濟，以及語言學的趙元任、李方桂等史語所第一代人，知道西方近代學術之長，也了解中國傳統學問之短，他們肯定高本漢一人成就超過有清三百年訓詁的總成績，也承認沙畹 (Edouard Chavannes, 1865–1918) 之譯外國傳，玉連 (Stanislas Julien, 1797–1873) 之解《大唐西域記》，高幾耶 (Henri Cordier, 1849–1925) 之注《馬哥博羅遊記》，繆勒 (Friedrich Wilhelm Karl Müller, 1863–1930) 之發讀回紇文書，都不是中國人辦得到的。不過與其說史語所第一代人以西方為準繩，倒不如說他們承認西方學術具備了「近代性」。

　　近代性即是進步性，也是正確性和有效性，凡是具有這類特性的知識就是他們所要追求的，具有這類特性的標準就是他們所要懸置的，具有達成這類特性的方法就是他們所要採用的。所以傅斯年說，能傳信存疑的司馬遷，若干觀念比十九世紀的大史家還「近代」些，歐陽脩的《集古錄》、司馬光的《通鑑考異》便不像歐陽脩《新五代史》或朱熹《通鑑綱目》含有中世古世的思想。顧炎武能搜求直接史料，因時地之變而治語學，閻若璩以實在地理訂正經典，傅斯年遂奉他們的成績為不朽的遺訓，也是因為具有「近代性」的緣故。因此學術不該有國情之別，只有精確與不精確，可信與不可信的差異❸❷。

　　史語所第一代既以先進西方學術作標準，也以西方學者作為競爭的對象。他們之「崇洋」自有準則，稱引高本漢、伯希和為同道，德國的弗朗克 (Otto Franke, 1863–1946)、美國的勞佛 (Berthold Laufer, 1874–1934) 則猶有一間未達❸❸，那麼史語所奮鬥的目標是很清楚的了。

---

❸❷　傅斯年，〈工作旨趣〉。

做學問不是老僧入定，佛祖涅槃，做學問不可能無「氣」，不論是靜氣，是盛氣，或是意氣，都不離研究者的內心關懷和外在環境。翻檢史語所第一代的文件，理性、客觀的知識追求之餘，流露的爭勝意氣則所在多有。譬如傅斯年的〈工作旨趣〉就擔心漢語所屬的印度支那語系，這行中國人了解本領應比歐洲人大的學問，如果「也被歐洲人佔了先去，乃真是中國人的絕大恥辱啊！」傅斯年極其恭維的陳垣，學問和王國維一樣能使「異國學者莫我敢輕」❸❹，但講到中國史料讓外人越俎代庖，同樣視為奇恥大辱❸❺，焦慮之情，和傅斯年「我們不能製造別人的原料，難道自己的原料也讓別人製造嗎」如出一轍。

在史語所成立的時代，這批當時最先進、最具近代性的學者心中，時時橫亙著一個「恥」字。陳垣看到日本學者的蒙古文獻研究先進，遂呼籲「吾人若不急起直追，將來勢必藉日文以考蒙古文獻，寧非學界之恥！」❸❻陳寅恪積極鼓動傅斯年購買內閣大庫檔案，乃怕歸於外國教會之手，致使「國史之責託於洋人，以舊式感情言之，國之恥也」❸❼。他本身即是舊式感情的人。中國人無力治外國史只好罷了，豈能再忍受中國歷史的解釋權也落入外人之手乎？然而事實卻如此，高本漢研究中國古

---

❸❸　「所檔」，元：4 之 35，陳寅恪民國二十五年十一月十三日致傅斯年的信云：「Otto Franke 此人在今日德國情形之下，固是正統學人，此無待論者，但除有他種可考慮之事實外，若僅據其研究中國史之成績言，則疑將以此影響外界誤會吾輩學術趨向及標準，此不能不注意也。」另外，Laufer 原欲聘為通信研究員，後亦無下文，恐怕也是類似的緣故。

❸❹　「所檔」，元：109 之 1，傅斯年致陳垣函稿，推測當在民國十八年十一月中、下旬之間。

❸❺　陳垣，〈中國史料的整理〉，《史學年報》，一（1929）。

❸❻　陳垣，〈日本文學博士那珂通世傳序〉，《師大史學叢刊》（北平：國立師範大學史學會，1931）。

❸❼　「所檔」，元：4 之 6，陳寅恪致傅斯年函。

音，胡適評論說：「上集三百年中古音研究之大成，而下開後來無窮學者的新門徑，」❸ 故他的 *Etudes sur la phonologie chinoise*（《中國音韻學研究》），傅斯年和胡適使語言組傾全組菁英花五年時間譯成 ❸。當陳寅恪在向北京大學歷史系畢業生吟誦「群趨東鄰受國史，神州士夫羞欲死」❹ 之激切詩句時，又奈何呢？

　　恥，恥，恥！這是史語所第一代人最底層的心聲，理智上他們服膺西方學術的成就，感情上則要奮力雪恥，李濟向傅斯年感慨外國人表面儘管客氣，心裡總以老前輩自居，實在覺得難堪，然而又無可如何，「實在沒法子，也只得像那『猿人』似的彎著脖子走走再說，耐性等著那『天演的』力量，領我們上那真真的人的路上去。」❹ 傅斯年可不這麼悲觀，他既「覩異國之典型，慚中土之搖落」，看到「漢地之歷史言語材料亦為西方旅行者竊之奪之，而漢學正統有在巴黎之勢」，他生氣了，「是可忍，孰不可忍！」❹ 於是無中生有地創造了歷史語言研究所，以與西人爭勝。

　　在恥辱感的煎熬下，史語所擔待一個使命，要在學術戰場上爭霸。學術民族主義精神使史語所扮演另一種愛國者角色，雖說不要做「什麼經國之大業，不朽之盛事」，豈真的死守象牙塔嗎？好像也不是。因為安身立命的基礎既在與西洋爭勝，相信學術爭霸得勝即是愛國雪恥，其實也是洋溢著倫理意味的。

　　然而史語所的「清規」到底是不准參與世事的，研究的課題要預世界（即是西方）學術之流，像自然科學那般純粹知識，與研究者的時空

---

❸　胡適，〈左傳真偽考的提要與批評〉，《胡適文存》三（臺北：遠東圖書公司重印），頁173。

❸　傅斯年，〈中國音韻學研究序〉，耿雲志主編，《胡適遺稿及祕藏書信》37冊，傅斯年致胡適的信函，民國二十年十二月三十一日。

❹　陳美延、陳流求編，《陳寅恪詩集》（北京：清華大學出版社，1983），頁18。

❹　「所檔」，元：25之4，民國十八年一月二十三日李濟致傅斯年函。

❹　傅斯年，〈工作旨趣〉

環境遂多有所隔。與世俗隔絕，毋寧是進入世界潮流角力爭勝的必要條件。如此學風相沿成習，三十五年前，臺灣大學文學院院長沈剛伯在四十週年所慶紀念會上，遂向史語所同仁提出「史學與世變」的諍言❸。他批評史語所的新史學缺乏貫注時代精神，研究的議題和時代社會脫節；傅斯年從歐洲帶回專業化的新史學，但專業化並不必然非要與世隔絕不可也。

說真的，在那個專制戒嚴時代，史語所作為一個旁觀者已屬難能，當時個別也有人不守傅斯年的清規，「烏煙瘴氣」地想問世事。1960 年代的許倬雲到外面結集同好創辦《思與言》，以費邊社的改革方式，實踐顧炎武經世濟用的目標❹，但與史語所無關。學術當然不是社會運動，也不宜變成社會運動，然而如果對自己生活的土地不痛不癢，無視於時代社會的變化，豈能符合歷史學的本質要求——以探討世變為職志❺。

遷來臺灣的史語所，各種學門與這塊土地親近的程度並不一致。大體而言，初來暫住楊梅期五、六年，考古、民族和語言頗展開調查和發掘。1955 年定居南港，留在史語所的民族學家繼續大陸時期的中國少數民族研究，無法實地調查，只得退回文獻天地，企圖建構中國國族主義❻。過了三十年，證明這是一條失敗的死路。直到最近十餘年，在民族學主觀論的指引下，結合特定地區的田野調查，才開啟具有後現代主義色彩的民族研究之新頁。不過多數人類組的同仁已發展包含生活禮俗和生命醫療的新社會史，而且國際性的亞洲醫學史總部也設在史語所。

考古組長期專注於中原考古報告的整理和論述，當中有兩度以臺灣

---

❸ 沈剛伯，〈史學與世變〉，《歷史語言研究所集刊》，40 上 (1968)。

❹ 〈思與言——代發刊詞〉，《思與言》，創刊號 (1963.2)。

❺ 參本書頁 169–173。

❻ 謝世忠，〈芮氏民族史的性質及其方法理論建構法則：兼論中國地區族群的歷史過程研究〉，謝世忠，孫寶鋼主編，《人類學研究——慶祝芮逸夫教授九秩華誕論文集》（臺北：南天書局，1990）。

為對象的研究計畫，一是東海岸考古 (1970)，一是濁水、大肚兩溪流域自然與文化史科際研究 (1974)❹，實際上史語所並非主角。自 1976 年新一代考古家入所，二、三十年來史語所的考古學便以臺灣考古為主體，過去中國古代文明的輝煌業績留在《小屯》與《侯家莊》一系列巨著報告中供人研究，另外是一間歷史文物陳列館供人欣賞。

語言組的臺灣業績也停頓了相當長的時間，即使 1979 年開始著手臺灣原住民的語言研究，長期以來皆屬於旁支，不論獨立前後，史語所的語言學家多以中國境內語言及語言學作為他們的志業。

歷史組的臺灣性格比之其他各組更加淡薄，與世隔絕的史語所歷史學不但把臺灣劃在界外，也把海洋史讓給別人，顯現本所歷史學的基本概念只有「中國的」和「大陸的」，沒有意識到「臺灣本土」與「海洋的」的重要性。

離開中國來到臺灣的史語所，在歷史新局面下要以什麼特長在國際學術舞臺競爭？如能爭勝，那是一種什麼樣的勝利呢？我們相信還能佔有部分的「漢學」優勢，但與第一代充滿「國恥」感的學術民族主義應該不一樣了吧！

## 期待新典範

對於史語所的各種批評責難，有些並不難回答，譬如鄙薄「史學即史料學」者，其實只見表面，不明就裡。史語所一向以收集史料，尤其是直接的新史料為職志，由此而作出可觀的成績，隨著工具的數位化，在新形式的資料整理方面，仍居於世界領先的地位❹。但當後現代主義

---

❹　參《中央研究院歷史語言研究所七十年大事記》。

❹　關於史語所過去二十年資料整理的成果參看杜正勝、朱鴻林、張秀芬編，《傳

者連根拔起地質疑史料時，史語所的臺基就真的會垮嗎？

我看倒也未必，這幾年關於後現代的討論是夠多了，能正面看，反面看，從裡看，從外看，多方面，多角度，多立場地分析史料，是方法學的進步，但不必買櫝還珠，把原來要追究的史料背後的史事或史實撇在一邊，甚至否定其可能性，卻寧願窮盡精力追逐史料所衍生的邊際作用，雖然我也絕不忽略這些邊際效益，因為那也是歷史。

頗具後現代意味的顧頡剛之摧毀中國古史傳說，是「看史蹟的整理還輕，而看傳說的經歷卻重」 ❹。傅斯年雖批評顧頡剛的歷史路子，也不是說他相信神話的故事是信史 ❺。歷史真相的探求和該真相以外現象（當然也是一種「歷史」）的關注，是兩件事，不能混為一談。史實虛無論講過了頭，倒使我想起兩千多年前韓非的一個寓言故事，善辯的宋國人兒說持「白馬非馬」之論，把齊國稷下的學士都堵得啞口無言，有一次乘白馬過關，卻不能以「白馬非馬」而不繳關稅（《韓非子‧外儲說左上》）。歷史家無論多艱困，還是有責任追究歷史真相的。

1950 年傅斯年去世前七個月，為臺灣大學法學院《社會科學論叢》作的發刊詞，已經注意到不同科學各有潛存的主、客觀成分，自然科學號稱客觀，但有時仍難免如人以自己的形象來塑造神(Anthropomorphism)的主觀性。相對的，社會科學雖然頗容易製造偏見，但還是會有超越文化偏見和階級見解的客觀事實存在。於是他提醒研究者，要盡可能去除主觀，以求得客觀的事實，他說：

---

承與求新——中央研究院歷史語言研究所簡介》（臺北：中央研究院歷史語言研究所，1998），頁 77-79。這些報告至 1998 年為止，此後數年又有新進展，尤其數位化的成績更可觀。

❹ 顧頡剛，〈與錢玄同先生論古史書〉，《古史辨》一中（臺北：明倫出版社，1970重印），頁 59,；胡適，〈古史討論的讀後感〉，《古史辨》一中，頁 192。

❺ 「傅檔」，II: 630。

想以客觀為理想而去努力，尚且弄得不客觀，一旦完全把客觀放棄了，認以為是不可能的，不需要的，那真不得了，這樣弄下去，不特學院的嚴肅失掉，而且必出來一種神經緊張病，是必然看不清事實的。

學術研究如果放棄事實追求，還剩下什麼呢？傅斯年承認「客觀之一事，在社會科學和在自然科學一樣，是個理想的境界」。理想境界，寤寐以求，尚且不得，「若完全放棄這個祈求，以為一切社會的方法都是從某一種主觀的法規，這對於社會科學之進步當然是一個大障礙了。」[51] 史料學派的同志應該細讀「太祖高皇帝」的晚年定論，重視史料，不必諱言，追求真知，不可放棄。傅斯年當然了解到史料或社會科學不離社會的立足點（即是偏見），但仍相信從各種不同角度綜合考察，主觀性可以減少，客觀性會增加。用他的說法是以多元主義代替主觀主義。

公共電視製作「傅斯年」的節目，日前來訪問我，問一個問題：傅斯年提倡的新史學要靠田野獲得新史料，史語所已經脫離那塊土地了，這樣的新史學能發展下去嗎？這真是難題。然而我們也不要忘記傅斯年創史語所並不是專要研究「國」的東西，只是手中的材料方便些，便研究起中國來。這是他在〈工作旨趣〉公開反對他老師胡適提倡的整理「國故」，他宣傳史語所是不「國」也不「故」的，其學術鴻圖則是以陸上絲路與海上絲路包括的大圈為目標。

史語所在臺灣，客觀情境讓她跳脫「中國」這個範圍的局限，讓她走出與人爭勝的「國」恥悲情，也讓她能更理性地審視什麼是「中國」，什麼是「中國人」，什麼是「中國文化」。史語所如果還只能以漢學見長，那麼超越中國疆界的中國研究，可不可能是與人爭勝的策略呢？我們能

---

[51] 傅斯年，〈國立臺灣大學法學院社會科學論叢發刊詞〉，收入《傅集》四（臺北：聯經出版公司，1980）。

有超越中國的中國史嗎？我們有從臺灣看天下的歷史視野嗎？我們有把研究領域跨出中國的勇氣嗎？在臺灣客觀的限制已減至最少，自我解放故我的成見，以我們過去中國研究累積的業績，應該可以展開新的局面；而且以中國歷史的豐富性，我們應該可以給社會科學提供參考的觀點、概念或理論。這是一個尚未完全打開的世界，我們期待一個新典範的誕生！

探索新路徑，心態很重要。傅斯年當年沿著陸上和海上絲路給史語所的發展投射一個遙遠的藍圖，陳寅恪加入史語所陣營時，正專注於「殊族之文，塞外之史」，這是歐洲東方學者比中國或亞洲學者擅長的領域；大概「九一八」之後，轉治隋唐民族文化史，紅羊劫變遂鑽研所謂的「心史」。局面愈來愈狹窄，對歷史學而言，是一種退步，就他個人來說，則是一種不幸。學術風格的變化不可能與外緣無關，國難和暴政改變了陳寅恪，他之「捐棄故技」恐是情勢所逼，非盛年宏願預料所及❷。昔人往矣，而今思索史語所的前程，既奉盛世弘規為標的，視野一樣寬闊，唯亦當體察時空遷移，立足點之不同。

我的經歷使我有機會體驗史語所的舊制，也目睹她的新貌；不知幸或不幸，我還有同仁所缺如的際遇，在文獻史料之外，有機會觸及國家與社會，讓我在學術的歷史之外，還了解活生生的歷史。我的內心大概還是脫離不了傅斯年的情緒，不免自問史語所能發展出什麼新典範以與人爭衡？──雖然這個問題已超過我的角色和職責了。

---

❷ 1957 年陳寅恪給劉銘恕的信說：「弟近年仍從事著述，然已捐棄故技，用新方法、新材料為一游戲試驗（旁注：明清間詩詞及方志筆記等）固不同于乾隆考據之舊規，亦更非太史公、沖虛真人之新說。」太史公、沖虛真人，經余英時先生點出是「馬列」的暗語。陳氏所捐棄的故技，不僅是專家才能通曉的東方學，連中古政治社會史這種直到現在還是歷史學之大宗，也都在摒棄之列。陳寅恪的信參看陳弱水前引文。

# 新史學經營四題

## 新學術之路 ❶

路，是人走出來的。漫山遍野的雜草，有人帶頭走出一條蹊徑，後人跟隨，便成為大道。

民國十七年 (1928)，傅斯年在中央研究院創立了歷史語言研究所，奠定一個新學術的基石，指麾這股新力量的方向。這股力量匯聚起來，走出了一條康莊大道，則是參與這個研究所的所有成員，以及所有的朋友共同營造的。

我們把這條康莊大道，稱作「新學術之路」。新，當然是相對於「舊」的一種概念，雖與時代先後有關，更重要的還在於內涵。有人時代雖早，但內容卻極新穎，有人時代雖晚，內容反而陳舊。然而新往往是脫舊之胎，換舊之骨而成的。1928 年，傅斯年揭舉「舊域維新」而創史語所，七十年來這個所迭有更替，有其變異更新之處，亦有其堅持不變之處，但總在新學術的範圍內不斷探索，不斷地嘗試新的路子。

在本所七十週年慶的前一年，我們決定敦請走在這條新學術之路的人現身說法，搜尋他們的記憶，傳遞他們的經驗，好給後輩學者一些啟

---

❶ 《中央研究院歷史語言研究所七十周年紀念文集　新學術之路》序 (1998)。

新學術之路書影

發。於是發函徵稿，籌備編輯這本《新學術之路：中央研究院歷史語言研究所七十周年紀念文集》。

徵稿的原則，基本上以傳主自己的回憶為優先，蓋亦寓含保存史料之意。然而本所既歷七十春秋，當時創所的第一代前輩皆超過百歲，已經完全凋零；即使第二代人，碩果尚存者亦無幾何，能親身撰稿者更寥寥可數，我們乃委請其家人或親炙接聞之門生弟子執筆。這兩類文章回憶、記敘性質比較大，但也有人評述自己學術歷程的原委，啟迪後學，甚可寶貴。第三條原則則委請研究領域相近的學者撰述，這類文稿往往理勝於情，帶有比較濃厚的學術史意味。最後，因為一時覓請不到合適撰稿人，乃勾檢本所所藏檔案，略加編輯，以成篇章。

經過一年，我們共收到文稿八十六篇，傳主計七十七人。凡本所致送過聘書，不論專任、兼任或通信之研究人員，以及技術人員，皆算是本所同人，茲依年輩分成四代，第一代二十四人，第二代三十九人，第三代七人，第四代三人。另外本所的朋友四人。這些傳主編排的次序，第一代人以本所創立為核心，依關係密切程度及參與本所之先後為序；第二代人以抗戰開始分做兩期，抗戰之前進所者，可以說是「先進」，抗戰期間入所者是「後進」。先進、後進皆依本所組別加以序次。第三、四兩代基本上依入所先後排列；最後，本所的朋友則以與本所接觸之時間序次。

史料是要靠研究者努力發掘才會「出土」的，這次編輯這本文集令我們深切領略此一道理。幸賴嵩齡傳主的追憶，或者親人與門生的記述，許許多多感人的故事，親切的經歷，敏銳的智慧，以及寶貴的經驗，乃得以傳之於世。我們覺得這不但是本所最珍貴的財富，也是學術界的共

同財富，可供本所同人與年輕學子品味和思考，也可當作一面面的鏡子，鞭策自己日益精進。

己丑 (1949) 之變，本所第一、二代學者滯留大陸者不少，我們這次邀稿，聲明只記述己丑以前與史語所的因緣，他們在己丑以後也許另有傑出貢獻，只好請求作者割愛。格於本書體例，我們謹對傳主和作者深致歉意。

史語所是二十世紀人文學新學術的重鎮，尤其在第二個二十五年 (1927–1949)，國內外重要的學者幾乎無不與史語所有所關涉，譬如歐洲第一流的東方學家伯希和、繆勒和高本漢，古地質、古人類學家步達生、德日進，以及日本的梅原末治等人。可惜由於我們一時無法邀請到合適的撰稿人，以致無法在這裡表彰他們與本所的關係。中國學者，如馬衡、孟森、徐旭生、朱希祖、馮友蘭、許地山、袁復禮、丁山、商承祚、陶雲逵等亦然。諸如此類的缺失，使這本文集頗嫌美中不足，我們也感到非常遺憾。

不過，我們相信還有拾遺補闕的機會。路既然是人走出來的，應該愈走愈平坦，愈走愈開闊，愈走愈悠遠。相信隔一段時間之後，待《新學術之路》二集問世，這次遺漏的前賢不但可以獲得彌補，而且第三、第四代，甚至第五代人，將可以在這條大道上樹立一塊塊的豐碑，標識著本所對人類學術的貢獻。

本所創所人，也是終身所長——傅斯年先生開創了新學術的園地，同輩是他的同志，晚輩是認同他的理念的人，故本集封面題簽採集他的墨蹟，不但書法豪放有逸氣，而且意味深刻雋永，應是對他最恰當的紀念。

這本紀念文集得以順利編輯完成，我們首先要感謝所有撰稿的作者，沒有他們的熱心支持，是無法與讀者見面的。七十多位作者，有嵩壽近百的前輩學者，也有不及而立之年的青年。我們尤其感謝本所前輩，高齡的勞貞一院士與全漢昇院士，雖在體恙之餘，還給我們寫下那麼珍貴

的治學經驗談。而石璋如院士，以蒼松翠柏之齡，不但寫自己，而且寫師長，寫朋友。他這種老當益壯的精神永遠是後輩學子的好榜樣。

## 傳承與求新❷

中央研究院歷史語言研究所自民國十七年 (1928) 籌備成立，迄今超過七十年。七十年的歲月，對一個研究機構而言，比起歐洲一些歷史悠久的大學固然相形見絀，但在中國的學術傳統中，也可算是彌足珍惜的典範。

史語所在近現代中國學術史之具備典範性的地位，倒不在於她的歷史比其他研究機構稍長，或網羅更多國內外知名的學者（如大家習知的傅斯年、陳寅恪、趙元任、李濟諸先生，而胡適及歐洲漢學泰斗伯希和、高本漢，當史語所創立之初，他們都擔任本所的通信研究員），更重要的是她有優越的學術傳統，代代薪火相傳。

中國士大夫一向慨然以天下國家為己任，用世之心往往超過知識的探索。史語所創立伊始，便明確地揭櫫追求真知識的目標，樹立求真的人格典範。我們相信這種努力目標，是過去的文化傳統比較缺乏而未來比較急切需要的。史語所歷來不乏積極關懷現實之士，但無礙於他們追求真知識的神聖任務。

史語所追求知識的手段相對於中國學術傳統，有嶄新的意義。她要走出士大夫的書齋，走出故紙堆，在更廣大、活生生的天地間尋找新資料。所以發展掘地的考古學、方言調查的語言學、民族調查的民族學，結合文獻，回歸於歷史文化的領域，因新材料而發現新問題，再結合新工具以解決之。她不但揭示一種新的求知態度，而且塑造一種新的知識

---

❷　《中央研究院歷史語言研究所簡介　傳承與求新》序 (1998)。

分子典範。

　　史語所的求知態度努力追求客觀的真知，重視材料，推崇實學，不尚空論。蔡元培先生說得好，「有材料乃生問題，因問題而求旁證參考，資此旁證參考而置此問題於其正當之視線上。不以設定為決論，不為闕漏作補苴。」傅斯年先生也認為史學即使不一定能絕對客觀，「然史料中可得之客觀知識多矣。」真知識雖不亦獲得，然而求知者豈能不心嚮往之乎？豈能不盡力追求可信可用之方法以達成之乎？

　　七十年的史語所大約經歷四、五代，從第一代的開創鴻圖，第二代的守成深邃，第三代的接枝轉引，到第四代的蓄勢再發，和第五代的新秀養成，每代有每代的研究任務，每代也有每代的治學風格，但上述的人格與求知典範則貫穿於各代之間，而成為史語所的基本精神。

　　天下事物有常亦有變，尤其像史語所所探求的歷史文化的學問，更不能自外於時代與社會。七十年後的史語所所面臨的問題，不論是政治社會的，或思想文化的，皆迥異於七十年前，甚至與一、二十年前也有百代懸隔之感。值此世紀之交，史語所如何發揮她的優良傳統，秉持她的基本精神來面對新世變與新社會，解決新問題，以開創另一新傳統，將是考驗本所同仁的嚴肅課題。


# 七十年大事記❸


　　本所十幾年前就想編撰一部所史，而且也曾委派專人負責。兩位受命的文書先後退休，所史還是沒有編成。

　　這樣的結果並不意外，因為歷史語言研究所的歷史幾乎佔二十世紀學術史相當大的部分，其中不少學者，尤其第一代，單單個人，一本專

---

❸　《中央研究院歷史語言研究所七十年大事紀》序 (1998)。

著都難以說得周全，或做成結論，何況是包含歷史、語言、考古、民族、文字等這麼多學門的全所呢？而且這麼高度學術性的機關的歷史，也不是文書之類的行政人員能夠竟其功，畢其役的。

我們現在認清楚了，史語所所史之撰著是名山大業，非短期可以完成，而且也不能當作公事來辦，應該讓懂得二十世紀新學術的學者來撰寫，當做傳諸後世的學術志業。

然而史語所已經七十年，不論對本所同仁，對學術界，或對社會，我們覺得有責任把這些年的經歷初步整理，做成報告，公諸於世，所以才決定編輯這本「大事記」。

歷史學重視分期，因為分期涉及對歷史的整體認識和內涵的掌握；期分得正確，不論史事多麼叢脞複雜，比較容易提綱挈領、眉目分明。史語所歷史分期，民國五十八年王懋勤編撰「所史資料初稿」，記述沿革，曾就前面四十年分做廣州創建，遷往北平，南遷滬京，西遷長沙，再遷昆明，北遷南溪，復員還都，東遷臺灣，及所址重建諸節，顯然是以本所總部所在之地作為分期的依據。

以所址所在分期有其方便，但不一定能了解本所內涵的變化。現在《七十年大事記》我們不按所址分期，而依歷史內涵，分成五期：

> 1.籌備創立期（民國十七年一月至十八年六月）
>
> 2.塑形鷹揚期（民國十八年七月至二十六年六月）
>
> 3.動盪困頓期（民國二十六年七月至四十三年十二月）
>
> 4.生息復甦期（民國四十四年一月至六十九年十二月）
>
> 5.開展多元期（民國七十年一月至八十六年七月）
>
> 6.新結構與新時代（民國八十六年至今）

這種分法有幾點說明。第一，籌備始於十七年一月。歷史語言研究所是無中生有的機關，十七年正月傅斯年先生說服蔡元培院長同意乃得

成立。雖然三月才正式聘任常務籌備員，其實一月立即就展開籌備了。第二，創立期下限斷在十八年六月，因為這時本所確立三個學術組架構的時間，奠定本所的基本規模，在此之前有九組、八組或七組之分，都沒有真正定型。第三，動盪期包含楊梅六年，因為在南港舊莊新建的房屋相繼竣工後，研究工作才能正常開展。最後一點，第四、五兩期以六十九年至七十年之間為斷，這時中央研究院第一期五年計畫正式推動，經費充足，接著陸續從國外各大學引進大批新秀，人才設備皆遠比從前充實，呈現嶄新的氣象。八十六年八月語言組獨立成語言學研究所籌備處，本所名稱維持不變，剩下歷史學、考古學、人類學和文字學四個學術組，這個新結構就進入另一新的階段了。

《七十年大事記》分作四欄，第一欄人事、制度與設備，第二欄學術活動，第三欄研究成果，第四欄公眾服務及其他。人事只列研究人員進所的年月，表明本所有其人，至於升遷、離職或退休皆不記注。第一至第三期所錄名單以事隔久遠，頗有不能確定是否為研究人員者，唯俟識者指正。《大事記》仿著史體例，所有人名一律不加敬稱，只標誌其身分或職位。記事只標月份，除非必要才註明日子。出版以本所印行者為主，但研究人員在所外出版的著作之列入，表示也是他在本所工作的成果。

《七十年大事記》，前四十年多參酌王懋勤所編的「大事年表」和「所史資料初稿」。後三十年之記錄則由祕書張秀芬先整理人事、章程及學術活動之檔案，製成長編。以這兩份資料為底本，先定體例，確立分期，再委請研究人員參考其他資料，訪問耆老，依所訂欄目分別列入，最後再經我定稿。

期望不久的將來，會有一部深入的史語所所史問世。

# 古今論衡❹

　　時代社會在變，學術思潮在變，學者內衷的心緒也像一股洪流，挾著無比的衝力不斷地覓尋出路。他們希冀找到一條既可回應外在世界，又可安頓內心的出路。

　　歷史語言研究所當然也捲在這股洪流中，我們覺得有必要辦一份刊物來表達學者對於世變的關懷，並且提出我們的反應。因此，《古今論衡》就應運而生了。但它還不是學者要找的路，只是尋找彼岸的渡筏罷了。

　　「古今」不是對立的「古」和「今」，而是「古」中有「今」，因「今」以見「古」。歷史雖然已經過去，是「古」，研究過去之社會文化的學者卻活在現代，是「今」。所謂過去的歷史，舉凡記錄、研究和寫作，都是透過學者的「現代性」而完成的，所以這些記錄、研究和寫作便不可避免地「古中有今」。同樣的，學者往往也因為現代的體驗而發掘前人所未知的過去，這叫做「以今見古」。

古今論衡書影

　　這麼說來，即使同一位古人，同一件古事，不同時代或者同一時代的不同史家，都可能有不同的認識，然而卻無礙於他們可能具有同樣的「真」。這樣並不表示必然會產生衝突或矛盾，歷史真是複雜而多樣的，學者研究所得的真只是部分之真，不能因我的真而證其他為偽。譬如走北濱路眺望宜蘭龜山

---

❹　《古今論衡》創刊號代發刊詞 (1998)。

島，觀者易地而島形不一，但各種形狀的龜山島都是真的龜山島。

　　我們本著這種態度來看史家的主觀和事實的客觀，認為二者並不互相排斥。想追求客觀歷史的人，固不必忌諱所謂客觀實有時代或個人的主觀存在，而肯定史家之主觀不可避免的人，卻不宜當作疏於求真的藉口，或者進而否定歷史求真的可能。我們尊重諸說並行，這不是民主的問題，真知識不是用投票得來的；而是我們了解歷史的特性，多種解釋更可以幫助我們了解其全貌，但我們不能頂著「道並行而不悖」的美名，來模糊對真實的追求。

　　這是我們對於古與今、過去與現在的態度。讀史、考古、著史的學者不可能抽離出他所處的時代和社會，學者對過去的理解也不可與他對現在的認識完全隔絕。《古今論衡》提醒我們，歷史研究除歷史那個客觀的實體之外，不要忽視有血有肉、有性有情的讀史、考史和著史史學家。這是我們在享譽七十年的《集刊》之外，還想辦這份刊物的主要原因，我們相信這兩本刊物並出，不會衝突，反而可以收到相輔相成之效，而學者對世變多端的關懷與內心深處的反省，也將可以更周全地呈現出來。

　　《古今論衡》應該怎樣定位？學術的、通俗的，或介於兩者之間，兩者間的光譜該怎麼擺？我想沒有絕對的答案，但大致上這個園地可以容納比較具有探索性、討論性，甚至是爭議性的文稿。從世界學術發展的軌跡來看，原來在邊緣的學問後來往往有可能進入核心，成為主流的顯學，但久而久之，核心學術又會面臨來自新邊緣的挑戰。《古今論衡》應該發揮苗圃的功能，撫育一種正在萌芽滋長並且可能茁壯的新學術。

　　我們也會選刊史料，報告研究動態向學界先進報導本所同人的作為，以及一些尚未成熟的想法。當然，《古今論衡》絕非同人雜誌，我們希望在這園地提出的問題能獲得國內外學術同行的回響，使這些問題能成為學界共同的議題。

　　在編輯上我們會刊登相關的圖片資料，一方面固然增加閱讀的樂趣，但我們也相信圖像所傳達的信息不會比文字少。

　　這是一個多元的時代，尤其歷史學，早已沒有國王了，誰都不可能為一份刊物定性，但誰也都有可能為一份刊物塑形。《古今論衡》能不能成功，關鍵不在發布一篇宣言，而在於我們能不能為它塑造一個可親可愛、有活力、能感動人的形象。以上所說也只代表一己之私見，不敢謂之公論，故曰「代發刊詞」，姑且當做好戲開演前的幾聲鑼鼓吧！

四
學術與生命

# 對待中國文化史的態度

## 前　記

　　1990 年代專科學校有一門必修課「中國文化史」，我應三民書局之請，邀約五位年輕歷史學家共同編著教科書，我擔任主編，負責方向規劃，並撰寫序、導言和結語，茲將這三部分匯通成此篇文字，以表示 1990 年代我對中國文化史及其教學的看法。當時對於「中國人」的用法現在是不會再用了，不過為忠實於我自己的歷史，仍然保留。

## 為什麼要學中國文化史

　　長年以來臺灣在威權統治下，教育基本上也是威權式的，譬如該學什麼課程，教育部規定下來，層層照章行事，沒有什麼異議。雖然教育部的課程設計也經過專家研商，而非少數官僚閉門造車想出來的結果，但整個程序，教師、學生以至社會多沒有置喙的餘地，脫離不了威權的形式。

　　威權的形式和它的內容的優劣並無必然關係，不過，現在臺灣正在普遍民主化的過程中，大家對威權形式總是有點反感的。以課程來說，

要學什麼？學生也逐漸有了自主性的要求，不像從前，不是習焉不察，就是默默接受。社會各界的呼聲就更多了。以專科「中國文化史」的課程來說，有些臺灣青年不免要問：我們為什麼要學習中國文化史？何況這又是部定課程，帶有威權形式的殘餘，課既排定，非上不可，但心中難免存有層層的疑慮。

為什麼要學中國文化史？問這個問題之先，其實要問兩個先決問題，一是為什麼要學歷史，二是為什麼要學中國史。第一個問題是對所有歷史學家和所有歷史教學者的大挑戰，可以有林林總總的解答，有的從知識的性質，有的從人格的成長，有的從現實的功用，有的從人生的理想來立說，我們在這裡無法一一申述，不過有一點是可以肯定的，地球上的生物只有人類有歷史意識，而且能記錄或建構自己的歷史，也可以說，歷史是證實人之所以為人的根本道理之一，所以生而為人，尤其是要做一個有知識的人，都應該學歷史。

歷史雖然是過去的事，但距離你我絕不遙遠，反而是很切近的；規範你我現在的生命的客觀環境，以及影響你我前途的一些可能因素，很大的成分都要從歷史去探求才說得清楚。也可以說，我們的生命和生活其實是和歷史息息相關的，不信嗎？小至一人的言語思想，生活起居，大至國家社會的命脈，為什麼你我與美國人、日本人不同，為什麼我們的國家和瑞士、捷克不同，這都要從歷史去求得解釋。歷史這門知識當然不太可能直接幫助你我致富，也不太可能增加國家的外匯，但一國之人如果都能培養歷史意識，有了歷史覺醒，了解我們的國家社會怎麼來的，也多少知道我們該往什麼路上走，這樣激發出來的生命力，其影響所及，當不限於國家總生產力而已。

年輕人處於這個時代和社會總難免有些迷惘，甚至失落。直到現在，國家定位的問題，社會上的意見仍然相當分歧，二十世紀最後十年，臺灣政治民主化、經濟國際化、思想自由化、社會公平化，其實也是在為中國文化找一條出路，但中國當政者並不領情。他們可以不顧臺灣人民

的意願，而不擇手段地追求中國的所謂「統一」。在臺灣與中國不穩定的關係中，臺海能不能維持和平，中國的政治有沒有可能民主、自由，對臺灣人都是切身的利害，尤其對旭日方升的年輕人不可能不引起關注。不是嗎？戰爭或和平，死於沙場或開創事業，是絕對不同的人生，面對這些問題，個人憑著自己的判斷，也會有不同的人生規劃。讀中國歷史至少是一個解惑之方，我們沒有理由不去了解中國過去的歷史和文化，因為它與我們實在太切近了，你要生存，不能不了解中國。何況從大的文化體系來說，不少臺灣文化多屬於中國文化的範疇，研讀中國文化史也是一條了解自己的好途徑。從這些角度來說，即使官方不規定「中國文化史」為必修課程，稍有知識之人也應該知道探索中國文化的重要意義。

文化含蓋的範圍甚廣，吃飯穿衣是文化，哲理玄思是文化，藝術創作也是文化，每人側重點不同，所謂中國文化史自然也有好多面向；這本《中國文化史》基於以上的考慮，希望能幫助年輕人，提供他們一些思索自己命運的參考資料，故比較重視中國人在怎樣的政治社會型態中過生活。讀者也許能從這當中學到一些歷史教訓，進而了解中國文化的本質。全書正文從古到今分為四篇，分別由王健文（第一篇古代），陳弱水（第二篇中古），劉靜貞和邱仲麟（第三篇近世）以及李孝悌（第四篇近現代）執筆。五位作者與我經過多次充分的溝通討論，基本上對幾千年來中國文化的發展有一個比較清晰的理路，把中國文化的特質放在時空脈絡中作適切的勾勒。我們盡量以淺近的文筆來表達，希望能獲得年輕人的共鳴。如果年輕朋友能細心體會，當能發現本書的一些特色，不只正文，即使每章所附的研究討論，我們也都一再斟酌，希望能啟發讀者對時空環境的反省。

# 中國文化史的劃分

中國是一個廣土眾民、歷史悠久、文物豐富的國家，幾千年來中國人不論在產業技術、行為倫理、統治方式、文藝創作，或人生指引等方面都有特殊的創造，這些都構成所謂「中國文化」的一部分，其中有不少是對人類社會具有正面意義的。

「文化」是什麼？恐怕是一個言人人殊的問題。但我們可以確定的，吃米飯是一種文化，和吃麵包不同；使用筷子是一種文化，和使用刀叉不同。衣服是一種文化，衣著不拋頭露面和袒胸露腹是截然不同的穿衣文化。推而廣之，複雜緊密和簡單疏遠的親屬關係也是不同的文化，如英語世界的 uncle，中國人則有伯父、叔父、堂伯、堂叔、舅父、姑父、姨父等等之分，連帶的互相對待的行為準則以及權利義務關係也都有所不同。人民擁有比較高度自由自主的國家當然和獨裁專制的國家不同，這是政治文化的不同。再看精神層面、祭祀的儀式、崇拜的對象，和相關的義理，其間種種差異即是文化的不同。

文化的內容雖然林林總總，但終歸於生活方式，用筷子吃米飯，親戚朋友層層疊疊的人際網路，在以皇帝為首的中央集權政府之下過生活，政治雖專制，但宗教信仰卻擁有相當的自由，這些生活方式便是中國文化。一般人不會特意察覺自己「文化」的存在，只有在與不同民族、不同文化接觸時，才感受到。尤其是自己這套生活方式不能適應外來文化衝擊時，更容易激起對自己文化的反省，中國近現代面臨的新情勢就是最顯著的例子，於是不斷有人追問什麼是「中國文化」？過去發生的「東西文化論戰」，我們看到不少人還企圖以一兩個簡單的概念，來囊括時空極其廣袤、內容極其複雜的中國文化，也有人不斷地想努力改造中國文化或維護中國文化，結果都不太容易達到目的，這是什麼緣故呢？如果我們能從歷史去考察，也許會得到一些答案。

因此，我們這本《中國文化史》不想捲入過去那些抽象的爭論，只想順著時間的軌跡，告訴大家中國文化是歷史發展的具體存在，它有本質性的、比較少變的成分，也有因時代情境而損益的部分。孔子說過：「殷因於夏禮，所損益可知也；周因於殷禮，所損益可知也；其後繼周者，雖百世亦可知也。」把他說的「禮」，改成「文化」，是再恰當不過的。在西潮衝擊下的中國文化，不是你想讓她「全盤西化」，她就全盤西化起來，也不是你想擋住浪潮，她的傳統就能維持得住。文化問題還是脫離不了孔子說的因革損益，那些可損，那些應益，我們在浪潮中的人不可能完全沒有選擇權或完全被動，讀歷史多少可以培養一點選擇的眼光，對日後文化的發展或許可以發揮一點導引作用。

從文化發展的觀點看，我將過去所說中國幾千年的歷史粗略地分成兩段，前一段稱作「古典」，大約在西元前 2500 年到西元前 500 年；後一段稱作「傳統」，大約在西元前 200 年到西元二十世紀。兩段之間隔著一個轉型期，約有五百年之久。所謂古典期，基本上符合中國傳統史觀所說的五帝和夏商周三代，而傳統期即是秦漢以下帝制王朝的時代。這兩期的時間大致相當，各有兩千來年，再加上中間的過渡，就湊成我們常說的五千年中華文化。當然今日考古學還能告訴我們早於古典期的各類型和各個階段的文化，我們如果以中國地區人類開始過定居的村落生活算起，這段時間至少也有四、五千年，可以稱作「原始期」。原始期的社會組合是村落，古典期開始有國家，以城為中心連同附近的村落，我們稱作城邦，傳統期則是統一的帝國。所以我們站在「現代」回顧過去將近萬年的中國史，最簡單的歷史分期法便是西元前 2500 年以前的「原始農莊」，西元前 2500–500 年的「古典邦國」和最後這兩千多年的「傳統帝國」。

不過一般講歷史總是詳近而略遠，本書也不例外。本書把中國文化的發展分作四篇，第一篇古代包括上面說的原始和古典兩大段落，還有傳統的初期。中國歷史文化經歷幾次根本性的轉型，如開始過村落定居

生活的「新石器革命」，開始出現國家的「城市革命」，以及開始形成中央政府集權體制的帝國，都在本書的古代篇內完成。中國文化最根本的質素，如禮的規範、家族倫常、帝制政府、小農戶的基礎社會以及超自然信仰也都可以在本篇找到答案。

西元前第三個千紀中期從村落轉為國家，西元前第一個千紀後半期從城邦轉為帝國，這兩次轉變基本上是以中國社會內部的動力為主的，但到西元第三世紀，轉變的動力則有相當大的外來成分。外來民族加入中國的社會與政治，外來思想、學說、信仰滲入中國各階層的人心，外來文物與生活風尚傳染到中國社會各角落。西元第三世紀到第九世紀這六百年的中古時代，本書第二篇，從長距離的文化角度來觀察，是中國自古典以來長期定型的本土文化，接受外來文化而產生的文化大革新，中國文化加添許多新成分，尤其佛教，剃頭跣足（而非如原來的衣冠禮樂）、出家解脫（而非如原來的家族綿延）、禮佛不拜帝（而非如原來的皇帝至尊），還有輪迴、地獄的死後世界觀等等，都和中國原來的文化極不相同，但卻能並存下來。總之，中古文化更加多元化了。

歷史上不同時代的文化層層相因，前代對後代多少總有一些影響，一般來說，時代鄰近者影響深，時代懸隔者影響淺。譬如現代中國人的起居，使用桌子，坐用椅子，這是宋代以來才形成的新文化，所以我們今日不能適應孔子、杜甫席地而坐的生活方式了。大家也知道現在臺灣教育最大的病根是升學主義和文憑主義作祟，用傳統的話說就是重視科舉功名。科舉雖然起於隋代，但閉錮人的思想則是宋代以後的事。本書第三篇的近世從宋到清朝盛世，大約在西元 900–1800 年，屬於中國傳統兩千年的後期，與我們現代的關係更為密切，而和中古以前的傳統有較大的差別，可以稱作「新傳統」。新傳統文化的特色帶有濃厚的士人性和庶民性。科舉考試製造一個堅固的士大夫階層，他們是社會中堅，也佔據整個官僚體制，在皇帝意旨之下與皇帝「共治天下」。而人們在開放的新型城市享受多彩多姿的休閒生活,儒家道德透過各種休閒媒介如說書、

戲曲而深入人心。

中國近世九百年社會階層並不僵化，上下階層的流動相當頻繁，人民的活動力也很出色，但在中央集權政府的專制格局中，求知識的唯一出路是做官，整個文化是比較缺乏創造力的。到了十九世紀，這個古老帝國的舊文化面對西方大力衝擊時，便暴露種種的不調適，借用一句俗話：屋漏偏逢連夜雨，中國人過去這一百五十年手忙腳亂的窘相，幾乎是本書第四篇近現代的最佳寫照。中國從世界中心變成「遠東」，中國文化從輝煌文明變成貧弱愚的「野蠻」，中國人從睥睨四周小國到處處不如人，不能不說是天旋地轉的大變化。這一百多年來，中國人一步步喪失過去的自信，但也一步步在尋找新的立足點，摸索一種新的文化 —— 也就是一種新的生活方式。

## 中國文化的未來

有一派看法，把文化視同生命體，文化也會經歷生、老、病、死的過程。就中國的歷史來看，中國文化曾經衰微過，但不曾滅亡。無可諱言的，現在的中國人正趕上中國文化退潮的流水，一味美化中國文化，即使別有苦心，恐怕也難免「色厲而內荏」的流弊。中國人應該客觀面對事實，才是健康的態度。對待文化的態度，終歸還是孔子那句老話 —— 因革損益，中國文化既有第一次文化大革新的經驗，也應該有能力吸收近現代外來的文化，加以消化，而注入傳統文化之中。這是就整個中國文化而言，但對於進入二十一世紀住在臺灣的人們來說，對中國文化或許還有另外一份更複雜的心情，讀者諸君，你到底抱著什麼樣的心情呢？請先看看我們這本《中國文化史》再說吧。

讀過本書，對幾千年來中國文化的形成、發展和興衰可以獲得一個粗略的梗概。不論出於好奇或關懷，有人也許要問中國文化的未來會怎樣？興或衰？光彩或暗淡？按理說，歷史家不是預言家，是不作興推測

未來的，但歷史學既然不是純粹的古董，讀史的目的也想知古而鑑今，根據過去的發展大勢，衡量客觀條件，對未來的走向也可能有一些看法。

近現代這一兩百年內，中國文化跌到谷底，西風壓倒東風。物極必反，對於中國文化的評價也趨於兩極化，每每會落入意氣之爭，不是貶斥，就是迴護。其實「浪淘盡千古風流人物」，文化亦然，適合時代，人民們能接納的，自然保留下來，否則勢必遭到淘汰。然而由於政策的決定或社會的自覺，特別強調或故意打壓，某些文化也可能比較能夠保留或快速淘汰，所以人為的因素也不能排除。大概民生日用之常，衣食住行方面自然的因素佔的比率大些，譬如傳統服飾基本上只存在於某些儀式性的場合而已，但中國菜則屹立不搖，這一類的淘汰或保存都不是任何人能干與的。有些方面人為努力倒可補救自然趨勢，譬如和人們生命息息相關的醫療，過去將近一個世紀，中國傳統醫學幾乎被西方醫學淘汰，但經過多年來的研究、改進，中醫努力想再確立它的地位。一般所謂吸收外來文化長處，融合於傳統文化之中的創新或改造，大概都屬於這一類。

不過從未來世界的急切需求來看，中國文化倒有一些方面可以提供給全人類參考。人類未來總的需求是和諧——人與自然的和諧，人與人的和諧，以及人與自己的和諧。西方近代文明強調物我對立，崇尚征服自然，利用自然，但自二十世紀下半葉以來，人類逐漸嚐到征服自然所帶來的苦頭，反過來重視生態、環保，要求珍惜資源，與自然和平相處，中國的道家文化崇尚自然，與大自然合而為一，正和西方的反省可以互通。這應是未來中國文化能對世界文明提出貢獻的地方之一。

其次，由於交通資訊突飛猛進，二十一世紀人類真正進入「天涯若比鄰」的時代，所謂「地球村」的觀念也將具體實現。人與人愈緊密，但過去不同的民族文化傳統依然存在，人類必須懂得適當的對待之道，才可能和諧相處。中國的儒家雖輕忽純知識的探索，對生前死後的「世界」也沒有興趣，但它專注現世人生，講求人際相與的倫理，對未來人

類可能有一些啟示作用。儒家始祖孔子一生追求的人生最高的目標是「仁」，就是講人與人相處的道理，譬如父親對兒子，一個要慈，一個要孝；哥哥對弟弟，一個要友愛，一個要恭敬；丈夫對妻子，一個要和易，一個要順從，朋友之間則要互相信任。至於不相識的人，「仁者愛人」，對任何人都要出之以愛。待人處世，據曾子解釋，孔子有一貫的道理，那就是「忠恕」，「忠」是審核自己從嚴，看看有沒有盡自己最大的力量；「恕」則是對待別人從寬，處處為別人設想，也就是孔子另外說的「推己及人」。未來世界要和平相處，大概不出仁愛、忠恕之道和推己及人吧。

　　人生在世不及百年，對許多超自然的現象或想像不能解答，於是歷史上形成各色各樣的宗教，人們崇信膜拜，以求得心靈的安頓。一般學術概念歸入人與超自然的關係，其實也是人與自己的和諧問題，中國的宗教以及不具儀式的人生義理都發揮這方面的功能。一般而言，中國文化對待不同的宗教頗具包容性，幾乎不曾因為信仰不同而發生過戰爭。中國文化這種特質對未來人類的和平當具有正面的意義。

　　以上指出中國文化重視和諧的特性，人與自然、人與人、人與自己的和諧，這是中國人能對世界人類有所貢獻的歷史文化資產。但另一方面，中國文化中也有不少違反人性人權，和時代潮流背道而馳的成分，應該加以清除。

　　中國文化的一大指標是皇帝制度，雖然在中華民國建立時，形式上就取消了，但皇帝制度的精魄一直陰魂不散，迭有形形色色的皇帝登場。最諷刺者，莫過於高舉著「人民」招牌的毛澤東，兩千年來，中國沒有那個皇帝比他更「皇帝」。而到 1980 年代，臺灣的中華民國政府已經穩健地走上民主之路；中國的民主雖然還有一段坎坷的路要走，不過民智日開，世界聲息相通，樂觀地預測，二十一世紀的中國，可能不會再出現像二十世紀這種雖無其名而有其實的「皇帝」了，中國文化的皇帝制度應該壽終正寢了吧！然而個人權威或神權統治的落幕並不表示集權政治的終結。中國長期以來實行中央集權的統治，或說集權是常態，或「理

想」狀態，分權是變態，或「亂象」。不過，今天我們不免要問：政府的最終目的是什麼？為什麼而存在？這個問題在二十一世紀，中國人可能會追問得更緊。兩千三百多年前的孟子說過「民為貴，社稷（國家）次之，君（政府最高領導人）為輕」，如有一天能具體落實，那才是中國文化的一大革新。孟子這句名言，換成今天的話，「君為輕」即是人民有權選擇政府，「社稷次之」是人民有權可以選擇國家。在臺灣，前者我們完成了，現在正進入後者；至於中國，端賴中國人的努力，看哪一天才能真正達到「民為貴」。

中國文化也有一種王道思想，認為政府的存在要以人民衷心的支持為基礎，可惜和「民為貴」一樣，只停留在思想的層次而已，除了傳說的堯舜時代以外，從沒有實現過。現代的中國不只對臺灣，即使對西藏或新疆，北京政府也隨時準備「以力服人」，在普世人權凡文明國家皆努力執行的今天，還明目張膽宣稱有不放棄武力解決紛爭的「權利」，實在是野蠻的象徵。中國文化的未來有沒有光彩，當以人民有無意願作為國家的子民來衡量，也就是以古代王道思想能不能落實作為判定是否文明的準則。

我們現在在臺灣該如何看待中國文化？對於未來中國文化的發展我們可以扮演什麼角色？在傳統中國人的心目中，臺灣原是東南邊陲的「化外」之地，但隨著近世海通，歷史重心從大陸走向海洋，臺灣轉而居於樞紐的地位。與中國其他地區相比，她是相當早現代化的地區，近半世紀來也是中外文化交流薈粹之地，享有中國歷史上未曾有過的富庶、民主、自由，而且教育普及，民智開通。以臺灣具備的優越條件，應有能力創造一種新文化，提供中國文化未來發展的參考。

上面說過，文化是生活方式的總體表現，我們雖指出中國文化的和諧成分，但它也存在不少的不合理性；不論和諧或不合理，都是從人的生活著眼的。讀者當然也可以採用別的指標，另外檢驗，但如果脫離人的生活，而侈談文化，恐怕沒有什麼意義吧！

# 無徵不信的學風 —— 夏史答問 ❶

## 研究歷程

我研究中國上古史是從周代入手的，1973 年完成《周代城邦》這本書的初稿，主要談西周和春秋時代的政治社會結構。因為我所傳承的學風講求「無徵不信」，自疑古學派以下，殷商有甲骨卜辭可資證實，故殷商史可以研究，至於商之前的夏，謹慎的學者是存而不論的。

1950 年代以來在臺灣講上古史，基本態度是以考古資料為主，輔以傳統文獻，大體上亦走王國維的二重論證的路子，但科學考古的重視程度更為鮮明，李濟就是代表。1967 年我上他的中國上古史，從北京猿人講起，但新石器時代以後就講安陽發掘的殷商史，「夏」、「夏史」、「夏文化」等概念不曾在課堂上出現過。

1970 年以前中國考古的工作還不多，資料公布的也少，考古學文化的時間序列還排不出來，當然難以根據考古建立所謂的夏史。另一方面我是一個歷史學者，不是純粹的考古家，故多運用文獻。回顧最早發表的論文，發現我進入古史研究，首先觸及的時段是夏商之際，1973 年發

---

❶ 原刊於張立東、任飛編，《手鏟釋天書——與夏文化探索者的對話》（鄭州：大眾出版社，2001）。張立東通信訪問，今改為論述形式。

表〈試論先秦時代的成湯傳統〉❷，1978 年〈商頌景員維河試說──夏
商之際史事的探討〉❸。我竟然踏入近代以來嚴謹學者不太處理的領域，
不過基本上我仍嚴守無徵不信的傳統。

　　商之可信，主要有殷墟的發掘和甲骨卜辭，甲骨文講到大乙成湯，
而且祭祀系統基本上與《史記‧殷本紀》的世系吻合，所以學術界敢相
信有商朝或商民族。雖然如此，我也不敢馳騁太遠，凡所論述，不是定
位在討論傳說，就是討論文獻。〈成湯傳說〉的主旨在闡述傳說形態的演
變，認為原型是盟主爭霸戰，後來粉飾成仁義聖王。〈景員維河〉討論作
為爭霸戰之地的景山之所在，推測當時夏桀伐蒙山，成湯抄其後路，先
剪滅他的同盟韋、顧和昆吾，然後在今之山東曹縣打敗夏軍。因為這樣
的情勢，《呂氏春秋‧慎大覽》遂保留一則故事說，末喜透露桀夢見「西
方有日，東方有日，兩日相鬥，西方日勝，東方日不勝」。本來商在東方，
夏在西方，東方的太陽應代表商，西方的太陽應代表夏，但當時桀伐蒙
山在今山東濟寧一帶，夏軍位置在東，商軍在西，果然西方的太陽戰勝。
總而言之，即使〈景員維河〉一文我試著要建構歷史，但關於「夏商之
際史事的探討」也只作為副標題，並不堂而皇之地肯定我的研究結論就
是真歷史。

　　爾後十來年我的研究很少涉及所謂夏代的範疇，直到 1990 年我才再
寫〈夏代考古及其國家發展的探索〉一文，帶到美國加州大學洛杉磯分
校舉辦「夏文化國際研討會」上宣讀，後來發表在《考古》1991 年 1 期。
我根據當時看到的資料，認定二里頭三期遺存呈現國家的表徵，以此作
基點，比較時代稍前和稍後的考古遺址，試圖建構夏代國家的形成與發
展；並且提出「以人事神」的文化轉為「神道設教」，標識中國古代國家
的特質。事隔將近十年，我的論述相信有不少地方應該補充和修正，但

---

❷　《大陸雜誌》，47：2。

❸　《東吳文史學報》，3。

當時我的研究態度仍然值得一提。

讀過我的一些論著的人大概知道早在 1970 年代初期我就主張周代國家型態是城邦，後來公布的古城資料日多，我的城邦論也上溯到龍山文化時代。龍山時代的證據完全仰賴考古，商代我寫過一篇〈卜辭所見的城邦形態〉以祝賀張政烺先生八十壽辰❹，甲骨卜辭是第一手史料，推論應該比較沒有問題；至於夏代，從歷史發展看，它不太可能與前後的國家型態不同，但因缺乏當代文獻，我只能利用百千年後的文獻記載而已。1992 年結集論文而成《古代社會與國家》，有一章是〈夏商時代的國家形態〉，關於夏末的國家型態，我採用早年發表的〈景員維河〉和〈成湯傳說〉，夏初則根據《左傳》記載魏絳和伍員傳述后羿代夏和少康中興的故事來說明當時也是城邦的狀態，這個看法業師沈剛伯先生曾經提過。

大概到 1990 年我才把「夏史」納入學術領域，才認為不是徒逞臆說、馳騁感想的閒話，而是嚴肅的學術課題。這樣的態度在中國大陸也頗類似。1960 年代和 1980 年代中國考古歷史學界的兩部通史性著作多少也有我所說的學術傳統的影子，一是《新中國的考古收穫》(1963)，一是《新中國的考古發現和研究》(1984)。雖然前者另有一套斷代架構和史觀，茲不具論；而後者以中國傳統朝代為斷，新石器時代以下也是「商周時代」，唯在開篇有一節「關於夏代文化的探索」而已。換句話說，1980 年代以前，夏史還難以提上正式的議程。

總而言之，直到現在，我的夏史研究大體像衛國那位荷蕢丈人，在門外聽聽孔子擊磬之聲就走了，堂既未登，何況入室！實在沒有資格談論，更非這個領域的專家。以前雖然興趣於國家型態和社會性質等問題，我既涉及村落到國家的變化，也比較詳細地討論過商周城邦，夾在中間的夏代頗類過門而未入。上面的剖析多少說明過去我的夏史研究淺嘗即

---

❹　收入《盡心集》（北京：中國社會科學出版社，1996）。

止的原因。像 1987 年發表的〈從考古資料論中原國家的起源及其早期的發展〉❺，有不少可以屬於夏史的範圍，但我仍避開「夏」，亦顯現我秉承無徵不信之學風的矜持。

## 新學風的夏史研究

中國傳統的史學觀念，夏商周是一脈相承的，即所謂的「三代」，其實是從傳述文獻而認識古史，主要面貌還是周代。商代成為學術界關心的問題基於甲骨卜辭和安陽考古，而夏史在近代中國學術思想史中之備受注目，則起於 1923 年顧頡剛在《讀書雜誌》第九期發表的〈與錢玄同先生論古史書〉。這封信顧先生說了一句「禹是蜥蜴之類」的話，於是禹是一條蟲就變成簡單的口號，而引起如火如荼的古史論戰。事後我們知道顧先生的意思不能這麼簡單地理解，而他的「層累地造成的中國古史」也含有更深刻的意義，不只是在推翻古史傳說而已，但大家都不太理會。

這些都是常識，不煩費辭，但我想指出的，就是經過顧頡剛這一推，嚴謹的學者便不敢輕易講夏史。我初入史學領域所唸的書，《古史辨》即是其一，業師沈剛伯先生講中國古史，用的《竹書紀年》只限於古本，絕不用今本。1960 年代大學教過我的許倬雲先生與他的老師李濟先生編撰《中國上古史（待定稿）》❻，所訂體例，史前部分以下接著是殷商。

這是一種新學風，史語所的學風是在懷疑之後，進而以可信的資料重建古史，其態度並無奧祕，原則也是「無徵不信」，而證據應求之於科學的考古發掘，李濟發掘殷墟，就是希望從那些極多、極平常的陶片、

❺　《中央研究院歷史語言研究所集刊》，58: 1.

❻　中國上古史編輯委員會，《中國上古史（待定稿）》（臺北：中央研究院歷史語言研究所，第一卷，1972，第二、三、四卷，1985）。

獸骨等基本材料「能漸漸的建築一部可靠的殷商末年小小的新史」❼。

我在〈從疑古到重建〉那篇論文中討論傅斯年如何跳出顧頡剛的籠罩，走向重建的路子。他們兩人對中國近代史學思想的貢獻各有千秋，我也沒有強分軒輊的意思，故稱他們是「史學革命的雙璧」。雖然傅先生領導史語所，重視新材料，但他對舊材料的新解釋同樣重視，他的經典作品〈夷夏東西說〉就是證明，這也是他自認為最得意的兩種著作之一（另一種是《性命古訓辨證》，他以這兩種著作膺選為中央研究院第一屆院士）。〈夷夏東西說〉即完全根據傳統文獻，予以新解，但能有傅先生這般眼光的人實在不多，所以幾十年來雖然有不少根據傳統文獻而作的夏史研究，但有真貢獻的著述則寥寥可數。

「夏文化」這詞首先要分別「夏」字所包涵的不同義涵，一是中國傳統史學術語「三代」的「夏代」，表示歷史上某一時段；第二指中國傳統史學的夏王朝，即中國古籍所述與諸多邦國並存的夏王朝或夏王國；第三指夏族，這是最狹窄的定義。這三種定義的「夏」所帶出來的「夏文化」的概念是不同的，如採第一義，那便是商以前約五、六百年至少黃河流域的文化都是「夏文化」，顯然不合乎「文化」的基本認識；第二義排除其他的城邦，但夏王朝疆域內還有許多不同地區和民族，所以也不好都稱作「夏文化」，因此夏鼐先生才說：「夏文化應該是指夏王朝時期夏民族的文化」，以族群認定為文化認定的先決條件，這是最嚴格的第三義。

但在認定族群之前，要先解決時空的界定才好利用考古材料來談夏文化。時間是要確定所謂「夏代」的起迄年限，在此年限之前的夏族文化按現在通行習慣可稱作「先夏文化」，此年限之後者，也許可稱作「後夏文化」。夏代年限如何定呢？要先找定點，一般從武王伐紂年出發，但這個定點的紛歧，凡中國古史學者都知道的，即使最近獲得的意見，至

---

❼ 《安陽發掘報告》第二冊，頁252。

少也有三十年的誤差；何況商朝和夏朝的享年，史籍不但籠統，而且歧異。商朝享年不定，則夏史的下限難定；夏朝享年不定，則其上限也難定，而這又須建築在武王伐紂之年可定的基礎之上。所以夏史的絕對年代只能估計，其誤差容忍度加加減減恐怕也有一百多年。

其次是空間，也就是夏朝發跡或王都的地域，這方面的意見主要利用歷史地理學，一般放在豫西和晉西南，然而到底是豫西還是晉西南，亦難精確，現在一般也通通含而有之。這雖解決了一些困擾，不過傳統文獻記載夏王朝也幾度搬遷，太康失國夏王族流浪東方且不說，據丁山先生考訂，今河南濟源、陳留等縣甚至陝西郃陽都曾是夏王都的所在地。這是純粹從歷史地理學來定夏王朝活動區的困難。

即使斷代上容忍相當程度的誤差，估定在西元前二十一或二十二世紀到十八或十七世紀，而地域也採信所謂夏的大本營豫西或晉西南，在這樣時空雙重條件約束下的考古資料就是「夏文化」嗎？嚴格說也未必，因為這樣的夏王朝統治區內雖然以夏族為主，但作為諸邦共主之王朝的特徵必定含有相當程度的普世性，亦即包含不同邦國的族群，居住在王都或其附近，所以如採用最精確的第三義——夏族在夏朝時代的文化才是「夏文化」，至今還是難以言哉的。所以即使在估定的時空範圍內，考古出土資料應如何分辨孰者為夏文化，孰者不是，二、三十年來爭議不斷，至今頂多只能有比較多數的意見，還難有定論。

我在〈夏代考古及其國家發展的探索〉一文中對「夏」基本上採取第一義，間或與第二義有些關係，這是目前不得已的權宜之計，故只論社會發展大勢，未及於所謂的「夏文化」，即使這樣，得到的認識還是很粗略的，絕不能說是結論。

總的來說，學界論斷夏之存在多靠傳統歷史地理學，普遍把偃師二里頭認定就是夏桀之都的斟鄩，其方法學的基礎在此。嚴格說，歷史地理學探討三代古史，不論多細密，基本上只能是一個大致的地望，不宜輕易與考古遺址對號結合。二里頭出土大型房址，也有禮器，但是不是

王都，我的態度雖然亦從眾，但也不能說完全沒有保留。我總覺得現在二里頭出土的遺址和遺物似乎與我想像的那個一代霸君的都城不太相稱——如果真有夏朝，真有夏桀的話，這是根據我對前前後後歷史發展的認識而產生的一種直覺，說不上什麼具體的道理。我認為傳統歷史地理學的運用應該相當謹慎，而且有節制，否則就會再蹈王城崗是禹都陽城的覆轍，現在大概比較少人會相信那座百公尺見方的小城堡是中國第一個世襲王朝的開國首都吧？高去尋長年關注二里頭是不是桀都的問題，他不只一次地對我說，應請大陸考古家多注意鞏縣。考古工作往往有失之交臂的遺憾，傳統歷史地理學地望的粗略，我們應該深有體認才是。

## 夏商之際的探討

五十年來臺灣的中國史研究是二十世紀上半葉中國新學術的延續和發展，以中央研究院歷史語言研究所及其姐妹單位臺灣大學文學院為核心。您提到的李濟、董作賓、高去尋等既任職於史語所，也在臺灣大學任教，治學態度是比較一致的，亦即秉持「無徵不信」的基本原則。由於可信資料不足，或有新資料而其定位分歧甚大，因此夏史研究在過去五十年可以說並不被當成值得研究的課題，李濟著作等身，沒有一篇涉及所謂的夏史，董作賓、高去尋稍稍旁掠，也僅限於夏商之際而已，尤其討論商湯之都。

傳說湯都於亳，亳的所在過去有杜亳、南亳、北亳和西亳四種說法，陝西的杜亳自清朝乾嘉以來已少有人再相信是湯之都城，剩下的是南、北、西這三亳。董作賓 1953 年發表〈卜辭中的亳與商〉一文，排比帝辛征伐人方的行程，斷定卜辭的亳在商之南約二日行程之地。商即今河南商丘，所以亳應該就是穀熟縣的南亳。高去尋同意董說，但他認為偃師的西亳也可並存。成湯克夏桀後，在夏的大本營建都城以鎮夏民，然後

再返舊居，1988 年他遂作〈商湯都亳的探討〉一文以紀念董作賓九五冥誕。

高去尋肯定西亳說，固有其文獻依據，但顯然更因偃師尸鄉溝商城之發現而堅定信心。他這種主張和北京大學鄒衡教授的尸鄉溝商城大甲桐宮說截然不同，所以在上述那篇紀念文中有一部分針對鄒說而發。高氏分析鄒衡桐宮說的根據，一是《括地志》的偃師縣東六里有湯冢，近桐宮；二是晉《太康地記》尸鄉南有亳阪，東有城，太甲所放處也。他說，「桐宮與湯冢的關係完全是孳生於《偽孔傳》，本不可信，鄒氏自己也知道偃師縣東南有湯冢的不可靠，遂只有附會新發現的商城就是桐宮。」其次，《太康地記》本指尸鄉、亳阪、太甲城三個地點，太甲被放處（即桐宮）與《括地志》所記都同在偃師城的東方，但「鄒氏硬又附會桐宮即尸鄉溝新發現的商城，……不顧《太康地記》還說尸鄉之東更有一城，才是太甲城，也才是桐宮。」

桐宮的爭議其實出於一個基礎性的分歧，即鄒衡所主張鄭州商城即湯都之亳的說法，高去尋對這種見解是持保留態度的。商湯之都到底是鄭州還是商丘，中國大陸的古史和考古家大概多從鄒說，故對張光直在商丘尋找商城多不表樂觀，然而鄭州商城是湯都（或如鄒先生所說的亳），可以是定論了嗎？

1980 年代高去尋在史語所講論會曾講過「評鄭州商城即湯都亳說，並論湯之遷都」，這篇稿子不曾發表。鄒衡以為隞山不適合建都，隞地不一，不必是仲丁所遷，和仲丁都隞時間甚短這三點理由反駁「隞都說」；又以《左氏春秋》亳城，鄭州商城出土的「亳」字陶文，葛、韋、顧等國的相關位置以及商城文化層堆積等四點理由證成湯都說。高先生分別就四點正面論據提出不同的意見。

1. 鄒衡說鄭州商城宮殿遺址面積約為殷墟宮殿區的兩倍，故商城非王都不可。高去尋認為這種比較並不適當，「因為目下我們所知的鄭州商文化遺存與安陽殷墟的範圍和兩地宮殿區的大小，都是不十分可靠的一

種估計。」如果沒有商城必是王都的預設，說它是一個強大侯國所建之都亦非全不可能。

2. 鄒衡把商代文化分為三期七段十四組，與鄭州商城有關的所謂早商期分為三段六組。高去尋認為此一序列係以二里岡文化上下二層出土的陶器為依據，先作型式演進程序，再排比各單位，分期，然後分段，僅有少數有地層的根據。他說，我們對鄭州考古材料缺乏全部了解，因而不能複查；又鄭州商城內二里岡期文化堆積情形能否分段分組，現亦全不可知。「最使我們懷疑的是鄒氏根據他的分段分組的結果而估計商城為成湯所都亳，據我猜想這仍是『鄭州商城必為王都』在作祟。」至於碳十四年代數據先天性的誤差無法解決這個歷史爭議，何況古史年代學尚無法精確建立，論者遂多就對自己有利的方面取材。

3. 《左氏春秋》襄公十一年「同盟于亳城北」，《公羊》、《穀梁》「亳」字作「京」。清儒多主京城而不主亳，服虔注《左傳》，所見經文亦作「京」，到杜預的本子才作「亳」，傳抄之誤大概出在東漢。

4. 關於帶「亳」文字的東周陶器，高去尋認為鄒衡最先的舉證不可全用，後來鄒氏自己也有所修正；更重要的是這些陶器無法斷定全是本地的製造品，所以也很難用它們直接證明鄭州在東周時代有亳城之稱。即使它們都是當地的產品，可以推斷鄭州有亳之稱，但古代名「亳」之地不少，又如何知道這個亳便是湯都的亳？

5. 最後高去尋不贊成鄒衡把湯亳的鄰國和湯征服的國家的地望，大膽改訂舊說，這方面他基本上同意石加對鄒氏的評論。

鄭州商城的歷史歸屬是夏商之際歷史的重要課題，承蒙問起，我故不憚其煩，據高去尋的未刊稿撮要陳述，直到他去世，他的意見基本沒有改變，或可供中國的學者參考。至於您問起臺灣還有沒有其他的夏史研究，是有一些，主要根據傳統文獻，與高去尋同輩者如趙鐵寒，他的《古史考述》談夏族圖騰，也講大禹治水的傳說。圖騰是民族學的一種理論，過去有不少學者喜歡借用來講古史，傳說的方法學問題顧頡剛其

實說得很清楚了，與其視為所傳的三代或三代以上的真材料，不如看做傳述之時代──戰國秦漢時人的心態。現在臺灣仍有人以傳說論證古史，對顧頡剛的識見沒有體會，所以對於知識無所裨益。

# 洛杉磯夏文化研討會

1990 年 5 月下旬美國加州大學洛杉磯分校舉辦「夏文化國際研討會」，前後三天，參加者主要是中國和美國的學者，少數來自臺灣和前蘇聯。會議中比較大的分歧是有沒有「夏」，大體上中國方面的學者認為無庸置疑，西方學者則傾向於懷疑或批判的態度。我的立場還是要問「夏」的界定，但基本上我接受也採用中國傳統史學的夏代，作為在商代之前某一時段的標記。

其實原先謹慎的學者對商以前的歷史只是存而不論，並沒有斷然否定，但到底是什麼樣的歷史，夏嗎？則難言哉。幾十年來各地考古的出土，層位學與器物類型學逐漸疏理出各種考古學文化的相對年代，逮及碳十四測年法運用到考古學上來，乃有粗略的絕對年代。1977 年夏鼐根據碳十四建構考古學文化時空序列，對宏觀史學者來說，要討論國家起源等重要歷史問題已可以大膽地超越所謂信史的界限，但採用「夏代」一詞，亦只當作一個代號而已。

不過這裡存在一些問題。懷疑派認為除非有當時的文字，也就是第一手史料，不足以證明「夏」的存在，中國學者把二里頭或王城崗等遺址與夏結合，他們總嫌證據太過薄弱。當時這場爭辯幾乎有點民族情緒，事過境遷，對西方學者的質疑，中國學者好像仍然沒有非常理性客觀的說服力。

我是有條件地支持有夏論的，理由之一當然是相當程度地相信司馬遷的《史記·夏本紀》。那時西方學者同樣有人質問如果《史記》的〈殷

本紀〉可信，進而就相信〈夏本紀〉，那麼〈五帝本紀〉也可信嗎？我的答覆是，從史料性質看，〈夏本紀〉與〈殷本紀〉接近，而與〈五帝本紀〉不同，〈五帝本紀〉的資料今日基本還在，是司馬遷根據經書編纂而成的。他據以寫夏、殷本紀的世系已失傳，但〈殷本紀〉世系既然從卜辭獲得證實，對〈夏本紀〉的世系我們應該比較有信心。所以雖然夏的文字尚未見，我對夏的存在比較抱著「同情」的態度，不過若要嚴格審核，這種同情態度並不符合理性邏輯。我們知道科學真知主要靠理性邏輯，因殷而及於夏，頂多只是推測而已。

其次比較小範圍的爭議也存在，主要是中國學者之間的爭論，辯論二里頭總共四期的文化屬於夏或屬於商，等於把在中國國內的討論搬到美國去，只是參戰的人少些就是了。但這會議有些論文涉及政治社會發展以及區域文化交流，應該是很有意義的，可以在比較寬鬆的「夏」的定義上，利用可用的資料進行一些實質的文化分析。

我想學術雖然不能絕對客觀，但學者有責任追求客觀。客觀的知識就是真知識，不是一時的風潮。如果連學者也放棄這項使命，人類恐怕無法進步。人文學，尤其牽涉一個國家，或一個民族的歷史，往往會觸及個人的感情，如果能夠盡量避免，知之為知之，不知為不知，客觀的真知識才有獲得的可能。


## 疑古與「走出疑古」


「走出疑古時代」和「夏商周斷代工程」可以是兩件事，也可以是一件事，且不論實際主持的學者與這兩件事息息相關，即使單就理念論，二者也是共通的。

我個人覺得「疑古」作為一種治學態度，作文獻學的溯源，雖然可以上溯到宋代，但這兩個字在中國近現代學術思想史上是有特定的脈絡

和意義的。換句話說，離開顧頡剛先生的古史辨運動無以論疑古，錢玄同雖自號「疑古玄同」，但在學術史上，「顧頡剛」與「疑古」更是二而一。大家都承認顧頡剛的疑古對近代中國思潮具有普遍的意義，對中國舊社會的改造，即使在今天看來，也應該是正面的居多。所以對於「走出疑古」這樣的口號——好像終於可以擺脫一種負面的束縛——我覺得提法不很周全。

其實就事實而論，我的看法，中國古史學界早已離開疑古風氣的籠罩，顧先生很早就修正他的史學態度，而傅斯年 1926 年從歐洲返回中國，揭櫫「重建」，顯然是對顧頡剛方法學的不滿意。不論「重建」或另外有些人提出的「釋古」，學界並不步趨顧先生的後塵，早已與古史辨派分道揚鑣。這樣能不能說早已「走出疑古時代」了呢？或者中國學術界一直還在疑古，要等到 1990 年代再來呼籲呢？上面說過中國學者與西方學者對「夏」之有無的態度截然異趣，顯然中國學者懷疑的精神已經很淡薄了。

懷疑不必然是否定，重建也不是沒有批判，其差別還或在於謹慎的程度，或者說是不是太謹慎了。「走出疑古時代」的口號對過去過度審慎地把一些先秦典籍下拉到漢魏，確有平衡作用，但對三代或更早時期歷史的建構，並不能提供積極的貢獻。最近二、三十年，戰國中晚期到西漢早期的墓葬雖然出土不少珍貴典籍，證實過去被認為漢魏人作偽的古書其實漢初已經存在，這也是學者呼籲走出疑古的證據。然而這些證據其實無法解決真正的「古」史問題，也就是三代或三代以上之古。姑且不論這些典籍有多少指涉三代以上之古，即使有之，西元前三、四世紀之物去夏朝或五帝亦遠，不能算是第一手史料，所以也不能輕信。我們現在對於古書之真偽多抱持比較持平的態度，承認偽書可能有真材料，晚出的書也可能包含早期的資料，但都要個別論證，不能在通疑之後反轉過來全信。基本上我認為中國古史學者早已脫離疑古，但懷疑審慎的精神也一直沒有輕易放棄。那麼「走出疑古時代」的口號如果真的風靡，

倒值得研究原因何在。

至於「夏商周斷代工程」，我看與一個國家或民族的尋根探源很有關係，尤其在現代中國澎湃的民族主義思潮下，更是迫切的任務。大體而言，1980 年代以來中國各地考古資料益加充實，縱與橫的文化系譜和彼此關係的認識更加清楚，給這個工程提供有利的基礎。以中國考古、古史或其他相關學科人才之濟濟，我相信總會有一些結果，但會細緻到什麼地步，有多大的可信度和說服性，應該看到報告才下判斷。

學術政策不但可能左右治學風氣，也可能影響學術思潮，尋根探源固然重要，可以建立民族自信心，但是不是沒有同樣重要或更重要的課題呢？這當然取決於決策者或參與決策的學者，而其對學風的影響則可能延及數代，主其事者的確不能不謹慎。

總之，就方法學而言，夏史研究正是「走出疑古時代」口號及「夏商周斷代工程」的關鍵。直到現在，我對夏史的研究態度還沒有太大的改變，我寧願謹慎一些，仍然秉持「無徵不信」的基本態度。「夏」作為一個符號是可以代表商之前的一個時段，理論上我接受應該有個夏王朝，至於這個王朝的都城在那裡，或是那些地方，傳統歷史地理學雖有指引作用，其精確程度則待考。當然在大概的時空範圍內，可以從考古資料分析夏王朝的文化特徵，但如果要坐實為夏族文化，我仍然認為非有極明確而直接的指證──譬如出現「夏」的當代文字──不可。因為即使在夏王都內，不能保證所有的人都是夏民族，所以在這裡發現的考古資料也不宜完全認定作夏文化。

# 學史的態度

## 前　記

我在大學講課始於 1976 年，任教的東吳大學歷史系人手較少，故雖初出茅廬，就擔任幾門重課。當時我主要教授西洋史，那個時代參考圖書缺乏，遂利用留英所學編纂一些教材，其中一種謂之 *An Introduction to History and European Civilization*，1977 年由華世出版社出版。

日前翻檢舊書，發現我當時還寫了一篇序言，文字雖短，但我對歷史的基本觀念已可看出端倪。古波斯有一位史家說過，從搖籃中的嬰兒可以看到他的未來。這篇年輕之作多少亦可以作為我後來新史學之路的嫩芽，雖然當時是沒有意識到的。於是不辭敝帚之譏，也收入這本《新史學之路》，題作〈學史的態度〉。

原序一仍其舊，大體的意思我現在也沒有改變，只有一句話覺得需要修正。當時我初從歐洲返國，難免仍有一點莫名所以的「民族主義」意氣，所以才說出「歐洲在世界人類的活動舞臺上已由萎縮而趨於消歇」這類無知的話。事隔快三十年，涉世日深，閱歷日廣，深深覺得不論臺灣也好，中國也好，亞洲也好，要趕上歐洲，還得努力啊。

2004 年 1 月 3 日記

*An Introduction to History and European Civilization* 這本論文集是為大一「史學導論」課程而編選的參考資料,適合半學年之用。全集分上下兩篇:上篇著重歷史觀念的培養和建立,下篇主要在整體性地掌握歐洲文明。

為避免與史學方法論或西洋史學史諸課重複,這本選集不斤斤於歷史研究之技術性探討,也不沉溺於煩冗細密的歷史學派或大史家之評介,只想讓初學歷史的朋友逐漸對「歷史」這件事物有明確的觀念。

「歷史」包含有故事而不僅止於故事,「歷史」是過去的事件,但更重要的卻是讀史者的現在和未來。如果讀者能領會到原來每個人都是「歷史人」,都活在歷史洪流中,不是上不著天,下不著地的扁平人,我們都承受前人的遺澤,也一定對後世負有責任,這便是編者的厚望了。上篇六章或重人時之際,或重歷史潮流,論歷史之價值與偏見則重實際研究者的經驗談,取其具體實用。最後殿以「轉變世界中之史家」,因為失掉自己而讀史,歷史意識就是百千萬劫也培養不起來的。

歷史專業者精湛於史實,或失之於不易觀其大略,粗通大體。巨帙之通史猶感不足,繼之以斷代史;斷代史不足,繼之以專題研究。專之又專,無復以加,這或許是每行專業的必然命運。本集下篇為配合西洋通史教學,讓初學者對歐洲歷史有些基本知識後,又能粗知綱領。斠選六篇,都是博而返約之論,既無歷史哲學家的蹈空弊端,也不像文化論者、社會學家之閹宰歷史、強判模式,徒逞己臆。

我輩生逢亂世,當知今世國際紛爭的悲劇本質;我們是亞洲人,更當知歐洲在世界人類的活動舞臺上已由萎縮而趨於消歇。研讀歷史固然可使我們學習各個不同時代、不同民族、不同地區所締造出來的文明的長處,但歷史如果以西方為本位,其重心從古代的地中海世界,經過中古的歐洲世界、近代的大西洋世界,而到達當代的太平洋世界(參見 Geoffery Barraclough, *An Introduction to Contemporary History*),我輩研習歐洲歷史之餘,更不能不知道這股歷史潮流。亦當知道承襲十九世紀歐洲

勢力和文明遍布天下之餘威，兩次大戰以後，我們如果還拘守西洋通史
（其實就是歐洲通史），不拓寬眼界去了解亞洲人民、阿拉伯世界和非洲
這些精力蓄而未發的犀牛，所學的歷史終嫌劃地自限，孜孜於僵硬的化
石而已。這點是研讀西洋通史的朋友不可不警醒的。

　　本選集皆名家之作，文字命意或許非初學者一覽可曉，然為學貴乎
先立其大，故不惜不適不中之譏。取材著重通識大體，想在正式的歷史
課程之外燃燒一點火花，使歷史學從本系走到外系，從學院走到社會，
本集的可讀性諒不限於歷史本科的朋友也。

附註：本集目錄

PART I

1. HISTORY, MEN AND TIME

   From Marc Bloch, *The Historian's Craft*, translated from French by Peter
   Putnam, with an introduction by Joseph R. Strayer (Manchester Universi-
   ty Press, 1954).

2. THE VALUE OF HISTORY

   From A. F. Pollard, *Factors in Modern History* (London, 1907, 1953).

3. BIAS IN HISTORY

   From G. M. Trevelyan, *An Autobiography and Other Essays* (London,
   1949).

4. MAIN CURRENTS AND CIVILIZATION IN HISTORY

   From Alban G. Widgery, *The Meanings in History* (London, 1967).

5. THE NATURE OF SOCIAL FORCES

   From Carl G. Gustavson, *A Preface to History* (New York, 1955).

6. THE HISTORIAN IN A CHANGING WORLD

   From G. Barraclough, *History in a Changing World* (Oxford, 1955,
   1957).

PART II

7. IS THERE A EUROPEAN CIVILIZATION

From G. Barraclough, *History in a Changing World* (Oxford, 1955,1957).

8. THE CONTINUITY OF EUROPEAN TRADITION

From G. Barraclough, *History in a Changing World* (Oxford, 1955, 1957).

9. THE TRAGIC ELEMENT IN MODERN INTERNATIONAL CON-FLICT

From H. Butterfield, *History and Human Relations* (London, 1951).

10. EUROPEAN UNITY IN THOUGHT AND ACTION

From G. Barraclough, *European Unity in Thought and Action* (Oxford, 1963).

11. THE DWARFING OF EUROPE

From Arnold J. Toynbee, *Civilization on Trial* (Oxford University Press, 1948, 1953).

12. THE END OF EUROPEAN HISTORY

From G. Barraclough, *History in a Changing World* (Oxford, 1955, 1957).

# 徘徊於素書樓門牆之外

　　素書樓主人錢穆（賓四）先生過世已閱十載，我沒去素書樓也超過十多年了。想起與素書樓主人結緣，頗有一段平凡中又帶點不平凡的經驗，而今「錢穆先生紀念館」主事者邀約撰文以紀念素書樓主人，我沒有資格列入錢門，錢先生的學問又太大，所以只好寫點回憶文字，也許可以幫助別人增加對錢先生的了解。

　　我與錢先生一樣，教過小學。民國五十二年臺南師範普師科（等於高中）畢業後，任教小學三年，這期間我一面準備大學聯考。我考乙組（文科），興趣在歷史，中國史方面主要讀《國史大綱》。雖然 1960、1970 年代錢先生在臺灣學術界的評價沒有 1980、1990 年代那麼高，甚至還有人把他比作埋首於沙堆的鴕鳥，批評他不知時代和世局的變化。不過在南臺灣的一個高中畢業生，讀他的書考大學，應該是敬重他、喜歡他或佩服他的。

　　然而臺大四年我並沒有想到要向錢先生請益。大四考上研究所，服役一年後再入學。記得那是民國六十年一個炎夏的夜晚，我剛退役返校，介乎師友之間的逯耀東學長抓著一瓶啤酒，與我蹲在椰林大道上談天，提示我有三個人必須去跟他們學習。這三位，一是沈剛伯先生，一是陶希聖先生，一是錢穆先生。逯學長是有識見的人，這三位前輩的確是當時，恐怕也是數十年來，在臺灣最重要、最有啟發性的歷史學家，後來我與他們也都建立或深或淺的關係，分別受到不同程度的影響。

　　我決定嘗試求見錢穆先生是在一年以後，研一暑假我寄一信到素書

樓，請求登門造訪，文字
應該是懇切的，表達一個
年輕人對他的仰慕，但我
也有求見無門的心理準
備。不久，接到錢先生的
回函，毛筆寫在花箋上，
很簡單，我只記得「在穆
自願一見」一句，並錄電
話號碼。

素書樓

　　一個大熱天的下午，
來到臨溪路素書樓大門前，榕蔭蔽天，夏蟬長鳴，我懷著忐忑的心情按
鈴，應聲開門，沿著石砌小路，兩旁楓葉搖曳。步上山坡，進入素書樓
客廳，錢先生從樓上下來，把我這個年輕人讓在客位。我把當時才剛剛
出版的一篇報告〈墨子兼愛非無父辨〉（刊於臺大歷史學研究所的《史原》
第三期，此文沒有收入我的任何文集）當作見面禮呈給錢先生。錢先生
瞄一下封面目錄，連翻都沒有翻，就開始批評我的論文，講了一個多小
時，我連一句話也插不上，最後唯唯告退。

　　錢先生說，這種與孟子抬損的翻案文章是受疑古派的影響，學問的
路子錯了。「你要為墨子講話，大可伸張墨義，不必批孟以揚墨」。於是
大大批評疑古派，說懷疑之後走不下去了，所以沒有發展云云。二十八
年後，就在我執筆寫這篇回憶文字的前夕，我再把這篇論文找出來，從
頭到尾讀一遍，看看當時的我到底寫了些什麼。以現在的我來評論二十
八年前的我，其實這是一篇「孺子猶可教也」的文字。當時我已注意到
有限文獻的陷阱和可能存在的偏見，從時代變化尋求不同思想的合理解
釋，尤其以當代意涵駁斥後世增益的主觀之見等等，就方法學而論，亦
非一無可取。如果現在有一位二十幾歲的年輕人拿他的文章來求教，除
非我看了，否則我不會輕易批評他的治學。

雖然內心有些不平，我還是接納錢先生的指教。別人的見解我們不能不知道，但不要從批評別人起家，要正面地建立自己的看法。這樣的治學態度成為我一貫的風格，這是我永遠要感謝錢先生的地方。他後來告訴我的朋友，也是與他有通家之好的學生說：「杜君第一次被我批評，我以為他不再來了，但他並不生氣，後來又來。」

其實我打擾錢先生的次數並不多，記憶最深的有兩次。一在初見後不久，我向他報告讀《荀子》的心得，那時已快開學，即將進入研二，該思考畢業論文的題目了。當時文學院有些研究所的指導教授往往會給研究生出題目，這風氣在自然科學與生命科學直到今日還是天經地義的。我不能免俗，也請錢先生給我一個題目，但他劈頭一句話就說：「題目要自己找，我給你題目，你就被我限制住了。」於是他發揮一番，這令我對他增加一層認識。一般總把「錢穆」跟「保守」畫上等號，保守於是落伍，甚至反動，但他這樣的教育態度和教學方法，要學生尋找自我，無疑是最先進的。後來我的畢業論文是〈城邦國家時代的社會基礎〉，就是自己摸索的一條路，成為我的古代史學的一個重要部分，後來印成《周代城邦》發行。

第二次在民國六十三年秋天，我即將赴英留學，前去素書樓辭行。以我短短數年的史學研究，從思想史轉入社會史，可以說是跟錢先生走不同的路；他卻作了一個預言，或者是一種期待吧？他勉勵我在社會史的基礎上進入文化的層次。我到英國上經濟史系，整天讀的不是物價工資，就是莊園田制，或是司法案例，根本無暇思考什麼「文化」或「文化史」。回國後教書之餘續有論述，也都集中在中國古代的社會與國家，錢先生的期待仍然沒有進入我的意識中。不過 1980 年代中期以後，我自覺以前的研究頗有不足，於是思考新史學的方向，在 1990 年也陸續有一些著作，可不可以算作「文化」或「文化史」，符不符合錢先生的「文化」，皆不可知；但對我而言，顯然是一種不小的轉變。我常想，不論治學、教授或論人，緊要在於層次，赴英送別的一席話即是層次的境界。我顯

然沒有刻意去做，但如果刻意地追求，又會怎樣呢？會不會更減少我自
己的色彩呢？這是無法解答的個人小問題，但卻是教育者應該思考的大
問題。

　　我回國後在東吳大學執教，與素書樓比鄰，每週一次到素書樓聽課，
逢年過節也到素書樓拜年賀節。但基本上錢先生給我的印象，除了還留
下批判胡適之等西化派的激昂神情以外，沒有什麼更清楚的記憶了。這
樣過了四年，我轉任中央研究院歷史語言研究所，由於路途遙遠，交通
不便，素書樓便難得一去。爾後錢先生的健康日差，我不是他的門生，
也不敢輕易求見。到民國七十六年我應邀協助聯合報系的老報人劉潔先
生創辦《歷史月刊》，劉先生特闢「當代人物」欄，請我訪問錢先生。因
健康之故，錢先生提供一篇短稿，我加上「古之學者為己」的題目，並
作前言，以補足篇幅。這篇前言算是我對錢先生一部分的認識。

　　篇首先載余英時先生所作的頌壽詩，詩云：「博大真人世共尊，著書
千卷轉乾坤。公羊實佐新朝命，司馬曾招故國魂。陸異朱同歸後案，墨
兼儒緩是初源。天留一老昌吾道，十載重來獻滿樽。」接著是我為錢先生
的短稿所寫的「前言」，「前言」是這樣說的：

　　　　錢賓四先生九十大壽時，他的高弟余英時先生作了四首詩為錢先
　　　生壽。前面引的是其中第一首，詩中除了推崇錢先生之博大高明
　　　與立言之不朽功業外，還把錢先生的幾部重要著作以詩意表出。
　　　從第三句到第六句，分別指的是《劉向歆父子年譜》、《國史大綱》、
　　　《朱子新學案》和《先秦諸子繫年》四部經典之作。
　　　　錢先生著述極富，上舉四書只是其犖犖大端。綜觀錢先生著述，
　　　出入四部，以經入史，而有《兩漢經學今古文平議》；以子入史而
　　　有《先秦諸子繫年》，以集入史而有《中國近三百年學術史》、《朱
　　　子新學案》與《中國學術思想史論叢》。上下古今，通貫四部，能
　　　見人之所未見，發千古之幽微，博大真人之說，洵非虛言。

任何大學問家治學都有個內在的驅動力量，錢先生自不例外。《師友雜憶》中錢先生提到，幼時曾聽一位長輩說天下分合，一治一亂，是中國歷史的錯誤，此後當學西方合了就不再分，治了就不再亂。錢先生回憶當時聽到這個東西文化優劣得失的問題，如巨雷轟頂，全心震撼，從此畢生學問與用心，都在這個問題上。錢先生少壯之時，正值新文化運動高張，然而錢先生反而尋之古籍，以為主張新文化運動者，於舊文化多認識不真。錢先生日後致力於傳統文化尤其是儒家精義的闡發，欲引領國人自歷史求對自我的認識。若由此脈絡尋繹錢先生著述大旨，則思過半矣。

錢先生的學術不離開時代與社會，但卻非潮流中人，一生旁觀潮流、批判潮流，而其終極關懷，厥在傳統文化要義。錢先生的著作以學術思想為重心，出入四部，而不以史學為限，則有別於現代的專業化學術。究竟錢先生學術的基本精神何在？他內心的想望與職志是什麼？我們以書面訪問錢先生，錢先生婉轉說來，隨處透著極深沉的智慧。孔子說：「古之學者為己，今之學者為人。」為人之學處處受制，不是真性情，真學問。只有為己之學，才能夠擺脫世俗羈絆，真誠對待學問，我們以為這正是錢先生的最佳寫照❶。

錢先生一生關切的是東西文化優劣得失的問題，排除西化的時潮，反求古籍，以發揚中國文化的精義為職志。可惜他受到成長環境的限制，成名以前沒有到過西方，不曾親切體察西方的文明，故不容易真切地了解西方文化。據說他的一位門生曾有比較客觀的論述，論旨是要年輕人注意，錢先生的學問，其論中國處即使有錯，也有錯的道理；其論西方處即使是對，也不一定有道理。這是值得許多人思考的警語。不過當時

---

❶ 《歷史月刊》，創刊號 (1988.2)，頁 10。

我說錢先生的學術離不開時代與社會，卻非潮流中人，而且一生旁觀潮流，批判潮流，直到今天我仍然不會改變這個看法。

1990 年 8 月底，一個颱風來襲的晌午，我接到《聯合報》朋友的電話，得知錢先生過世的消息，要我寫一篇紀念文字。這篇紀念文只見於隔日的報紙，趁著這個機會錄下：

> 颱風來襲之際，驚聞錢賓四先生仙逝，記者先生囑我表示一點感懷。個人雖有一段時期親承錢先生之謦欬，不敢自謂是他的學生，但對於一代學宗之凋落，不揣固陋，個人也很想表達哀悼追思之私情。
>
> 按照現代學術分類，錢先生屬於歷史學家，因其著作多以史學聞名。但現代的學術分類錢先生並不同意，他自有一套學術部別，晚年說自己只是就生性所好、學而時習的平常人而已。這當然是極高明而道中庸的謙辭。
>
> 從學術史論斷，錢先生不以史學家自限，雖透露他對當代學風不滿的傲氣，也是事實。錢先生著述等身，學術範圍出入經史子集四部，以經入史而有《兩漢經學今古文平議》，以子入史而有《先秦諸子繫年考辨》，以集入史而有《中國近三百年學術史》、《朱子新學案》，至於傳統史部之提綱挈領、一以貫之者則有大學通史講義《國史大綱》。諸凡著作皆顯示錢先生學問貫徹古今，旁通四部之博大，呈現其見人所未見，發千古幽微的睿識。
>
> 錢先生過去了，他造就的學問固然緣於他的才性與勤奮，但亦與其出生於約莫百年以前的時代環境有關。爾後的學問家可以有另外的風貌，大半是不可能再產生如錢先生這種學貫四部的典範了，所以我們敢斷言從今以後，一人學貫四部的學風將成為絕響。
>
> 錢先生當然不只是一位信守書齋的學者，他的著作，不論學術專業或通俗講疏，都表現他對時代社會轉變的看法，國家民族前途

的關懷。最突顯的當數對歷史懷抱著溫情與敬意的名言，以及一生以儒者自任的氣概。

錢先生生逢西風壓倒東風之世，少壯正值新文化運動高張之時，對新潮流、新學術亦有所知聞，然而並未隨波逐流，終其一生成為旁觀潮流、批判潮流的人，其中緣由當待專門的研究者來解答。大抵而言，由於對潮流的反省，使他走出短暫的「現代」，投入更遼闊的時空，體驗更豐富的文化遺產，用過往的歷史來審查現代的風潮。他認為提倡新文化者，對舊文化多認識不真，對傳統歷史多隔膜，遂不能入乎其內；要入內則需對歷史先抱持一份溫情與敬意，一味冷酷批判並不能得到歷史的真實。這種史學態度代表他的獨特風格和對當代學風的反擊，一如他晚年頌揚儒家的方式，是含有一定的爭議性的。他講過：「你要批評我當先了解我，要了解我則須入我之門聽我講，不能老在門外徘徊。」入門與不入門是兩難，入門當然容易看得真、聽得切，但也難保不陷於以理性主義為手段而導向信仰主義的「危機」，其實這正是儒家介乎學術與宗教之間的特色。

錢先生的學問之博大精深，即使反對者亦無法否定，但他的歷史觀與人生觀將是信者自信、疑者自疑。不論歷史的溫情敬意或以孔孟為圭臬，錢先生所表現的傳統精神恐怕也會隨著他的過去而畫上句點吧。但對他來說，知識是他信念的支柱，論說是他生命的發揮。他的學術風格是持志養氣，唯有其志氣不一定有其學識，有其學識不一定有其才情。總結他反潮流的一生，色彩鮮明、面貌獨特。

孔子門生弟子稱述其師「望之儼然，即之也溫」，錢先生庶幾近之。我年輕時毛遂自薦，投書求見，承蒙延攬，多所教誨。他告誡我自拓學問的領域，分辨學術的層次，至今思之，餘味仍然無窮。就我的親身經驗而言，錢先生的教示重在開啟門戶，門外窗外的

天地則任學生自己去尋求。這是我從他那邊獲得的最大資源，使我一生受用不盡。在風雨交加的燈下緬懷這位走過一世紀的學人，想起他所關切的學術與民族命脈，不禁惘然❷！

雖然我與錢先生有些來往，因為不及門牆，即使有感情也不適合公開表示（在這點我倒符合儒家之論），所以當時的這篇文字寫來還是比較冷靜的。我提到對待歷史所持溫情與敬意的態度並不一定那麼絕對，從錢先生治學，入門與不入門的兩難，亦各有理據；也提到他晚年的議論是信者自信，疑者自疑。我一直是在素書樓門牆之外徘徊的人，其實從錢先生那邊所得到的是先尋回自己，我也不清楚這算不算得了錢先生的「真傳」？由於十年來時空環境的變化與激盪，加上自己的思索與反省，我的歷史觀與文化態度，遂與他的關懷漸行漸遠。

1995 年香港中文大學紀念錢穆百歲冥誕，召開學術研討會，我發表了學術論文〈錢賓四與二十世紀中國古代史學〉，客觀地檢討錢先生在中國古史研究中的地位。與會者不是錢先生的門生就是故舊，這時距離錢先生過世還不到五年，及門的親近弟子猶籠罩在哀傷的氣氛中，與其說是研討會，不如說是紀念會，我的論文顯然是有些突兀的異類。

錢先生的學問固不限於中國古代史，然而他的古代史學卻卓然成家，我的評論主要集中在方法學和學術史的意義，不論具體研究的是非。大體上，他的《劉向歆父子年譜》，以史實破經說，結束晚清以來瀰漫學界的今文學，廓清經學的混淆，把傳統史學的作用發揮到極致，個人認為這是錢先生對古代史學的最大貢獻。錢先生在二十世紀中國古代史學兩大潮流──顧頡剛的「傳說經歷」與傅斯年的「史蹟重建」──之外，自樹一幟；雖然自認為所疑「皆超於頡剛」，但對顧氏「傳說經歷」的豐

---

❷　〈對歷史抱持著溫情與敬意：四部之學的絕響，傳統精神的句點〉，《聯合報》，1990.8.31 第三版。

富意涵則缺乏同情的了解；他也想要重建歷史，但對傅斯年所強調的新資料和新工具，始終抱著矜持的排拒。可惜這樣的矜持，使他的古代史學始終跳不出傳世文獻的範圍，無法考信更早的歷史。我總結錢先生古史研究的方法，借用他自己的話說是「博綜會通」；然而，由於他輕忽新資料，綜合之工便難以稱「博」；也由於他過度強調「慧眼」、「深識」或「冥心眇慮」，缺乏可以依傍的進階，容易變成力求自圓己說的封閉系統。

　　錢先生對我的啟發主要在兩方面，即尋求自己的治學方法及高瞻遠矚學術層次的態度，讓我一生受用不盡。但錢先生對中國文化百般迴護，雖然看見了專制獨裁的政體和蔑視人權的制度及風習，他還是吝於批判，這點使我無法信從。他太愛中國文化了，建造了民族史學的堡壘，呼應了中國從 1850 至 1950 年的時代處境，但他根植於那個時代的史觀能否變成一盞明燈，引領中國文化成為世界上負責任的一員？猶有待慎思與觀察。今日，一位自認為熱愛中國的史學家，是要強調建構民族史觀，以激勵民族精神呢？還是選擇努力超越國族史的界限，更理性地觀察了解自己的文化？怎樣才能達到世界太平之大道，恐怕值得吾人深思。

　　1990 年代以後，經過實際地考察體會，許多經驗使我對中國歷史與文化另有一番看法，與錢先生的距離也就慢慢拉開。我沒有做錢先生的學生，所以不愁「小子鳴鼓而攻之」的遭遇。現在既然應邀撰文，乃忠實地記錄下這段緣分。回憶起過去受教於錢先生的時光，不由得無限感念。

# 歷史家的職責 ❶

能夠有機會參加法國著名歷史家維達納傑 (Pierre Vidal-Naquet) 教授主持的圓桌會議，討論這個對歷史學者而言必須思考的人生哲學的問題，對一般大眾而言，也是為歷史學或歷史學者定位的問題，本人深感榮幸。

在正式發言之前，還請容我以地主的身分，歡迎法國的同行，教授遠道蒞臨臺灣，來觀察這個文獻紀錄比較短淺（一般而言大約只有四百年），數百年來不斷由外來移民所組成的社會，自有歷史以來歷經幾次被外來征服者殖民統治的國度。臺灣過去的歷史，對於研究人類輝煌古典時期的古希臘歷史的維達納傑教授，我想同樣會感覺興趣。然而無可諱言的，臺灣之引起世人的關注在於她以小小的地區，不太豐富的資源而創造高度的經濟發展，並且拋棄專制實現民主政治。由於歷史的因素，臺灣在文化上與中國依然存在著密切的關係，相對於我的父親或祖父這兩輩的人，我這輩人中國文化的成分毋寧是更重要的，所以等一下在述說歷史家的職責的「歷史」時，我的思想來源自然會出現許多中國的成分。

從字面上來看「歷史家的職責」這個命題至少包含兩個範疇，即「歷

---

❶ 2001 年臺北國際書展，應邀與法國歷史學家 Pierre Vidal-Naquet 教授對談的書面稿，談話記錄見 CINABRE, *La responsabilité de l'historien*, (Taipei: Les éditions du Pigeonnier, 2002)。

史家」和「職責」。「歷史家」是一種職業分類，或是一種專業知識的分類，「職責」則屬於倫理學的課題。凡人必有應該履行或遵守的職責，歷史家也是人，然而我們不討論「人的職責」而討論「歷史家的職責」，顯然和「歷史」這種專業知識或「歷史家」這種職業或身分有關係。

那麼「歷史家的職責」是什麼？為避免自我宣揚的嫌疑，我想用歷史的觀點來陳述這個問題可能比較得體，換句話說，我們可以這樣問「在中國史學傳統中，所謂歷史家的職責是什麼？」為說明這個問題，容我從一篇相當通俗的詩歌說起。

在十三世紀下半葉，蒙古人已經征服整個歐亞大陸，只有中國南方的漢人政權「宋朝」還苟延殘喘，到最後二十年，這個漢人政權終於被消滅，一位宰相背著皇帝跳下南中國海，另外一位宰相被俘虜。後者就是文天祥，忽必烈汗以高官厚祿籠絡他，勸他投降，文天祥不為所動，他在監獄中寫下那篇有名的詩歌〈正氣歌〉，選擇死亡。詩歌列舉許多他要效法的古人，其中有兩位是歷史家，而且他們的人生選擇也都和「歷史」的職業有關係，這兩位歷史家年代接近，都生存在西元前六世紀，一位在今日的山西省，一位在今日的山東省。這兩位歷史家都面臨類似的處境——他們的國家發生政變，國君被掌握大權的貴族謀殺；也面臨類似的選擇——他們是應該如實地記下謀殺國君的歷史呢？還是在權臣的威脅下，為求自保，而歪曲事實，做不正確的記載？當然這兩位史家都不考慮自己以及家族的生命，勇敢地對抗政治壓力，所以名垂千載。

這兩位歷史家的故事顯示追求真實是歷史家的基本職責，他甚至在自己或家族的生命交關點上也不會退卻的，這樣的職業道德幾乎可以與宗教史上的殉道比美了。當然，絕大多數中國的歷史家並不這麼完美，反而有更多的事實告訴我們，中國的歷史記載，尤其是官方編纂的史書，多暗藏陷阱，具有強烈的選擇性。不過西元前六世紀的兩位歷史家的故事對一千八百多年後一個即將上斷頭臺的人會產生共鳴，可見「求真」是中國史學傳統裡一項崇高的理想和標準，即使不能完全做到，也要努

力去達成。

西元前六世紀那兩位歷史家的「求真」比現在科學家在實驗室內的求真顯然又多一層難以抗拒的政治壓力，他們敢於反抗這種壓力，顯然帶有近代的批判意義；而這兩件故事經過孔子記在《春秋》裡，歷史家應負起批評當代政治的責任遂也成為中國史學精神的一個理想。根據傳統的說法，孔子編撰《春秋》這部歷史書，裡面用的每一個字都賦予讚揚或批評的意涵，這是一部歷史裁判書，歷史家的職責是要做一個最後的審判者，這在宗教的層次，幾乎是要取代主耶穌的任務了。不過，歷史家不是神，只是凡人而已，孔子早已看到這一層，所以他說：我若能被了解要靠《春秋》這部書，我不受了解，而遭到譴責，也會是因為這部書。歷史家在批判歷史時，也要有接受批判的雅量。

時代已經進入二十一世紀，我們現在再談歷史家求真與批判的職責，整個歷史情境當然與中國古代完全不同了。在民主化後的臺灣，已經沒有人會擔心因為真實地記載權勢政客的罪行而有生命的危險——雖然這種威脅，至少是牢獄之災，在二十年前還是可能發生的。在民主化後的臺灣，過去中國傳統對當政者的批判已顯得平淡無奇了，大概也沒有再會讚揚像孔子那種隱晦的批評法。那麼現代的歷史家的職責是什麼呢？

由於現代歷史家長期專業化、學院化的結果，大家比較不關心作為歷史家的職責這個問題。有不少人把歷史的專業研究和他的人生觀分開，也有人會把這兩種連接起來。關心被剝削階級的歷史家自然會傾向於撰寫勞工史，關心被壓迫民族的歷史家自然會傾向於研究民族解放史。當然，如果他不撰寫勞工史或民族解放史，仍然無礙於他對被剝削階級或被壓迫民族的同情，只是他不以歷史專業來呈現他的倫理學而已。

從歷史學特質與歷史家倫理學的關係來說，我認為求真和批判精神的發揚仍然是歷史家重要的責任。在史學專業領域內，最近二十年，歷史家似乎愈來愈不敢大聲的說他要求真，這當然是他愈來愈懷疑有「真實」之存在的緣故。歷史家不是哲學家，歷史家也不是傳教士，不能有

效的討論「真」的問題。不過由於歷史家的特殊性，如果歷史家不在求真方面有所堅持，歷史很容易會流為政治鬥爭的工具。過去八十年的蘇聯，五十年的中國已經證明這個危險的事實了。現代歷史家應該要講求各種有效的方法，努力尋求歷史的真或近真，這樣才能保持歷史學的獨立性。

中國傳統的說法，過去的歷史是現代社會的鏡子，人照鏡子可以修飾自己的容貌，歷史對現代也有類似的功用，應該發揮補充現代之不足，修正現代的偏差的作用。歷史家憑他的專業從事他覺得有意義的研究，所得的結果對國家、社會或人類之發展有警告或指引作用的，也是另外一種形式「批判」。當然，我得承認，不論多麼民主化的社會，政治仍然是社會上極其巨大的權威，也許傳統的批判情境不會那麼容易消失，這是歷史家要警覺的。

# 追尋歷史的生命力 ❶

　　您一開始是從中國周代城邦研究起，是蠻正統的中國史的東西，而您在某個時期開始轉做臺灣史，對研究歷史的人來講，並不是每個人都會有這樣一個研究歷程的轉變，不曉得您怎麼看待這樣的轉變，能不能請您回顧一下各個階段的學思歷程？我想您最重要一個轉折恐怕不是轉向臺灣史，而是1980年代您轉走文化史、精神史這方面，這好像也是一個非常重要的轉折。

　　我1971年唸臺大歷史研究所，後來公費留考去英國，公費留考的科目是唸西洋史。在英國，西洋史就是英國史，而且比較專一點，主要是英格蘭中古史。因為教育部公費有年限，而且在臺灣，我衷心欽佩的指導教授沈剛伯先生已年邁，我也想跟他多學一些。當然，那時代我不想在國外唸中國歷史，這跟我當時的心態有關，帶有一點傲慢的「民族主義」吧。那時候有個想法，今天回想起來不是很正確，不過那時候因為年輕，覺得到別的國家去是要學他們的歷史，我不願意去別的國家學中國歷史。回臺灣之後，自己一面教學，一面研究。

　　整個1970年代，我的研究是屬於中國上古史(中國古代史)的範圍。在過去教育部的課程規劃中，中國古代史屬於斷代史，是類似秦漢、隋唐的斷代，但實際上，中國古代史的時間拉得很長，具有通史的性格，

---

❶　范雲、林開世、李尚仁訪問，《人文與社會科學簡訊》，4: 2 (2002)。

是一個宏觀的、幾千年歷史。這段歷史和之後的歷史比較不同，它沒有多少個人可以研究，因為資料太少，你不可能去研究某一個人，自然而然整個思考方式，是比較接近社會科學的，會考慮國家體制、社會結構。譬如說我研究周代城邦，其實就是一個政治社會結構的問題，之後研究的編戶齊民，也是政治社會結構的問題。在這個時期，我研究的歷史基本上都是沒有個人的，我的古史論文裡面，真正有個人只有周公一篇，其他所有的論文都不是研究個人的。

在 1970 年代，包括我在研究所時期，以及到國外唸英國歷史，之後回來教書這樣一個時期，大部分時間多是投注在中國古代史的研究，對中國歷史提出比較長程的一種解釋。在我看來，我講歷史是以過去的一萬年為目標，這一萬年是從考古學所謂新石器時代，或者說農村的開始，來作為一個斷限。農村開始也就是人群開始聚集，這是屬於村落的階段，差不多在一萬年前開始，直到五千多年前開始形成國家，所以第一個起點是農村。第二個大的起點是國家的出現，我的理論是城邦。第三個點是帝國的出現，帝國的出現是在兩千兩百年前。我是這樣看中國歷史的發展。

我的《周代城邦》這本書，其實就是處理第二個階段「古代國家」，中國的古代國家從五千五百到兩千五百年前，差不多這將近三千年的時間，是城邦的時代，《周代城邦》是這時期最後階段的著作，以後陸陸續續寫的一些論文，把周代的城邦再擴大、再往前討論。城邦時代相對而言，跟後來的歷史關係比較遠，但影響並不小。到了城邦晚期所完成的「古典」，則變成中國帝制時期或傳統時期的思想泉源；或者說中國文化從政治社會到人倫的最基本規範，大概多是在城邦末期確定下來的。這些文獻後來經過解釋，到西漢整理出來的便是我們所謂的五經、十三經等等，成為一個強大的古典傳統。在過去兩千年的帝制裡面，古典不斷被解釋，不同時期、不同派別對古典有不同解釋。這是我研究的第一個階段，從政治社會的角度講，我稱之為「城邦時代」。

接下來，我第二部比較重要的著作是《編戶齊民》。《編戶齊民》是講城邦解體到帝國形成的過渡階段，大概從西元前第六世紀到西元前二世紀，將近四百年的一個轉變。它不只代表這段時間，在我看來還有更重要的意義，即如《編戶齊民》的副標題所說的，它構成中國傳統政治社會結構的基本成分。中國之後兩千年的帝制，它的社會結構基本上是在這四百年形成的。所謂基本成分，一個最明顯現象，在我看來就是「編戶齊民」，有一群社會最基層的群眾產生了，這些群眾是作為後來整個帝國的基礎。以後的歷史，不論在政治上如何波動，它的這個架構都沒有變。以平等的人民作基礎，也就是所謂法律之前的平等，在上面架起一個官僚體制，從地方政府到中央政府，最高就是以皇帝為首，這樣子統治下來，這種政權的特點在於，人民只有義務沒有權利。

如果有下一波的變化，借用社會學的名詞就是「公民社會」的產生，自主性社群、自主性個人的出現，來組成政治社會結構的基礎。我想我們臺灣是逐漸在往這一方向走，而中國那邊，如果他們願意走這條路的話，我想他們還要再奮鬥。1911 年宣統被革命革掉了，中國好像沒有皇帝了，但事實上中國還是有「皇帝」，我們臺灣也要到 1990 年的時候才真正沒有「皇帝」，在這之前也是有「皇帝」的。中國那邊現在也還有「皇帝」，只是沒有皇帝這個名稱，其實它的社會性質沒有變，它還是維持原來帝制的結構，我剛才提的那種公民社會還沒有形成，所以它還是一個編戶齊民的社會。

我研究編戶齊民的一個最主要重點在這裡，《編戶齊民》是一本學術著作，我有相當細密的論證，這樣一個社會從西元前六世紀到西元前二世紀，它是怎麼樣形成的，有什麼特質，這是我論述的重點，而剛剛的發揮則是我的歷史概念。根據我的判斷，以後的歷史基本上沒有脫離這個架構。我研究歷史是架構性的，五千多年之前開啟城邦時代，之後直到兩千年前開始編戶齊民的時代。

# 歷史追根究柢是在研究人

　　我在 1980 年到中央研究院史語所服務，這是我最專注於我的研究、最沒有負擔的一個時期，像古代社會國家的種種論文，很多都是在這時期寫的。到了 1980 年代後半，早至 1986 年，我開始反省、思考，我這樣做理想嗎？歷史該研究什麼？城邦論也好、編戶齊民論也好，我基本上是做一種政治社會結構的論述，但是歷史追根究底是研究人，我之前那種研究方式是不是真正觸及到人？我自己在反省真正體驗到人群的特點嗎？我覺得有所不足。當然在這當中，還有我跟馬克思主義史學家的思想論戰。我寫《周代城邦》的時候，中國那邊的歷史學家的基本架構，是對於奴隸社會和封建社會的爭辯，我要跳出奴隸社會和封建社會的爭辯，所以提出「城邦」。按照他們的理路，對於從奴隸社會轉變到封建社會的時期，各派有不同的觀點，但接下來的階段他們都叫封建制，我談的帝制（帝國），從社會的觀點是編戶齊民。

　　我反省一個問題，雖然我這些討論方式都不是走馬克思主義史學的路子，但有沒有脫離馬克思主義史學的思考方式？其實並沒有，我並沒有真正接觸到人群的特質。於是我開始思考，應該怎麼樣才能更接觸到歷史上人群的核心。坦白講，馬克思主義的書我所知有限，但還是看了一些，他提出歷史研究要從表層到內裡，這是很深刻的見解，但我們要如何從表層進入到內裡呢？我以前所做的研究是架構式的，是國家政治社會的體制，這些好比是人的骨骼，但對於血肉、精神部分，我卻還沒有觸及，這部分是文化史、精神史的範疇，也就是從這時候，我開始思考所謂新史學的問題。

　　新史學的範圍當然很廣，過去這十年來，一些年輕朋友做得比較多的，也是早先我做了一些的，是生命、醫療的問題。我覺得要接觸人群，

就要知道這些人對於生、老、病、死各方面的看法，甚至不只是看法，而是以此發展出的文化，它真正成為一種行為、一種習性，譬如生病吃什麼藥、從什麼理路來看待疾病，對人體的理解，由這種理解帶出疾病的診斷、用藥，這整個形成一個複雜的文化體。如果只談空的生死思想，這是哲學、宗教學的命題，我是要具體的，從物質文化、行為習性開始，當然也會觸及觀念。這是我從原來的政治社會架構走出來，開始接觸到文化方面，或者年鑑學派所謂的「心態」的層面，是這樣一個過程。

## 文化轉向與「數術化」的宇宙觀

我覺得很好奇的是，像我讀了李建民的書，讀完之後我嚇了一跳，因為他某個程度上是在挑戰您的整個社會史的框架，等於說這事實上是一個文化的轉折。對您來說，您有沒有去重新修正您以前的那些說法，在一些新的材料、新的研究出來之後，您有沒有覺得那些部分不是像以前想的那樣，是用社會史的觀點沒有掌握到的問題，有沒有什麼地方您覺得應該做修正？

我想是這樣，因為歷史是一個整體，好像我們切片一樣，它可以被一層層切開，有些層面具有相當的長遠性，有些層面則變動得快一點，譬如像政治鬥爭大概是變得最快的，而經濟因素、生態因素則比較長遠，像大家所熟悉的布勞岱 (Fernand Braudel, 1902–1985) 所說的地理因素，那是最基層、最長遠的。從城邦到編戶齊民，從城邦到統一帝國的轉變，按照我的理論，城邦維持了兩、三千年，帝制也維持了兩千年，這算是相當長遠的。

順著你剛剛那個問題，是不是以後就是如此？我們如果把這樣的轉變放到春秋、戰國，差不多西元前五世紀到西元前二世紀的轉折過程，

是不是只有一種面貌而已？在我看來，在這樣一個轉變的過程裡面，有一種「數術化」的宇宙觀，這跟政治社會的轉變幾乎是同步的。在探討中國古代對於人的生命問題中，我對於「數術化」並沒有太多的著墨，但是基本的思考方式是這樣，在以前，人們相信生命是來自於祖先，後來轉而相信來自於天、神，自己是無法控制生命的，基本要透過祈求天神或祖先來協助。

　　數術化的宇宙觀認為，經過一套處理架構，人們覺得自己可以預測、掌握生命，化為實際的文化行為則開始衍生出一套養身文化。我引用中國古典兩句話，在之前那個階段，像商紂王所講「我生有命在天」，我的命是天給的，當然這天命含有政治意涵。到了漢代之後，可以歸納出以後屬於道家文獻的仙經，那是「我命在我不在天」，人是可以操縱自己的生命的，落實到練氣功、服食各種藥物等，這是人來掌控自己。推及到整個宇宙觀，譬如後來有五行說，我們可以說那是假科學，但是它有一套邏輯性，它能進行解釋，這種世俗的宇宙觀成為以後中國人最底層的心態。

　　以前我也講過，這種文化的發展形式是滾雪球，它不是從甲形態變而為乙形態，它是像雪球一樣愈滾愈大，但是裡面的核心沒有變，外面包的都是一些技巧性的東西，後世發展而加上去的。我寫過一篇〈內外與八方〉，談的雖然是居住與隔離，但其實也是談整個空間的觀念，和一些玄妙的觀念也有關係。我用風水做例子，就歷史考據來講，我覺得我有一些發現，用我稱之為宅經的資料，早在先秦的時候就有屬於後來風水一類的東西，那時候風水的基本觀念已經存在，只是比較簡單。到宋、元、明、清以後，一些風水的書講得非常複雜，但是基本觀念沒有變。宅經我收集了相當的資料，譬如說從敦煌的《黃帝宅經》，到我們今天看到的印刷本，一般認為是宋代傳下來的《黃帝宅經》，敦煌本跟宋本的差別在那裡，後來到明代講風水的那些書差別又是什麼，我有這些資料，也做過比較，只是沒有寫成論文而已。我發現它基本的理路、基本的概

念沒有變，只在技術層面變得更繁複、更細密而已，這是滾雪球式的。

　　如果說有一些異說出現，我想這是因為中國這麼複雜、這麼廣大，但其實所謂中國文化的基本性格沒有變。如果我們要講在秦漢以後在心態上，我可以舉「數術化」這樣一個思考方式為例，它是很本質的。我應該繼《編戶齊民》，好好再往這方面下功夫，這涉及到很多，從醫療、風水到其他雜七雜八的部分，我想這會是一個比較大的工程。

　　我知道經脈的理論，以現有的資料，李建民是比較傾向於覺得應有不同的來源，這是從經脈發展的理論來說，我覺得他的說法也可以成立。以前我在寫的時候還沒有那麼多資料，但還是希望能建構一個發展的過程，一個完美的典範當然就是《黃帝內經》。比《黃帝內經》還早的資料是馬王堆醫書，這是西漢初期，但是我們判斷它的年代應該可以早一點，比他埋葬的時代還要早一些。我希望從十一經脈到十二經脈能夠建構一個發展的過程，這當然好像是有點單線推演的理論。這當中能夠用的資料就是《史記・扁鵲倉公列傳》，尤其是〈扁鵲倉公列傳〉的醫案資料，經過歸納分析以後，還從倉公的學術淵源、知識來源，可以推到戰國晚年的人，所傳下來的整個基本理論是如何。這當然是有點像單線演化，但所謂多種來源的資料，就大體系來說，還只是一個而已。人體生理結構的理論，中國也只是經脈這個體系，和希臘羅馬醫學、印度醫學以及藏醫醫學形成明顯的對比。目前我尊重李建民的談法，但我還是保留對文化核心特質的假設，反正以後還可以再繼續討論。

　　這其實比我談的「數術化」還浮到上面一點，還不是最基本的，真正要了解中國人的心態、思考方式，從文化的觀點來看。不要把數術化變成抽象的哲學概念，如果把它變成抽象概念（也許我不是一個哲學史家，但至少我作為一個歷史家），我覺得大概做不出什麼大名堂；應該要從文化的觀點，也就是從生活起居所涉及到的各方面，包括習俗、信仰，要從這些方面去找，看看不同時期、不同地方的發展是怎麼樣。

　　我覺得這非常有趣，我自己唸政治社會學、歷史社會學時，讀的都是西方社會史發展的文本。以那樣的文本來作一個想像，我覺得有一個蠻平行的地方，如果把剛剛您談到的題材當成政治社會學中歷史的面向，您後來是往物質文化的方向去尋找人。我聯想到在處理西方社會史的時候，社會科學有一種反省認為，如果我們只處理大歷史，我們是看不到人的，譬如說為什麼是從城邦，或是說從諸侯出現，然後到布爾喬亞階級的興起，為什麼革命會發生？我們想理解在歷史變動的圖像中，不同社會因素的合理性是什麼、他們為何會參與那些行動？因為我看到您走的路徑是往文化的方向去尋找人，您有沒有考慮過往另外一個方向去尋找人？

　　你讀的這些書我不熟悉，但是以我的理解，第一個是說社會科學家喜歡用比如像「大歷史」、「小歷史」的對立，也許政治社會結構是屬於大歷史，比較屬於文化的是小歷史。正如以前我這個年紀的人當學生時代，臺灣的社會科學家也喜歡引用像大傳統、小傳統，好像經典的那些是大傳統，習俗信仰是小傳統，基本上我的思考分類不這樣做。

　　什麼叫大、什麼叫小？以大傳統、小傳統來講，我們說儒家經典是大傳統，一般民間信仰叫小傳統，是比人數還是比影響力大小？大傳統恐怕才是最少人去執行的，它之所以成為經典，是附著在政權之下，但真正政權其實也不完全按照儒家，所以這回歸到歷史會有很大的問題。基本上我認為，要看它成為一種架構以後，它涉及的層面多寡的問題。譬如說帝制成為一種架構，你只要在它的政權統治之內，你是無所逃於天地之間，只要這樣的體制沒有改變，任何人就不得不在這種體制範圍內過活。政治社會架構觸及到某個層面，譬如說你被它統治，它要你交稅你就交稅、要你服役你就服役，反皇帝的言論是罪大惡極，你就是在這樣的體制裡面，儘管如此，你只要沒有和政權產生對抗，你還是可以拜你的信仰、過我的習俗。

　　所以我認為，光看這個機制還不夠，還要看另外一個，另外一個機制同樣也是架構性的，像剛剛提到的數術性的思考，這樣的架構影響很多人，只是有的人會把它理論化的講出來，有的人不會。例如像食物有冷熱、生病有冷熱，基本上還是一個陰陽的二元觀念，基本思考方式還是這樣，這也是一種結構性的，是一種心態或思考方式的結構，這種結構會觸及到某些層面。在我的感覺，並不是說政治社會架構可以取代心態，或者心態可以取代政治社會架構，要看整個歷史的全貌，應該要將兩者結合在一起，未來的歷史家，我指的是年輕一輩的歷史家，一個最艱鉅的工作就是如何結合兩者。

　　我在 1970、1980 年代研究政治社會的結構，到 1990 年代開始研究文化，我不曉得別人怎麼看，也許有人會覺得這是截然不同的兩個領域，但我自己本身是希望把這兩個合在一起。以一些常識性的理解來說，我看過一些報導、範例，譬如有一篇布勞岱的訪問稿，他應該還是算結構性的，短、中、長程的結構，他的徒孫一輩在做的其實就相當不一樣，對這種現象他好像頗有微詞。其實他們碰到的問題也是這樣，要如何把布勞岱做的，和徒孫做的研究結合在一起。

　　歷史是一個整體，但是歷史研究者當然是就自己方便去研究，好像切片一樣，把它切某一片來觀察，但由於歷史是一個整體，未來政治社會的架構和文化心態的架構，在論述的時候要能互相參照。當然我們也知道，在其中會有一些變化，也許有的變化會維持五十年或五百年，有的變化維持一、兩千年，並不是一切都同步的，而是不同的線疊在一起，從底層到中層、上層，不斷在參差轉變，整個過程我只能抽象的這麼說。作為一個歷史研究者，不能只是抽象的這樣講，他要做具體的論述，具體的論述就看他選的課題、切入點，但一定要能跟背後更大的架構產生聯繫。

# 給年輕人的建議：成一家言

　　我們剛剛已經討論很多實質的研究內容，現在要回來問您做學問的心得和感想，譬如說您有沒有困頓的時候？有沒有什麼研究的瓶頸？或是您走過這條路，看我們這些後來的、年輕的一輩，您有沒有什麼希望後輩可以從您身上學得的經驗？

　　如果純粹從技藝性來看，也就是真正去操作，寫書、寫論文就是一種技藝的表現，從這方面來講，我不像某些人拿起筆就寫，我整個醞釀、思考的過程，大概跟女人生孩子的過程有點相似。在以前還能專心寫作的時期，我大概要思考得差不多，整個架構已經有大致的規模，然後才會下筆寫。當然，下筆寫之後會有新的想法產生，但是在醞釀要下筆寫的那段，那是一個最痛苦的時期，因為很多混沌的想法都還不是理得很清楚。等到開始下筆寫，條理慢慢出來之後，愈寫會愈順，到整個初稿出來之後，就像孩子生出來一樣覺得鬆了一口氣。

　　如果要給年輕人一些建議，我比較不贊成想到一個小題目寫一點，我覺得還是要做比較全面性的思考，到某個階段之後才寫。在專業化之後，好像很多人是不斷地寫，我們只看書目就看得頭昏眼花，但終歸歷史家還是要像司馬遷所說「成一家言」，司馬遷的這句話是很客觀的。所謂「成一家言」，指的是成我一家言，同時你也有一家言、他也有一家言，歷史是各種說法，也許就是要綜合很多種說法才能真正見到全貌。對每一個歷史家來講，最基本的要求就是要成一家言，自己的說法就是一個完整的體系，同時，歷史家也要有個心理準備，你成一家言以後就是一家言了，但還會有很多別家言，本來歷史就是如此，沒有定於一尊的。

　　歷史是一種解釋，成一家言就是一種解釋，差別只在於誰的解釋比

較精彩，或者誰的解釋比較有道理、比較得到認可。我講的是比較大的理論，不是講小的考證，小的考證其實是有很多可以見真章的，譬如資料引錯了、解釋明顯錯誤，這是可以馬上糾正的，但是到了一個比較大的理論，其實是層次的問題了，已經不是簡單的對錯問題，有人提出的理論解釋性更廣、更有說服力，有的可能破綻比較多，大概是這樣子。

# 推動「新史學」的影響

　　剛剛院長提到您在 1980 年代推動新史學，研究一些跟文化史有關的東西，您也提到希望這些能跟比較長程的東西做整合。我個人進史語所的時候杜先生已經離開，不過我也是您推動這個新方向的受益者，包括您推動《新史學》雜誌等等，對國內史學界走向有很大的影響。經過您這幾年的觀察，不曉得您對國內史學界的狀況，包括那些領域您覺得應該再進一步去探索，或者那些方向是可以進一步去走的？

　　我對這方面沒有很仔細觀察，但既然你提起這個問題，我就以平常想的來談。我剛剛講過，我的研究對象是人群，是比較基層社會的，其實有一個很大的領域我們沒有好好做，籠統說叫做「民俗」，當然這不是指民俗學，我講的「民俗」是涉及最基層的人，而且所觸及的層面是和心態、思考方式比較有關係，我想在這方面我們做得還不夠。在文獻的收集方面，要把區域、族群因素放進去，不要籠統地等同看待，當然做歷史研究要將時代區隔考慮進去，民俗有它的延續性，但也有它的變化，我還是用滾雪球這個比喻，你看到的延續性是它的本質，它的本質不變，但是它外面包裹的在不同時期、區域各有不同，這是我們要注意的。

　　民俗跟田野調查有關，歷史學的研究不會只限於書本上的文獻，它跟田野也會結合在一起。了解一個族群的文化特質，我想那是最能代表

大多數人的，當然，如果有一些個案能反映多數人的狀況，是須要研究；雖然有的歷史家喜歡做這樣的研究，但我的興趣不在此，我認為不能只是講張三、李四如何如何，基本上這不是我的研究興趣。我覺得每個人的生命有限，我要投注我的時間、精力到一個更大的對象，即使個案，也希望能反映大多數的人。這是回答剛剛的問題，我想這個領域我們要去開發，不論從你們所熟悉的醫療到信仰等，都含蓋在我所謂「民俗」的範疇裡。

另外，我覺得不能把中國的歷史單一化，至少現在所看到的疆域，是從清朝盛世傳下來的這麼大的領域，它的生態環境、生產環境不同，所影響的生活方式也不一樣。再來是歷史所造成的族群不同，族群不同所帶來的是語言、文化、信仰各方面的不同，所以就以今天中國本身的疆域來說，我們還是要有多元的觀念。第二個，研究中國歷史不能只研究中國，中國是在東亞世界內，更是在整個亞洲，甚至是歐亞大陸之內，在過去的一萬年、五千年、兩千年等，人群往來是非常頻繁，沒有今天的政治疆界，這當中族群移動所帶來文化交流相當複雜，應該至少以整個亞洲作為我們思考的基礎，這方面我覺得我們現在的教育不夠，學者的視野也不夠。

臺灣史方面，您的主要作品是《番社采風圖題解》，及一些圖像考證。

對，這是後來我思考歷史教育、歷史觀點的一個副產品。我提出「同心圓」的觀念。在正常的情況下，歷史當然是從周遭熟悉的環境學習起，不可能一個英國人先去學非洲的東西，他當然是從英國、歐洲大陸認識起，這是很自然的。過去因為國民黨政府來了以後，中華民國代表整個中國，而且國民黨為了要清除以前日本的遺留，所以用非常強烈的方式，在語文、歷史、地理、公民與道德等方面，用所謂中國的文化來教育臺灣是中國的一部分。

　　這種情形在 1980 年代晚期、1990 年之後，整個情勢變了，從政治方面來講，臺灣的主體意識抬頭，臺灣人有一個極高的渴望，想了解我們是怎樣的人、我們是怎麼來的。以前是以中國文化為大樹幹，臺灣是其中一個小分枝，隋朝的時候講到一點，元朝、明朝講到一點，最後是什麼反攻復國的基地，以前是用一種零碎方式去講，沒有一個整體的觀念。現在是這樣，臺灣跟中國隔離五十年，臺灣在經濟方面的發展有自己的特色，在政治方面也走出自己的一條路，它已經不是以前帝制編戶齊民那套可以解釋，它已經進入另外一個階段。在臺灣的人有一個渴望，想要知道自己是什麼，當然這要從這塊土地本身自主性的認識開始，它不是附屬品，北京人、山頂洞人、仰韶文化、龍山文化這樣一路講下來，臺灣變成是一個附屬品，但臺灣絕對不是一個附屬品，它要重新了解自己是怎麼樣。

　　其實在中國各個地方也是一樣，浙江七千年前是河姆渡文化，它不會說浙江文化是來自陝西半坡。同樣的道理，中國各個地方都有類似的情形，只是在臺灣，在脫離中國之後卻變得更中國，國民黨來這裡的教育是使臺灣脫離中國後更中國，塑造一條中國歷史單線發展的線，其實這條線用到今天中國各個地方都是不通的。我們在臺灣，至少我們要了解自己，所以我才會提出所謂同心圓的史觀，而且臺灣不能只了解自己，還要往外了解周邊環境，所以是一圈圈的擴大出去，同心圓史觀其實是一個非常開放的史觀。

　　回到我研究的《番社采風圖》，當然研究是有機緣的。史語所收藏這麼好的一本書，我覺得可以提供給研究臺灣史的人參考。我本來只是要寫一、兩千字的導言，但是我雖然只要寫一、兩千字，我也要弄清楚，不可以隨便。所以我就去收集有關的資料來閱讀、構思，直到腦中有一個比較全面的藍圖出來。平埔族的一個圖像已經形成了，一寫就變成一篇很長的論文，也算是一本書的形式了。

　　在我整個的研究裡面，當然我不敢說我是研究臺灣史的，但是我至

少可以提出一點，我研究了臺灣古代史，臺灣在西元 1600 年之前是原始社會，到十七世紀外力進來了以後，臺灣才脫離原始社會，這個外力首先是荷蘭。荷蘭人來，把臺灣從一個孤立的原始社會納入世界體系裡面。接著是鄭成功來，明鄭很短，只有十八年。再來是清朝征服臺灣，把臺灣一下子納入中華帝國的體制裡面，臺灣被納入中華帝國體制，跟世界體制脫離、隔絕了，它就變成中華帝國的一部分。不論進入世界體制也好、進入帝國體制也好，臺灣都離開原始社會了，離開原始社會的主要動力是外力不是內力，它一下子做了一個極大的跳躍。我所研究的，基本上是臺灣從原始社會進入世界體制和帝國體制，我用的資料是世界體制的人的記載、帝國體制的人的記載，這可以算是臺灣的上古史，這是我的認識。

我覺得研究臺灣史是一個責任，雖然我自己在這方面做得不多，但我不是孤伶伶的來做，而是思索臺灣在整個人類文明發展史上，它到底佔有什麼樣的位置，我覺得這是一個比較大的目標，也許臺灣史的專家比較少這樣思考吧。

## 接掌故宮：從學術到藝術教育

我們也相當好奇杜院長從院士身分到故宮，也就是從學界到一個比較著重社會實踐的位置，是不是有些什麼心得可以和學界的朋友分享？

回答這個問題，一般人會問我怎麼從學術界到政治界，當然在我們的體制中這個位置是屬於政治的，但是從我一年多以前考慮要接受這個位置，經過一年多來的經驗，直到現在我還是認為，國立故宮博物院基本上是一個學術教育的機構，它不是一個行政機構。

這個機構本質上是學術和教育的，在學術方面它是藝術史的研究，

當然也帶一點博物館學，不過還是以藝術史為大宗；在教育方面，它是藝術推廣教育、社會教育，因為博物館、美術館即是公共社會教育的場所。國立故宮博物院是一個美術性的博物館 (fine art museum)，它不是自然史博物館、也不是交通博物館，它是屬於藝術博物館，所以它的任務就是「藝術教育」。博物館本身既是一個社會教育的場所，那麼藝術博物館當然就是一個藝術教育的場所。它雖不屬於正規教育裡面，但是一開門、一有人進來，其實就在接受這個博物館所提供的某種形式的藝術教育。對於國立故宮博物院這樣的認定，可以說直到現在我還沒有改變。

對我來講，我以前熟悉的工作是在歷史學研究。我在中央研究院待了二十年，在此之前我是在大學教書，可以說我的工作是做歷史研究和歷史教育。故宮博物院這個機構的性質，跟我以前的經驗、我所熟悉的一套謀生技能，基本上沒有太大的差異，我是在這樣的判斷和考慮之下，我想我既然被徵詢到有這樣的機會，所以就考慮暫時換一個工作看看。坦白講，這當中也不只是這麼單純，當然我也考慮到因為政權的輪替，一個新的政府產生了，國立故宮博物院既然是政府部會之一，也需要注入一點新的成分、新的力量，對於這部分我當然願意來試一試，看看能不能推動一些改革，這是我當時接受這個工作的主要考慮。

您那時候沒有掙扎嗎？決定您的時間要花在繼續從事重要的學術著作，或是來做這樣一個比較是實踐的教育工作？

「掙扎」兩字是講得太嚴重了，然而是有一些考慮。今天回想起來，我那時候的判斷是不是正確呢？我自己當然也可以來反省、檢討一下。因為我在史語所的時候也負責學術行政，在史語所我也不可能一天從早到晚只是讀書，我還有一些公共的事務要做。那時的判斷大概是覺得，來這裡大概還有時間可以做研究，當然從這點來講，一年多來的經驗告訴我，當時的這種判斷是不太正確的，也就是說，故宮博物院的這個位

置跟史語所相當不同，它複雜多了、繁複多了，它對內對外的關係多了，遠超過我在史語所當所長的行政負擔，所以難以專心投入研究，從今天來看，我當時的判斷是過分樂觀了。

在史語所時期我還能兼顧研究與行政，我在史語所當了五年的所長，在這五年內我還是有著作、論文發表，我也得到國科會的傑出研究獎，甚至於在這五年中我也開啟了新的研究領域。但在這一年多的經驗裡，我覺得相當困難，因為這裡內內外外的事務繁多，尤其它幾乎是一個涉外單位，是外賓經常來拜訪的地方。只要在某種層級以上，相關單位就會要求故宮接待，如果對方是比較重要的貴賓，一般都是院長要親自接待，所以我這類事情做了不少。反而這是在這個位置上的人該做的事，是本務。就個人人生來說，增加一點人生經驗，但是對一個學者而言，專心做研究的時間當然也被剝奪了。我總還希望盡量找時間讀書研究，現在的研究只能配合我的工作，比較屬於美術史、博物館學方面，不敢預期能做到什麼程度。

但是，我因為這份工作而接觸一個新的領域、一種新的生活方式，作為一個歷史學家，這讓我有機會體驗什麼是政治、什麼是社會。以前作為一個歷史學家，基本上只是從書本上得到知識，但現在我的工作自然就會促使我接觸這類事情，使我能真正去體會。當然，我希望這個經驗對以後我的歷史研究會有幫助，即使我現在還不知道會產生什麼幫助。

研究歷史的專業人士，譬如像中央研究院的研究員、大學的歷史教授，他們要處理的其實是過去某個民族、國家（或是多民族、多國家）群體的事情，這個群體的事情包含政治、社會、經濟、文化、思想等方面。但是當歷史學專業化以後，學風變成專注做研究，研究者沒有時間去接觸真正的政治、社會、人群，反而只是遠遠的看。研究者直接接觸的是資料本身，經過對資料的研判、思考，而後提出一套看法，這是現在專業歷史學者的研究模式。回到資料本身，資料有沒有辦法傳達實況？它能傳達到什麼樣的地步？歷史本來是探討過去人群的事情，而一個探

討人群的專業者卻不接觸人群，他探討的結果、所獲知識的真切度有多少？這其實是我們學術界應該反省的。

　　在制度上，知識專業化以後，若要真正接觸人群，則很難在學術圈討生活，因為學術圈內部的競爭相當激烈，研究者必須很專注，也不可能有精力做其他的事，這變成一個兩難。舉文學家為例，若只是靠書本、文字記載的知識，一個人不可能成為最偉大的文學家，頂多只是文字或文學史研究者。一個偉大的文學家必須投入生活、投入人群，而又要跳離現實生活、跳出人群，也就是說，一個偉大的文學家必須在現實環境和自身的理想環境之間、在現實生活和文字生活之間不斷互動，才可能寫出深刻動人的作品。

　　歷史和文學一樣是探索人群的，因此歷史家也應該像文學家這樣子。當然，各個時期的歷史家有不同的風格，事實上東、西方許多歷史學家也參與實際生活，例如中國的司馬遷、希臘的希羅多德，他們都不是關在書房就寫出《史記》、寫出《歷史》的。但是到了二十世紀，因為專業化的結果，歷史學家則非待在學院裡頭、非常專注、相當程度地脫離生活不可。這是二十世紀的時代風氣，我有這樣的體會，這並不是在為我自己辯護，有時我也未免迷惘，當一個歷史學家跟實際生活已經脫節的時候，這樣的歷史學家是怎麼樣的歷史學家呢？


　　我有一個理念上的問題，是有關故宮的經營。因為故宮博物院的特殊性，所以這個問題有它的敏感性，但我這個問題不是政治的問題。我想問的是，如果「博物館」的來源和歷史背景，一方面是殖民主義的產物，另一方面是民族主義的遺產，因此塑造成今天博物館的特性、呈現方式及制度。以臺灣現在要走向一個多族群、多文化的社會，故宮這樣一個特殊的民族主義的產物，在您的理念上，您對於故宮應該扮演什麼樣的角色有什麼想法？

　　一旦博物館負起教育的任務，它必定有所宣揚、有所塑造，對來參觀的人產生一種塑造作用，這是無可避免的事情。以歐洲的經驗來說，博物館的興起應該是從文藝復興開始，文藝復興時期的博物館正是中文「博物」兩字的意思，它是動物、植物、礦物等標本的蒐集。西方的博物館有個特點，也是今天定義博物館的最基本本質，它是公開的、屬於公眾的，它是開門迎接所有的人，而不是純粹私人的收藏，這是博物館和所謂收藏家最大的不同。當然，以中國的傳統來看，過去歷史時期收藏家很多，很好的收藏品卻往往不輕易示人，除非好朋友來才拿出來品賞，這都不具備近代博物館的意義。近代博物館的意義是「公共」，這也是蔡元培先生談博物館一直強調的觀念，我覺得這觀念是絕對正確的。既然是公共，它就產生普及的教育作用，對大眾的文化、思潮產生影響。

　　你談到故宮是殖民主義、民族主義的結果，這的確是十九世紀以來到二十世紀的一種現象。我前一陣子寫過一篇學術論文〈藝術、政治與博物館〉，分析故宮的歷史，它的確走過民族主義這條路，現在還有人死抱住這條路不放。它從清宮的收藏開始，清宮的收藏並不公開。在紫禁城裡面，皇帝生活起居擺設、辦公空間就等於一個博物館，只有皇帝和他的近臣才看得到，完全是一個私人的收藏。後來收歸國有之後，它變成一個公共的博物館，又因為中華民國受到日本入侵，發生抗日戰爭，故宮博物院選了一些精品南遷，在戰爭結束之後，因為國共內戰而到臺灣來。

　　所以故宮博物院的命運跟中華民國的命運是同步發展，在這個同步發展的過程中，博物院和國家政權密切結合，關於這一點，世界上其他博物館大概找不出類似例子。經歷遷徙流離、動盪不安，博物院的命運等於國家的命運，它自然而然形成民族主義的性格，而大家所關注的也是這方面，其實它原來的藝術性還存在，卻被民族主義的性格掩蓋了。

　　無可諱言，過去這幾十年來，中華民國政權是中國的政治正統、也要代表中華文化的正統，在這樣的時期裡，至少是 1980 年代以前，國立

故宮博物院代表中華文化正統最具體的顯現，它也賣力地扮演這樣的角色。對於這樣的角色，從臺灣主體意識的人來看，會認為這跟國民黨政府在臺灣進行的國族塑造過程是密切結合的，我的論文就是分析這樣一個過程，這當然是二十世紀歷史的結果，我們現在是做一個回顧。

困難的是你剛剛的問題，當我們不再堅持政治的正統，甚至我們也不去跟人家爭文化正統的時候，國立故宮博物院該怎麼辦？以前是正統的時候當然它振振有詞，但是當它不是的時候呢？這當然有很多種說法。有人主張把它當作所謂「華人文化」，避開政治意味強烈的「中國」，把它當作華人文化，也就是承認臺灣也是華人所在地，世界上有很多華人，從東南亞到歐美都有華人，當然在東亞世界中國統治的地區也是華人，而國立故宮博物院就是華人精緻文化的所在。

另外一種考慮是，它不只是華人文化，在它的收藏中，有五、六千年前的玉器，三千、兩千五百年前的青銅器，一千年前的書法、繪畫，一千年前的宋瓷，還有許多其他藝術品，我們如果回歸到它的藝術本質，把這些最精緻的東西當作人類文化的共同遺產，像埃及的金字塔、希臘的雕刻、義大利文藝復興時期的繪畫等，我們如果能做到這一步，國立故宮博物院就不只代表華人精緻文化，它還可躋上人類文明遺產的列車，我相信本院有一部分可列入這個範疇，故也希望本院的經營能在這方面多所努力。

博物館裡一樣東西放在那裡，視覺印象覺得不錯，但它在人類文明史上的價值、意義為何，這要經過一番解釋，而這個解釋需要透過研究，因此博物館的從業人員有很多值得努力的地方。我個人覺得，本院典藏的文物與其只強調它是中華民族最偉大的東西，不如在臺灣現有的情境裡，去發現它的普世性，因為真正的美是普世性的，超越國家民族、文化的界線。我們喜歡貝多芬、莫札特的音樂，我們喜歡達文西的畫、米開朗基羅的雕刻，我們不必先肯定自己是德國人、奧地利人或義大利人，不必先認同自己是那一國人，而是作為一個人類去喜歡這些人類的遺產，

因為這是一些曾活過的人所創造出來的偉大成就。故宮博物院的藝術品也要能達到這個地步，不只是因為它是中華民族先人的遺產所以我們喜歡，而是作為人類所以喜歡它，這個過程需要研究者、博物館人員的闡釋。

因為一直有新的東西進來，在選取要買的那些東西時，由於這個博物館的定位是藝術，在您的理念上，您覺得應該繼續處理藝術品，或者傾向於物質文化等等？我的意思是說，就收藏品來說它已經相當固定了，您剛剛提到要將它公共化，那會不會牽涉到經營時展出方式的重新思考，或者以後收藏的重新思考，或是對於解釋的重新思考？相對於過去比較重視國家遺產的想法，您有沒有什麼不同的想法？

## 用世界性的思考取代民族主義的思考

在基本理念上，當然就是我剛剛提到的，用世界性的思考取代民族主義式的思考。你剛剛談的涉及到一些實務，譬如說收藏方面。本院既有的收藏品雖不是樣樣精品，但是它基本的性質是一個 fine art museum，不能變成一個民俗博物館，這是從東西的質方面來考慮，所以不論是民間捐贈也好、購藏也好，基本上品質是一個很重要的考慮。

第二個，有沒有什麼改變？我希望它能逐步跨出華人的範圍，這當然要有很多客觀條件的輔助才可能，要有錢、有機緣，但是我覺得在整個思考理念上，我們應該活潑一點。我現在的做法是這樣，因為國立故宮博物院的收藏是以中國或中華為主，擴大之道首先要先考慮它周邊的民族文化。這樣的思考有幾個主要因素，首先是國立故宮博物院在我們國家的博物館界的角色，我們國家的博物館逐漸有分工出現，譬如本院的中華文物，北美館、臺中國美館、高雄美術館是以展覽臺灣本土的美

術為主，臺東卑南的臺灣史前博物館是以展覽臺灣原住民文物為主，也就是屬於南島民族文化的歷史。在民間方面，臺南的奇美博物館是以歐洲文物為主，尤其是歐洲的繪畫，以一個民間的收藏來看，它在我們國內是第一，雖然有人無法正視這個開闢草萊的偉業，但它還是做得最好的，所以我希望國內歐洲美術能集中在奇美。

國立故宮博物院可以拓展的是亞洲，我們過去的教育讓我們忽略本土，不了解自己、不了解自己的鄰居，我們不曉得自己的鄰居是什麼樣的人，有什麼樣的文化，譬如像日本、韓國、菲律賓、印度等，更不必談伊朗、阿拉伯世界、中亞、北亞。我們整個教育系統是非常孤立的，博物館界的情形也差不多，我覺得我們應該來做這件事。本院的基本收藏是中華文物，中華文化是東亞世界最主要的一種文化，發展亞洲博物館至少我們已經有一些重要成分了，但同時我們應該把周圍國家的東西考慮進來。這是未來的發展，都在規劃中，但還是要看錢、看機會才可能，但至少我們有這個想法。這是在收藏方面。

在展覽方面，展覽的基礎來自收藏，有些博物館、美術館自己沒有多少收藏品，要不斷靠辦借展來刺激，但國立故宮博物院是有自己收藏品的一個博物館，它可以辦借展，但借展絕對不是它的本務，它要好好研究自己的收藏品，並且對自己的收藏品提出一套解釋。有了深刻的認識、有一套解釋之後，就像端菜一樣，可以把佳餚一道道端上來，可以不斷以自身的收藏品辦展覽。該怎麼提出一套解釋？經營博物館和做研究一樣，對於歷史解釋，不可能一百年前這麼說，從此就不能變動，這在學術研究會變成笑話。同樣一件東西在那裡，我們該怎麼看？有這麼一百件東西在那邊，你該怎麼組合？一百年前、五十年前、三十年前，直到今天，解釋都會不一樣，解釋的不同有時代因素，另外也顯示我們知識的進步。一個博物館人員，正是要在解釋方面展現他的實力、研究水準。解釋就是策展，怎樣規劃展覽、安排展覽，怎樣選材、組織，這是最重要的；接下來，當然就是比較技術性的，怎樣把你的解釋用通俗

的方式告訴大眾。

在表現方面，臺灣在這方面真的蠻弱的。我記得幾年前，故宮的中華瑰寶出國展示時，我到紐約大都會博物館 (Metropolitan Museum) 去看這「中華瑰寶展」，我帶美國朋友一起去看，他們當然非常驚豔，但是我覺得那是對一個異文化的驚豔；而我對自己的文化比較親近，我看完的感覺是，我們對那些東西沒有進一步的學習和了解的效果。我們今天去看歐洲文化或許多美術展，我們會對某個流派、社會文化脈絡有更進一步的了解，但是看完中華瑰寶展，覺得我們好像只是把我們的東西搬出去，讓人家覺得這些東西好有趣，可是整體來講似乎並沒有教育的效果。

的確不錯，要把一件很深奧、晦澀的東西介紹給人家，讓人家覺得容易了解，而且發現文明的意義，這不純粹是技術而已。其實解釋是有傳統的，我們的博物館界剛起步而已。

我以前是待在英國，有一年我和我太太都得到資助去研究，所以也把小孩帶去，我自己和小孩子一起來看，像大英博物館 (British Museum)等等。我們一個週末去，譬如星期六，一天就只看兩、三間，而不是隨便轉一圈就出來。大家知道英國皇家所屬的博物館多是免費，進進出出都沒關係，不必買票，你可以去「讀」博物館，而不只是「看」博物館，在這當中我有深切的體會，人家的說明真的有深厚的傳統。

在倫敦 South Kensington 的 Natural History Museum（自然史博物館），它有一層樓的一半在展覽達爾文的進化論，它的說明、陳列方式，可以讓一個對生物學外行的人看得津津有味，印象非常深刻。大英博物館的收藏深入淺出，容易掌握關鍵重點，建立觀念，不論是埃及的也好、希臘的也好，譬如在我專業範圍的東亞、中國部分，他們的說明也很讓我佩服。他們用有限的文字，用人人可懂的表達方式，並且傳達的知識內容是正確的，這是我看了許多英國的博物館後，深切感受到他們的一

面。

　　怎麼把深奧的研究成果表達出來，這方面我們的人才還很缺乏。另外，整個博物館應該不只是富麗堂皇的呈現，讓人感覺有很多精品，重要的是如何把這些精品帶入社會、帶入個人、帶入人心，這是博物館人員應該努力的方向。這一年多來，我一直努力在這方面推動，現階段也有一些成果。以前這邊的專業人員、藝術史家，一下筆都是比較專家的方式，也就是專家看得懂，但一般人不一定看得懂。博物館只要一開門，各式各樣的人、從最老到最年輕的人都會進來，因此藝術品到了展廳，就不能以專家的思考方式去思考，而要以一般人的思考方式來表達。另外一個改變是，以前展覽的文字說明部分都很長，我硬性要求不能超過多少字，或者不能超過多少段，這是考慮一個來參觀博物館的人，他站在那邊讀的時候能站多久，他看了多久就會累了不想看，要從這些地方考慮，所以我硬性規定要在三百字或五百字裡面，把所要講的話講清楚。

　　這兩方面在一年多來有相當大的改善，更高層次的部分，還要不斷的努力。其次是展覽的主題，關於主題的選定，以及古代和現代如何對應結合的問題，要讓人看完藝術品有精確的知識，清楚的概念，而且要有感受，刺激參觀者想更多的問題。本院的書畫展是三個月換一次，上期有草蟲展，在古代畫的旁邊，搭配現代昆蟲的照片，那次做得還不盡理想。在十月份開始的「畫裡珍禽」，我們和野鳥協會合作，一邊是古代宋、元畫家畫的鳥，一邊是野鳥協會提供的照片，兩相對照，使整個展覽較為活潑，也使知識的傳達更正確，這些是展覽方式的改善。

# 索 引

## 中 文

## V

Vidal-Naquet, Pierre　367

## W

Wannieck, W. L.　240

Weidenreich, J. F.　187–188

Willey, G. R.　178

Worsaae, J. J. A.　175

## Y

Yetts, W. P.　244

## 藝術殿堂內外 　　　　　　　　　　　　　　　　杜正勝／著

故宮，一個匯集學術、藝術、文化、教育，以及政治、商務、輿情、觀瞻等多重成分的場域，它既有既定的形象——一個和當今臺灣不太對焦的形象；它也是某些人要堅守的象徵——一個從無疑義到有問題的象徵。面對這些叢脞糾葛的紛擾，唯有回歸學術，將殿堂內的藝術從殿堂外的廣大角度來解讀，產生的意義方能更深刻、更多樣。

## 從眉壽到長生——醫療文化與中國古代生命觀　杜正勝／著

醫學發達的今天，西醫有各種理論可以解釋病症，然而，在古代中國，面對生老病死的人生大事，茫然無知的古人是如何找出自己的一套理論呢？人生苦短，為了活得好、活得久，乃至活到不老不死，代表了人們對於自然的追求與克服，這本與醫療史有關的作品，從身體認識論出發，涵蓋心性與靈魂各層面，勾勒出中國古代生命觀，不只是思想，更是文化。

## 生命史學——從醫療看中國歷史　　　　　　　李建民／著

生命是什麼？「生命是活著。」「不會滅亡的，就是生命。」「凡有氣的就有生命。」如果我們從中國歷史與中國醫學出發，什麼是真正的答案？本書將帶領您探索歷史上個體的生命觀與身體觀，進而思考整體文化生命的不息活力。《生命史學》將使您對「生命」有嶄新的看法與體悟。

## 女人的中國醫療史
### ——漢唐之間的健康照顧與性別　　　　　　　李貞德／著

本書從生育文化入手，介紹求子、懷胎、分娩的方法，乃至避孕、墮胎的手段，藉由重建各種醫方及其論述，說明中國婦科醫學逐漸成熟的過程。接著，以乳母與產婆為範例，進一步探討女性作為照顧者，乃至醫療者時，所面臨的待遇、評價與挑戰。最終期望在一千五百年後的今天，從性別的角度，重新回顧女性參與生老病死的歷史。

## 後現代主義與史學研究

黃進興／著

本書試圖檢討後現代主義對史學研究的衝擊。作者以前現代的治學精神，作後現代的事業：透過大量直接閱讀後現代的名家，進而梳理出與史學的關聯，必要時且切入當下中國史學的議題，達致交相切磋，知己知彼的長處。是故，本書首列主題，輔以學術源流，再舉出代表性的人物，最後方予個人的品評，期能掌握後現代史學來龍去脈，並明瞭其得失。

## 天朝向左，世界向右
### ——近代中西交鋒的十字路口

王　龍／著

康熙皇帝與彼得大帝出生時代相同，在位時間相當，同樣具有非凡的雄才大略；然而，為何彼得大帝能使落後的俄羅斯一躍成為世界強國，而康熙皇帝開創的盛世卻逐漸走向「悲風驟至」的無底深淵？本書係駐足於近代東西方社會激烈動盪、交鋒的十字路口，對比中外歷史上二十位精英人物在關鍵時刻選擇之道路，追尋近代中國迷失、落後的深層原因。

## 他鄉變故鄉——美國亞裔族群史

陳靜瑜／著

他鄉的語言和文化對移民者而言，是這麼的陌生、特殊，是什麼原因讓這在亞洲的人們，不畏艱辛地來到美國？移民者在美國歷經衝突、磨合到融合，其中令人動容的故事又是什麼？讓我們從本書細數九個亞裔族群的故事，傾聽他們的過去，一探美國亞裔族群的奮鬥歷程。

歷史天空

## 古代中國文化講義

葛兆光／著

身在現代，而去認識古代中國的歷史，就像參加旅遊一樣。過去的古代中國文化論著，好比按一定行程規劃路線的旅行團，本書走的卻是「自助旅遊」的方式，帶著地圖穿越小徑，走過市集，我們可以看到另一個古代中國文化。作者為你繪製了一幅古代中國文化的地圖，讓你能依靠自己的閱讀和體驗，了解古代中國的文化和傳統。準備好了嗎？讓我們一起去古代中國旅行吧！

## 游道──明清旅遊文化

巫仁恕、狄雅斯／著

旅行團包套的「套裝旅遊」，你以為是現代的產物嗎？其實早在明清時期，中國已有各式各樣的旅遊活動，而且旅遊設施逐漸走向商品化，比起同時期的西方有過之而無不及。無論是美酒佳餚、游船肩輿、旅遊導覽、遊伴相隨，皆讓旅途可以更舒適、更盡興。

## 透視康熙

陳捷先／著

愛新覺羅‧玄燁是順治皇帝的第三個兒子，他既非皇后所生，亦非血統純正的滿族人，卻因出過天花而得以繼位，成為著名的康熙皇帝。他對內整飭吏治、減輕賦稅、督察河工，年未及三十便平定三藩，為大清帝國立下根基。本書係以歷史研究為底本，暢談康熙皇帝的外貌、飲食、嗜好、治術和人格特質，不僅通俗可讀，其所揀選分析之史料也值得細細品味。